西部工科高等教育教学改革论文集

沈火明 ◎ 主编

朱志武　阚前华　刘娟 ◎ 副主编

西南交通大学出版社

·成　都·

图书在版编目（C I P）数据

西部工科高等教育教学改革论文集 / 沈火明主编
. —成都：西南交通大学出版社，2020.12
ISBN 978-7-5643-7831-8

Ⅰ. ①西… Ⅱ. ①沈… Ⅲ. ①工科院校 – 教育改革 – 中国 – 文集 Ⅳ. ①G649.21-53

中国版本图书馆 CIP 数据核字（2020）第 223112 号

Xibu Gongke Gaodeng Jiaoyu Jiaoxue Gaige Lunwenji
西部工科高等教育教学改革论文集

沈火明　主编

责任编辑　刘　昕
封面设计　曹天擎

出版发行　西南交通大学出版社
（四川省成都市金牛区二环路北一段 111 号
西南交通大学创新大厦 21 楼）
邮政编码　610031
发行部电话　028-87600564　028-87600533
网址　http://www.xnjdcbs.com
印刷　成都蜀通印务有限责任公司

成品尺寸　185 mm × 260 mm
印张　21.5
字数　430 千
版次　2020 年 12 月第 1 版
印次　2020 年 12 月第 1 次
定价　108.00 元
书号　ISBN 978-7-5643-7831-8

前言

面对突如其来的新冠肺炎疫情，2020年春季学期全国各高校敢于担责、勇于创新、积极应对，按照教育部“停课不停教，停课不停学”的要求，纷纷启动了线上教学模式。据统计，参加线上教学的高校超过1 450所，授课教师超过100万人，在线学习人次更是达到23亿，在线课程也超过了1 200万门次，全国高校面对综合大考，给出了有温度、有技术的答卷。正如教育部高教司的领导所说，线上教学的成功实践实现了“四变”，即改变了教师的“教”，教学成就感普遍上升；改变了学生的“学”，学习获得感大幅上升；改变了学校的“管”，管理信息化水平迅速提升；改变了教育的“形态”，时时、处处、人人皆可学。在这次疫情大考中，西南地区高校和全国高校一样，为“停课不停教，停课不停学”发挥了重要作用，同时再次深化了各高校老师对在线课程建设的认识，也加速了线上课程、数字课程、数字化教材等课程数字资源的建设，加速了智能课程平台的建设和教学模式的不断创新，呈现了很多优秀的教学案例，线上教育教学的理念更是不断冲击教师和学生，冲击传统教学模式。

为了更好地交流教育教学经验，特别是线上教学模式改革，西南地区基础力学与工程应用协会和四川省力学学会教育与科普工作委员会公开征集教学研究论文。经审稿，录用论文73篇成集，其中包括来自全国其他地区高校老师的部分论文。论文集分为四篇——课程思政实践篇、线上教学探索篇、教材与课程创新篇、实验室建设与学风建设篇，论文从一个侧面也反映了近年来西南地区高校在基础力学教学方面所取得的成果。

作为本论文集的编者，我们衷心感谢所有作者，是他们精心撰写的高水平论文保证了论文的质量。同时，感谢西南地区基础力学与工程应用协会的各位理事和四川省力学学会教育与科普工作委员会的各位委员，感谢“天府万人计划”教学名师项目，感谢西南交通大学力学与工程学院、西南交通大学出版社对论文集的出版所给予的支持。

限于时间原因和经验不足，本论文集存在的不妥之处敬请各位专家和读者批评指正。

编　者

2020年9月

目录

课程思政实践篇

线上教学探索篇

教材与课程创新篇

实验室建设与学风建设篇

一、

PART ONE

课程思政实践篇

课程思政的教学设计与实施路径

沈火明

（西南交通大学力学与工程学院，四川成都，610031）

[摘　要] 课程思政是一种教育教学理念，是将高校思想政治教育融入课程教学和改革的各环节、各方面，实现立德树人润物无声。近年来，课程思政已成为课程建设的重要内容、教学改革的重要方面，工程力学课程也不例外。通过重构课程体系、教材体系，打造慕课、数字课程、数字化教材等，挖掘课程思政元素，创新资源形态和教育教学方法，改造教学环境，扎实推进课程思政建设，并取得实效。

[关键词] 课程思政；教学设计；教学资源；路径；理念

党的十八大以后，全国高校思政工作会议、全国教育大会等系列重要教育会议先后召开，习近平总书记做出一系列重要指示，为推进高校课程思政建设工作指明了前进方向，提供了遵循的根本原则。

从 2014 年开始，上海各高校在教育部的指导下，积极开展教学改革的试点工作，经过不断努力，形成了一套具有时代感、高价值的思想政治教育理念与形式，即课程思政模式。其他各省、各高校也进行了课程思政的大胆实践创新，如南京大学打造“宇宙简史”，由多学科、多平台联合打造，通过有机融合天文知识与马克思主义世界观、方法论，深度融合信息技术与教育教学，打造线上与线下、课内与课外多样化载体，从而实现价值引领，引导学生养成核心价值观、树立正确的宇宙观；北京航空航天大学则将思政工作的“盐”溶入核心课程，在航空航天概论、大学物理、电子信息系列课程的基础上，扩充到理论力学、传感器技术及应用、仪器科学与科技文明、飞机总体设计等 10 门核心课程，逐步实现全面推广；兰州大学建设了“地球历史及其生命的奥秘”“走近核科学技术”等一批富含思政元素、广受学生欢迎的线上和线下金课；西南交通大学不少课程也在进行课程思政建设，效果很好，如“工

项目资助：四川省 2018—2020 年高等教育人才培养质量和教学改革（JG2018-125）；中国高等教育学会教学研究分会中国高校“金课”建设推进平台计划课题（JKJH201902）；第 2 批新工科研究与实践项目（项目号：E-GCJYZL2020814）

作者简介：沈火明（1968—），男，江苏苏州人，教授，主要从事力学的教学和科研工作

程力学”“土力学”“大学物理”等，同时制定了《关于深入推进课程思政建设的实施方案》，立项系列课程思政教学改革项目，扎实推进。2019年，四川省有180门课被认定为四川省高等学校省级“课程思政”示范课程。

2020年6月8日，教育部召开全面推进高等学校课程思政建设工作视频会，部署《高等学校课程思政建设指导纲要》（简称《指导纲要》）贯彻落实工作。《指导纲要》对推进高校课程思政建设进行了整体设计，强调要科学设计课程思政教学体系，推动课程思政全程融入课堂教学建设，着力提升专业教师的课程思政建设能力，完善课程思政建设评价激励机制，明确将课程思政建设成效纳入“双一流”建设监测与成效评价、学科评估、本科教学评估、一流专业和一流课程建设、专业认证、职业教育“双高计划”评价、高校教学绩效考核等评价考核中。《指导纲要》立足于教学工作，明确了课程思政建设“做什么、怎么做、谁来做”，对地方、高校、院系、教师各个层面，对公共课、专业课、实践课各类课程，对文理工农医教艺各个学科专业，提出了非常明确、非常具体的要求。这些要求把“大水漫灌”变成“精准滴灌”，为高校和教师拨开了认识上的“迷雾”，让每位老师都能找到自己的“角色”、干出自己的“特色”，提高思政工作的针对性和实效性。

教育部高等教育司将课程思政建设列为面向未来要做好的四项重点工作之一。正如高教司负责人说，课程思政建设必在全国高校刮起一股新风，让所有教师都有感觉、有责任，让所有学生都有感悟、有收获，形成“校校有精品、门门有思政、课课有特色、人人重育人”的良好局面。

一、课程思政的内涵、理念

课程思政不是一门或一类特定的课程，而是一种教育教学理念。不管是基础课，还是专业课，都应具有传授知识、培养能力，和思想政治教育的双重功能，在课程内容中寻找与社会主义核心价值观、专业伦理、学习伦理、家国情怀、国际视野、创新思维、工匠精神、人文情怀等相关德育元素的“触点”和“融点”，通过典型案例等教学素材的设计运用，以“润物无声”的方式将正确的价值追求、理想信念和家国情怀有效地传递给学生。也即，课程思政承载着培养大学生世界观、人生观和价值观的作用。

课程思政也是一种思维方式，教师在教学过程中要有意、有机、有效对学生进行思想政治教育，体现在教学的顶层设计上要将人的思想政治培养作为课程教学的目标放在其中，并与专业发展教育相结合。

课程思政的理念是协同育人。从课程思政的提出来看，其目的就是实现各类课程与思想政治理论课的同向同行，实现协同育人。不论是“三全”育人还是“十全”

育人，其体现的正是协同育人的理念。

课程思政的方法是显隐结合。通过深化课程目标、内容、结构、模式等方面的改革，把政治认同、国家意识、文化自信、人格养成、科学观等思想政治教育导向与各类课程固有的知识、技能传授有机融合，实现显性与隐性教育的有机结合，促进学生的自由全面发展，充分发挥教育教书育人的作用。

二、课程思政的教学设计与实施路径

1. 思政课程建设的关键和重点

课程思政的关键是教师。课程思政需要老师深挖课程的学术价值，又要教师深挖思政价值。这样，教师不仅在专业课程上要具备丰富的知识结构与深厚的知识积淀，又需要在马克思主义理论上具有科学的认知水准和游刃有余的运用能力。

课程思政的重点是课程，因为课程是课程思政的重要载体。每门课程应秉承“课程承载思政”和“思政寓于课程”的理念，优化课程设置，将思政内容贯穿于课程的教学大纲、教学目标、授课计划、培养方案、教案设计等各个方面，加强课程思政体系建设。同时，充分发挥课堂教学的主渠道作用，合理融入育人要素，以润物无声的形式将正确的价值观传导给学生，使课堂教学的过程成为引导学生学习知识、锤炼心志、涵养品行的过程。

2. 课程思政教学设计中的思政元素

课程思政教学设计中的“思政点”一般应包括这样几个方面：一是国家层面，如家国情怀、政治认同、国家意识、民族精神、传统文化、文化自信、道路自信等；二是精神层面，如理想信念、价值理念和道德观念等；三是人格层面，即人格养成，教导学生如何做人，包括人文素养、社会公德、职业道德、个人品德，也包括理想和情感、行为和心理等；四是智力层面，包括思考、观察、想象、推理、逻辑、模仿和判断等能力的培养；五是科学观，包括认识论和方法论，如求真务实、开拓精神、创新意识、学术诚信和国际视野等。

“思政点”从哪里来，通常有这样几种做法，(1)从课程知识点中发掘思政元素，或从知识点的组合或延伸中发掘；(2)通过课程研究方法或对课程教学内容的研究，发掘其中所蕴含的哲学思想；(3)通过失败的教训、警示性的问题等，反思分析，提高学生辨识能力和责任意识，如工科课程的老师，可以通过典型的工程事故案例引发学生思考，师生共同探讨如何预防事故发生，引入思政教育，教导大家坚守职业道德和匠心精神；(4)将专业或课程相关社会热点问题引入课程，和学生进行讨论；(5)从学科发展史、大师成长道路、教师个人经历等方面加强对学生的价值塑造。如复旦大学《高等代数》课程，授课团队在培养学生逻辑、推理和思维能力的同时，在教学中注重高等代数的实际应用，将专业学习与时代前沿（如 5G 技术基础——极化码）紧密结合，同时团队老师也以基础研究与理论应用为抓手，使知识传授与价值塑造有机融合，带领学生体悟数学之美，传承复旦数学人的家国情怀（如讲述数学家苏步青教授的事迹）。再如天津大学《理论力学》课程，团队教师在课程中创建“课首语”和“闲言碎语”等板块，通过引入国内外大学校长、院士、身边知名教授等“语录”，倡导质疑、批判和创新精神；此后，通过不断更新“思政案例”，实施正向引导教育，倡导中国传统文化，培养家国情怀。

对于基础力学课程，其理论体系中蕴含着大量的自然规律和哲学道理，其研究方法中充分体现了自然辩证法的规律（如抓住事物的主要矛盾）。例如，静力学基本原理的普适性与特殊性、构件设计的安全性与经济性的对立统一规律都饱含着中国古代朴素的哲学思想，以及科学思想和科学方法，为学生的成长和发展提供了重要的指导意义；再如，在研究航天器的运动轨迹时将其抽象为质点，在研究航天器的运行姿态时则将其抽象为刚体，而在研究其空中对接时却被视为变形体等，这些都体现了辩证法的思想。

3. 课程思政的融入模式和融入标准

课程思政的融入模式如图 1 所示。

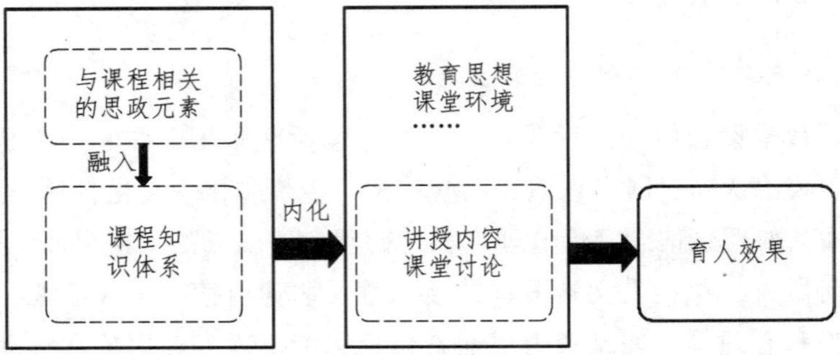

图 1　课程思政融入模式

在课程思政的建设中，教师要具备让学生敬重的学问与品行，要将自己的理想信念、道德情操、扎实学识、仁爱之心，通过自己的言传身教，让学生耳濡目染。

各类课程要以符合自己特点的方式，建构开展课程思政的有效路径。不同课程的课堂教学，都要有机地融入思政元素，让价值引导的成分在课程设计和课堂教学中如盐在水，达到春风化雨、润物无声的育人效果。

思政元素的融合标准可以用四句话来概括，即学生能自然接受、与学生能产生情感共鸣、能激励学生学习的内动力、能拓展与深化课程知识，思政元素要自然融入、严谨贴切、画龙点睛。

同时，通过课程思政建设，不仅将思想政治教育融入课程教学和改革的各环节、各方面，实现立德树人润物无声，同时还要努力实现三个“度”，即丰富教学内容，让课程内容更具深度；创新教学方法，让课堂氛围更有温度；提升教学效果，让思政教育更有力度。

4. 课程思政的实施载体与路径

课程思政要进行一体化设计，其实施的路径和载体应包括课程大纲、教材、慕课与数字课程、课堂教学、课程实验、实习与实训、教学环境等。在课程大纲中体现课程思政的目标和具体要求，引导课程开展课程思政建设；教材中，则反映课程思政元素的文字资料、图片资料，也可链接课程思政电子资源；慕课与数字课程则主要链接课程思政的电子资源，拓展“思政点”；课堂教学则是课程思政实施的“主战场”，PPT 设计、思政元素融入、教学方式、学生参与模式、网络应用、课程反馈等，这些均为课程思政教学设计的重要内容；通过课程实验，培养学生的团队合作精神、科学探索精神；通过实习与实训，培养学生工匠精神、劳动精神，加强法制观念，拓展学习视野；通过完善教学环境，探索环境育人模式。

5. 课程思政实施中要注意的几个问题

在课程思政建设中，必须要注意几个问题：

（1）课程思政不是要增加学时、另起炉灶，而是在课程知识讲授基础之上要有意识地加强育人工作。

（2）课程思政是一种价值导向，不是取代各门基础课、专业课。基础课、专业课教师的主要功夫还是要下在如何上好课程上，但在做好知识传授工作的同时，也要守土有责，有意识地做好育人工作。

（3）不要牵强地开展课程思政。课程思政是把思政元素融入课程实施的全过程，这种融入需要讲究一定的艺术，不能过分牵强。比如在宏观层面的家国情怀、政治认同等方面的内容，通常通过案例、故事、情境等形式体现出来，否则就会因为略显“生硬”而降低课程思政的效果。

（4）课程思政方法上常常通过“隐性”方式进行，让学生在不知不觉中接受思政教育。

（5）是否每堂课都要开展课程思政。实施课程思政是为了达到育人的目标，但这不是机械地要求堂堂课都要有思政。一堂课、一个教学环节到底需要融入多少个思政点合适？没有标准答案，妙在得当，达到育人效果。

（6）课程思政要联动一课堂和二、三课堂。对于课程教师来说，主要涉及全过程和全方位育人两个维度。但是实际上，我们把课程思政的焦点放在了课堂教学和讲授环节，忽视了第二课堂、第三课堂，而在二、三课堂开展课程思政恰恰可以丰富手段、增加深度、提升效果。

三、工程力学课程思政实践

工程力学作为一门工科技术基础课，始终将立德树人融入教书育人全过程。在实施课程思政的过程中，针对课程特点进行了一体化设计，充分挖掘工程力学课程中的德育元素，注重科学思维方法的训练、科学伦理的教育，发挥学生创造活力，增强学生专业荣誉感，培养学生探索未知、追求真理、勇攀科学高峰的责任感和使命感，培养学生精益求精的大国工匠精神，激发学生科技报国的家国情怀和使命担当。

1. 重构课程体系，建设慕课，编著出版数字化教材、数字课程，创新课程资源新形态，打造多维学习生态，为课程思政建设奠定扎实基础

上述工作构建了教师与学生的新型关系，打造师生学习共同体；展示中国工程技术成果奇迹，触动学生的家国情怀、社会责任和工匠精神，激励学生更加勤奋学习、打牢基础；设计工程案例，拓展学生工程应用思维，提高建模能力，训练学生探索精神；拓展阅读材料，充分融入课程思政元素，深化知识深度，开拓学生视野；通过科学家成长故事和学科前沿，激发学习兴趣，增加专业荣誉感。

2. 创新教育教学方法，用好课堂教学主渠道，全力推进课程思政建设

课间播放用力学知识解决工程问题的纪录片或动画片，潜移默化激发学生科学兴趣和学习动力；在讲授胡克定律时，不光介绍胡克在力学方面的成就，还介绍他在机械制造方面、城市设计和建筑方面的重要贡献，借此希望同学们在学好专业知识同时，培养综合素质；在讲授摩擦时，拓展到摩擦学学科，介绍摩擦学研究前沿及我校摩擦学研究团队、学科研究水平，激发学生的时代使命感和责任感，学好专业本领和技能，志存高远，将来为国家建设贡献力量；课程讲授时，不仅注重知识点讲授，更通过力学知识点间思维导图，启发和培养学生逻辑思维能力和融会贯通的能力；加强课堂提问、讨论等师生互动环节，提高学生学习的积极性和主动性。

一个典型案例：在课程知识点平面静定桁架的内力计算中，在讲到桁架应用时，即讲到了桁梁桥，讲到了力学与桥梁建造，包括三个内容：中国著名桥梁；力学在桥梁中的应用；我们的思考。以一座桥梁一个故事的形式讲授，在介绍第一座桥梁（钱塘江大桥）时，茅以升先生建桥炸桥的故事、钱塘江大桥在桥梁建设中的地位、茅以升从小立志要掌握建桥技术的故事，给同学们带来极大的激励和启示，激励同学们爱国、励志；后面又介绍了武汉长江大桥、南京长江大桥，以及中国现代著名桥梁，讲到了中国的建桥历史，讲到了桥梁建造师们如何创新和攻关，建造了一座又一座丰碑，家国情怀、工匠精神、文化自信、社会责任融合其中。特别介绍到港

珠澳大桥的建设，这座圆梦桥、同心桥、自信桥、复兴桥的建设背后，倾注与凝聚着无数建设者的心血与奉献，也包括学校的一批专家，他们带领团队攻坚克难，精确工程测量，提高桥面性能，创新桥桩设计，保证港珠澳大桥 120 年使用寿命，帮助国家节省至少两亿元建造成本，为港珠澳大桥贡献了力量，从而激励同学们的家国情怀，激励同学们励志、求真、力行，扎实学好专业知识，脚踏实地、志存高远。

3. 科学设置课程实验环节，加强实习实训

通过课程实验环节，一是验证力学基础理论，增加学生的创新意识；二是使学生在有限的实验时间内学到更多的知识和技能，巩固课堂所学，提高实验能力和动手能力，培养工匠精神。实验结束后，还通过引导学生分组讨论，进行实验延伸，提高学生分析问题和解决问题的综合能力。

力学有很多公理、定理、假设和计算方法，学生自然会想这些对工程计算分析会不会产生误差。讲授知识点后，教师引导学生自愿组成小组，自由选题、查找文献、综合分析、归纳总结、撰写报告，或学生直接参加科研训练项目。通过这些工作，强化学生科创活动参与度，提高创新能力。

通过近年来工程力学课程思政的实践，已取得很好实效，课程思政效果广泛受到好评，工程力学课程被评为首批国家精品在线开放课程、首批国家线上线下混合式一流课程和首批四川省课程思政示范课程，相关建设成果也获得了国家教学成果二等奖，课程思政建设成果已在全国十多个教学会议或培训班上进行交流。

参考文献

[1] 教育部. 高等学校课程思政建设指导纲要[EB]. 2020.

[2] 沈火明，等. 基础力学立体化教学资源建设的实践与思考[J]. 西南交通大学学报（社科版），2017.

[3] 叶志明，汪德江，赵慧玲. 课程、教书、育人，理工类学科与专业类课程思政之建设与实践，力学与实践[J]. 2020，42（2）.

[4] 赵继伟. 课程思政的涵义、理念、问题与对策[J]. 湖北经济学院学报，2019（2）.

深化法律概念认知、树立信息保护意识

——“数据库原理与设计”及实验的课程思政建设案例

朱 焱

（西南交通大学利兹学院、信息科学与技术学院，四川成都，610031）

近年来，以“棱镜门”为代表的信息安全事件频频发生，我国已将信息安全上升到国家安全战略层面，倍加重视。我国近年颁布了《网络安全法》《信息安全技术 个人信息安全规范》等法律法规，在增强全民信息安全意识方面提出了明确要求。

数据库知识与技术是数据科学领域极其重要的基础，是大数据管理、处理与分析的技术起点。“数据库原理与设计”“数据库原理与设计实验”是计算机专业的核心课程，其中数据库安全章节内容是课程的重要部分。自2019年开始，笔者在传授和讨论有关数据库安全的“数据库访问控制、数据一致性、故障恢复和并发访问控制”知识、技术的基础上，增加“数据安全与隐私保护”一章，融入了法律法规和职业修养与责任教育的思政元素，将知识技术的学习与课程思政有机融合。迄今为止，已有两届学生在学习“数据库”知识的同时接受了思政教育。

“数据安全与隐私保护”内容分为三个重点部分：数据伦理问题与主要原则；数据安全挑战与安全策略；法律法规与隐私保护原则。在讲授三个重点内容时，笔者通过讲授法律法规要点，分析真实案例，例如“五星级酒店顾客信息泄漏”“移动员工内部充值卡非法获利”等，研讨大数据防泄漏、防篡改、隐私保护的知识和技术，教育学生恪尽职守、明辨是非，培养他们在信息安全、数据安全、隐私保护等方面的遵纪守法意识，强化学生作为“IT 人”的职业道德修养与责任心，提高学生维护数据资产安全、保护个人与他人隐私的自觉性，努力实现既教书又育人的目标。

在“数据库原理与设计”及其实验课中有机融入思政教育的必要性是毋容置疑的，因为学生们在日常生活中存在数据安全意识薄弱，责任心不强，缺乏保护数据库安全知识和技能的问题。当今时代互联网信息技术蓬勃发展，“云课堂”教学模式广泛实施，更是凸显了一些学生法律法规学习不够、保护数据安全责任心差的问题。

项目资助：西南交通大学“扬华学者”计划（2019—2022）；西南交通大学本科教育教学改革项目（2019年）

作者简介：朱焱（1965—），女，广西桂林人，教授，主要从事大数据、数据挖掘等研究下面通过一个教学案例，深入讨论在知识和技术教学内容中融入数据伦理、职业道德与法律法规教育的紧迫性，以及开展这样的教育对学生的积极作用。

一、案例出现的课程背景

“数据库原理与设计”是理论与实践相结合的课程，配套开设了“数据库原理与设计实验”。2019—2020 学年第 2 学期（疫情期间）首次推出“在线实验课程”，有近百名学生选课。在设计阶段，学生以小组为单位完成各不相同的课程设计，包括需求分析、概念设计和逻辑设计。在实现阶段，学生以个人为单位，独立完成数据库课题编程实现与测试。

为了夯实学生的知识基础，提高学生的数据库设计与技术运用能力，教师组织了设计方案报告研讨会，每个小组不仅要提交需求分析和设计报告，还要进行实验课题设计方案的口头汇报，由其他小组学生和教师对该设计进行质询和优化建议。

二、课程中出现违背隐私保护原则的情况

2020 年 4 月 17 日的实验课上，全班 36 个小组 96 名同学全部进入在线视频会议室，逐一汇报课程设计方案。汇报过程中，正在宣讲设计方案的小组全体成员打开摄像头和麦克风，其他小组则关闭摄像头和麦克风，只在提问质询时才打开麦克风。课程进行顺利，每个小组认真地讲解本组的数据库设计，回答同学和教师的问题，教师查缺补漏，纠正错误，提出优化建议。同学反响积极热烈。

下课后，一位同学向教师反映：在上课期间某些同学截取了课程中正在汇报数据库设计的同学的视频图像，在班级中传播并对此截图进行调侃。

三、加强法律法规教育，提高学生遵纪守法的自觉性

根据中华人民共和国肖像权法规定，肖像权是公民的基本权利，未经本人同意，任何人不得擅自使用、侮辱其肖像。截图是视频的一部分，未经视频著作权人同意就擅自使用，侵犯了他人著作权。

上述情况表明，由于视频截图中含有他人肖像，某些学生未经他人许可，擅自截取和小范围传播含有他人肖像的截图，有侵犯他人隐私，损害他人肖像权的嫌疑。虽然个别学生的行为非恶意，也未造成不良影响，但也暴露了学生缺乏对相关法律法规的认识与自觉遵守的意识。针对上述问题，教师采取了两个主要措施：

（1）收到反映后，马上向全体同学发出信息，指出这种做法的错误和危害，以及可能导致的不良后果，责令个别学生立即停止这样的行为，维护了学生的合法权益。

2020-04-17 17：53：11 数据库老师

@全体成员 全体同学：今天下午实验课时，有某些选课的同学截取其他同学讲解答辩时的图像，并用此调侃他人。同学十分反感!!!

我在这里提醒大家，不要做这种无聊的事情！大家都有肖像权，擅自截取其他同学视频图，散布出去，会给其他同学带来非常不好的影响。学习讨论的时候，请认真聆听和参与，不要做这些无聊的事情，也不要扰乱其他同学。请各位同学珍惜时光，尊重其他同学的感受。@全体成员

（2）在几周后的“数据库安全”的课程知识讲授中，笔者重点讨论了数据伦理原则、大数据安全、隐私保护法律法规，以及应该如何保护个人信息。讲课中特别举出了上述发生在同学们中的例子，指出了个别同学法律意识淡薄，出现了违反肖像权和个人隐私保护的行为。结合相关法律规范，教育全体同学应深刻意识到知法懂法的重要性，强化全体同学遵守法律法规的自觉性，注重提升自身的职业道德修养。

这样的思政教育使同学们对隐私保护、道德责任和信息时代数据伦理要求有了深刻的思考与认识。在随后的第二次数据库课题设计方案汇报研讨课上，没有再出现上述问题。后续的课程教学中再没有发生类似的事情。

这个案例反映出课程思政建设的重要意义，而这样的教育正在发挥积极的作用。一位同学在课程结束后的教学收获反馈中写出了他/她学习“数据伦理与隐私保护”的体会：

对于我们这些计算机专业的学生，拥有道德感是以后步入社会的一个必备要求。老师当时讲述的数据伦理——隐私保护部分让我陷入了深深的思考。……道阻且长，行则将至！相信经过我们一代代的努力，这一定会更为完善。

四、总　结

通过上述案例，在“数据库原理与设计”及实验课程中开展课程思政建设是十分必要也是教师的职责。笔者将继续教育和指导学生树立法治观念、深化对重要法律法规的认知、强化保护数据安全和维护个人隐私的责任感，帮助学生认识到数据是国家、社会与个人的重要资产，是信息社会的“宝藏”，恪尽职守保护数据安全是每个公民，更是“IT 人”的责任与义务，提升学生明辨是非、发现数据安全问题、保护国家与公众数据资源的思想水平与技术能力。

“立德树人”不是一句口号，需要每一位教师在每一门课程中倾力而为。课程思政也不能“一蹴而就”，必须“如盐在水”地融入教学内容，才能“润物无声”地帮助学生塑造正确的“三观”。

课程思政在“电工学”课程中的应用

李冀昆[1]　李春茂[1]　刘　畅[2]　徐英雷[1]

（1. 西南交通大学电气工程学院，四川成都，100191；
2. 西南交通大学马克思主义学院，四川成都，100191）

[摘　要]“电工学”教学团队从教学目标，教学设计、教学方法等诸多方面进行了基于课程思政的教学改革与实践，将教书育人与以学生为中心的教学理念贯穿于教学的全过程，构建传授专业基础知识同思想教育工作相结合的教学模式，不断深化学习，提升教学设计，持续改进，积极探索与实践基于课程思政的教育教学改革与创新。

[关键词] 课程思政；关键词 电工学；课程设计

1　引　文

习近平总书记在全国高校思想政治工作会议上强调，要用好课堂教学这个主渠道，各类课程都要与思想政治理论课同向同行，形成协同效应[1]。“电工学”课程知识链长，逻辑性强，覆盖面广，含金量大，学生的受面广（几乎涵盖了学校的所有工科非电类专业：土木、机械、交运、力学、生医等），“电工学”课程作为基础课程，不但要传授知识、培养学生能力，更要帮助学生树立社会主义核心价值观，实现树德立人的教育任务。

2　“电工学”课程思政建设的目标

（1）课程教学目标知识、能力、素质三位一体。在培养目标的基础上，在知识和技能目标的基础上增加素质目标，以习近平新时代中国特色社会主义思想为指导。坚持知识传授与价值引领相结合运用，可以培养大学生理想信念价值取向、政治信仰社会责任，全面提高大学生缘事析理、明辨是非的能力，让学生成为德才兼备全面发展的人才[2]。

作者简介：李冀昆（1978—），女，硕士，讲师，研究方向为电力系统及其自动化

（2）教学中渗透宇宙观、世界观、唯物观。科学是严密的知识体系，更体现严密的思维方法。科学研究主要任务是寻找自然界各种事物发展变化的基本规律。在探索自然奥秘的过程中发现新事物、新原理、新规律，科学思维的方法具有客观性，抽象性和逻辑性。一些科学的思维方法，不仅从学科专业的角度适用，转移运用到其他方面仍然管用，科学思维不仅局限于单一的专业领域，还可以帮助师生改善思维方法，包括做人处事的方法。

（3）教学过程中应用的工程案例贴近生活、贴近现代、贴近社会，教学设计使学生具有社会的临场感、认知的临场感，使学生乐于学习。在课程教学的过程中，结合我国在相关领域取得的领先地位，树立民族自豪感。在芯片领域，让青年学子要有清醒的认识，祖国的未来需要我们发奋学习，努力拼搏。

（4）教授学生有价值的知识，同时培养学生探寻知识的兴趣、欲望和方法。培养学生良好的品行，启发学生探寻人生的意义和价值。在课程的教学活动中，要求学生对待学习具有一丝不苟、认真细致、精益求精的科学精神，同时要有耐心、恒心、不怕困难的决心，认真完成每项任务，要有工匠精神[3]。

3 “电工学”“课程思政”建设思路及课程设计

（1）制度先行明确课程思政的政治教育目标，坚持学科专业的性质不变本位不变，挖掘其学理价值、伦理等作用于学生，让其学会以专业为基础，从专业中引发和专业相连的问题，从而达成思政教育。也就是经过科学学习和训练，达到学生修养的全面提高。

（2）建设师资队伍，育人先育己。要完成电工学课程的思想政治任务，需要有一支讲政治的教师队伍，课程教师首先要有过硬的专业知识，另一方面要有过硬的政治修养。能够把思想政治教育融入“电工学”课堂，真正把思想引导和价值观塑造融入课堂的教学中。本课程组成员均为党员，有丰富的基础教学经验，课程组的老师在长期的教学中已将部分思政内容融入自己的课程教学中，并通过不断的学习提高自己的教学水平，充分发掘课程中隐含思政元素，将思政教育得以通俗易懂的方式融入“电工学”的课堂中。在本年度的教学改革中，本课程组成员与思政教师组成教学团队，形成常态化的集体备课制度，使团队成员能够不断地提高进行课程思政的能力和水平。

（3）重构教学内容，进行课程设计，提升教学内容的思想性[4]。“电工学”课程思政教学改革是系统而长期的工程，从顶层设计到具体落实都需要循序渐和搭建的长效机制，还需要在思政元素的挖掘、思政切入点和结合度等方面进行总结和改进，最终构建适合本课程特点的课程思政教学机制。“电工学”课程建设经过多年的积累，不断进行课程思政与课程教学内容有机融合的教学设计，部分内容如表 1 所示。

表 1　课程思政与电工学课程教学内容的有机融合课程设计

教学内容	课程思政的融入点
绪论部分由眉山小龙坎火锅底料无人工厂引入“电工学”的知识框架组成	选择贴近学生专业及生活的工程实例让学生有社会的临场感、生活的临场感。加强对社会发展的理解，对社会应用科学现状的了解，也了解社会整体的科技水平。既提高自己的国情意识，促进社会责任感，也提高自己学以致用的能力
戴维南定理部分，介绍戴维南定理简化与等效的重要工程思维方式，并介绍戴维南的生平	理工科课程蕴含了大量的科学思维和方法。一些思维方法不仅仅从课程从学科专业的角度是适用的，转移运用到其他方面仍然管用。结合戴维南的生平鼓励学生在学习工作中始终保持学习的热情，保持自己好奇心，追寻自己人生的价值
交流电路部分的相量法，介绍历史上的交直之争及相量法的发现过程	科学是严密的知识体系，更体现严密的思维方法。科学研究主要任务是寻找自然界各种事物发展变化的基本规律。科学家们在思维的过程中尽量排除主观性的干扰，力图认识客观规律的本来面目
交流电路功率因数提高部分介绍西南交大电气工程学院的电能质量控制科研团队，介绍团队负责人李群湛院教授（全国优秀共产党员）的经历	让学生在学习的过程中增强民族自信心及自豪感。强化学生对成为本校学生的荣誉感，用优秀共产党员的人生经历、风采去影响每个学生，这显然是课程思政的积极意义所在
三相异步电动机部分，引出铁路牵引电机为三相异步电动机，介绍西南交大曹建猷院士为中国轨道交通的发展做所出的贡献	介绍杰出校友在铁路发展中做出的贡献是课程思政育人的目标具体体现。科学技术是第一生产力。在课程教学活动中始终贯穿电工学作为构成科学技术现代化的有力证明的观念，树立课程自信、民族自信的理念
电子技术中电子器件的性能渐进完善	指导学生如何正确分析问题解决问题，在成长过程中不畏惧失败，不要求自己完美，但永远为自己的进步而努力
模拟电路分析中，抓大放小，抓住事物主要的矛盾来分析	抓大放小，抓住事物的主要矛盾这种科学的思维方法在哲学中的体现。这种分析问题的方法在解决日常生活中的问题时也仍然适用
线上教学的开展，鼓励学生讨论疫情对未来学习方式的影响	教师结合自身与学生交流学习困惑及感想提升学生的学习动力。和学生一起讨论学习的意义，分享学习方法

4 结 语

“要用好课堂教学这个主渠道，思想政治理论课要坚持在改进中加强，提升思想政治教育亲和力和针对性，满足学生成长发展需求和期待，其他各门课都要守好一段渠、种好责任田，使各类课程与思想政治理论课同向同行，形成协同效应”[1]，本文正是基于此目的，在“电工学”课程中开展课程思政研究，在教学活动中实践了与思政课同行，并收到了不错的效果。这不仅为其他课程开展课程思政提供了参考，也更加促进任课教师不断推进将思政教育融入专业课程的信心。

参考文献

[1] 李向东. 在知识传授中实现价值观引导[J]. 中国高等教育，2019,（9）.

[2] 余寿文. 大学的本质功能与中国科技人才的培养. 高等工程教育研究，2017（1）：26-3.

[3] 王刚. “新工科”背景下公共基础课教学理念的构建[J]. 大学教育，2019（12）：74-76.

[4] 梁焰. “课程思政”在理工科课程中的实践研究——以 FPGA 原理与应用设计课程为例[J]. 教育现代化，2019（4）：159-161.

《中国建筑史》课程思政的实践与思考

徐淑娟　严　丹

（浙江师范大学地理环境学院，浙江金华，321004）

[摘　要] 课程思政是以立德树人为教育目的，体现立足中国大地办大学的课程观，使传授科学知识与思想政治工作结合起来。近年来，中国建筑史通过革新教育理念、丰富教学内容、创新教学方法、建设数字资源、科学设置实习实践环节，有效地将思政元素融入课程教学中，扎实推进了课程思政建设，并取得实效。

[关键词] 课程思政；教学理念；中国建筑史；路径

习近平总书记在全国高校思想政治工作会议上强调，要用好课堂教学这个主渠道，各类课程都要与思想政治理论课同向同行，形成协同效应[1]。通过思政课程和课程思政的协同，形成教学合力，使学生从课程中汲取智慧，坚定理想信念，夯实价值基础，为学生健康成长提供价值引领和精神滋养。

课程思政是一种教育理念、一种思维方式、一种教育实践，更是一个系统工程，探讨其内在逻辑和教学设计是一个长期的过程，需不断研究和实践[2]。

一、课程思政的教学目标

要做好高校思想政治工作，要用好课堂教学这个主渠道。按照各门课都要守好一段渠、种好责任田的要求，中国建筑史课程思政旨在提升课程定位目标，充分挖掘课程中的思政元素，发挥好课程的育人功能，形成三全育人的教学体系。

中国建筑史课程育人的教学目标包括四个方面：（1）强化课程在培养学生中的地位和作用；（2）传递好科学文化知识和基本技能；（3）清楚课程的方法论；（4）加强课程的思想政治教育功能。教学大纲的制订是以学科体系为基础，其育人目标则是

项目资助：浙江师范大学2020年度课程思政教学改革项目

作者简介：徐淑娟（1976—），浙江龙游人，讲师，从事建筑设计、力学等教学和科研工作

以马克思主义关于人的全面发展学说为依据。

中国建筑史课程立足“培养什么人，怎样培养人、为谁培养人”的战略目标，在原有知识目标、能力目标外侧重价值目标的调整，在知识探究和能力培养中彰显价值引领，在教学目标中增加“社会主义核心价值观”“德智体美劳全面发展”“创新意识”“工匠精神”和“家国情怀”“责任担当”等具体要求。

二、建设思路和课程设计

立德树人是教学工作的中心环节，要全员、全过程、全方位育人。中国建筑史将重点围绕教学目标，在原有工作基础上，进一步将专业知识的探究与学生思维方式的培养相结合，传授专业知识与培养社会主义核心价值观相结合，介绍专业学科发展与培养学生爱国敬业精神相结合，课程资源建设与家国情怀、社会责任、文化自信相结合，科学设置课时安排，将教书育人贯穿于课程教学的全过程，充分发挥教师在“培养什么人、如何培养人、为谁培养人”的责任感和使命感。

1. 革新教育理念

（1）将教书育人贯穿于专业教学的全过程。

课程在专业基础知识讲授中不仅介绍中国古典建筑的奇迹，如建于隋代，走在世界桥梁科学前列的河北赵县安济桥，同时也结合我国现阶段重大建筑成就展开讲解，如2008年北京奥运会标志建筑鸟巢、水立方等等，以此拓宽学生的知识视野，不断增强学生的民族自豪感和自信心。同时通过一系列建筑历史发展进程中的实例，从原始社会的木骨泥墙、干阑式建筑起，历经秦修长城，汉筑长安城，隋唐开凿大运河，兴建大兴城、洛阳城，明清故宫，直至北京大兴国际机场，体会中国的匠人们如何突破技术难关，解决了一项又一项难题，创造了一个又一个奇迹，感受到大国的“工匠精神”，同时增强了学生的爱国热情和职业使命感，让他们正确认识远大抱负和脚踏实地，并落实到具体行动中去，让勤奋学习成为青春飞扬的动力。

（2）将以学生为中心的理念贯穿教学全过程。

以学生为中心的教学，就是从学生的角度出发，结合学生的个性和特点，真正使他们掌握知识、提高能力。教师在课堂教学中，不仅讲授知识点，更要启发学生掌握将知识融会贯通的能力。如在讲述中国木架建筑中特有的结构部件——斗拱时，先采用图解，动画演示方式初步了解，然后学生自己动手组装实体模型来剖析其结构特性，培养学生认真踏实的工作态度。

2. 丰富教学内容

（1）将介绍基础知识同介绍学科前沿相结合。

建筑史课程中很多知识点涉及不同学科，如讲授木构建筑中的抬梁式结构体系时，介绍现代结构学中框架结构的研究前沿；而在讲授建筑材料砖的出现时，介绍我国对生态建筑材料一直不懈的努力和研究，激发学生的时代使命感和责任感，学好专业本领和技能，志存高远，将来为国家建设贡献力量。

（2）将介绍专业知识和地方建筑工程相结合。

建筑在工程中应用广泛，在讲授相关知识点时常常要涉及各地方的建筑成就，特别是与我们息息相关的民居建筑。中国幅员辽阔，在不同环境、气候、风土人情、文化习俗下，造就了不同的生活居住环境。比如北方的“大院小宅”和南方“天井式”院落，云南厚重的“一颗印”和广西通透的“杆栏式”，同为聚族而居的福建土楼和安徽民居等。这些知识点常常会触动学生的家国情怀、社会责任和工匠精神，激励学生更加勤奋学习、打牢基础。

3. 创新教学方法

（1）加强课堂教学师生互动。

加强课堂提问、讨论等师生互动环节，提高学生学习的积极性和主动性。如讨论中国现存有没有早期的木构建筑时，列举佛光寺大殿，梁思成曾誉它为“中国建筑第一瑰宝”，一座建筑就是一个故事。在讨论中外著名建筑师人物时，列举 2012 年建筑普利策奖获得者王澍。通过讨论，能让学生更好地理解爱国、励志、求真、力行。同时，通过强化师生互动，让学生更加聚精会神考虑问题，提升教学效果。

（2）建设数字资源。

从“互联网+教育”思路出发，以信息化为基础，充分挖掘课程中的思政元素，重构课程体系，收集和建设数字资源，应用现代信息技术，将图书、文献、慕课、数字化教材及关联资源，如在线上教学平台建设了多个案例资源库，为学生打造具有吸引力的多维学习生态，并建构新媒体融合应用模式。在条件成熟时，建设本课程数字教材和在线开放课程。

4. 科学设置实习实践环节

科学设置课程实践环节。在课堂理论讲授的前提下，融入实践性。通过课程实践环节，一是增加直观教学感受，加深对基础理论的理解，有助于消化和吸收课堂教学内容；二是在有限的实践时间内激发学生的主观能动性，培养工匠精神。实践结束后，还通过引导学生分组讨论，进行实践学习的延伸，提高学生分析问题和解决问题的综合能力。

三、做好课程思政的工作思考

2020 年 4 月，教育部等八部委发文《关于加快推进构建高校思想政治工作体系的意见》，提出要全面推进所有学科课程思政建设。2020 年 6 月，教育部召开全面推进高等学校课程思政建设工作视频会议，部署《高等学校课程思政建设指导纲要》贯彻落实工作。《高等学校课程思政建设指导纲要》[3]对推进高校课程思政建设进行了整体设计，强调要科学设计课程思政教学体系，推动课程思政全程融入课堂教学建设，着力提升专业教师的课程思政建设能力，完善课程思政建设评价激励机制，明确将课程思政建设成效纳入“双一流”建设监测与成效评价、学科评估、本科教学评估、一流专业和一流课程建设等评价考核中。

接下来，中国建筑史在进行课程思政时，将通过深化课程目标、内容、结构、模式等方面的改革，把政治认同、国家意识、文化自信、人格养成、科学观等思想政治教育导向与各类课程固有的知识、技能传授有机融合，实现显性与隐性教育的更为有机结合，促进学生的自由全面发展，充分发挥教育教书育人的作用。

同时，中国建筑史将结合本课程特点，不断优化课程思政元素的选择和融入模式，有机地融入思政元素，让价值引导的思政元素在课程设计和课堂教学中如盐在水，达到春风化雨、润物无声的育人效果。

参考文献

[1] 习近平. 在全国高校思想政治工作会议上强调：把思想政治工作贯穿教育教学全过程开创我国高等教育事业发展新局面[N]. 人民日报，2016.

[2] 赵继伟. 课程思政的涵义、理念、问题与对策，湖北经济学院学报，2019（2）.

[3] 教育部. 高等学校课程思政建设指导纲要[EB]. 2020.

《材料力学》课程中的思政教育

唐达培　龚　晖

（西南交通大学力学与工程学院，四川成都，610031）

[摘　要] 实施“课程思政”是国家发展本科教育，落实立德树人方针的重要途径。《材料力学》课程的思政教育就是要在教书和育人的各个环节融入思想政治教育元素，不断加强和提高学生的思想政治理念。本文结合《材料力学》课程的教学内容，从中挖掘出若干思政元素，向学生传递的正能量主要包括：科学精神及爱国情怀的渗透，民族自豪感的激发，职业素养及社会责任感的培养，从“量变到质变”“天生我材必有用”的哲理，到“艰苦磨炼意志，逆境造就人才”“扶贫济困、帮助弱小”的理念，通过这些与当今国家的大政方针相契合的隐形教育，达到课程育人的目的。

[关键词] 材料力学；课程思政；课程育人；强度；刚度；稳定性

课程思政是新时代课程教学改革的重要目标。课程思政主要指的是通过各种专业课程、专业课堂和教学方式中蕴含的思想政治教育资源进行的教育教学活动，如同春风化雨润物无声，实现思想和价值引领，实现立德树人的目的。材料力学课程是大学很多工科专业重要的专业基础课，一般开设在大二学年，这一时间节点是学生重新定义人生目标的关键，关系到学生个人发展和前途。因此，在材料力学教学中开展课程思政教育责无旁贷。本文结合材料力学课程中的相关知识点，从中挖掘出若干思政元素，向学生传递正能量，达到课程育人的目的。

一、科学精神及爱国情怀的渗透

力学理论的发展和完善蕴含着科学家们孜孜以求的探索精神。在讲授材料力学的绪论部分时，可以借机介绍钱学森、周培源、郭永怀、钱伟长等我国著名的力学

项目资助：西南交通大学 2020 年本科教育教学研究与改革项目（项目号：20201017）

作者简介：唐达培（1966—），男，四川成都人，教授，主要从事力学的教育教学研究

家们探求科学的感人事迹，使学生了解他们的巨大贡献和刻苦钻研、献身科学事业的崇高精神，从而达到向学生渗透科学精神及爱国情怀的目的。比如，钱学森为了报效祖国，放弃在美国的优厚待遇，历尽艰辛，经过五年的磨难才回到中国。他不仅是中国的“导弹之父”，也是新中国力学的奠基人之一。他的许多力学著作堪称经典文献，对近代力学乃至科学技术的内涵、发展方向做了系统的论述，在空气动力学、固体力学、稀薄气体力学和飞行力学等应用力学领域取得了很高的成就，是一位当之无愧的力学大师。

二、民族自豪感的激发

在人类历史长河中，在力学成为专门的学科之前，我国古代劳动人民就已经积累了大量的工程实践经验，建造出了屹立千年的建筑。比如建于一千四百多年前的赵州桥，它是世界上现存年代最久远、跨度最大、保存最完整的单孔坦弧敞肩石拱桥。其最大的神奇之处，在于它在大拱的两肩，砌有四个并列的小拱，称为“敞肩拱”，这是世界桥梁史上的首创，比欧洲早一千二百多年。敞肩拱起到了减轻桥身质量、增大流水通道、增加桥身稳定性的重要作用。1991 年，赵州桥被美国土木工程师学会认定为世界第十二处“国际土木工程历史古迹”。这标志着赵州桥已与埃及金字塔、巴拿马运河、法国埃菲尔铁塔等世界著名历史古迹齐名。赵州桥体现了中国古人的智慧，它的存在已经成为中华民族的一种文化符号。老师在讲授材料力学课程时，可以结合材料的力学性能、应力状态相关内容，对赵州桥做简单初步的分析，让学生在课堂的简短时间内，就能明白古人把当初就地取材的石材做成拱状，实际上充分利用了石材适于承压的力学性能。更为详细的理论及数值计算也表明，赵州桥的构造是很符合现代力学原理的[1,2]。

先秦时期《考工记》中记载“天有时，地有气，材有美，工有巧，合此四者，然后可以为良”[3]，意思是顺应天时，适应当地环境，选择材料，经过能工巧匠的加工设计，才能制造出精良的器物。这些我国古代“材美工巧”的设计原则，与现代材料力学课程的知识是极其相符的。通过以上这些知识的讲解，让学生领略中国古代人民的智慧，可以增强学生的民族自尊心，激发民族自豪感。

三、职业素养及社会责任感的培养

纵观中外历史，工程上有许多令人骄傲的成功案例，但也出现过一些惨重的工程事故。重大工程事故具有残酷之难、切肤之痛的特点，能震撼人们的心灵。在材料力学教学中适当穿插讲述一些工程事故，能使即将成为工程人员的学生们在血的教训面前得到深刻的教育，培养其职业素养及社会责任感。

强度、刚度、稳定性是材料力学课程的三大核心内容，但是构件因为未能满足这三方面的要求而出现事故的案例也不容忽视！比如，1986 年切尔诺贝利核电站大爆炸，是因为反应堆外壳在蒸汽和温度共同作用下引起应力超过许用值，这一重大事故是强度不足而破坏的典型案例。1940 年造价 800 万美元的美国 Tacoma 海峡大桥，在 19 m/s 的低风速作用下，桥面发生严重扭曲而坍塌，这与此桥的刚度不够有直接的关系，同时也引发了科学家对桥梁风致振动的研究，形成了“桥梁风工程”的新学科。1907 年位于加拿大圣劳伦斯河上的魁北克大桥突然全桥坍塌，桥上 74 人全部遇难，是由于设计师库帕过度自信把原来的设计长度由 500 m 增加到 600 m，致使桥下弦压杆发生失稳，这是失稳破坏的典型事故。

四、艰苦磨炼意志，逆境造就人才

由材料力学圆轴的扭转切应力公式 $\tau=T\cdot\rho/I_p$ 知，某点的切应力 τ 的大小与该点到圆心的距离 ρ 成正比，在同一横截面上离圆心越远的点其扭转切应力越大，在横截面的边缘处最大。整个圆轴是否安全，首次取决于横截面的边缘各点是否安全。这一知识点给予我们的正能量启示是，边疆地区是否安全与稳定，直接关系到整个国家的安全与和谐，祖国的边疆需要更多的人去守卫和建设，在边远落后地区更能彰显出自己的个人及社会价值，艰苦磨炼意志，逆境造就人才。

五、量变到质变

在材料力学课程的“动荷载、交变荷载”章节，有介绍“疲劳”概念。力学中的疲劳是指材料在循环应力和应变作用下，在一处或几处逐渐产生局部永久性累积损伤，经一定循环次数产生裂纹或突然发生完全断裂的过程。对于钢材，在疲劳破坏之前并没有明显的变形，是一种突然发生的断裂。疲劳破坏是在远低于材料强度极限甚至屈服极限的交变应力作用下突然发生的，危害极大。疲劳破坏体现了从量变到质变的哲学理念。

六、扶贫济困、帮助弱小

在材料力学的许多教材中，都有如图 1 所示轴向变形超静定问题。从此题各杆受力的解答结果中发现，超静定问题中出现了静定问题所不具备的特点，那就是在超静定拉压杆系中，每根杆所分担力的大小，均与所有杆的刚度大小有关系，任一杆的刚度的改变都将引起杆系各杆受力的重新分配。在总外荷载大小不变的前提下，当让某杆的刚度增大时，该杆所分担的力就会相应增大，与此同时也使得其余杆所分担的力相应减小了。如果把此题杆件的刚度大小比作人的能力大小的话，那么此题所引申出的正能量启示是，能者多劳，能力越大责任越大，自己付出得越多，就相应地使周边别的人负担越轻，这与当前国家所倡导的“扶贫济困、帮助弱小”大政方针极其契合！

七、天生我材必有用

在桁架结构中，有时会出现受力为 0 的杆，称为“零杆”。比如，在如图 2 所示桁架中，易知 *CD* 杆便是“零杆”。学生初次遇到此问题时，常感困惑，既然“零杆”不承受或者不分担力，那么在桁架结构中留着它到底有啥作用呢？对于这个疑问，老师在讲授压杆稳定内容时，就可以给学生揭开这个谜底。我们先按如下的设想，假如图 2 中的“零杆”*CD* 不保留的话，就变成了如图 3 所示桁架。对图 3 中的铰节点 *A* 受力分析后，易知 *AB* 为二力杆，且受压。当压杆 *AB* 的长度过长时，压杆 *AB* 易发生失稳破坏。然而，倘若在图 3 的压杆 *AB* 上增加一个中间铰 *D*，并增加一根二力杆 *CD*，虽然 *CD* 不分担力，但是它却起到了把一根长压杆 *AB* 拆分成了两根短压杆 *AD* 及 *BD* 的作用，由于其他条件不变，短压杆比长压杆的稳定性更好，所以图 2 的承载力比图 3 更好。这个问题给予我们的正能量启示是，这个世界早就为我们每个人都预留了一个位置，它只属于你自己，只要我们始终坚信“天生我材必有用”，坦然面对自己的缺陷，总有一天，我们会找到属于自己的那个位置，在那个位置能无形中、不经意地彰显出自己存在的价值。

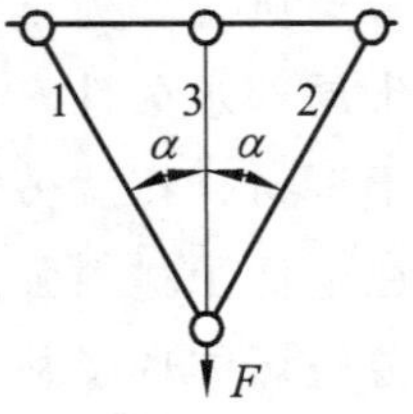

图 1

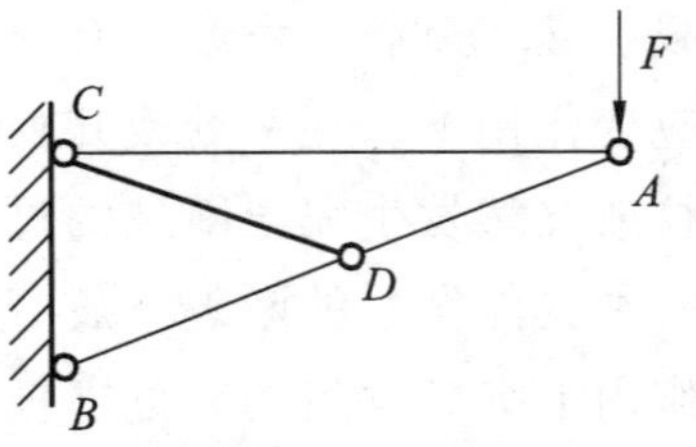

图 2

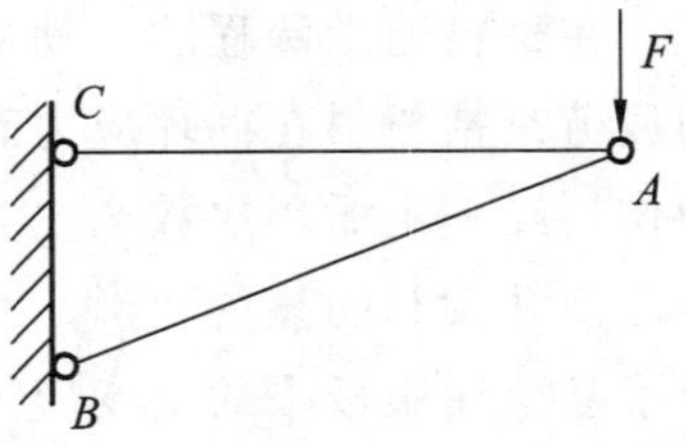

图 3

参考文献

[1] 钱令希. 赵州桥的承载能力分析[J]. 土木工程学报，1978，20（4）：39-48.

[2] 刘云. 伏拱对赵州桥力学行为的影响[J]. 力学与实践，2001，3（23）：20-24.

[3] 史阳光，刘磊. 基于课程思政-趣味教学下《材料力学》课程教学实践探索[J]. 广东化工，2020，47（7）：217-224.

基于工程与社会素养培养的线上《材料力学》课程思政模式建设实践探索

郑向华　李刚俊　叶菊珍

（成都工业学院，四川成都，611730）

[摘　要] 工程与社会素养设计在线上《材料力学》课程中，使课程思政教学有助于学生掌握知识，发散思维并激发学习热情。结合我国社会主义教育的背景，秉承成都工业学院手脑并用工程办学育人传统，将工程与社会素养培养作为立德树人的优秀资源和重要法宝贯穿课程教学全过程，构建了《材料力学》课程思政教学模式。对科技兴国工程资源转化和国之重器融入的教育理念引导下的教学进行了研究与实践，课程思政能为我国大学生社会主义核心价值观的培养提供有利教学环境。

[关键词] 工程与社会；材料力学；课程思政

一、《材料力学》课程思政建设思路

疫情当前，停课不停学。成都工业学院是四川本土的地方本科高等院校，学校的建校史就是四川“实业”发展和建设史的一部分。学校始终秉持“手脑并用、学做合一”的校训和“严谨、朴实、勤奋、创新”的校风。学校按照应用型高校发展的总体要求，进一步凝练并确立了“地方性、应用型、开放式”的办学定位和“根植地方、魂在应用、产教融合、协同育人”的办学思路，本次线上课程采用“工程与社会”作为自觉责任和时代使命，坚持用红色文化办学育人。

《材料力学》课程在学校覆盖专业广，是机械类专业课程体系中的一门重要的专业能力支撑课程，《材料力学》课程思政建设主要以习近平新时代中国特色社会主义思想为指导，基于成都工业学院应用型本科办学定位，把工程与社会关系贯穿于课程育人实践全过程，立足国家“科教兴国”发展战略和“中国制造 2025”，围绕“立德树人”、培养社会主义建设者和接班人的宗旨目标，调整探索授课内容和授课模式[1]。

作者简介：郑向华，副教授，主要从事力学的教学和科研

二、《材料力学》课程思政育德目标

在线上课程组织中，贯通对学生健全人格、健康身心和科学思维的培养塑造，使学生不仅能够掌握专业知识，而且逐渐具备较强的团队合作意识、竞争意识，具有较高的人文素质和较强的人际交往能力与组织协调能力，不断提高创新意识和实践精神，成为技艺精湛、敬业乐群的高素质的应用型科技人才。在拓展教育中，衔接马哲、中国近现代史、中国科技发展近代史、形势与政策等思政课知识点，贯彻习近平新时代中国特色社会主义思想，使学生进一步了解中国共产党带领中国人民从站起来、富起来到强起来的光辉历程，感悟新中国成立七十多年取得的伟大成就和实现中华民族伟大复兴的“中国梦”的宏伟蓝图，调整探索授课内容和授课模式。经过反复商榷力学组采用“知识点、典型国内工程案例讨论、课后作业及分组工程分析”实现。课前充分准备，课上老师和同学都很投入，反响也很好。启发学生进一步提高思想认识，增强民族自豪感，坚定共产主义理想信念，坚持“四个自信”，努力学习、奋发有为，立志成为能够担当民族复兴大任的时代新人[2]。

三、基于大国重器工程案例的《材料力学》课程思政设计及实施

《材料力学》课程思政将以国内工程案例为主的红色文化资源贯穿课程设计过程。中国共产党领导中国人民在追求民族解放、国家富强和人民幸福征程中所积累的红色文化，表现为物质形态、信息形态、精神形态的历史文化资源。以“实业救国、实业报国、实业兴国”为主要内涵是中华民族精神和中国共产党伟大精神的重要组成部分，是社会主义核心价值观的经典实践，是重要的红色科技文化资源。课程解决的工程问题从初创到发展，都深深打上了实业救国、实业兴国、实业强国的烙印，深植下红色基因，构建了红色文化资源的课程体系[3]。

1. 将思想政治教育融入课程教学的各环节、各方面，构建全课程育人格局

坚持立足《材料力学》视角下的思政设计，立足思政教育视角下的《材料力学》教师思想政治素养和思想政治教育能力的培养提升，立足制度建设视角下的课程思政的效果评价“三个立足”[4]。链接材料力学知识体系与思想政治理论课知识体系，在遵循专业教育教学规律的同时，充分挖掘德育内涵——“坚定的理想信念，勇于追求真理”“一切为人民服务，立志报国的爱国精神”，从章节的不同角度、不同层次全方位融入思政教育元素，这种精神在教育体系中起到了至关重要的作用[5]。教学在很大程度上注重学科的知识运用的整合[6],在教学中通常是以问题或者项目作为驱动力，建立科技强国的信念。强化学生的爱国意识，培养学生的责任担当之心，让学生养成良好学习习惯，进而促进学生综合核心素养的培养。

2. 实施多元化教学方式方法改革，将大学生思政教育有机融入课堂教学

以工程应用为前提，以增强讲课内容的新颖性、趣味性和易理解性为抓手，采取多种教学方式方法，嵌入思政教育，以实现对学生价值引领、能力达成、知识传授兼容的育人目标。材料力学学科作为一门需要融入多学科理论的自然学科。学习课程过程帮助学生进行知识储备的同时激发学生探究、实践、合作、创新的能力，提升学生的知识获得感和满足感，也提升了学生的责任意识以及社会参与度。在当今全球化、信息化的驱动下，教学理念能为社会培养出更加优质的人才，也为我国发展社会主义教育提供了一条有效路径。一是利用网络教学平台开展专题讨论，加强对学生的思政引领；二是优化案例式教学模式，深化对学生的思政启迪；三是推进开放式教学模式改革，让学生在学习中增进思政感悟；四是实行任务驱动式教学模式，让学生在实践中产生思政共鸣。

3. 着力从课程内容布局、课程师资等方面做好顶层设计

在课程师资上，建立专业课教师与思政课教师联动机制，大力推进师德师风建设，提升专业课教师的思政水平和对思政理论的把握能力，切实履行“教书育人”职责，形成课程教师“人人讲思政”的格局。一是努力将课程打造成一门集时代性、思想性、前沿性、鲜活性为一体，蕴含丰厚人文情怀和红色元素，能激发学生爱国爱校爱专业意识并能彰显成都工业学院特色的“课程思政”；二是在技术素养方面，培养学生运用“不屈不挠刚直挺拔的坚强不屈精神”在工程设计中发现《材料力学》强度、刚度、稳定性的能力，同时培养学生对技术进行评价，达到成都工业学院应用型本科人才培养目标；三是在工程素养方面，教育学生用正确的“应知学问难，在乎滴点勤”的严谨精神、世界观看待自然的发展规律，培养学生严谨认真的科学精神参与到工程实验当中，理解工程技术发展的过程；四是职业素养方面，培养学生运用“供丰不伐、严于律己、廉洁奉公”的思维理解学科中质量的关系。四个点围绕培养社会主义建设者和接班人的宗旨目标，调整探索授课内容和授课模式。

四、教学效果

1. 立德为先、名师示范的课程建设榜样多

教师通过课程思政更加具有乐于奉献、爱岗敬业、工作为先的德行，积极工作，投身教育教学改革，在团队建设中，涌现出一个个榜样和模范教师，1 人获中国科协全国科技先进科技者、1 人被四川省委教育工委评为优秀共产党员、1 人获四川省高校青年教师教学（工科组）三等奖，在校内广受师生好评的师德标兵 1 人、优秀共产党员 3 人、优秀教师 2 人、优秀青年教师 1 人，优秀班主任 3 人、教学工作突出

贡献奖获得者 6 人，省高校系统劳模创新工作团队 1 个、省教育厅科研创新团队 1 个、校级黄大年团队 1 个。校级成果奖 2 项，公开发表教研论文 45 篇。产、学、研、用融合，成绩斐然。

2. 培养学生全方面发展，增强创新创业意识

本课程引入思政元素开始教学试点实施后，学生参与专业类别的各类比赛同比增加 20%，获奖的项目取得巨大突破，2019 年学生竞赛（国家承认的 19 项重点竞赛）国家级特等奖 1 项、国家级金奖 1 项，其他省级以上竞赛奖十余项；竞赛获奖数量每年增加 10%左右，累计近 200 项省级以上竞赛奖。近年来创新创业训练项目蓬勃开展，先后立项各类创新创业项目 89 个，其中 9 个团队获四川省创业基金资助，每个团队资助 1 万元。创新创业促进了就业质量的提高，毕业生一次性就业率为 95%。

五、总　结

基于工程与社会素养的《材料力学》课程思政实施后发现，教育理念能够很好地运用到材料力学教学之中，同时也能够为我国大学学生社会主义核心价值观的培养提供教学环境。在材料力学教学中，可以依据学科知识点设置设问、思考、讨论、实践环节，由浅入深地对学生进行社会主义核心价值观的教育，从国家、社会和个人层面引导学生培养正确的人生观与价值观。

参考文献

[1] 文良起. 基于人文素养培育的《材料力学》课程思政实践探究[J]. 现代化教育，2018.

[2] 中国科学教育研究院教育研究中心. 中国教育白皮书[M]. 北京：中国科学教育研究院，2017.

[3] 陈立勇. 基于红色文化资源融入的“思政课程”与“课程思政”协同建设[J]. 大庆社会科学，2019.

[4] 刘秀清. “大思政”教育背景下汽车文化课程思政改革[J]. 大学教育，2019.

[5] 陆道坤. 课程思政推行中若干核心问题及解决思路[J]. 学科与课程建设，2018.

课程思政与系列专业课深度融合，打造石油工程专业课程思政品牌

谢丛姣　邹双梅　吴正彬　杨峰　刘睿

（中国地质大学，湖北武汉，430074）

[摘　要] 高阶性专业课教学是知识、能力、素质的深度融合。在基于互联网平台实现在线教学从“新鲜感”走向“新常态”的新形势下，打造具有高阶性、创新性和挑战度的金课对课程思政提出了明确要求。为提升“课程思政”育人实效，实现地球科学领域课程思政的地大品牌，形成“课课有思政，人人能育好人”的良好育人氛围，本文从设计一套教学方案、讲好一堂课程思政课、制作一个课程思政微视频“三个一”入手，探讨了如何在互联网+时代培养学生问题意识，打造地大石油工程专业课程思政品牌。

[关键词] 课程思政；互联网+；地大品牌

课程思政是指以构建全员、全程、全课程育人格局的形式，将系列专业课程与思想政治理论课同向同行，形成协同效应，把“立德树人”作为教育的根本任务的一种综合教育理念[1]。为了贯彻落实中共中央办公厅、国务院办公厅《关于深化新时代学校思想政治理论课改革创新的若干意见》、教育部《高等学校课程思政建设指导纲要》，地大石油工程专业始终坚持将“课程思政”理念融入教育教学的全过程，坚持价值引领与知识传授相结合，培养“品德高尚、基础厚实、专业精深、知行合一”的创新人才，弘扬“艰苦朴素、求真务实”的校训精神，充分发挥地球系统科学学科专业优势与特色，整体推进学校“课程思政”教育教学系统改革，构建“专业育人、课程育人和课堂教学育人”相统一的“三全育人”课程思政育人体系。本文在参考了清华大学、兰州大学、南京大学、西南交通大学关于课程思政的探索与实践后，探讨“一专业一特色”活动，打造石油工程基层教学组织的课程思政品牌，打

项目资助：教育部全国高校“双带头人”教师党支部书记工作室资助（项目号：教思政厅函〔2018〕33号）

作者简介：谢丛姣，女，湖北汉川人，教授，研究方向为油气田开发

通课程思政最后一公里，形成中国地质大学（武汉）石油工程专业课程思政范式和课程思政体系。

一、加强课程思政教育教学体系顶层设计，精心制定一套教学方案

高校教师是育人的生力军，是课程教学的设计人、组织者和实施者，是课程育人的第一责任人[2]。课程思政建设的基础在课程，重点在思政，关键在教师，重心在院系，成效在学生[3]。除了讲好石油工程专业技能的课程外，还要进一步提升教师课程思政意识，让老师们自觉承担教书育人的主体责任，充分激发教师的主观能动性，结合课程教学的特点多样化开展课程思政教学实践；不断提升教师育人能力，实现“课课有思政”“师师重育人”。课程建设是“主战场”、课堂教学是“主渠道”。加强课程思政教育教学体系的顶层设计，深入挖掘石油工程专业系列课程中蕴含的思政元素，将显性教育和隐性教育相统一，使专业系列课程与思政课程同向同行。

1. 凝聚育人共识，实现“师师讲育人”

随着国家课程思政育人工作的不断推进，石油工程专业系列课程教师团队深挖课程蕴含的“思政元素”和承载的育人功能，以春风化雨、润物无声的方式将其融入课堂教学的全过程，将知识传授同价值观教育结合起来，充分发挥石油工程专业系列课程的育人功能，通过对石油工程专业系列课程寓德于教的讲授，落实立德树人的根本任务。如何将课程讲的既有“思政课”味道，又没有“思政课”的痕迹，是一门技术，更是一门艺术，是对教师育德能力的考验，也是当代教师的一种教育使命。

石油工程专业系列课程涉及油气开发地质学、油藏工程、钻井工程、采油工程、油藏数值模拟等课程。教学团队负责人负责统筹教学体系的顶层设计，对先修课程及后续课程的衔接、思政元素植入设计教学方案，达成共识，落实到人并开展教学讨论，集体备课，做到全体教师人人都要讲好课程思政。

2. 系统完善教育教学体系，实现“课课有思政”

石油工程专业系列课程教学团队结合不同课程特点、思维方法和价值理念，深入挖掘各类课程中蕴含的思政元素，将显性教育和隐性教育相统一，使各类课程与思政课程同向同行，形成协同效应，取得“三全育人”整体效果。如表 1 所示为石油工程专业系列课程思政教案大纲涉及的三个大的显性教育要点，每个知识点还可以有不同形式的隐性教育要点，如《油气开发地质学》课程讲授第六章——油田开发监测技术方法时，以优秀校友通过他的坚持取样，多钻井三十米找到大油气田为案例，是应用了丰富的钻井、测井、录井、解释技术；还有一位校友发挥一不怕苦二

不怕死的精神，争分夺秒抱起岩心冲到实验室进行封蜡法饱和度测试，最终成功监测到油气显示，拿下海上大油田，获取上千万的直接经济效益。

表1　石油工程专业系列课程思政教案要点

课程名称	教案要点1	教案要点2	教案要点3
油气开发地质学	绪论：油气勘探开发简史，我国以第一大油田——大庆油田最具特色，介绍我国油田开发优势——艰苦朴素求真务实的校训精神，以大庆油田画报泄密照提醒青年学生勿忘国耻、不忘初心，学好本领为国家多找油	第一章：油田分类方案——世界上油气田类型多种多样，融入爱国主义教育和创新教育。用马克思主义哲学中辩证的思想、对立统一的规律启发学生开发好油气资源	第六章：油田开发监测——优秀校友成功开发涪陵页岩气，增强专业认同感。同时美国及世界页岩气革命为我国提供技术革新，有很多技术攻关需要同学们去努力
油藏工程	绪论：早期的油田开发任务油藏工程等同于油藏管理——论管理的重要性，不能一味追求产量忽视管理，需技术与管理结合	第四章：递减规律分析——运用辩证法原理说明产量递减是不可避免的，但可以延缓递减	第七章：原油采收率计算——提高采收率是油田开发永恒的话题，孜孜不倦追求一个目标的重要性
钻井工程	海洋石油981钻井平台——第一座自主设计和建设的深水钻井平台被称为“海上流动的国土”，体现科技工作者的创新精神	钻井液原理——为制止井喷，铁人王进喜跳入泥浆池用身体搅拌泥浆，体现“一不怕苦二不怕死”的铁人精神	水平井压裂技术——大幅提高单井油气产量，实现油气田经济有效开发，攻克技术难关。
采油工程	绪论：采油方法的多样性——技术发展靠人的创造，创新永远在路上	机械采油原理与方法——抽油机的机械设计集成多学科的智慧，AI人工智能需要专业人才的参与	非常规资源开采——认识世界有非常规思想、改造世界有非常规方法、推动世界有非常规人才
油藏数值模拟	绪论：油藏数值模拟最大的作用就是模拟开发——人生不能重来，可以设计以达到最优。提出问题：如何最优化模拟大学生的职业生涯？	黑油模型——世界石油工业可再发展150年，“新能源+智能源”革命可能推动中国实现“能源独立”，如何改进数值模拟模型以适应新技术？	数值模拟产量预测——新世纪全球非常规油气发现进入活跃期，产量持续上升，中国的科技工作者如何引领世界非常规油气理论与技术发展

二、认真执行课程思政实施方案，讲好一堂课程思政课

思政课是对学生进行思想政治教育，而专业课是对学生传授某领域中基础理论和专业技能的课程，两者之间存在内在的联系。石油工程专业系列课程教师团队按照设计好的课程思政教案要点，突出学科特色“深融合”，认真组织教师讲好一堂课程思政课，分层分类推进课程思政建设。深入研究每门课程的具体育人目标与重点内容，深度挖掘提炼专业知识体系中所蕴含的思想价值和精神内涵，科学合理拓展专业课程的广度、深度和温度，从课程所涉国家、国际、文化、历史、行业等角度，增加课程的知识性、人文性，提升引领性、时代性和开放性。对本科生毕业认证的一个关键要求就是毕业生解决复杂问题的综合能力和高级思维，没有标准答案，更多的是能力和思维的训练，思政元素就是最能训练人的思维能力。以石油工程专业系列课程思政教案要点为融点，深挖教材中的思政元素来讲好每一堂课。

1. 找准将课程思政元素融入教学大纲的“融点”

明确石油工程专业系列课程建设目标要求和内容，紧紧围绕坚定学生理想信念，以爱党、爱国、爱社会主义、爱人民、爱集体为主线，围绕政治认同、家国情怀、文化素养、宪法法治意识、道德修养等重点优化课程教学大纲，把课程思政要求融入每一门课、每一节课。找准课程思政与课程知识体系相融的“融点”，促进知识传授与价值引领相结合，强化“显性思政”，细化“隐性思政”[5]。无论是线上授课还是线下授课,均要严格执行两套教学大纲——专业知识点教学大纲和课程思政教案要点教学大纲，在课前准备—课中讲授—课后反思三个过程中反复思索，将课程思政元素融入教学大纲中。

2. 强化教材建设及选用的“着力点”

石油工程专业系列课程有多种版本的教材，在讲课前要加强教材建设和选用工作。以习近平新时代中国特色社会主义思想为指导，深入推动马克思主义理论进教材、进课堂、进头脑，充分发挥基层教学组织的作用，对专业课教材使用和出版情况进行调研、比较和最终审定，把好教材工作的政治关，提高教材建设水平。如油气开发地质学课程就参考了国内石油院校、地质类院校同名教材，结合本校实际情况选用新编第二版互联网+《油气开发地质学》多媒体教材，应用二维码等形式，将《找油的哲学》参考书中的很多理念、中国特色社会主义思想融入教学中，无缝对接专业课传授和思政元素植入，传承文化，润物细无声。

三、结合课程思政的教学实践，制作一个课程思政微视频

通过精心设计教学方案、上好一堂课程思政课后，如何将文化传承、批判思维、家国情怀、社会责任、艺术审美、语言能力、创新意识等多维度引导全体学生追求科学之真、人文之善通过新媒体传播出去呢，就需要构建网络课程思政阵地，制作微视频传递正能量。

1. 拓展课程思政教学模式改革创新的“支点”

思想政治教育是一项系统工程，思政课程创新是其中的一个环节，应主动探索新的载体与手段，通过人才培养模式的改革，促进育人资源的有机整合。明确石油工程系列课程要达到育德的目标有哪些？可以和思政课融合的“点”在哪里？课程进行时学生的反馈是什么？最终课程设计的目标达成度，在课堂上生成的育德的“点”有哪些？通过改革石油工程系列课程教学内容，把国际前沿学术发展、最新成果和实际育人有效经验融入教学，加强教学设计，并积极推进现代信息技术与课堂教学深度融合；石油工程系列课程中有专题式、问题式、混合式、主体性开放式教学模式，通过“PBL 公开课”“企业名家见面会”“课程报告”等多种形式，提高学生课堂学习的“抬头率”与满意度，找到课程思政教学模式改革创新的“支点”。

2. 构建网络课程思政阵地的“通点”

以“互联网+思政”为框架，构建网络课程思政阵地——第四课堂（见表 2），培育网络力量。专业课教学在传统的第一课堂、第二课堂、第三课堂已经非常成熟，在基于互联网平台实现在线教学从“新鲜感”走向“新常态”的新形势下，加强第四课堂网络在线微视频思政课制作势在必行。微视频可以打通院内院外、校内校外、课内课外的各类资源，促进网络阵地共建共享、互联互通，扩大网络育人参与面和覆盖率[6]。还可以发挥全国高校校园网站联盟共建共享作用，提高师生网络素养，丰富正面舆论供给。石油工程系列课程结合四个课堂每门课程制作一段微视频，开发课程思政在线开放课程，形成“互联网+思政”框架下网络课程思政系列，从多个侧面完整构建石油工程专业课程思政品牌。

表 2 “互联网+思政”框架下网络课程思政阵地——第四课堂

课堂	空间范围	教与学	特点	作用功能
第一课堂	校内（教室+实验室）	教室面对面传授	“严”：严谨的教学计划与教案，严格的时间规定，严肃的课堂纪律	知识传授+能力培养，教学主阵地
第二课堂	校内（课余活动）	学生自主学习与训练	“多”：多样自由选择的活动形式，团队训练为主	素质拓展+科研训练，课外补充

续表

课堂	空间范围	教与学	特点	作用功能
第三课堂	校外基础	导师指导下现场实践	“实”：扎实的实际操作与训练	实践训练+动手操作，实践强化
第四课堂	虚拟空间	网络在线、讲座、讲课、交流、答疑	“活”：自由选择全世界优良在线教育资源，学习时间地点、内容、互动等比较灵活	知识传授+虚拟演示，第一课堂补充

影响专业课教师课程思政讲授效果的因素有很多，其中教师是关键，教材是基础，资源挖掘是先决条件，制度建设是根本保障。只有融合得足够充分，专业课的课程思政才能不仅具有思政的“形”，更具有思政的“魂”。通过设计一套教学方案、讲好一堂课程思政课、制作一个课程思政微视频“三个一”工程，石油工程基层教学组织打造了本专业的课程思政品牌，党员教师都挑“思政担”，打通课程思政最后一千米，为学校推进“专业—系—院—校”课程思政体系建设提供借鉴。

参考文献

[1] 李成伟. 课程思政研究：现状、问题与建议[J]. 现代商贸工业，2020（21）.

[2] 马喜宁. 高校“三全育人”理念下课程思政教学的探析[J]. 法制博览，2020（19）.

[3] 刘晓，张黎声. 高校专业课程思政环节与评估的原则导向[J]. 中医药管理杂志，2018（17）.

[4] 赵继伟. “课程思政”：涵义、理念、问题与对策[J]. 湖北经济学院学报，2019（3）.

[5] 孙杰，常静. 高校加强“课程思政”建设现实路径选择[J]. 中国高等教育，2018（23）.

[6] 苏明华，陈丹妮，黄敬聪，等. 高校基层党组织强化思想政治工作、构建“三全育人”体系的路径和方法探究[J]. 湖北开放职业学院学报，2019（17）.

力学拔尖班大学之道课程的教学设计与实施

孔祥彬　阚前华　康国政　周德龙　曹子梁　张海泳

（西南交通大学力学与工程学院，四川成都，610031）

[摘　要] 力学拔尖班是西南交通大学为响应教育部等六部门关于实施基础学科拔尖学生培养计划而开设的工程力学专业拔尖人才培养班，《大学之道》则是专门为力学拔尖班学生开设的一门新生研讨课程。该课程从大学之道、力学之道、拔尖之道三个方面设计实施相应教学内容，辅之以从游育人、课程自组织、新媒体实践等教学方法，致力于让学生对大学学业、力学专业、力学拔尖班有初步全面性的了解，顺利完成高中到大学的转变，顺利开始工程力学专业学习，立志成为力学拔尖创新人才。

[关键词] 力学；拔尖班；新生研讨课；教学设计

2018 年 9 月，教育部、科技部、财政部、中国科学院、中国社会科学院、中国科协等六个单位联合发文《关于实施基础学科拔尖学生培养计划 2.0 的意见》(教高〔2018〕8 号)。为积极响应该计划，培养工程力学领域拔尖创新人才，西南交通大学力学与工程学院专门制定了《力学拔尖班培养方案》，并于 2019 年 9 月正式选拔组建了共 20 人的第一届力学拔尖班。根据培养方案要求，学院在力学拔尖班第一学期为其单独开设了新生研讨课《大学之道》。

一、课程设计理念

大学新生适应问题是高校普遍性问题，大一新生由高中转入大学学习后会出现很多不适应情况，包括对大学本身运行方式的不了解、对大学学习方式的不了解、对本专业的不了解等，由此会导致新生自我管理意识差、沉迷网络或其他课外娱乐

项目资助：西南交通大学本科教育教学改革项目重大项目（20201016，20201017，20201018）

作者简介：孔祥彬（1981—），男，四川泸州人，高级职业指导师，主要从事大学生思想政治教育研究

项目等问题[1]。

国内外在开展新生研讨课方面研究较多，但是针对工程力学专业特别是基础学科拔尖学生方面还较少，且现有针对工程力学专业的新生研讨课较多局限于专业熟悉和了解方面，对前两者即大学的运行特点、大学学习与高中的不同关注较少[2]。基于此，西南交通大学力学与工程学院在进行《大学之道》新生研讨课课程设计时，明确了“适应性教育、启发式教育、实践性教育”的设计理念，从了解大学学习方法、了解工程力学专业、了解力学拔尖班三个方面着手，开展课程安排与教学，为他们成为拔尖人才奠定良好的基础。

二、教学目标设计

该课程取名为《大学之道》，语出儒学经典《大学》，广义理解意为通过该门课程引导学生熟悉了解学习大学问的方法、规律，狭义理解则为熟悉了解在大学中学习的方法、规律。

该门课程的教学目标有三个方面：

一是传授学生“大学之道”，让学生对大学学业有初步全面性的了解，顺利完成高中到大学的转变。要通过课程让新生们明白，大学和高中在学习内容、学习方法、考核方式、评价方式等很多方面都有非常大的区别，必须重视切换学习方式方法，并在探索实践中不断调整学习状态。

二是传授学生“专业之道”，让学生对工程力学专业有初步全面性的了解，顺利开始工程力学专业学习。要通过课程让新生们了解工程力学的研究对象、研究方法、应用方向，对这个专业以及这个学科有较为直观的了解和认识，为其顺利进行各类公共课、基础课以及专业课学习打下基础。

三是传授学生“拔尖之道”，让学生对力学拔尖班有初步全面性了解，立志成为力学拔尖创新人才。要通过课程向新生们讲解力学拔尖班的总体培养方案，让学生们了解未来若干年里面的学习计划乃至深造就业方向，从而更加坚定朝着成为一名力学拔尖人才而矢志奋斗。

三、教学内容设计与组织

根据上述教学目标，课程组从大学之道、专业之道、拔尖之道三个方面精心设计了教学内容（见表 1），并安排院士、长江学者等知名教授和优秀青年教师、博士生来担纲相应课程的教学任务。

表1 《大学之道》课程教学内容安排

序号	模块	内容	主讲人
1	大学之道	师生互融：自我介绍与沟通	孔祥彬
2		何谓大学：大学起源、精神、发展与功能	苗鸿臣
3		中西对比：大学精神的传承与责任	师明星
4		自我管理：学业、职业与生涯规划	孔祥彬
5		领导能力：计划、组织、时间管理与领导力	孔祥彬
6		沟通表达：PPT、图画、信息、语言	孔祥彬
7	力学之道	力学起源：古今力学思想	苗鸿臣
8		趣味力学：试验、制作、演示	范晨光
9		行业视角：力学与高铁	康国政
10		学术规范：文献阅读与检索	苗鸿臣
11	拔尖之道	拔尖计划：时代召唤与培养模式	阚前华
12		大国重器：重点科研基地参观	王锋
13		朋辈视角：优秀学生经验分享	陈开卷
14		权威视角：优秀校友经验分享	沈志云
15		使命担当：个人梦与中国梦	孔祥彬
16		课程汇报：我的梦想	全体学生

1.“大学之道”模块

本模块重点在于引导学生认识和适应与高中截然不同的大学学习方式，首先安排了“师生互融：自我介绍与沟通”课程进行破冰，然后安排了“何谓大学：大学起源、精神、发展与功能”“中西对比：大学精神的传承与责任”两讲课程介绍大学起源与大学精神，之后安排了“自我管理：学业、职业与生涯规划”“领导能力：计划、组织、时间管理与领导力”“沟通表达：PPT、图画、信息、语言”三讲课程来讲解大学生如何在专业学习之外提升自身综合素质和能力。

2.“力学之道”模块

本模块重点在于引导学生认识了解工程力学专业的教学内容、学习方式、就业领域等，安排了“力学起源：古今力学思想”“趣味力学：试验、制作、演示”“学术规范：文献阅读与检索”“行业视角：力学与高铁”四讲课程对力学起源、力学实验、力学学术、力学应用等方面进行了生动介绍，学生从中清楚知道了这个专业的前世今生以及具体的学习、就业路径。

3.“拔尖之道”模块

本模块重点在于引导学生认识了解力学拔尖班的特殊培养模式，并积极引导学生们立志投身力学事业，首先安排了“拔尖计划：时代召唤与培养模式”和“大国重器：重点科研基地参观”让学生从课内到课外直观了解力学拔尖班的培养模式和从事领域，然后邀请中国科学院、中国工程院院士沈志云以及詹实扬华奖章获得者陈开卷博士分别从学界权威和朋辈视角分享了研究学习的经验，然后引导学生们通过“使命担当：个人梦与中国梦”课程以及“课程汇报：我的梦想”来畅谈自身认识体会。

四、教学方法运用

1. 从游育人

借鉴孔子携弟子周游列国的育人方式、梅贻琦倡导的“大鱼前导、小鱼尾随”的从游理念，本课程也将课程建设和班级建设结合起来，由班级首席导师和思想导师引领二十名拔尖班同学在名师大儒间“从游”，一是课程的相应讲次邀请不同的老师、校友及优秀学生进行讲授，二是老师带着同学们参观了牵引动力国家重点实验室，感受大国重器的力量；带领同学们赴峨眉校区沈志云院士家中，在院士客厅中上了一堂令学生们终生难忘的课程。

2. 课程自组织

在入学教育过程中确定班长人选，在第一堂课中将二十名同学分成五个小组，之后每次课程由班长协调安排五个小组轮流完成相应的课程组织工作，包括了课前与授课教师对接需求信息、研讨教室座位摆放、课中互动组织、相关课程的微博直播实录、课后实录整理及微信推送等系列工作。通过课程自组织的工作，同学们最直观感受到了大学学习的实践性和团结合作的重要性。

3. 自媒体建设

依托本课程，由课程负责人暨力学拔尖班思想导师指导力学拔尖班创立班级微信公众号和微博号，对《大学之道》每一讲课程的内容和收获进行新闻推送。每个小组轮流负责课程的新闻报道，制作精致的推送并发布在力学拔尖班微信公众号上。自媒体的建设，不仅锻炼了同学们新媒体动手操作能力、团队协作能力和写作能力，同时文案的整理和编辑也让同学们再一次复习了课程，增进了课程内容的掌握。

五、考核设计与实施

基于新生研讨课与一般知识类课程的不同，本课程的考核设计更加多元，从而支撑课程的三个目标。课程考核满分 100 分，平时成绩 70 分、期末成绩 30 分，其中平时成绩由出勤情况、课程自组织、实践感悟、读书心得、结课演讲、总结规划等六部分组成（见图 1）。

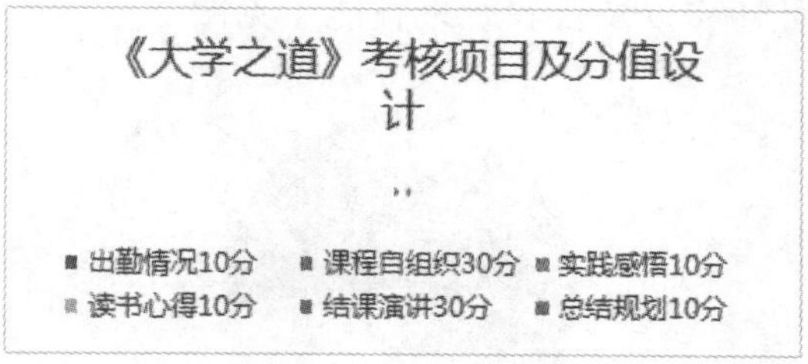

图 1 《大学之道》考核项目及分值设计

1. 出勤情况

出勤情况共 10 分，由助教记录评分。

2. 课程自组织

课程自组织共 30 分，课程自组织完成情况由老师、助教、班导生针对每组的课程推送及实录完成情况进行小组评分。

3. 实践感悟

实践感悟共 10 分，是在同学们游览峨眉校区，聆听沈志云院士报告后的感悟体会，由老师、助教、班导生共同评分。

4. 读书心得

读书心得共 10 分，是同学们借阅君子图书馆或者力学学院图书馆的图书后，对所阅览的书籍写下的心得体会，由老师评分。

5. 结课演讲

期末结课演讲共 30 分，由每个小组针对“大学之道”这一主题进行文案撰写、PPT 制作和演讲，由老师、助教、班导生共同评分。

6. 总结规划

总结规划共 10 分，是同学们在结课后回顾这一年自己的生活、学习状况，并制定未来新的目标和计划，由老师评分并与学生沟通。

六、学生反馈情况

结课后，课程面向全体同学进行了课程效果调研。在“请您对《大学之道》研讨课的整体教学效果进行评价”一题中，90%的同学给予课程好评，10%的同学认为课程效果一般。在“通过本课程的学习，您认为自己在哪些方面的提升最为显著”一题中，大部分同学认为显著提高了自己对大学学习和生活的适应能力，提高了表达沟通和人际交往等可迁移以及自我管理技能（见图 2）。

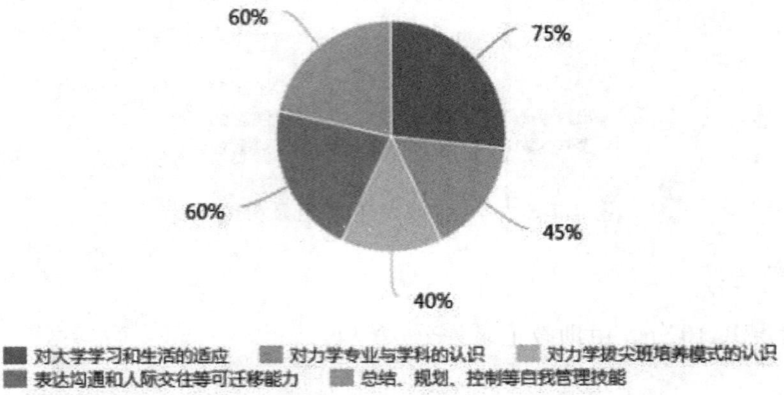

图 2　学生对《大学之道》学习收获的反馈

在课程感悟一题中，有同学说：“可以说，《大学之道》是打开大学之门的钥匙，它不仅让我对力学、高铁、大学和人生有了初步的认识，更让我看到大学老师对自己工作的负责与用心。我曾幻想过无数种大学生活的开始，是《大学之道》让这些幻想变成现实。”有同学说：“《大学之道》的学习对于我找到生活节奏、学习节奏都有很大的帮助，现在的我已经逐步适应了大学的生活。”有同学说：“通过这段时间在《大学之道》中的学习，我真真切切感受到了自身的进步，拜访院士、参观国家重点实验室等诸如此类的极有意义的活动，不仅让我开拓了视野，也让我消散了自己的迷茫，明晰了自己的方向。还有小组合作的开展，让我锻炼了沟通与统筹安排的能力，同时也增强了同学之间的联系。与此同时，上台演讲的开展也很好地锻炼了我的表达与不怯场能力。推送的书写时刻在锻炼着我的语文功底，促使着我的进步。总的来说，我在这门课中学到了很多。”有一位同学总结说：“此课算是一盏明灯吧！”

七、课程小结与反思

《大学之道》是学院精心设计实施的一门新生研讨课，第一学期教学总体完成情况较好，教学计划规范，教学组织顺畅，教学反馈较好。但还存在一些需要改进的地方。

一是对分组完成课程自组织任务的设计不完善，监督执行不够，有些小组出现了组长或某个人工作量很多，其他人工作量很少的问题。下学期要对班长、组长、组员等职责再细化，并设计好体制机制确保任务均衡，从而达到锻炼效果。

二是分组研讨内容偏少，由于是多位老师授课，一些老师并未安排分组研讨环节。下学期课程负责人要对新生研讨环节进行优化设计，协助相关课程老师开展研讨环节设计和实施工作。

参考文献

[1] 郝文清. 大学新生环境适应问题与应对措施[J]. 中国高教研究，2006，(02)：87-88.

[2] 卢芳云，张舵. “武器毁伤中的力学”新生研讨课教学实践[J]. 高等教育研究学报，2020，43(01)：110-115.

优秀大学教师的评价标准探究

姬晓旭　雷雳　代宁　冷伟　胡赛明

（西南交通大学教务处，四川成都，610031）

[摘　要] 大学教师是大学教学质量的责任主体，对大学教师及其评价标准的研究已经成为高等教育领域中的热点话题。本文在对优秀大学教师概念分析的基础上，提出对优秀大学教师的概念界定应回归到对大学教师本质任务教学的关注，并通过归纳对照已有研究，构建了优秀大学教师的五维评价标准，即学科知识的充分掌握、学科教学法的有效运用、关注学生及其学习成果、对教学实践进行反思与研究、持续的自我发展与成长。最后结合相关评价实践，从评价取向、评价功能、评价内容、评价主体等方面提出了对大学教师评价的几点思考。

[关键词] 优秀大学教师；高等教育评价；高等教育质量

一、引　言

2018 年是中国高等教育的改革年，以习近平同志为核心的党中央，着眼于培养德智体美劳全面发展的社会主义建设者和接班人，对高校人才培养工作做出了一系列战略部署，为我国的本科教育指明了方向，提供了根本遵循。已有经验表明，外部因素，如教育资源的投入、外部问责和评估等，并不能必然地提升教育质量，高等教育内部教学质量促进才是解决问题的根本途径[1,2]。从高校内部改革来看，当前

作者简介：姬晓旭（1982—），男，辽宁铁岭人，硕士，助理研究员，主要从事高等教育管理与质量保障研究；

雷雳（1988—），女，四川江油人，硕士，助理研究员，主要从事高等教育质量保障、特殊教育研究；

代宁（1977—），男，四川达州人，硕士，副研究员，主要从事高等教育管理与改革研究；

冷伟（1986—），男，四川遂宁人，硕士，助理研究员，主要从事高等教育管理与信息化研究；

胡赛明（1990—），女，湖南益阳人，硕士，助理研究员，主要从事高等教育管理与质量保障研究

世界各国都把提高教师质量作为教育改革的中心[3]。在全国教育大会上，习近平总书记强调，“建设社会主义现代化强国，对教师队伍建设提出新的更高要求”[4]，教育部部长陈宝生在新时代全国高等学校本科教育工作会议上提出高等教育必须要把握好两个基本点，即“坚持以本为本，推进四个回归”，其中教师要回归教书育人的本质[5]。从现有的相关研究来看，需要解决的一个关键问题是如何甄别优秀大学教师，即优秀大学教师的评价标准问题。目前对优秀大学教师的概念界定不够明晰、评价标准也不甚明确，这在一定程度上影响了对优秀大学教师的理论研究和实践探索[6]。基于此，本文将在对优秀大学教师概念进行分析的基础上，尝试对其概念进行重新界定，以此构建优秀大学教师的评价标准，并结合实例，提出对优秀大学教师评价的思考。

二、优秀大学教师的概念界定

（一）对教学的回归

对优秀大学教师的关注由来已久：自现代大学于 11 世纪在欧洲诞生以来，保证一定数量的优秀大学教师就被认为是现代大学得以生存与发展的基础。早期的大学主要将知识传授作为其主要职能，因而优秀大学教师即是那些能够胜任教学并在教学上具有卓越表现的个体。1809 年，洪堡出任普鲁士内务部教育厅厅长，在其任期内，对普鲁士的高等教育实施了一系列的教育改革，其中最重要的措施之一即是将教学与科研相结合的思想融入高等学校办学之中，这种将教学和研究职能相结合的大学办学模式对世界高等教育产生了巨大的影响，自此，科研开始与教学一起，成为大学教师的主要职责[7]。随着社会的发展，对大学的期望增高，大学功能复杂化，大学教师的角色冲突也日趋激烈。21 世纪初，随着一批研究型大学的建立，大学教师的角色冲突日益明显，在科学研究中投入的精力远远超过本科教学，研究与教学之间存在明显失衡的现象[8]。在对研究型大学优秀教师进行衡量时，科研成果成为了最具决定性的指标[9]。这其中涉及的一个关键问题即是科研优秀的大学教师能否将科研成果转化到教学之中、科研是否关注并有益于教学[10]。现实的情况是，教学与科研成果之间的相关性几乎为零[11]，科研成果的高产出与本科教学有效性之间并不存在因果关系[12]。教育部陈宝生部长在谈到高校教师要回归“潜心教书育人”的本职时，特别强调在评价教师时要把“教学质量作为教师专业技术职务评聘、绩效考核的重要依据，多维度考评教学规范、课堂教学效果、教学改革研究等教学实绩。”从现代大学建立之初对自身职能的定位和将教学作为大学教师最根本任务的特点，面对大学教学职能逐渐被削弱、大学教师评价越来越注重科研的背景下，在重新界定优秀大学教师概念时，应该回归到作为教师职业之本的教学上。

（二）对“教学”内涵的再建构

1990 年，时任卡内基教学促进基金会主席博耶对“教学”的内涵进行了重新论述，赋予了“教学”全新的含义。在《学术反思——教授的工作重点》报告中博耶提出了“教学学术（scholarship of teaching）”的思想，将教学视为学术的一种，从学术层面认识教学。对于教学学术，博耶指出：首先，教学作为一项学术事业，需要教师对其专业领域知识在深度、广度以及前沿性上都有充分的掌握；其次，教学是关于教师和学生之间能动性的活动，需要教师掌握一定的学科教学法知识；再次，教学意味着教师也是优秀的学习者，从而实现自身发展；最后，通过教学，实现了学术的延续[13]。博耶对教学内涵的再建构突破了以往认为教学仅仅是对知识的讲授与传递的观点，体现了教学融研究性、反思性、育人性、实践性、知识性等于一体的特点。美国著名教育家肯·贝恩教授认为卓越教学应该包含两个层面的内容：一是教学更多的是创造一种状态，在这种状态中，多数学生都会认识到他们学习的潜能，从而激发学生兴趣；二是学生获得有意义的学习成果[14]。这体现了教学的过程性与结果性导向相结合的特点。“教学”一词的内涵被极大地丰富。

综上所述，从对教学作为大学本体性功能以及大学教师本质任务的回归、对教学内涵的再认识，本文将优秀大学教师的概念定义为：大学优秀教师是指在高等教育组织中能够充分掌握学科知识并有效运用学科教学法知识，能对教学实践进行反思和研究并用以指导教学实践，促使学生获得有意义的学习经历和学习成果，且能持续学习、促进自身发展的个体。其中，高等教育组织具体指实施本科及本科以上学历教育的普通高等学校。

三、优秀大学教师评价标准的确立

作为教育活动其中的两个基本要素，教育者与受教育者对优秀大学教师的认识为评价标准的建立提供了参考。大量研究在理论探讨的基础上，分别从学生与教师的视角，对优秀大学教师评价标准进行了实证研究，其中比较有代表性的研究如表 1 所示。

表 1　大学优秀教师评价标准研究

研究对象	研究者	研究维度
学生	费尔德曼[15]	激发学生兴趣、授课的清晰度和可理解度、学科知识掌握度、课程的准备与组织、对学科知识以及教学的热情、关心和尊重学生、乐于帮助学生、鼓励课堂质疑和讨论
	米伦，等[16]	教学方法、激发求知欲、教师个人特质、科研能力、对授课材料的掌握程度、师生关系

续表

研究对象	研究者	研究维度
学生	王志华[19]	有能力、责任心、品德高尚、创新精神、人格魅力、心理健康
	时艳芳，等[18]	为师之基（教师素养）、为师之道（教师态度、教学目标、教学内容）、为师之本（以学习者为中心）
教师	肯·贝恩[14]	关注学习成果、激发学生潜能、创造有效学习环境、关注学生和学生学习、创建学习共同体并参与其中
	王薇[19]	良好的学科知识、对教学的热爱、融洽的师生关系、教育理论的指导
	郭九苓，等[20]	有高度责任感和教学热情、专业精深且知识广博、精心准备授课、重视基础理论、注重能力与思维方法的训练、有承认错误的胸怀和勇气、关注、尊重和理解学生、紧跟时代与科技前沿、合理应用教育技术
	吕林海，等[2]	对教师职业和教学的深度观念认同、有机结合教学与科研、教学活动体现出明显的以学生为中心的指导思想、善于利用多种来源的反馈信息持续反思、改进和提升自身教学质量
	史静寰，等[21]	教学实践、教学观念、教学成长
	张娴，等[22]	教育理念、业务的钻研、热爱学生、教师的自我提升与完善

基于上述研究针对不同群体对优秀大学教师调查维度的对照分析，可以提取出优秀大学教师的核心构成要素：对教师职业以及教学的认同、充分掌握学科知识、学科教学法的掌握程度、关注学生学习与学习成效、教师个人品质、教学反思、自我发展。根据本文对优秀大学教师概念的界定，最后确定以下五个要素。

（1）充分掌握学科知识：教师掌握所教授学科的、完整且前沿的知识，对学科知识有着丰富的理解，能够将本学科知识与其他学科或领域建立联系，且能在实践中对知识进行应用。

（2）有效运用学科教学法：教师能够有效结合课程与教学的一般理论跟学科教学实际情况，对课程与教学进行设计，用以指导教学实践。同时，能对本学科教学实践在理论层面进一步丰富。

（3）关注学生及学生学习成果：教师的所有活动都是在“以学生为中心”的思想指导下开展的，教师承认并努力了解学生的个体差异，并根据学生的特点进行教学实践，从而为学生提供有效的学习环境和有意义的学习经历，其核心在于促使学生获得有意义的学习成果。

（4）对教学实践进行反思和研究：优秀的大学教师是主动的思考者，能经常性地对自己的教学实践进行反思和研究，并在此基础上不断改进教学，促进教学效能的提高。

（5）关注自我发展：教师应关注自身发展并将其视为一个专业化、终身化的动态发展过程，教师是学习共同体中的成员，重视对自身素质的提高与完善，并以自身的进步为乐。

根据上述五个要素定义，确定具体的优秀大学教师评价指标，详如表 2 所示：

表 2　优秀大学教师评价指标

一级指标	二级指标
充分掌握学科知识	① 对教授学科的基本/核心概念、原理和技能等方面具有广博的知识； ② 了解学科最新发展前沿； ③ 了解教授学科与其他学科、现实以及学生生活经验之间的联系； ④ 能够有效驾驭教学材料
学科教学法的有效运用	① 深入了解认知理论、智力发展理论、学习心理理论及其发展前沿，并能在教学实践中有效运用； ② 教学目标基于学生学习成果而恰当设定，具有挑战性，对学生学习具有引导和激励作用，并进行了梯度设计； ③ 教学内容与教学目标有明确对应关系，能支持教学目标达成，体现学科前沿，并与学生现实生活相关联，知识点梳理清晰，逻辑结构合理，繁简处理得当； ④ 采用多样化的教学形式，引导和鼓励学生主动学习和深层学习； ⑤ 对学生学习成效进行科学、具体的评价、分析或反思，并及时将结果反馈给学生，帮助学生不断改进学习； ⑥ 选择、运用课内外教学资源支持学生学习，并指导学生如何高效获取并使用学习资源
关注学生及学生学习成果	① 承认、关注、了解学生的个体差异，并采取多种方式为学生提供足够支持与指导，以帮助学生获得有意义的学习成果； ② 教师对促进学生的情感、态度和价值观的发展起到了积极作用； ③ 学生核心能力得到显著提高，包括表达能力、团队合作能力、自学能力、分析解决问题能力、创新能力、跨学科能力等； ④学生研究和探索的兴趣得到激发，获得思维发展，并能够运用适合的学习策略与方法，自主构建知识体系，扩展学习空间； ⑤ 能够经常性地对学生学习成效进行分析，并据此调整教学
对教学实践进行反思与研究	① 积极参加本学科教学研究； ② 关注认知科学、脑科学、学习科学的研究与进展； ③ 经常与学生、校内外同行进行交流，不断强化教学自我反思； ④ 善于发现教育教学问题并进行研究，改进或创新教学
持续的自我发展与成长	① 制定明确、有针对性的个人发展与提升计划，并能予以实施； ② 紧跟学科发展前沿，不断学习新知识和新方法； ③ 积极参加校内外专业进修或研究活动； ④ 能根据反思与研究结果，促进自己多维学术能力的提升

四、优秀大学教师评价的思考——以西南交通大学为例

西南交通大学在开展“唐立新优秀教师”评选活动中，参考上述优秀大学教师评价指标，结合学校教学改革、教学创新的发展需求，重新确定评价标准，重点考察教师的教学设计与实施、教师对学生及其学习的关注与支持以及学生学习成果等，以此寻求好的教学实践并对其进行表彰与推广，从而引导所有教师对“优秀教师”及“优秀”内涵的理解，并据此对教学实践做出改进以追求优秀的教学。

从评选理念上，将“以学生为中心”作为整体评价体系的指导思想；从评价内容上，更为关注教师对学生的学习支持及学生学习成果。明确拟定优秀教师的评价标准包括以下五个方面。

（1）教学目标：课程应超越“理解+记忆”的浅层次教学目标，将深层次学习纳入教学目标中。

（2）教学设计：课程从学科认知规律出发，在教学过程中能够不断激发学生的学习兴趣，通过成绩评定与反馈不断激励学生，激发学生学习潜力，引导学生进入深层次学习。

（3）教学资源：课程能够为学生提供丰富且有效的课外学习资源，并指导学生如何高效获取并使用学习资源。

（4）学生学习成果：针对教学目标，通过实施教学过程，课程能够在价值塑造、人格养成、能力培养和知识探究四个维度上，对学生成长与发展带来积极而深远的影响。

（5）学习支持：注重师生交流，为学生的学习提供足够支持与指导，有切实措施帮助更多学生达成教学目标。能够及时发现学习困难的学生，帮助他们度过困难期并顺利完成课程学习。

从评价过程来看，除通过个人申报、单位推荐产生候选人外，还邀请教师、专家、学生、管理者等相关主体参与评奖过程，共经历三轮评审：第一轮专家初评，主要包括研读教师申报材料并拟定学生访谈提纲；第二轮专家开展学生访谈，了解申报教师所教过学生的学习体验和学习效果；第三轮申报教师陈述答辩，由专家和管理团队无记名投票表决产生获奖教师；最后全校公示无异议后对获奖教师的优秀教学事迹进行公开表彰。

从评选效果来看，不仅最后的获奖教师得到了校内师生的一致认可，并且对学校整体教育教学理念及实践的转变产生了广泛的影响，成效显著。

从本文对优秀大学教师定义的历史梳理与内涵分析、对其评价标准的重新确立，再结合西南交通大学的优秀大学教师评价实践可以看出，随着对优秀大学教师理解的不断深入与丰富，其评价取向、评价功能、评价内容、评价主体等也都发生着变化，这对常规的大学教师评价工作的开展也提供了一些思考的方向。

（一）在评价取向上，基于“以学生为中心”的理念构建大学教师评价机制

自 1952 年美国学者提出“以学生为中心”的本科教育理念以来，随即在本科教育领域内，包括教育理念、教学方法、教学管理以及学校文化建设上等都产生了一系列的变革。“以学生为中心”的本科教育改革已经成为世界高等教育发展的必然趋势和提高高等教育质量的必然要求[23]，因此，在此理念下重新构建优秀大学教师的评价机制也已成为必然趋势。基于该理念，在对教师进行评价时，应重点关注教师是否为学生创造了有效的学习环境和有意义的学习经历，包括对学生设定适当的教育目标、教学对学生学习兴趣的激发、学生在学习中的主体地位的确立、学生获得足够的支持、指导与反馈等，从而真正满足学生的成长及发展需求，促使学生获得重要的学习成果。

（二）在评价功能上，不断拓展高校教师评价的激励与发展功能

高校教师评价不仅具有甄别和选拔功能，还包括激励和促进发展的功能，然而在现实中，教师评价的奖惩性功能被片面强化，本应更为重要的激励和发展功能却被严重忽视[24]。在开展教师评价时，应明确评价的重要目的之一在于促进教师的发展，通过评价，寻求到更多更好的教学实践，以引导更多的教师投入教学研究与教学创新，建立起内在激励机制，从而追求并实现教学卓越；同时，让教师对自身的教育教学行为进行分析与反思，明确发展的目标与需求，了解发展的途径与方法，在评价——改进——再评价——再改进的闭环系统中，促进大学教师更高层次的专业发展和自我实现。

（三）在评价内容上，重点关注学生的学习成果

将学生学习成果评估作为评价教师的核心指标之一，体现了现代社会由关注教学条件的“投入”性评估到教学成效的“产出”性评估的转向趋势，尤其在高等教育由数量竞争转为质量竞争的今天，对学生学习成果的关注更为教学质量保障提供了新的思路[25]。对教学成效和学习成果的关注和强调，也显示出高等教育领域内由“以教师为中心的教学”向“以学生为中心的学习”的教学范式的转变，突出了人才培养这一大学主要任务的回归，通过不断收集和分析学生学习成果证据，发现和解决在教学和学习中的问题，不断改善教育教学，最终促进学生在知识、能力、情感和态度等方面的全方位发展。

（四）在评价主体上，进一步实现评价主体多元化

建立一个包括教师、学生、管理者、专业评价人员以及社会人士等在内的多元

主体参与的大学教师评价体系，在民主、平等、合作的氛围下，加强各相关主体的评价互动与交流，全面、深入地了解教师教育教学情况，重点关注教师需求，帮助教师不断反思和改进自身工作，促进教师的全面发展。此外，评价主体的多元化还有利于保证评价工作的客观性和公正性，帮助教师、学生及其他评价主体对评价结果的接纳和认同。

五、结　语

大学教师评价不仅与教师自身的发展与提升息息相关，对大学乃至社会的整体发展都发挥着重要的作用。同时，大学教师评价又是一项在理论层面和实操层面都极为复杂的事业，迄今为止，还未建立起一套在科学性、合理性以及实操性上都达成共识的大学教师评价体系，再加上大学教师评价标准自身也处于一个不断生成和变化的过程，因此，对大学教师评价还需持续地开展研究和探索，促使评价标准和指标体系不断完善，以期建立一套符合高等教育发展规律和教师专业成长规律的大学教师评价体系。

参考文献

[1] 王超逸，等. 大学生学习情况调查分析[J]. 中国管理信息化，2014，17（21）：100-102.

[2] 吕林海，Shen Chen. 大学优秀教师的教学特征及启示——基于对澳大利亚纽卡斯尔大学 8 位教学优秀教师的实证研究[J]. 中国大学教学，2010，（3）：85-89.

[3] 刘永芳. 美国公立学校优秀教师激励体系及其评价[J]. 外国教育研究，2005，32（2）：67-72.

[4] 习近平. 在全国教育大会上的讲话[EB/OL].2018. http: //www.moe.gov.cn/jyb_xwfb/s6052/moe_838/201809/t20180910_348145.html

[5] 陈宝生. 在新时代全国高等学校本科教育工作会议上的讲话[J]. 中国高等教育，2018（Z3）：4-10.

[6] 马毅飞. 澳大利亚政府优秀教师计划研究[D]. 上海：华东师范大学，2010：6-7.

[7] 贺国庆，等. 外国高等教育史[M]. 北京：人民教育出版社：2003（47），197-214.

[8] 阎光才. 研究型大学中本科教学与科学研究间关系失衡的迷局[J]. 2012，33(7)：38-45.

[9] 孙大廷. 研究型大学教师评价的几个悖论[J]. 江苏高教，2009，（4）：65-68.

[10] 杨九斌. 研究卓越即好老师？——基于大学优秀教师评价科研化之辨析[J]. 教

育科学，2013，29（6）：66-70

[11] HATTIE J, MARSH H W. The relationship between research and teaching: a meta-analysis [J]. Review of Educational Research, 1996, 66(4): 507-542.

[12] RAMSDEN P, MOSES I. Associations between research and teaching in Australia higher education [J]. Higher Education, 1992, 23(3): 273-295.

[13] ERNEST L B. Scholarship reconsidered: priorities of the professoriate[R]. United States: Princeton University Press, 1990: 16, 24.

[14] BAIN K. What the best college teachers do [M]. United States: Harvard University Press, 2004.

[15] FELDMAN K A. The superior college teacher from the students' view [J]. Research In Higher Education, 1976, 5: 243-288.

[16] MIRON M, SEGAL E. "The good university teacher" as perceived by the students [J]. Higher Education, 1978, 7: 27-34.

[17] 王志华. 大学生心目中优秀大学教师的标准[J]. 教育学报，2008，4（3）：60-65.

[18] 时艳芳，刘莎莎. 大学生视角下优秀教师特征研究——基于 Z 学院的分析[J].当代教育论坛，2015，（6）：76-81.

[19] 王薇. 大学优秀教师课堂教学行为研究[D]. 上海：华东师范大学，2007，51.

[20] 郭九苓，王肖群. 做一名优秀的大学教师——北京大学名师访谈及探讨[J]. 中国大学教学，2009，（3）：14-16.

[21] 史静寰，许甜，李一飞. 我国高校教师教学学术现状研究——基于 44 所高校的调查分析[J]. 高等教育研究，2011，32（12）：52-66.

[22] 张娴，等. 浅谈如何成为优秀的大学教师[J]. 科技信息，2011，（32）：457.

[23] 张俊超. 推进从“教”到“学”的本科教育教学变革[J]. 高等教育研究，2012，33（8）：104-109.

[24] 黎琼锋，李辉，邓玉荣. 高校教师评价：实践与构想[J]. 现代教育科学，2007，（5）：106-109.

[25] 黄海涛. 美国高等教育中的“学生学习成果评估”：内涵与特征[J]. 高等教育研究，2010，31（7）：97-104.

二、

PART TWO

线上教学探索篇

疫情期间材料力学慕课教学

龚 晖　储节磊　刘宇杰　唐达培　喻 勇

（西南交通大学力学与工程学院，四川成都，610031）

[摘　要] 疫情期间运用智能型“慕课”平台 SOTS 开展了材料力学“慕课”教学，完成了课堂讲授、随堂提问、课后作业、实验报告和期中考试等环节的全程数字化和网络化，取得了良好的教学效果，实现了教育部提出的“停课不停学”和教学效果“实质等效”的目标。

[关键词] 慕课；在线教学技术；材料力学；教学模式改革

突如其来的疫情给教学工作造成了巨大的困难，为了把不利的影响降到最低，西南交通大学力学学院及时响应教育部和学校的指示精神，本着“一课一案”的方针，迅速按下了疫情防控期间材料力学在线教学的“启动键”，决定我校材料力学采用自主研发的慕课平台 Smart Online Tutor System（简称 SOTS）来实施慕课教学。

本学期的材料力学课程总共有土木和机械等专业的 2 090 名学生（含峨眉 371 名），涉及 27 个教学班（含峨眉 6 个）和 15 位任课教师（含峨眉 2 位），覆盖面广、影响大。如何从硬件、资源、平台、教学设计和教学组织等各方面做好科学合理的安排，保证疫情期间材料力学课程教学的顺利进行，是一项非常复杂和具有挑战性的任务。

一、开课前精心准备

2 月 10 日，我们组建了材力教师的微信群，11 日课程组的全体教师通过教务处邮箱把慕课教学的安排以及每个教学班的 QQ 群号发送给了所有的学生，要求学生立即加群，并且对学生居家学习的条件开展摸底调查。对于迟迟没有加群的学生，老师们在教务处网站上查到学生的个人邮箱或电话，一一进行通知，做到了不遗漏一名学生。

项目资助：西南交通大学本科教育教学改革项目重大项目（20201017）

作者简介：龚晖（1962—），男，上海人，教授，主要从事现代教育技术研究在正式开课前，课程组召开了第一次视频会议，商讨了具体的实施方案，包括教学组织、学习内容的发布、学生学习行为的管控、可能出现的问题和没有计算机学生的处理办法。考虑到可能出现的网络拥堵和平台崩溃等因素，我们将27个教学班的2 090名学生均匀地分配到一周的7天当中，一方面让学生每次的学习任务都有一周的时间来完成，另一方面将学习任务的截止日期定在7天中的某一天，这样就在有限的硬件条件下，有效地分散了服务器的负载和网络的流量。

为了把疫情期间慕课教学的计划和安排通知到每一个学生，我们专门录制了一份材料力学的开课视频，并明确规定第9周参加全校统一组织的期中考试，期末参加全校统考，我们不降低水平、不降低要求。

为了保证开课后少出问题，遇到问题时有应对预案，我们在开课之前安排了一个预演活动，按照视频会议商量的方案，进行了一次“带妆彩排”。所有的教学班均发布了一次测试视频和测试作业，要求学生在一天内完成，一方面对学生进行操作培训，另一方面有意测试服务器的抗压能力。测试过程非常顺利，服务器、网络和平台运行良好。“彩排”之后的第二天我们召开了第二次课程组的视频会议，通报了测试结果和新发现的一些问题，并且汇总学生加群的情况、拥有网上学习条件的情况以及完成测试任务的情况，根据这些情况决定2月24日按计划正式开课。

二、开课后有序应对

开课后任课教师按照教学日历，每周发布一次课，包括“慕课”视频（相当于上课）和网上作业（相当于课后作业）。学生观看“慕课”视频时可以通过暂停、回退和重放功能，自行掌握学习的节奏，把老师讲授的每一部分内容听懂、理解之后再往下进行，体现了一种自适应的学习策略。本门课程的“慕课”资源采用的是我校材料力学国家级精品“慕课”，该“慕课”于2014年初开始设计和开发，用时12个月，形成了由1 871分钟的“慕课”视频、426个课堂互动问题和110个作业题目组成的教学资源，其中1 871分钟的视频资源对应的是材料力学全程的、完整的和系统的课程教学，相较于课堂上的讲授内容，没有任何缺省。

学生在观看视频的过程中，必须回答视频中老师提出各种问题，学生不答或者答不对，视频不往下播放。视频边讲边问，学生边学边答，既使学生的学习行为得到有效的管控，提高在线教学活动的有效性和安全性；又促进了学生认真思考，加强了学生深度学习。否则学生把视频点开放着人不在，或者在打游戏、聊天，或者将视频一拖到底，那么学生的学习行为无法落到实处，学习效果和教学质量就无法得到保证，这样的“慕课”教学谁都不敢做。

互动问题主要采用问答的方式进行，答案既可以是数字、文字，也可以是数学表达式，各种答案全部由计算机自动批改。互动问题不宜采用选择题的方式，选择题的答案是暴露的，学生选四次总能选对，这样就很难起到控制作用了。

视频学习完成之后，学生才能做网上作业。学生作业中所有的题目，包括计算题和作图题在内，全部由计算机自动批改。批改完成之后系统立即给学生反馈批改结果和每个题目的正确解答，这种快速的信息反馈方式与数天乃至一周之后返回批改结果相比，前者更容易让学生的学习活动保持良好连贯性，使作业环节产生最佳的教学效果。作业中填空题和计算题的已知数据都可以随机生成，学生想在网上抄作业变得很困难，从而很好地遏制了学生通过复制图片来抄袭作业的不良现象。作业成绩按照 20%的比例计入期末的课程成绩，督促学生重视作业环节和学习的过程。任课老师对网上作业设定了最低分数线，学生瞎做一气、达不到要求是不允许提交的。每次作业都有截止日期，过了截止日期，作业成绩打对折。

除了按时发布学习任务之外，任课老师还利用 QQ 群来回答学生提出的各种问题。由于上课和作业全部在线完成，特别是学生观看视频的过程需要频繁地回答问题，网上作业达不到老师设定的最低标准不准提交，因此学生在 QQ 群中提出的问题非常多，远超以往。据不完全统计，前两周每个教学班的 QQ 群中学生发布与材料力学课程知识和学习活动有关的问题平均在 30 个以上，这是过去面对面的答疑根本达不到的。我们要求每位老师要在第一时间关注到学生提出的问题，老师并不需要马上给予解答，把问题留给同学，鼓励同学参与对问题的讨论。当学生的问题超过一定的时间没有同学回答，或者同学的回答不正确或不全面时，任课教师必须及时地加以纠正和补充。

感人的事例非常多。有的老师直到深夜还在 QQ 上帮学生分析网上作业中存在的错误和问题，也有老师耐心地帮助学习有困难的学生，努力使他们不掉队。例如任课老师辅导一位学习比较困难的学生(重修生，少数民族)，从晚上 8:12 分到 11:18 分持续在线指导 4 小时，最后终于使该学生按时完成了本周作业。

还有的老师跟学生交流在线教学技术的心得，帮助学生尽快适应在线学习的方法，并解答学生在视频互动的过程中遇到的问题。负责系统维护和数据准备的老师，疫情期间穿梭于家庭和实验室之间，没日没夜地工作，没有准时准点吃过饭，采用各种技术方法来保障系统和平台的正常工作。

三、学生的学习情况

我们对学生前 3 周的学习情况进行了统计分析，完成所有学习任务的同学在 96%左右。所谓的“完成”是指学生同时完成了该课次视频的学习任务和网上的作业任务。完成视频的学习任务，不仅是指学生看完了一次课中的全部视频，还包括正确回答了该课次中所有的互动问题；完成线上的作业任务是指学生获得了 60 分以上的作业成绩，没有达到 60 分的作业 SOTS 将不予接收，在这种情况下，学生必须反复订正作业中的错误，让系统反复批改，直到达标为止。从表中的数据可以看出，未完成学习任务的学生人数比较少，其中还包括了一些没有线上学习条件的学生。随着教学活动的推进，未完成学习任务的学生人数略有增加，但一直到期末结课，该人数基本保持相对稳定的态势。

任课教师虽然没有开展面对面的教学，也没有批改学生的作业，但同样可以获取有关学生学习情况的大量数据。在学生观看视频情况的查询界面上，老师可以看到全班学生当中完成视频学习的学生名单和没有完成视频学习的学生名单，以及每个学生观看同课次视频的次数和每次的用时。在全班学生完成作业情况的查询界面上，老师可以看到全班学生当中完成作业的学生名单、过期完成作业的学生名单和没有完成作业的学生名单。老师还可以查看某个学生和每个学生作业的具体情况。

5 月份我们进行了材料力学的线上期中考试，5 个计算题、120 分钟，所有学生的答卷全部由计算机自动批改，考试秩序和考试成绩非常令人满意。

综合起来分析，我们在疫情期间实施的全程“慕课”教学是成功的。这种成功并非从天上掉下来的，而是得益于疫情之前我们已经实施了 12 个学期的全程“慕课”教学，它的实施方案与疫情期间的场景几乎一模一样，差别仅仅是学生由在宿舍学习变成了在家里学习。因此对于我们而言，疫情是突发事件，但我们的“慕课”教学是常态化工作，是有准备的，一切都能有条不紊地推进。

工程力学一流课程的建设实践

沈火明　刘　娟　师明星

（西南交通大学力学与工程学院，四川成都，610031）

[摘　要] 针对课程建设目标，紧跟高教发展形势，强化改革举措，结合课程特点开发了系列教学资源，包括视频教程、电子教案、数字课程、在线课程和数字化教材等，同时线上线下紧密联动，实施探究式、启发式、关联式教学方法和课程思政，扎实推进工程力学一流课程建设，并取得实效。

[关键词] 一流课程；工程力学；慕课；数字化；课程思政

工程力学是我校电气工程、交通工程、环境工程、工程管理、生物医学工程等专业的一门技术基础课。通过本课程的学习，主要使学生掌握静力学和材料力学的基本概念，掌握如何进行物体受力分析和求解物体的平衡问题，掌握构件的强度、刚度和稳定性的计算方法，并能够解决简单超静定力学问题，完成低碳钢、铸铁拉伸与压缩时的力学性能实验和纯弯曲实验，为学习后续相关课程打下坚实基础。同时，通过本课程学习，培养学生针对具体工程实际问题，能够建立合理力学模型、进行有效力学分析，解决实际工程问题的能力。

在工程力学一流课程建设过程中，积极推进课程思政建设，着力健全课堂教学管理体系和数字资源体系，强化信息技术在课程思政教学中的应用，综合运用一课堂和二、三课堂，加强团队建设，努力拓展课程思政建设的方法和途径。

一、课程建设基本情况

我校在 1980 年起开始在部分工科专业开设工程力学课程，学时为 48、64 学时，

项目资助：中国高等教育学会教学研究分会中国高校“金课”建设推进平台计划课题（项目号：JKJH201902）；四川省 2018—2020 年高等教育人才培养质量和教学改革（项目号：JG2018-125）；第 2 批新工科研究与实践项目（项目号：E-GCJYZL2020814）

作者简介：沈火明（1968—），男，江苏苏州人，教授，主要从事力学的教学和科研工作

主要内容包括静力学基础以及材料的拉伸与压缩、扭转、弯曲、应力状态与强度理论、压杆稳定等；专业包括电气工程专业、交通工程专业、运输工程专业、环境工程专业、工程管理专业等。1987年，课程组老师编写出版了《工程力学》一书（奚绍中、邱秉权主编），并为许多学校选用。期间，学校一批知名教授执教，如知名风工程专家奚绍中教授等。

2000年以来，我国高等教育进入一个前所未有的大发展，我校也新办了不少新专业，如环境工程、测控技术与仪器、工程管理、载运工具、生物医学工程等，这些专业都开设了工程力学课程。同时，根据本课程建设的特点和不同专业教学内容、教学学时的实际情况，为培养具有创新精神、实践能力和创业精神的高素质人才的需要，本课程对课程体系、内容、教学方法及手段进行全面整改，并取得了不少成果，2004年由西南交通大学出版社、电子出版物数据中心联合出版了《工程力学（1）（2）（3）》视频课程，该教程于2006年获四川省第十一届优秀电教科研成果二等奖。在《工程力学》基础上，于2004年8月由高等教育出版社出版了教育科学“十五”国家规划课题研究成果《工程力学教程》，2006年《工程力学教程》被列为“十一五”国家级规划教材，2007年由高等教育出版社出版工程力学电子教案，2011年工程力学教材被评为“十二五”国家级规划教材，2016年出版了第3版，2019年出版了数字教材（第4版）。期间于2018年5月出版了工程力学数字课程。课程教学团队也由原来的4人发展到现在的9人，师资的年龄结构、学缘结构得到优化，学历结构、职称结构合理，为一流课程建设奠定扎实基础。

二、一流课程建设的主要措施

针对课程建设目标，课程教学团队紧跟高教发展形势，强化教学改革举措，扎实推进工程力学一流课程建设。

课程教学改革的具体举措和取得的实效主要有

（1）结合课程建设目标，对课程内容进行更新与整合，不断完善课程体系，加强了与工程的联系，如增加了力学在工程中应用、力学建模等内容。在《工程力学教程》第4版的绪论中，增加了系列数字化资源，如《力学与桥梁工程》《力学与高速铁路》《力学与高层建筑》《力学与水利工程》等PPT电子文本，以二维码形式呈现，供教师选讲，供学生选学。这些数字资源不仅丰富了教学内容，也融入了课程思政的教学内容。

（2）利用信息技术，结合课程特点，开发了系列与主教材配套的课程教学资源，如出版了视频教程、电子教案、数字课程、数字化教材、数字化指导书，建设了国家精品课程、国家精品资源共享课程和国家精品在线开放课程等。上述工作突出了课程建设的“创新性”，所开发的资源也已成为工程力学一流课程建设的重要组成部分，为接下来的课程改革和发展奠定基础。

（3）加强实验与实践性环节建设，全面提高学生的综合素质和创新能力，体现课程建设的“高阶性”。在材料拉压力学性能、纯弯曲两个基本实验的基础上，设计和研制了系列设计型、创新型和综合型实验（如钢结构网架模型、桁架桥模型等），提升学生的动手能力和创新实践能力。部分创新型、综合型实验作为实验室开放项目，列入学校重点实验室开放指南，供学生用于科创训练。同时，要求学生在本课程结束后根据知识掌握情况、体会和实际应用，撰写小论文；在课程期末考试时，有意设置与实际工程结构相结合的应用型考题。通过推动上述工作，来提高课程的“挑战度”。

（4）加强教材建设，不断完善体系、更新内容。自《工程力学教程》2004 年在高等教育出版社出版以来，已更新 3 版，先后入选为教育科学“十五”国家规划课题研究成果、“十一五”国家级规划教材、“十二五”国家级规划教材，2019 年出版的最新版为数字化教材，和数字课程网站相链接，体现了教材建设的“创新性”，同时也构建了新型师生关系，打造了师生学习共同体。《工程力学教程》已发行 23 万册，为近 200 所高校选用，发挥了很好的示范辐射作用。

（5）探索多元多样教育教学新方法。强化课堂设计，将知识传授与能力素质培养紧密结合。强化现代信息技术与教育教学深度融合，创新课堂教学模式，鼓励线下教学体现自主、合作、探究式等新教学理念，推进小班化改革，进行课程思政建设。而在线上，综合应用课件、视频、应用案例、重点例题或习题讲解视频、拓展阅读材料、教学动画、虚拟实验演示等，为学生在网上学习打造全新学习环境，学生答题、作业批改、评讲、错误跟踪、网上讨论和作业管理等环节已全程实现网络化。多元化的教学方式、方法体现了课程的“创新性”。

对于 48 学时工程力学，线上线下混合式教学课时设计为线下课时 36 学时、线上课时 12 学时。同时，为保证教学质量，期末考试试卷实施委托出题，出题高校为 985 高校或 211 高校，2018 年委托华中科技大学出题，2019 年委托东北大学出题。并在考试试题中设置非标准答案试题，培养学生综合能力。

（6）重塑课程评价新机制。以探究式、启发式、关联式的教授为主，充分考虑开发学生的潜能，以线上开放课程或数字课程为载体，聚焦传统教学模式的改革和优化，找准课程质量保证的着力点，实现了以“结果评价为主”向“过程与结果评价相结合”转变，过程评价占 40%，包括线上学习 10 分、作业 10 分、中期考试 10 分、实验 10 分，增强学生学习的“挑战度”。

（7）加强课程思政建设。《高等学校课程思政建设指导纲要》分别明确了公共基础课、专业课、实践类课程课程思政建设的重点。工程力学作为基础课程，具有传授知识、培养能力，和思想政治教育双重功能，承载着培养大学生世界观、人生观、价值观的作用。在一流课程建设中，不断挖掘课程的思政元素，包括家国情怀、人格养成及科学观、方法论等。目前，工程力学课程已形成多个课程思政的教学案例和一批课程思政的教学资源，并逐渐推广应用。

三、建设实效与下一步工作推进

经过课程团队的共同努力，工程力学一流课程建设取得了丰硕成果，先后被评为国家级精品课程、国家级精品资源共享课程、国家级精品在线开放课程（线上一流课程）和首批国家线上线下混合式一流课程，课程教学团队被评为国家级教学团队，相关教学成果于 2018 年被评为国家级教学成果二等奖，工程力学课程 2019 年被评为四川省首批课程思政示范课程。

下一步，为更好推进课程资源建设和一流课程建设，主要从 3 方面着力：

（1）不断完善课程资源，在线开放课程每学年开课 1 ~ 2 期，每四年更新课程重点教学视频资源和其他配套教学资源，每次课程资源更新及完善量达 1/4，且逐步做到网络资源与现行课程教学同步，并根据课程教学内容及学时的变化进行完善，确保内容充实，让学习者想用，且易用好用。

（2）将充分利用多媒体信息技术和计算机网络技术，建设全方位、立体化、开放性的在线教学资源，补充、完善、整合各种理论和实践教学资源，完善教学资源库，能满足不同层次学生要求的资源建设，并进行数字化处理；保持资源建设的可持续性，支持教学过程的跟踪统计，体现师生互动功能，拓宽课程教学空间；发挥数字教学资源的优势和利用多媒体的属性，重视实践教学资源，通过构建虚拟实验室，使学生通过计算机即可如在实验室中操作实验设备般对实验进行验证和设计；结合工程力学线上线下混合式教学模式探索，不断完善数字课程和数字教材建设，更好地发挥课程的示范辐射作用。

（3）坚持“四个相统一”推进课程思政建设，挖掘蕴含于专业课程中的显性及隐性的思想政治教育资源，拓展课程思政的有效路径，让价值引导的成分在工程力学课程设计和课堂教学中如盐在水，达到春风化雨、润物无声的育人效果。

参考文献

[1] 沈火明，等. 基础力学立体化教学资源建设的实践与思考[J]. 西南交通大学学报（社科版），2017.

[2] 余文森，宋源，丁革民.“课堂革命”与“金课”建设[J]. 中国大学教学，2019.

《工程力学》线上全非标题考试实践与认识

董世明　华　文

（四川大学建筑与环境学院力学科学与工程系，四川成都，610065）

[摘　要] 在抗击新冠肺炎的战斗中，传统的课堂教学模式转变为线上教学模式，随之而来的线上考试问题成为广大教学工作者面临的新问题。本文以《工程力学》线上教学和全非标考试为例，探讨了《工程力学》线上全非标考试的若干出题思路和若干考试要求，并得到了一些不成熟的认识，供各位同仁参考。

[关键词] 线上教学；全非标题；《工程力学》；考试

一、线上教学模式

2020 年 1 月 23 日，武汉封城，打响了中国防控新冠肺炎蔓延的第一枪。2 月 7 日四川大学正式出台了《2019—2020 学年春季学期开学阶段本科教学工作安排的通知》，决定对 2019—2020 学年度春季学期本科生课程在学生返校前的教学形式进行调整，实施四川大学 2020 年春季学期疫情防控期间本科教学工作方案。基本原则是以信息技术与教育教学深度融合的教与学改革创新，推进教学方式变革，采取“学生不返校、停课不停学”模式，教师开展线上教学，学生灵活自主学习。制定课程线上教学预案，先期做好 2020 年 2 月 24 日至 3 月 22 日（即校历第 1 ~ 4 周）线上开课的各项准备工作，确保按时启动教学，并努力保持教学进度、保证课程容量，做到标准不降、内容不减。

接到学校、学院的相关通知后，力学系全体老师对线上教学工作在力学系微信群和 QQ 群展开了热烈讨论，首先是线上教学方式的选择问题。我们力学系基础力学课程，除了《材料力学》有一门 MOOC 课程上线外，《理论力学》和《工程力学》都没有上线的 MOOC 课程，由于每个学校对基础力学课程要求的学时不同，所使用的教材不同，完全使用相关平台上的 MOOC 课程，不能达到我们的教学目的，因此，除《材料力学》外，其他课程都选用线上直播的方式开展线上教学工作，主要借助

作者简介：董世明，教授，主要从事力学教学和科研工作

QQ 群视频通话中的屏幕分享功能。

教学方案确定后，学校对综合教务系统进行了一个小的功能升级，可以让课程主讲老师为课程添加QQ群号码,学生可以在查看课表时直接看到该课程的QQ群号。然后，主讲老师和助教一道，按照学校提供的选课名单中每个同学填写的信息，发送邮件，邀请学生入群，并请进群的学生拉其他同学进群。学校要求在 2 月 24 号前，每门课的上课群学生全部到齐。

为了保证线上教学工作的顺利开展，学院和力学系要求各位老师在开学前一周进行线上教学网络测试，从学生反映的情况看，绝大多数同学都说网络通畅，效果良好，只有个别同学反映网络不通畅。

2 月 24 号开始网上授课以来，教学工作按照预定的教学计划有条不紊地进行，没有出现大规模的网络阻卡现象，学生普遍反映良好。

二、线上非标题考试实践

随着教学工作的不断深入，新冠肺炎疫情并没有完全结束，预想中的学生大规模返校情况并未发生，眼看半期考试的时间已经日渐临近，半期考试怎么进行便提上议事日程，尽管任课老师建议半期考试不考，但是学校教务处不同意，系里最后下达了一个这样的通知:《工程力学》期中考试临近，但学生何时返校尚未确定。如果 9 ~ 10 周学生不能如期返校参加统一考试，教务处鼓励半期考试老师采用非标准答案的题目，以小论文、读书报告、调研报告、项目设计等灵活方式进行线上考核。考试科的老师还提醒了对于大面积的公共课，如果上课老师自行开展半期考试，教研室还是要在考试方式、内容和难度等方面做一些统一规定。

考虑到《工程力学》是学校的公共课，因此，本学期几个承担《工程力学》课的老师商量后决定“让学生以身边的力学为题材写一个小论文，先提交电子档，纸质文档返校后再交，作为半期考试的替代”。

之所以选择这个题目，一是因为这个题目可深可浅，对于初学力学的同学，容易入手；二是我们《工程力学》绪论中有这部分内容，如果学生能够提供一些独到的分析，可以把它们补充到我们的课件中。

半期考试结束后，学校对于毕业班的同学（包括博士生、硕士生和本科生）开始下达分批返校通知，但是非毕业班的本科生和研究生依然不能返校。因此，如何进行期末考试便再次提到议事日程上，学校教务处对于期末考试工作于 5 月 22 日下达了一个这样的通知：期末考试原则上采取线上考试方式，请各学院做好线上考试的整体方案与试题命题工作，学院审核确定后报教务处备案。任课教师应至少提前两周告知选课学生该课程的考试方式和考核要求。

学院根据学校的要求，最后决定：《工程力学》期末考试时间将由教务处统一安排在 19～20 周。期末考试仍采用线上非标试题，暂时只出 A 卷用于期末考试，补缓考所需 B 卷根据学校下学期安排再行确定考试形式和试卷类型。

我们在收到《工程力学》期末考试全非标试题命题的通知后，首先对非标题的定义进行了仔细的推敲，其次是对试题的考试内容进行了界定，主要原则如下：

（1）非标题的答案不是唯一的，对于包含多种答案的题，只要能够答对 2 个或 3 个即可认为正确，给满分；

（2）试题内容应该覆盖或基本覆盖《工程力学》的全部内容，如约束类型、强度、刚度、稳定性，等；

（3）由于第一次实行线上全非标试题，为保险起见，可以多出几道题，让学生选做其中他（她）熟悉的题。

按照以上原则，我们首先草拟了《工程力学》期末试卷 A，经《工程力学》教研室审核同意后，准备用于《工程力学》的期末考试。现将试卷中的两道题作为例子，列举如下，供各位老师批评、指正。

“7）（20 分）如果说人的四肢可以简化成杆件，请根据自己的日常生活，举例分析这些杆件可能存在的受力方式或变形方式（要求 3 例以上不同的变形方式）。

10）（20 分）请自己设计一种结构，用它既可以研究强度问题，又可以研究刚度问题，还可以研究稳定性问题。要求画图，简述具体的研究方法。”

为了保证线上考试工作的顺利进行，考试之前我们在《工程力学》QQ 群中，对期末考试提出了如下几点要求：

（1）考试形式为线上开卷考试，可以参考电子版课件、书籍、作业等资料，不允许上网查资料。考试时试卷将上传至 QQ 群，同学们在纸上作答；考试结束后将答题纸拍照，然后做成 pdf 文档（命名方式：姓名-学号），于 10 分钟内通过 QQ 直接发送给老师或助教。

（2）提前下载“腾讯会议”手机端和 PC 客户端，进入腾讯会议时请实名，便于统计考试人数；考试过程中全程开启摄像头，摄像头要覆盖整个做题画面（见图 1）。

（3）提前准备好考试所需的电子设备，检查好设备电量情况，不能因没电延长或推迟考试时间。

（4）所有电子版参考资料必须在计算机上查看，同时必须使用 QQ 群共享的录屏软件（oCam）录制整个计算机屏幕，录屏文件（命名方式：姓名-学号）压缩后在考试当天内发送至助教 QQ 邮箱。

（5）考试结束后，同学们不要退出“腾讯会议”；待收齐答题纸后方可离开。

由于准备充分，措施到位，《工程力学》线上全非标考试顺利完成，考试过程中及其后的改卷过程中，均未发现学生的抄袭、作弊行为，期末考试成绩结果如图 2 所示。

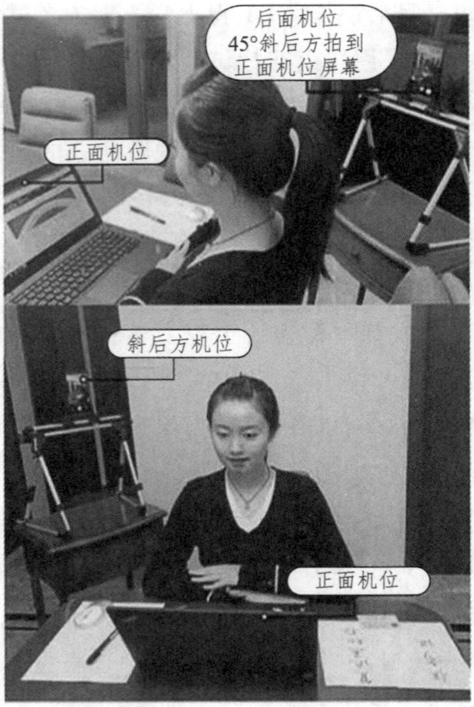

图 1　摄像头放置示意图

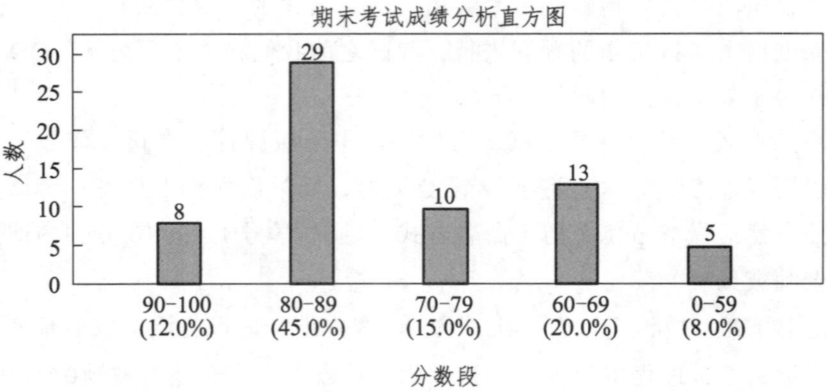

图 2　《工程力学》期末成绩分布图

从图中可以看出,《工程力学》期末考试结果基本达到了预期的目的。

三、几点认识

本学期通过线上教学和线上非标题考试实践，有以下几点认识：

（1）线上教学，课前准备很重要。线上授课的所有内容要么用 PPT 做好，要么在白纸上把以前需要板书的内容写好。否则，可能会耽误时间。

（2）线上考试，命题老师很关键，试题既要避免生、冷、怪题，又要覆盖《工程力学》的全部知识点，因此，命题老师必须对《工程力学》的知识点了如指掌。

（3）线上考试，题量必须足够大。另外，关于网上考试的基本要求应尽早通知学生，以便其提前做好准备。

地方高校理论力学课程线上教学的实践与思考

叶红玲 杨庆生 刘 夏 尚军军

（北京工业大学材料与制造学部机电学院，北京市，100124）

[摘 要] 本文以地方高校工科专业的理论力学课程开展线上教学实践，结合对学生在线学习状况的调查，给出了注重学生高阶思维能力培养的具体教学设计，结合平面任意力系的具体案例，探讨在线教学中的教学方法、具体实施方案和学生学习效果评价，从而为后疫情之下的课程教育教学改革、线上线下混合式教学探索与人才培养质量的提高提供一些思路和借鉴。

[关键词] 线上教学；理论力学；高阶思维；教学设计

一场突如其来的疫情，让全国乃至全球进行了一场史无前例的在线教育大演练。在疫情期间大规模网络教学中，由于时空分离，学校、教师、学生在教与学的过程中无论从教育理念、教育模式、教学内容、教学方法、教学手段等方面都发生了很大转变。学生学习主动性和自主学习能力的个体差异较大，教与学的相互作用相比于面对面教学更容易弱化，如何让在线课程优起来、学生忙起来、效果实起来，一直是教师教学过程中关注的重点和难点。作者结合在地方高校工科专业的理论力学课程教学实践，探索注重学生高阶思维能力培养的在线教学设计，改进教学方法，提升在线教学质量和学生的学习效果，从而为后疫情时代的线上线下混合式教学提供一些思路和参考。

一、理论力学课程在线教学基本情况

1. 课程基本情况

理论力学是许多地方高校工科大学生的第一门专业技术基础课，是为学生进行

项目资助：北京工业大学教育教学研究重点项目（ER2020）；北京工业大学内涵发展—北京市级教学名师资助项目（048000514120516）；中国高等教育学会教学研究分会课题资助项目

作者简介：叶红玲（1972—），女，河北东光人，教授，主要从事力学教学与科研工作

专业学习提供理论基础和基本技能训练的课程，对于专业学习具有承前启后的重要作用[1-4]。本门课程在大一第 2 学期开设，教学周 16 周，64 学时。讲授内容按照静力学、运动学、动力学 3 部分进行，课程特点是理论性、逻辑性、系统性较强，内容体系相对经典成熟，要求学生不仅要掌握研究机械运动的基本概念、基本理论和基本方法等知识，更要提升学生力学建模能力、分析问题解决问题能力、实践能力以及创新意识和综合素质[5]。

2. 在线教学平台应用情况

理论力学课程在线教学综合运用多个平台起到导学、助学与促学的作用，包括学习通、腾讯会议、智慧树、中国大学 MOOC 和班级微信群。学习通是学校指定的教学平台（学生数据信息已经导入系统），我们上传了课件及学习资料 45 份，发布了线上作业 24 次试题数 118 个（含 3 次开放性研究型作业），调查问卷 3 份。腾讯会议（腾讯课堂）主要用于集中授课直播、答疑和讨论，学生加入课堂快，师生互动交流及时快捷，与线下课堂教学的体验与感受相似，受学生欢迎。智慧树 SPOC 和中国大学 MOOC 作为课堂教学的辅助平台，发布了教学团队录制的视频，有学习记录、交互讨论和答疑，可以记录追踪学生学习过程。班级微信群，及时发布上课通知，推送学习资料，同时可以开展师生互动、生生互动，有利于解决共性问题、难点问题，对于复杂问题运用语音交流（也可转化为文字），激发学生深入思考和分析。

3. 在线教学质量监督情况

多元化督导模式对于摸清底数、了解在线教学情况和保障教学质量提供了有力保障。课程组和专家督导组通过随机抽查、深入线上课堂检查、发放调查问卷、点对点辅导反馈等方式，全方位保障课程教学质量稳定有效。

二、理论力学课程学生在线学习基本情况

只有掌握学生的“学”的情况，教师才能更好地开展“教”的活动，知己知彼，百战不殆。本课程组在开课第 2 周、第 8 周和第 15 周分别进行了问卷调查，每次发放问卷 139 份，回收有效问卷分别为 115 份、109 份、122 份。

1. 学生学习自我满意度评价

以 1～10 分为评价量表，学生根据自己当前的学习目标、学习过程和学习结果进行自我满意度打分，分值越高代表满意度越高，我们根据分值进行分档。从表 1 中可以看到随着学习深入和课程难度提升，学生的自我满意度逐渐下降，较满意以上的评价从第 2 周的 80.9%下降到第 15 周的 58%，下降了 22.9%。

表 1　学生学习自我满意度评价

周数	满意（8.5～10 分）	较满意（7～8.4 分）	一般（6～6.9 分）	不满意（6 分以下）
第 2 周	40%	40.9%	8.7%	10.4%
第 8 周	33.1%	38.5%	17.4%	11%
第 15 周	9.9%	48.1%	28.8%	13.2%

2. 学生每周投入课程学习时间

有效的学习时间和学习效率是良好学习效果的保证。从表 2 中可以看出大部分学生每周投入理论力学课程学习的时间在 4～8 小时。每周投入 8 小时以上学习时间的学生在 20%左右，这部分学生主要是投入开放性、拓展性、创新性作业的时间比较多。随着课程推进，学习 4 小时以下的学生有明显增加，这部分学生的学习投入度明显不够，是需要进行一对一学业预警，持续关注监督管理的学生。

表 2　学生每周投入课程学习时间情况表

周数	8 小时以上	6～8 小时	4～6 小时	4 小时以下
第 2 周	16.6%	61.7%	20%	1.7%
第 8 周	20.2%	39.4%	29.4%	11%
第 15 周	18.2%	35.3%	30.2%	16.3%

3. 学生参与课程互动情况

有效的师生互动是线上教学的关键和难点问题。通过签到、抢答提问、投票、随堂测验、小组讨论、作业等方式，加强学生的参与度。从表 3 中可以看到有 85%以上的学生在学习过程中经常参与互动。

表 3　学生参与课程互动情况统计表

周数	全部参与	经常参与	偶尔参与	不参与
第 2 周	72.3%	20.7%	7%	0
第 8 周	68.2%	21.4%	5.6%	4.8%
第 15 周	64.3%	22.5%	6.1%	7.1%

4. 学生学习的其他情况

根据课程进度和教学状况，在不同阶段也设置了不同关注问题。经调查，在期初有 92.5%的同学表示能够接受线上教学，但只有 28.4%的同学表示能够自己主动搜索学习资源开展学习，有 50.5%的学生表示只看老师布置的学习任务，不做扩展。在期中有 84.7%的同学选择了知识点理论抽象是面临的最大学习困难，有 71.4%的同学表示能够独立思考或经与同学讨论完成作业。在期末关于课程学习的最大的收获排名前 3 位的是：力学知识和力学理论（83.7%）、自主学习能力（62.2%）、提出问题分析问题解决问题能力（51.02%）。

三、理论力学在线教学课程设计及实施

1. 在线教学课程设计的总思路

课程教学不仅仅是教师教，更重要的是教学生学。根据布鲁姆在《教育目标分类：认知领域》一书中将思维划分成的 6 种级别：识记、理解、应用、分析、综合和评价，通常将分析、综合和评价定义为高阶思维。线上课程教学要紧紧围绕“成果导向、学生中心、过程评价、持续改进”的原则，坚持知识能力素质有机融合，培养学生解决复杂问题的综合能力和高级思维。注重开放性、改变学生的知识观和学习观，促进学生的知识建构和深度学习。

2. 在线教学课程设计的具体实施

围绕教学目标、教学内容、学习过程、学习评价进行在线教学课程设计。

（1）教学目标是课程设计的出发点。既有总目标，又要有单元目标和课时目标。以目标为导向，以学习成果为标准，既能激发学生的专业兴趣，又能激励学生不断反思，整理碎片化的知识点形成知识面，建立学习的思维框架。

（2）教学内容是课程设计的核心点。教学内容包含内容选择、内容组织和内容表述。利用教学平台整理分析教学资源（教学大纲、教材、课件、录音、视频、测验题、作业题、讨论题等资料），明确重点难点关键点，建立知识点关联，有机结合历史人文、思想方法哲理等内容，搭建知识体系，将理念、操作、策略融合协同，促进学生学习的知识建构。同时，有理有效有趣的内容组织与科学规范准确的语言表述，也是优质课堂的备课内容。

（3）学习过程是课程设计的重点和难点。路径设计要清晰，活动设计要清新，过程监控设计要清楚。一堂课 45 分钟按照 2～3 小节开展，按照“理解—运用—回溯—拓展”的路径设计，设置判断题、填空题、选择题、讨论题、思考题等多类问题，增加师生互动和生生互动，通过完成典型例题、延伸工程应用对概念深化，提升学生分析解决复杂问题的能力。活动设计强化深度思考和创新思维培养，比如在设置思考题时，引导学生运用思维导图对知识点进行深加工，拓展知识边界。过程监控设计要多样化，比如让学生拍摄小视频，采用边讲边写的模式检验学习效果等，引导学生多学习、深思考、善提问、勤实践。

（4）学习评价是课程设计的检验点。利用多媒体数据的共享，准确了解学生的

学习动态和成效，并通过多方参与互动，实现学习效果的多元评价。通过对学生的过程性考核（学生作业完成质量、答疑情况、交流讨论参与情况、问卷调查情况、平时测验情况、研究型大作业完成情况、网络在线学习情况等）以及结果性考核（期末闭卷考试情况），关注学生的学习动力和学习志趣的变化。各环节成绩记录既有利于督促学生主动学习和自主学习，又增强了学生经过刻苦学习收获能力和素质提高的成就感。

3. 具体案例——平面任意力系

结合平面任意力系具体教学内容，阐述在线教学目标和内容设计。

（1）教学目标。

① 掌握平面汇交力系、平面力偶、平面任意力系的基本概念及性质，能熟练计算力的投影、力对点之矩以及力偶矩。

② 掌握平面任意力系的简化方法与简化结果，掌握力系主矢、主矩的基本概念及其性质，能够熟练计算各类力系的主矢主矩。

③ 掌握力系平衡条件，熟练运用平衡方程求解单个刚体和刚体系的平衡问题。

④ 分析不同力系之间的区别联系，能够建立求解刚体系平衡问题的知识关联。

⑤ 总结平面任意力系平衡相关理论，联系实际，分析解决工程中的实际问题。

⑥ 掌握分析平面任意力系理论方法，举一反三，建立力学问题的研究方法。

⑦ 建立科学的方法论和力学思维，体会化繁为简的力学之美，提升学科志趣。

（2）教学内容。

① 重点：平面任意力系的简化与平衡，求解刚体系的平衡问题。

② 难点：主矢主矩的基本概念及计算，根据平衡条件列写平衡方程。

③ 关键点：抽象力学模型，选取研究对象进行受力分析并求解平衡问题。

④ 知识关联点：从平面汇交力系到平面力偶系再到平面任意力系，逐层深入演绎知识，培养学生的探究性思维。

⑤ 知识拓展点：提炼主矢主矩概念的核心思想，由平面推广到空间，由经典算例拓展到工程实例，由静力学引入到动力学，加强方法论引导，培养学生的发散性思维和批判性思维。

⑥ 知识脉络体系：从研究对象的受力分析和约束分析，导入主矢主矩的基本概念，由物系的平衡问题拓展到工程机械的平衡问题求解，使知识由点到面，逐步深入系统化，引导学生清晰思路，掌握学习方法，启迪学生创新思维。如图 1 所示给出了求解平面力系问题的知识脉络图。

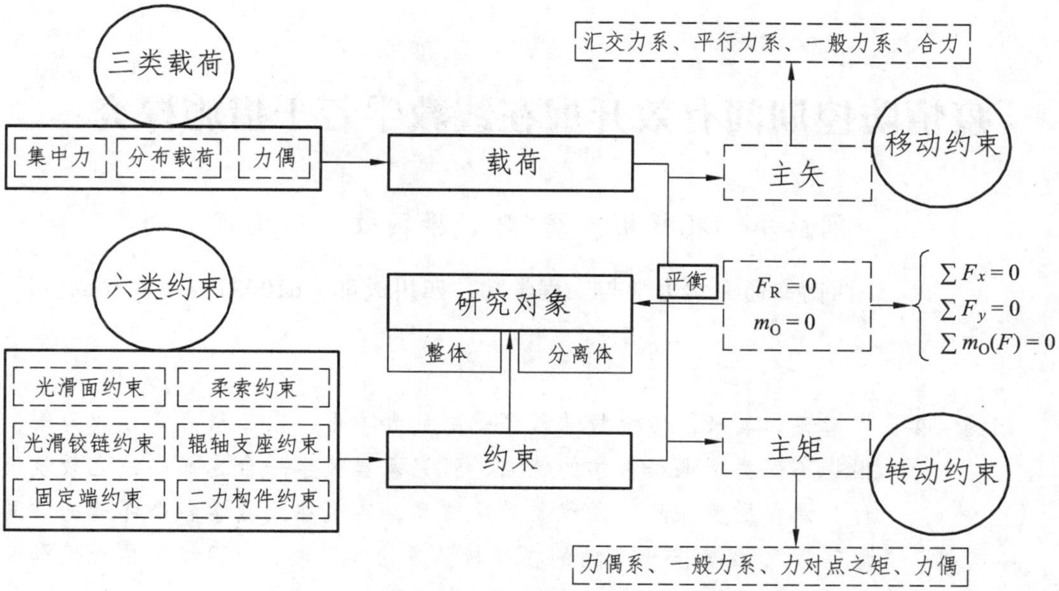

图 1　求解平面力系问题的知识脉络框图

四、总　结

后疫情时代，线上线下相结合的混合式教学将深入各个教学领域，信息化建设与教育教学的深度融合是高等教育改革的必然趋势。此次疫情期间的大规模在线教学实践，将成为教育教学改革的依据。如何搭好在线教学平台，用好在线教学工具，改革教学模式，坚持教书育人，教研并举教学相长，推进课程教学内涵式发展，建设一流的本科生课程，高校教师面临着前所未有的挑战和机遇，任重而道远。

参考文献

[1] 李俊峰. 清华大学钱学森班的理论力学教学实践[J].力学与实践，2018，40(4)：422-427.

[2] 叶志明，李俊峰，王世斌，等.基础力学课程教材及教学体系分析（一）——国内基础力学教材基本情况简述[J]. 力学与实践，2019，41（3）：314-319.

[3] 张娟，王艳，余龙. 理论力学“四堂融合”混合式教学和考核模式改革的实践[J]. 力学与实践，2019，41（2）：210-215.

[4] 叶红玲，刘赵淼，李晓阳. 基于 3S 学习模式的理论力学课程教学研究与实践[J]. 力学与实践，2017.39（1）：71-74.

[5] 哈尔滨工业大学理论力学教研室. 理论力学[M]. 8 版. 北京：高等教育出版社，2016.

疫情防控期间有效开展在线教学若干措施探究

阚前华　孔祥彬　龚　晖　康国政　朱志武

（西南交通大学力学与工程学院，四川成都，610031）

[摘　要] 疫情突如其来，传统教学秩序受到巨大冲击，以工程力学专业为例，根据不同类型课程教学的特点，研究课程教学平台选择和线上教学设计、课程质量保障、课程质量反馈等，实现在线教学各个环节的“同质等效”，探索若干有效的在线教学方法和策略，为后续实施大规模线上线下混合式教学提供丰富的实践反馈。

[关键词] 总体规划；平台选择；质量监控；毕业论文；实习实践

新冠肺炎疫情突如其来，全国上下众志成城，共克时艰。2020 年 2 月 5 日，教育部印发了《关于疫情防控期间做好普通高等学校在线教学组织与管理工作的指导意见》，要求全国高校积极实施在线教学。

为了积极应对疫情，响应教育部文件精神，全国高校都如火如荼开展了在线教学实践，积累了丰富的经验。总体来讲，在线教学模式主要包括直播授课、录播授课、慕课教学、研讨授课和教室授课等几种类型[1]。例如，孙岩[2]开展了疫情期间线上教学方法探究，从选择适合的线上教学网络平台和教学方式、整合线上教学资源，提要求、立制度、勤总结，坚持“以学生为中心”、提高学生线上学习的参与度五个维度开展了讨论，旨在不断提升教学质量，努力培养更多的“一带一路”建设需要的合格应用型俄语专业人才。卓碧玲等[3]以教学行为的中心“教师”与“学生”为切入点，依托线上教学数据采集、统计、分析的优势，提出线上教学质量监控若干措施。王秀君[4]以标志设计课程为例，从在线教学设计、实施、成效和反思等方面分析探索了新型教学模式。张立东[5]详细分析了大规模在线教学现状，并指出当前在线教学硬件和软件准备不足、学生在线教学设备准备不足、教学在线教学经验不足、在线教学效果尚需时日检验，同时给出了应对措施。上述研究为应对突发社会公共卫生事件对教学的冲击起到了很好的经验积累，对工程专业的在线教学也有很好的启

项目资助：西南交通大学本科教育教学改革项目重大项目（20201016，20201017，20201018）

作者简介：阚前华（1980—），男，河南信阳人，教授，主要从事力学的教学和科研工作

发作用。

为了响应教育部“停课不停学”的要求，西南交通大学工程力学专业在国家级教学团队的引领下，各教学课程组认真落实，及时成立线上教学组织机构，全员、全程参与，并根据各门课程的特点和已具备的资源情况，因地制宜指导制订线上教学组织方案，力争在不降低教学质量的前提下完成好各项教学任务。

接下来，将在线教学总体规划、课程教学概况、课程教学质量保障、课程教学反馈几个方面对工程力学专业疫情期间开展在线教学的若干措施进行讨论。

一、在线教学统筹规划

成立包含领导班子、课程负责人、督导专家、教学秘书、辅导员和技术员在内的工作领导小组和督导小组，并进行了分工和职责划分。发布了《关于做好2020年春季学期本科课程线上教学培训工作的通知》，指导老师们参加在线平台试用，全力做到“停课不停教、停课不停学”，确保防控阶段教学秩序，保障培养质量。发布了《2020年春季防控新型冠状病毒感染的肺炎期间本科教学工作安排》，针对不同的课程，实施分配指导，具体安排如下。

（1）覆盖面广的公共基础课程：采用课程负责人组织形式开展在线教学。由课程负责人建立课程教师群，传达文件精神，实施在线开放课程建设，保证同一门课程采用相同的组织方式、授课方式和考核方式。

（2）专业课程：经过对不同平台的对比和实践，根据我院专业课程教学的实际，大部分课程采用“雨课堂+腾讯会议+微信”混合式教学；为了照顾年长教师不熟悉网络的不足，少部分课程采用录制视频直播的方式进行。

（3）实习实践课程：充分利用建设的四川省虚拟仿真教学中心的虚拟仿真实验教学项目，实施线上实验；积极联络实习单位提供在线实习内容，邀请企业专家开展讲座，积累专业认知和实践经验；通过三维虚拟导航技术，游览实习场地，通过实习老师的在线讲解，使学生有身临其境之感。

（4）毕业论文安排：指导老师每周进行在线指导，并安排助教进行辅助指导，为毕业生指定渐进的、合理的工作计划并进行监督；涉及实验的毕业论文题目，提交更新的毕业论文任务书进行修改，并向教务处备案；关心毕业生的心理健康和疫情应对措施，待学校返校时间确定后第一时间通知学生。

二、课程教学概况

（1）已建设有MOOC资源的课程。目前工程力学专业共建设了12门MOOC，本学期开设8门；开设了24个SPOC教学班和27个STOS(课程团队自主研发平台)

教学班，占比 74%。

（2）其他课程。剩余 18 个教学班采用雨课堂和腾讯会议直播的形式，占比 26%。

三、课程质量保障

为了保障在线教学质量，真正实现“同质等效”，采取了如下措施。

（1）发挥课程团队负责人引领作用。以课程团队进行组织，每门课程设置课程负责人 1 名，课程负责人直接对工作组和督导组负责，教学副院长负责统筹协调，加强沟通和指导；目前，开设的课程都已建群，并全部测试完毕，要求教师关注 QQ 群学生反馈问题，加强沟通与引导。

（2）组织培训技术骨干。组建教学副院长、系主任、课程负责人、青年教师为梯队的技术队伍，撰写各平台使用攻略，分享在线课程建设资料，再辐射到其他老师。

（3）组织常态化视频工作会。课程负责人定期组织视频工作会，分配互动问题、习题设计和答疑任务，让所有在线课程教师有事可做，推进课程资源不断迭代。其中，SPOC 平台可在两段 20 分钟视频之间加入互动环节；STOS 每 5 分钟加入一个关卡，通关后继续观看视频；雨课堂在 PPT 教案中加入互动环节。所有 STOS 平台课程通过远程作业系统布置作业，SPOC 和雨课堂提交电子版或扫描版作业。（4）发布 MOOC 教学管理办法。发布了 MOOC 教学管理办法（试行）版，对 MOOC 教学中的知识传授和素质养成进行了详细的规划和引导，通过鲜活的实践不断反馈修正，形成更新迭代的 MOOC 教学管理标准。

四、课程教学质量反馈

（1）教师反馈结果。

教师问卷调查反馈结果表明，5%教师对线上教学效果非常满意，85%认为比较满意，10%认为一般，有待改进的 0%。

（2）学生反馈结果。

学生满意度反馈结果，33.94%的同学认为非常满意，比预想中好；59.39%同学认为一般，与课程教学差不多；6.67%同学认为完全无法学习。从主干课程出勤率来看，各门课程出勤率均接近 100%，部分课程超过了 100%，表明有非优选班同学旁听。通过合理的教学设计和互动过程，在线教学比传统课程教学有自身的优势。学生反馈的不足之处在于上课注意力容易发散，因此教师的授课内容是否生动有趣至关重要。

（3）评估专家反馈结果。

充分利用既有成熟的西南交通大学本科教学质量评估系统，开发了春季学期防疫阶段本科教学线上教学检查系统，通过评估专家在线随堂听讲→线上系统评价→教师反馈→持续改进→随堂复查的闭环系统，帮助教师认识在线教学的不足，有效促进了线上教学的秩序和质量。从评估专家的反馈结果来看，线上教学秩序井然，教学设计不断优化，教学质量稳步提升。

五、结　语

疫情突如其来，全国上下联动，开展了有效的在线实践，体现了国家强大的向心力和凝聚力。然而，在线开学的初始阶段，仍然发现了诸多问题，例如，线上教学平台数量众多，稳定性和流畅性差异较大；老师在线上教学过程中无法及时掌握学生学习情况；通过合理的教学设计来实施有效的师生互动还不够；学生自律性很难保证，教材和教辅资源不足，影响学习效果；课程相关实验无法进行，虚拟仿真实验效果有限等。

随着在线教学的持续推进，教师和学生的适用性、磨合度都在不断增强，平台逐渐固定为雨课堂和腾讯会议平台，网络故障问题逐步得到解决；教师在教学过程中，不断优化教学内容和互动方式，寻求在线教学过程中“教”与“学”的平衡，充分发挥在线教学可以回看视频，讲授内容更加精炼等优点，扬长避短，教学质量稳步回升，整体达到了与课程教学相当的程度，实现了教育部提出的“同质等效”的目标。

参考文献

[1] 龚晖，李永强．慕课：风已起潮将至[J]．中国大学教学，2018，11：21-25.
[2] 孙岩．疫情防控期间有效开展线上教学的方法研究[J]．黑龙江教育（理论与实践），2020，7：13-14.
[3] 卓碧玲，王翠玲，殷知越．疫情期间线上教学质量监控探析[J]．教育教学研究，2020，7：161-162.
[4] 王秀军．疫情之下，教育之上[J]．黑龙江教育（理论与实践），2020，8：1-3.
[5] 张立东．新冠肺炎疫情下大规模在线教学的思考[J]．科教文汇，2020，498：43-44.

疫情形势下力学课程线上线下混合教学的实践

王钦亭　陈亚娟　潘夏辉

（河南理工大学土木工程学院，河南焦作，454000）

[摘　要] 2020年的新冠肺炎疫情，迫使高校课堂教学进行改革，加快了混合教学改革的步伐。力学课程内容庞杂，既有理论知识，又有实验技术，还与工程应用紧密联系，单一的传统教学模式难以达到优良的教学效果。疫情环境下，借助中国大学MOOC平台，将优质在线开放课程落地到课堂直播教学，同时依托慕课堂及腾讯课堂，将智慧教学手段融入课堂教学。采用“课前—课中—课后”三个教学环节，提升学生的参与度，激发了学生的学习积极性和学习兴趣，提高了教学效果。

[关键词] 力学课程；混合式教学模式；中国大学MOOC；慕课堂

一、研究背景

2020年春，新冠肺炎在世界范围内快速流行，截至2020年7月25日，全世界感染人数突破1 600万，死亡人数突破64万。这次疫情迫使国内各高校不得不延期开学，教育部印发了《关于疫情防控期间做好普通高等学校在线教学组织与管理工作的指导意见》，要求全国高校积极实施在线教学。

在“互联网+”的开放教育资源共享时代，慕课的产生影响了知识的传播和教学模式的改变，并使得在线开放课程迅速发展起来，为人们提供了高质量的教育资源和多样化的学习方式，同时也给高等教育教学改革带来了新的机遇与挑战[1-2]。以MOOC资源为基础的智慧教学平台的快速兴起和迅速普及为我国高校各学科的教学改革提供了契机，注入了活力，教师可以通过简单易用的课程设计模块让教学过程

项目资助：河南省高层次人才计划（中原教学名师）；河南省重点教改课题“一流课程”建设背景下《弹性力学》国家金课持续建设及混合应用研究与实践（2019SJGLX061）；河南理工大学太行名师专项教改课题“基于慕课的《材料力学》翻转课堂教学模式的探索与实践”

作者简介：王钦亭（1973—），男，河南镇平人，教授，主要从事力学方面的教学和科研工作

变得更加生动；学生可在多终端设备上随时随地按需参与教学活动；而教学管理者可以通过大数据的分析掌握教学动态并为教改提供支持[3-4]，通过慕课堂，可以满足任课教师将精品在线开放课程落地到课堂教学的迫切需求。

二、疫情期间力学课程线上线下混合式教学模式设计

我校力学课程混合教学设计的总体方案如下，课程以周为单位，分为课前、课中和课后三个阶段，每个阶段均以 QQ 群为基本联络，所有信息以 QQ 群为中心发布。课前一般在前一周的周五左右，布置学习内容及要求，同时在 MOOC 平台上发布相关的学习视频及对应的练习；课中往往在当周的前半周，占用学时 1 小时，包括网络自学结果的检测（慕课堂平台）、当周学习内容的详细导学、课堂答疑等（采用腾讯课堂直播的方式）；课后往往在当周的后半周，占用学时 1 小时，处理学生遗留问题，典型题目讲解，仍采用腾讯课堂直播的方式进行。整个混合教学过程注意课程思政的适当引入及其他教学目标的达成。

三、混合式教学模式改革实践

疫情的影响下，各高校几乎全部课程均采用了网上教学，但教学的方法各不相同，研究小组特挑选力学专业的《理论力学》课程、机制专业的《材料力学》及道桥煤层气专业的《弹性力学》进行线上线下混合教学改革，改革涉及 15 个班级约 463 人。三门力学课的混合教学改革课程基本信息如表 1 所示，网络直播教学学时对应于混合教学的线下学时。

表 1　混合教学改革课程基本信息

课程名称	计划学时	网络直播教学学时	混合教学平台	线上资源
理论力学	72	36	QQ 群+慕课堂+腾讯课堂	理论力学（哈工大、国家级）
材料力学	64	32	QQ 群+慕课堂+腾讯课堂	材料力学基础（河南理工大学、省级）
弹性力学	32	16	QQ 群+慕课堂+腾讯课堂	弹性力学（河南理工大学、国家级）

以《理论力学》的“平面简单桁架”为例讲述如何使用混合式教学。根据工程力学专业的理论力学教学大纲要求，我们选择了国家精品在线开放课程《理论力学》（哈工大）作为课程的线上资源。该课程的进度、学时分配、章节安排与我校工程力学专业的课程要求完全吻合。

1. 课前教学活动

（1）中国大学 MOOC 上已经发布本章教学视频、典型习题讲解视频、多媒体课件、讨论题和单元测验。本校主讲老师于前一周周五在 QQ 群上发布公告，布置课前学习任务，要求学生完成本章教学视频和课件的观看，包括本周需要完成的作业，提醒学生对教学视频中不理解的内容进行记录；（2）自学反馈，学生将自主学习中遇到的问题反馈给老师；（3）老师针对学生反馈的疑难点，提前准备和设计第二天的课堂教学内容。

2. 课堂教学活动

（1）利用慕课堂进行签到，检查学生的到课率（2）慕课堂上发布课前小测，检查课前观看视频完成情况；（3）主讲教师课堂导学，根据学生的反馈和慕课堂练习的情况进行平面桁架的重点导学，主要讲述结点法和截面法各自的使用方法和应用条件，并各讲一个简单算例；（4）师生交流。

3. 课后环节

周五抽出 1 学时进行课后环节，主要内容有：（1）提醒和督促在规定的时间内提交 MOOC 平台练习；（2）针对批改的典型作业题目（老师通过 QQ 群布置作业，学生完成后 QQ 群在线提交作业），进行作业点评；（3）补充“零杆”的判断及应用；（4）布置下周学习内容及 QQ 群在线答疑（答疑不限于课堂时间）。

4. 考核评价

考核内容和分值如表 2 所示。

表 2　课程考核内容和分值

考核内容	分值	各自占比	评价方式规则说明
平时成绩	20	30%	慕课堂考勤记录、随堂小测
		70%	线下作业、回答问题及课堂讨论
线上慕课成绩	30	40%	在线单元测验
		30%	平台线上期中考试
		30%	平台线上期末考试
线下期末考试成绩	50	100%	闭卷笔试

四、实施混合式教学后的建设成效

（1）学生的学习成绩得到了明显提高。

工程力学专业的理论力学课程开设时间提前于其他专业，因而在同一学期无法进行课程学习成效对比，故采用不同学期间相对于同批学生的高等数学成绩进行折合成绩为对比，对比结果如表 3 所示。

从线下试卷的考试情况来看，混合式教学的效果明显好于单一的课堂教学，同时，在疫情影响下，2019 级力学专业的理论力学学习效果略差于 2018 级，但仍旧好于传统教学的 2017 级。

表 3　两类学生线下期末试卷平均成绩对照表

学生类型	工程力学 17 级（传统教学，67 人）	工程力学 18 级（混合教学，73 人）	工程力学 19 级（疫情混合教学，70 人）
线下期末卷面平均折合成绩（相对高等数学）	61.13	69.75	67.18

（2）学生的学习感受与评价。

通过对参加混合教学的学生进行问卷调查，92.5%的学生对混合式教学效果表示满意；71%对混合式教学考核方式表示满意。在“线上+线下”混合式教学中，60.2%的同学选择“讨论”为最喜欢的学习活动；75.7%的同学认为混合式教学可以提高课堂参与度，78.3%的同学认为混合式教学可以提高学习积极性。

五、结　语

疫情条件下的混合教学与平时的混合教学在实施过程中有所不同，通过三门课程的教学实践表明，基础力学类的课程比较适合采用“线上慕课+线下课堂”的混合教学模式。混合教学过程可以提高学生的学习主动性，智慧教学平台的应用可以提高课堂教学的效率和学生的参与度，同时混合教学改变过去以老师为主的教学模式为现在的以学生为中心的教学模式，也促使老师不断更新教学方法和教学内容。同时疫情的原因造成混合教学的课堂教学部分也是在网上直播方式进行，一定程度上影响了混合教学的教学效果。

参考文献

[1] 金楠，阮志鹏，林琦. 依托线上线下混合式“金课”的课堂教学模式研究与实践[J]. 中国现代教育装备，2019（10）：13-15.

[2] 安军，周应龙，范劲松. 翻转课堂教学模式在材料力学课程中的实践与探索[J]. 高教论坛，2016.12（6）：28-31.

[3] 许英姿，沈玉凤. 基于翻转课堂的理论力学教学改革与实践[J]. 力学与实践，2015，37（6）：737-740.
[4] 朱晓斌. 疫情背景下工程力学课程线上教学的探索[J]. 轻工科技，2020，36（7）：188-189+193.

疫情期间理论力学 MOOC 教学的实施及思考

鲁 丽　葛玉梅　刘 菲　沈火明

（西南交通大学力学与工程学院，四川成都，610031）

[摘　要] 在疫情期间，我校2020年春季的《理论力学》全部采用线上课程教学。结合我校《理论力学》中国大学MOOC课程的在线资源，在校内开设了23个SPOC课堂用于在线教学。本文从线上课程的开课准备、授课过程、线上课堂教学设计、线上交流互动等方面，对本学期的课程线上教学实施进行分析，并与传统的课堂教学，与线上+线下混合式教学等教学模式进行比较，提出思考。

[关键词] 理论力学；MOOC 教学；线上教学；教学改革

一、引　言

突如其来的疫情给高校的教学工作造成了巨大的困难，为了保证课程顺利开展，把不利的影响降到最低，我校理论力学课程组积极响应学校和教育部的指示精神，召开线上会议，大家共同商讨本学期的线上课程如何有效快速开展。

我校《理论力学》是全校的专业基础课，面向土木、机械、材料、力学等工科专业开设。本学期，全校一共有23门理论力学课程，如何有效的开展线上教学，老师们集思广益，并分头行动，以最快的速度去了解微信、腾讯 QQ 群课堂、腾讯课堂、腾讯会议、雨课堂等线上教学平台。最后商定，理论力学线上资源，统一采用中国大学爱课程网的理论力学 MOOC 课程，同时，QQ 群学习群、腾讯课堂、雨课堂等作为教学同步平台，以保证线上教学的顺利进行。

二、《理论力学》MOOC 教学实施

我校理论力学是全国首批国家精品在线开放课程，作为全国首门在中国大学

项目资助：西南交通大学教育教学改革项目：理论力学混合式“金课”建设的探索与实践：理论力学慕课教学资源的建设与应用（编号：20201017-04）

作者简介：鲁丽（1978—），女，浙江江山人，副教授，主要从事力学的教育教学研究

MOOC平台上线的理论力学课程，目前已成功开设10期，课程负责人和主讲教师均是我校理论力学教学课程组的成员。这给我们本学期的在线教学提供了很好的基础：通过前期的课程开设和使用，课程资源得到保障。通过与爱课程网管理教师的沟通，在学校教务处的大力支持下，课程负责人顺利建立了本学期23门《理论力学》MOOC 课程，结合课程团队各老师的不同需求，编写教程文档，一步一步指导团队教师们分别在校内开设了同步 SPOC 和异步 SPOC 课堂（见图 1）。同时，课程组的教师通过教务处邮箱把 MOOC 教学的安排以及每个教学班的 QQ 群号发送给了所有的学生，并要求学生立即加群，并在群里发布公告，告知上课所需软件以及本学期上课的具体要求。

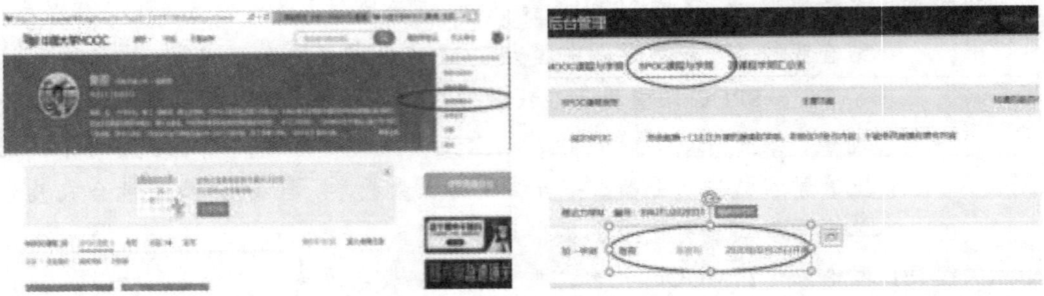

图 1　建立《理论力学》SPOC 课程

开课前一天，我们通过 QQ 群与学生做了线上教学测试，采用了腾讯课堂、腾讯会议、雨课堂、QQ 群课堂等，并在系微信群里分享各个平台师生的试用体验，为应对开课第一天（周一，全国多所高校多门课程同步线上教学）可能出现的网络拥挤甚至平台崩溃等各种问题，商讨确定至少要准备两套方案以确保线上教学的正常进行。

开课第一天，老师们按照既定方案开展线上教学。为了对教学方式以及教学效果有个很好的掌控，也为了及时调整教学具体的实施方案，课程组在第一天课后及时开展了线上会议，授课第一天的老师们纷纷分享当天的线上教学组织、成功之处以及遇到的问题，以便为接下来的课程教学提供指导。课程组三位老师采用腾讯课堂和 MOOC 资源相结合的教学方式，教学过程较为顺畅；一位老师采用雨课堂和 MOOC 资源相结合，开展线上教学，由于网络的原因，雨课堂有一段时间出现卡顿现象，及时启用了腾讯课堂预备方案，学生反映良好。

由于理论力学课程的特点，逻辑性强，一些知识点较为抽象，为便于学生理解，使每次的线上教学都达到理想的预期，精心设计每堂课的线上教与学以及课堂互动环节就显得尤为重要。以教授的理论力学为例，第一次腾讯课堂上课，笔者会跟学生交代清楚整个学期基本的听课、作业、准备问题等方面的要求。根据班级的学生容量，进行分组，通常 4 ~ 5 人为一小组，组长可以指定或者轮流担任。要求学生在每次腾讯课堂线上课程之前完成 SPOC 课堂里的 MOOC 学习，并要求他们做笔记、准备好问题汇总到小组长处。腾讯课堂上课时，预留一部分时间全班共同讨论、解答同学们提出的问题。务求通过小小的计算机屏幕，让同学们都积极参与到课堂的教学中来。

在一学期的线上教学过程中，随时随地交流，随时随地答疑，随时随地学，基本是本学期的教与学的常态。“白天讲课、晚上答疑，一不小心，答疑到晚上 12 点”，一次腾讯会议上，课程组老师如是说。不得不说利用 QQ 群、在线互动平台随时随地答疑（见图 2），这是在传统的课堂教学中无法达到的，这也是线上教学的优势之一。老师们都为学生的认真好学而感动，对学生的提问更是知无不言，倾囊相授，为的就是一个目标：停课不停学，务求不降低要求，保证教学质量！

图 2 《理论力学》课程日常线上答疑

三、关于《理论力学》在线教学的思考

一学期的在线教学结束了，无论是课前准备、上课中课程教学内容的调整、课堂设计，还是课后的在线答疑、作业解惑，比起以往传统的教学，老师们都花费了更多的时间和精力。

事实上，对于《理论力学》的教学，近几年课程组及成员一直在进行线上+线下混合式教学的研究，并分别通过翻转课堂、SPOC+线下课堂相结合等形式，已在校内开设了多期线上+线上混合式教学的实践，教学效果较好。

这次的线上教学，和传统的课堂教学以及近几年的线上+线下混合式教学相比，还是有很多不同之处值得我们考虑：

首先，教师的“教”与学生的“学”都是完全通过计算机或者手机完成，那么，学生学了吗？学懂了吗？在规定时间学完整了吗？这是无从得知的。

其次，线上教学实施过程中，要跟学生始终保持良好的互动，要及时掌握学生的学习状态，是比较难的，往往存在老师提问，无人回答或者直接找不到计算机那一端的学生了。这两个方面需要学生充分发挥其学习自主性，如何在每一堂课有效地调动积极性和自主性，是线上教学时遇到的较难问题。

线上教学也有它显而易见的优势：结合 MOOC 课程、SPOC 课堂、腾讯课堂和雨课堂等，再结合师生 QQ 群、微信群，学生可以充分利用这些丰富的在线资源和交流平台，打破了空间和时间的限制，做到随时随地学，学习的机会无疑已达到最大化了。再者，采用 QQ 群的作业功能、文件功能等，教师可以方便发放作业及资料、布置测试等，这些都为日常教学提供了很好的线上条件。

良好的线上教学的进行，如果没有之前的充足准备（比如线上教学资源），其教学效果不一定理想，这就要求对课程的教学改革提出了更高更长远的要求。对于我们而言，多年的课程教学改革以及积累的资源和经验使得一切都能够有条不紊地组织和开展。这也是第一次大规模地让改革成果真正为课堂教学服务，为全校的师生服务。

参考文献

[1] 任艳荣，石萍，何凡. 基于慕课模式的理论力学教学模式新探索[J]. 教育教学论坛，2019，9：93-95.

[2] 崔红光，朱公志，张本华，等.《理论力学》课程线上线下混合式教学模式实践研究[J]. 高教学刊，2019，23：8-11.

[3] 鲁丽，杨翊仁，葛玉梅，等. 以在线开放课程为核心的教学重构——《理论力学》翻转课堂实践[J]. 西南及交通大学学报（社会科学版），2019，20（s2）：220-222.

战“疫”期间本科在线教学管理的探索、实践与思考
——以西南交通大学为例

冷伟　雷雳　崔凯　代宁　刘朝晖　康锐

（西南交通大学教务处，四川成都，610031）

[摘　要] 新冠肺炎疫情期间，在线教学在保证“停课不停教，停课不停学”方面发挥了关键作用。西南交通大学在推进疫情期间本科在线教学方面开展了一系列的探索和实践以确保线上教学和线下课堂实质等效，这里结合学校实际情况对今后的在线教育教学管理提出了思考与建议。

[关键词] 新冠肺炎疫情；在线教学；教学管理；高等教育

近年来，随着互联网时代学生学习发生的深刻变化及新型学习资源在世界范围的迅速兴起，信息技术与教育教学的深度融合已经成为高等教育发展的新趋势，并催生出线上线下混合式教学等新教育形态。尤其在本次新冠肺炎疫情期间，在线教学在保证“停课不停学”方面发挥了关键作用。数据显示，截至2020年5月8日，全国共有1 454所高校开展在线教学，103万教师在线开出了107万门课程(合计1 226万门次)，参加在线学习的大学生共计1 775万（合计23亿人次），规模之大、范围之广、程度之深，前所未有，是世界高等教育史上的创举[1]。

一、在线教学开展现状——从规模到质量

融合了“互联网+”“智能+”的在线教学掀起了改变了教、改变了学、改变了管、改变了形态的“学习革命”，推动高等教育人才培养的“质量革命”[2]。从目前国内在线教学的开展现状来看，虽然规模和范围很大，但还存在着诸如在线教学质量标准不够完善、技术与平台难以支撑大规模在线教学平稳运行、部分教师将线下课堂

项目资助：西南交通大学2020年本科教育教学研究与改革项目：本科在线开放课程与线上线下混合式课程通用质量标准及质量保障体系建设研究（20202012）

作者简介：冷伟（1986—），男，四川成都人，助理研究员，主要从事高等教育管理研究

通过直播形式简单搬至线上等情况。在线教学作为高等教育的一种形态，学生有权享有高质量的学习经历，再加上目前高等教育关于在线教学质量的理解仍处于起步阶段，因而更需要提高质量文化[3]。

二、战“疫”期间推进本科线上教学和线下课堂实质等效的探索与实践

西南交通大学深入贯彻习近平总书记关于应对新冠肺炎疫情有关工作的重要讲话精神和党中央关于疫情防控各项决策部署，坚决落实教育部和四川省教育厅相关文件要求，坚持“抗疫一线”和“教学一线”双线作战，确保“停课不停教、停课不停学”，在推进本科在线教学工作方面开展了一系列的探索和实践。

1. 提前布局，系统规划，确保线上教学工作有序开展

学校迅速成立疫情防控期间本科教学工作领导小组，发布《关于做好 2020 年春季学期开学阶段本科教学有关工作的通知》，明确了特殊时期本科教学工作基本原则和总体要求，按照分类指导、分步实施、有序推进原则，从教学单位、任课教师、学生三个层面，分别提出具体要求、具体举措、具体步骤，系统地对教学管理和运行进行了全面的部署和安排。同步推进教师在线教学、混合式教学与改革培训活动，引导教师充分利用信息技术与在线资源全面开展本科课程线上教学的筹备工作，并顺势推进课堂教学改革，将本次线上教学实践作为“线上教学”和“混合式教学”一流课程建设立项必备条件，为一流课程建设打下基础。

2. 精心组织，指导有序，顺利开展本科线上教学工作

本科课程线上教学如期开展：本学期全校本科生理论课程开课教学班 3 258 个，根据课程实际，选择线上教学的 3 240 个，占比 99.4%；线上课程涉及学生 22 168 人。学校强化过程管理，落实落细各项要求，毕业设计（论文）工作有序进行：选题环节，严格执行“一人一题”，共开设毕业设计（论文）选题 7 116 个；指导环节，采取线上线下相结合的方式，确保每周不少于一次与学生毕业设计（论文）指导记录；中期检查环节，校级共抽查 841 名学生，并首次全部实行“云答辩”的方式开展；答辩环节，采用线上“云答辩”为主、线下“集中评审”为辅的方式，近 7 000 名毕业生在线上进行了“云答辩”。

3. 质量评估，反馈改进，保障学生线上学习体验

针对在线教学开展“评估—反馈—改进”工作。学校坚持以“学”为中心，在已有质量保障体系的基础上，初步制定线上课程、线上线下混合式课程质量标准。

同时，自主研发线上教学“信息采集”和“指导与检查”系统，提高线上教学管理、服务、评估效率，畅通线上教学质量信息反馈渠道，确保教师及时调整线上教学策略。而后，针对课程教学、毕业设计（论文），面向学生和教师开展问卷调查、组织校院两级专家进行专业全覆盖的质量评估与实时反馈。结果显示，线上课程教学成效“好”及以上的教学班比例为95.90%，超过93%的师生和专家认为本届毕业设计（论文）质量较好地达到了教学要求。

4. 助力抗“疫”，服务社会，展现学校的责任与担当

勇担社会责任，开放线上资源。学校在中国大学MOOC平台开出100余门精品在线开放课程，陆续推出“阻击战‘疫’中的责任与担当系列行动”之“慕课篇”“思政篇”“心理篇”“体育篇”“美育篇”“二三课堂篇”和“双创教育篇”，开放心理健康精品在线开放系列课程助力疫情防治心理服务。整合优质资源，发挥示范辐射作用。充分发挥学校作为四川省高等教育学会课程建设研究专业委员会秘书处的作用，统筹协调省内高校线上教学课程资源及时面向社会开放；打造《川越课堂——四川省普通本科高校战“疫”行动文集》、汇编《四川省普通本科高校在线教学质量报告汇编》，记录经典案例，总结优秀做法，实现经验共享。

三、高校在线教学管理的思考与建议

在线教学之所以未能如线下教学一样保证质量，不仅仅是由于其作为较新兴事物相关理论与实践支撑不足，更在于其本身特点所致。如 Weller（2013）认为在线开放课程作为开放教育（Open Education）的一种具体形式，其核心在于“开放（Openness）”，这里的“开放”不仅仅意味着学习者不用负担经济成本，并且是面向所有学习者开放、学习地点/速度/时间的自由以及教育理念的开放[4]。伴随“开放”属性而来的是在线教学多方主体的参与和教学方式的多样性，进而形成了在线教学的多元化特点，这对教师的教学能力与水平、在线教学质量标准的制定等都是一个巨大的挑战，增加了在线教学质量保障的难度。

已有经验表明，外部因素如教育资源的投入、外部问责和评估等，并不能必然地提升教育质量，高等教育内部教学质量促进才是解决问题的根本途径[5, 6]。因此，学校在认真总结抗疫阶段在线教学组织管理与质量保障实践经验的基础上，提出如下建议推进在线教育教学管理工作。

（1）抓住机遇，加速推动课程线上线下混合式教学模式改革。

当前疫情促使绝大部分教师开展了线上教学，对线上教学特点及优势有了直观的切身体会，问卷调查表明，大部分教师都有意愿利用线上教学开展今后的课程教学。高校应抓住这一契机，促进传统教学方式与信息技术深度融合，大力推动课程

线上线下混合式教学模式改革，并使其成为课程教学的一种新常态。

（2）加强服务，提升教师将信息技术深度融入课程教学的水平。

以服务支持教师线上教学能力提升：加强基层教学组织建设，通过教学研讨和集体备课，群策群力提升教师线上线下混合式教学水平及课程思政能力；深入挖掘信息技术深度融入教学的优秀教学案例，充分发挥其示范和引领作用；通过研修班、教学创新论坛、教学设计师研讨交流会等平台，加强线上线下混合式教学等方面的研讨交流，鼓励广大教师追求教学卓越。

（3）制定标准，以质量评估持续提升在线课程质量。

在线教学亟需相应的质量标准予以规范和评价，高校应针对其特点积极探索。学校在此次大规模课程线上教学实践期间，加快了以“学”为中心、围绕“SWJTU五维度课程目标”的在线教学课程的通用标准制订进程，已初步构建“线上课程”和“线上线下混合式课程”通用质量标准，而后将分步骤完善，并分阶段推进线上课程和线上线下混合式课程的评估，促进线上课程教学质量持续提升。

四、结束语

“我们再也不可能、也不应该退回到疫情发生之前的教与学状态……教育部将会把此次大规模在线教育教学的一些生动实践转化为疫情结束后教育教学改革的重要举措，形成包括思想、理念、内容、方法、技术、标准、评价、范式等在内的一整套改革方案，以‘学习革命’推动‘质量革命’向纵深发展。”[1] 这场突如其来的教育教学改革实践，必将成为后疫情时代高等教育教学改革重要的参考，我们应该以此为契机，实现教师教育教学理念和学生主动学习意识的转变，推进高等教育领域的创新与变革，实现中国高等教育的“变轨超车”。

参考文献

[1] 吴岩. 在线教学实现了从“单声道”到互动式“双声道”转变[EB/OL]. 2020. http://education.news.cn/2020-05/14/c_1210618786.htm

[2] 吴岩. 要加快在线教学由“新鲜感”向“新常态”的转变[EB/OL]. 2020. http://education.news.cn/2020-04/28/c_1210594251.htm

[3] ROSEWELL J, JANSEN D. The OpenupEd quality label: Benchmarks for MOOCs[J]. The International Journal for innovation and quality in learning, 2014.

[4] WELLER M. The battle for open-a perspective[J]. Journal of Interactive Media in Education, https: //files.eric.ed.gov/fulltext/EJ1034712.pdf.

[5] 王超逸，等. 大学生学习情况调查分析[J]. 中国管理信息化，2014，17（21）：100-102.

[6] 吕林海，SHEN CHEN. 大学优秀教师的教学特征及启示——基于对澳大利亚纽卡斯尔大学 8 位教学优秀教师的实证研究[J]. 中国大学教学，2010,（3）：85-89.

“复合材料力学”一流本科课程的建设与实践

张 娟　康国政　苗鸿臣

（西南交通大学力学与工程学院，四川成都，610031）

[摘　要] 2019 年，教育部正式实施一流本科课程“双万计划”，在此背景下，一流本科课程建设成为各高校的工作重点。“复合材料力学”是力学类、航空类等专业重要的专业课程，是西南交通大学重点建设的力学类一流本科课程。首先分析了“复合材料力学”课程的教学现状及存在的问题，然后以建设适应创新型、复合型人才培养需要的一流本科课程为目标，从优化课程内容设置、创新课程教学方法、完善课程评价方式等方面进行改革与实践，利用信息技术促进线上线下教学的有机结合，探索建设混合式一流本科课程。

[关键词] 一流本科课程；课程建设；复合材料力学；线上线下混合式课程

2019 年 10 月，教育部颁布了《教育部关于一流本科课程建设的实施意见》，正式实施一流本科课程“双万计划”，明确提出课程是人才培养的核心要素，课程质量直接决定专业人才的培养质量。在此背景下，一流本科课程建设目前已成为各高校的工作重点。一流本科专业建设是“双一流”建设的重要基础[1]，而一流本科课程是一流本科专业的基本单元和核心要素。所以，全面开展一流本科课程建设，树立课程建设新理念，推进课程改革创新，是实现立德树人根本任务，构建更高水平人才培养体系的必需之举。目前，各高校针对“金课”“一流课程”建设提出了不少举措，取得了一定的成效，一些学者也对一流本科课程的建设提出了自己的思考[2]，进行了一些实践[3, 4]，但是与“双一流”“一流本科”要求还存在一定差距。因此，还需要对一流本科课程的建设进行更多的创新和探索实践。

“复合材料力学”课程是力学类、航空类等专业一门重要的专业课程。该课程以前主要采用的是课堂授课为主的教学模式。这种以知识为导向、以教师为主体的课

项目资助：西南交通大学 2020 年本科教育教学研究与改革项目：以“双万计划”为引领，加快推进工程力学国家一流专业建设（编号：20201016）

作者简介：张娟（1976—），女，山东烟台人，副教授，主要从事力学的教学及课程改革研究

程体系和教学方式，学生仍在被动地接受教师的知识灌输，并以通过课程考试作为培养质量的主要评价依据，这显然无法满足当前对创新型、复合型人才的培养要求。因此，结合目前力类学专业人才的培养特点，我们从课程内容设置、课程教学模式、课程评价方式等方面对“复合材料力学”课程进行改革与实践，利用信息技术促进线上线下教学的有机结合，探索建设混合式一流课程。

一、课程特点及教学现状分析

西南交通大学的“复合材料力学”课程开设于2005年，目前是工程力学专业以及飞行器设计与工程专业的必修专业课。复合材料力学具有力学类课程所共有的理论性强、公式推导多、计算量大等特点。另外，由于复合材料力学是固体力学的一个新兴分支，只有几十年的历史，而且直到现在也还是固体力学领域的研究热点之一，所以该课程还有一个特点就是知识更新非常快。

2017年之前，该课程主要还是沿用了传统的课堂授课为主的教学模式，然而实践中发现这种教学方式存在以下几个问题：（1）学生在被动地接受教师的知识灌输，师生互动不足，不容易激发学生的学习积极性和主动性，教学效果不甚理想。（2）课程评价方式比较单一，课程考试是培养质量的主要评价依据，对过程的考核评价较少。（3）课程以知识传授为主，对学生的综合能力的培养不够，无法有效支撑工程力学一流专业的培养目标。（4）学生较少接触到复合材料力学领域的前沿技术与知识，无法满足飞速发展的科研与工程需求，不利于对创新型、复合型人才的培养。基于这些问题，我们从2017年开始，对该课程进行了系列的改革。2019年开始又在MOOC资源建设的基础上，开始进行线上线下混合式一流课程的建设与实践。

二、混合式一流课程的建设与实践

线上线下混合式一流课程建设中，主要在以下四个方面进行了改革与实践。

1. 课程内容的优化

课程内容优化主要进行了两方面的工作：（1）对原有的教学内容进行分类和设计。对教学内容进行重新设计和改革并不是要抛弃原有的课程知识体系，而是对原有的教学内容进行选择和分类，将整个课程内容分为一般的知识点、重点和难点知识、实践内容和拓展内容等，然后根据不同内容的特点，设计不同的教学方法。（2）结合工程实际及学科前沿增加新内容。根据复合材料力学知识更新快的特点，结合工程实际需求及学科前沿，增加一部分新的课程内容。例如，增加了“新型复合材料”

专题，让学生了解最新的复合材料种类及特性；增加了“复合材料力学有限元分析”的内容，教学生掌握先进的数值模拟技术及软件等。另外，结合我校的轨道交通背景，还在课程中增加了高速列车中复合材料应用的实例教学，并在实例中引入了课程思政的元素，以达到教书育人的目的。

2. 教学方法的改革

在前面对课程内容进行优化设计的基础上，根据“以学生为中心”的教学理念，只保留一小部分传统的课堂讲授模式，其余大部分内容采用线上教学和其他学生参与度高的教学方法，充分发挥学生学习时的能动性和主体性，实现其各种能力的提升。例如，一般知识点让学生利用 MOOC 资源学习；对重点、难点问题组织学生进行分组讨论，讲自己的理解，进行深度学习；对一些比较前沿的内容，让学生分组去查找资料并进行课堂报告，在学习知识过程中还培养了学生的表达与沟通能力等；对于实践性强的内容，让学生自己计算机编程、上机操作等，完成实验报告和分析报告，充分培养了学生的动手能力和创新能力。这些教学方法旨在激发学生的学习兴趣并调动了他们的学习积极性，同时将对学生各种能力的培养融入的整个教学过程中，达到知识和能力共同提高的效果。经过两年的实践表明[5]，教学方法的改革取得了良好的效果。

3. 线上教学资源的建设

在线上线下混合式一流课程的建设中，必须要有系统的线上教学资源的支持。然而，目前各大线上资源网站如爱课程网、中国大学慕课、智慧树等，都没有复合材料力学课程的相关资源，所以必须自己建设。我们从 2019 年 3 月开始，花了一年的时间，录制了 500 多分钟的视频，完成了复合材料力学 MOOC 课程的建设。在今年上学期疫情期间，复合材料力学以独立 SPOC 的形式，在中国大学 MOOC 平台上完成了对 200 多名学生的线上教学。2020 年 9 月，我们的复合材料力学课程将在中国大学 MOOC 平台正式上线，这将为“复合材料力学”线上线下混合式一流课程的建设提供有力的保障。

4. 课程评价方式的完善

与教学内容、教学方式的变化相适应，课程学习的评价指标在内容、形式上也要充分改革和完善，体现能力培养的导向，引导学生除了关注知识的学习外，还充分重视综合能力的培养。在新的评价方法中更加注重对过程的考核，也突出了能力培养的成果，即除了考核学生对知识的掌握之外，充分反映学生在自主学习能力、动手能力、创新能力，以及沟通与表达能力上的努力程度和收获情况。课程评价方式的具体内容如表 1 所示。

表 1　课程评价方式

考核内容	所占比例	考核目标
课堂讨论、课堂提问	10%	学习、表达沟通能力
课前作业、课后作业、课堂测验	15%	自学、应用能力
读书报告、编程、有限元分析报告	15%	动手、创新能力等
分组进行主题报告展示	10%	动手、表达、协作能力等
期末考试	50%	知识的掌握和应用

三、结束语

“复合材料力学”线上线下混合式一流课程建设的教学改革探索，是一流专业和一流本科课程建设背景下面向新工科培养学生实践能力、创新能力、综合素质以及核心竞争力的内在组成部分。课程建设遵循以学生为中心、能力培养为导向的思路，将线上线下教学有机结合，并将对学生多种能力的培养贯穿到整个课程教学中。课程建设主要通过对原有教学内容进行优化和更新，采用以学生为中心的多种教学方法，同时配以全过程、多样化学习评价方式，在提高学生的学习兴趣和学习效果的基础上，重点培养学生的自主学习能力、动手能力、创新能力、以及沟通与表达能力等。从目前的实践结果来看，“复合材料力学”线上线下混合式教学模式取得了良好的效果，能够满足当前对创新型、复合型人才的培养要求，有力地支撑了相关一流专业的培养目标。

参考文献

[1] 林健. 一流本科教育：建设原则、建设重点和保障机制[J]. 清华大学教育研究，2019，40（2）：1-10.

[2] 唐瑞，梁文旭. 关于国家级一流本科课程建设的思考——以“语言学导论”课程为例[J]. 教育论坛，2020，8（2）：2-8.

[3] 王利，苑丁杰，伍先明. 一流本科课程建设背景下液压与气压传动课程“金课”建设探索[J]. 内燃机与配件，2020（03）：259-261.

[4] 李晓梅，刘晓伟. 管理类线上线下混合式本科课程建设与实践[J]. 黑龙江教育（高教研究与评估），2020（06）：27-28.

[5] 张娟，康国政，阚前华，刘宇杰. 力学专业课教学设计及学习效果评价的改革与实践[J]. 西南交通大学学报（社会科学版），2019，20（S2）：84-86.

“平台互补、学为中心”——线上课堂教学设计实践与体会

谭 宁　伍晓红　吴 莹

（西安交通大学航天航空学院 力学实验教学国家示范中心，陕西西安，710049）

[摘　要] 新冠肺炎疫情防控期间，“线上授课、学生居家学习”的教学模式被广泛采用。然而，线上课堂更易受到环境干扰，学生学习自律性参差不齐，学习情况也不易及时把握。为解决这些问题，采取“思源学堂”+“QQ 群”+“腾讯会议-雨课堂”多平台互补的措施来加强课堂交互、增进现场感；采用 PBL 教学法，以学为中心，引导学生深度学习。“平台互补、学为中心”的教学设计在教学实践中取得了良好的教学效果，对疫情之后的线下线上混合式教学也具有一定的指导意义。

[关键词] 线上课堂；学为中心；PBL 教学法

2020 年春季学期是一个特殊的学期，疫情突如其来。根据教育部“停课不停教、停课不停学”的要求，各个学校都采取了“线上授课、学生居家学习”的教学模式。然而，线上课堂显著不同于传统课堂。线上课堂中的学生更容易受到所处环境的干扰，如网络信号可能不稳定等。另一方面，学生长时间盯着手机屏幕或计算机屏幕，也会造成现场感不充分的注意力松懈。由于缺乏面对面交流，教师对学生的学习情况也不易及时把握。如何营造有真实情境的虚拟学习环境，获得类似实体课堂教学的交互感、参与感，切实保证良好的教学质量，这就对线上课堂的教学设计与实施提出了重要挑战。本学期笔者承担的是百余人的大班教学。学生学习基础参差不齐、学习风格多样、学习自律性也各有不同。如何在大班课堂上有效开展实时在线交互教学也是线上课堂教学设计必须直面的问题。

项目资助：陕西省高等教育教学改革项目：面向新工科人才培养需求，基础力学课程改革探索与实践（编号 19BZ001）

作者简介：谭宁（1977—），女，河南周口人，副教授，主要从事力学教学与科研

一、平台互补、因地制宜，制定多种授课方案

基于以上问题，在教学实践中因地制宜地制定多种教学方案，以保证实时直播授课和录播授课；充分发挥不同平台的特点，综合各平台优势，营造类似于课堂教学的交互感、参与感强的虚拟学习环境。

课前课后采用我校 Blackboard 教学管理平台（思源学堂）进行课前预习，课后训练、测验、小组讨论与课程评估。课中环节，考虑到我们是百余人的大班授课，综合应用了腾讯会议、雨课堂、QQ 群等平台。雨课堂与我校教务系统关联，在雨课堂上签到、测试、投票、弹幕互动可以方便管理学生并能够录制课堂。腾讯会议在疫情期间免费支持 300 人同时在线，可以实时共享屏幕、连麦（视频）讨论，与雨课堂互相补充、相得益彰。QQ 群可以实现精准的个体辅导和课后答疑，同时可以在群内采取激励措施（如抢红包等）鼓励学生参与课堂互动、讨论。如图 1 所示给出了线上课堂课前、课中、课后各环节的设计思路，如表 1 所示给出了在不同网路情况时（良好、欠佳和断线）制定的授课方案；如图 2 所示给出了在不同情形的课堂上各平台的部分使用实例。

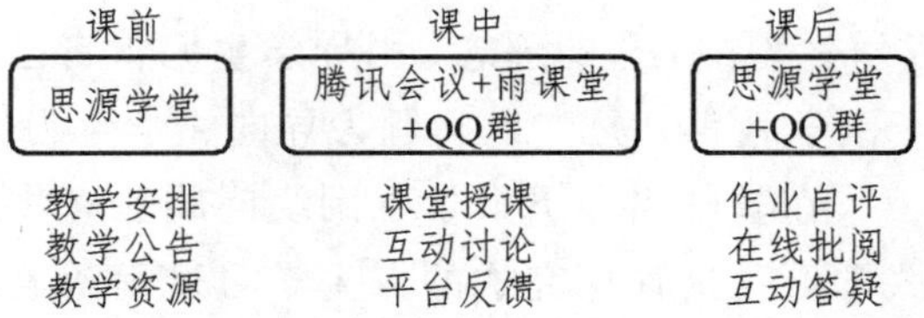

图 1　线上课堂的课前、课中、课后环节的设计思路

表 1　综合各平台优势，制定“平台互补”的多种授课方案

网路情况	授课方案	特点
良好	腾讯会议-雨课堂+QQ 群	利用腾讯会议和学生实时互动、分享桌面、连麦讨论；利用雨课堂签到、在线测试、搜集课堂资料并录制课堂；利用 QQ 群和学生实时互动、个体指导
欠佳	自学 MOOC + QQ 群个体指导	利用 QQ 群发布讨论议题并设置激励措施（如抢红包等）督促学生切实自学
断线	自学教材+课堂录播	基于教材自学并录制课堂教学视频以便学生观看

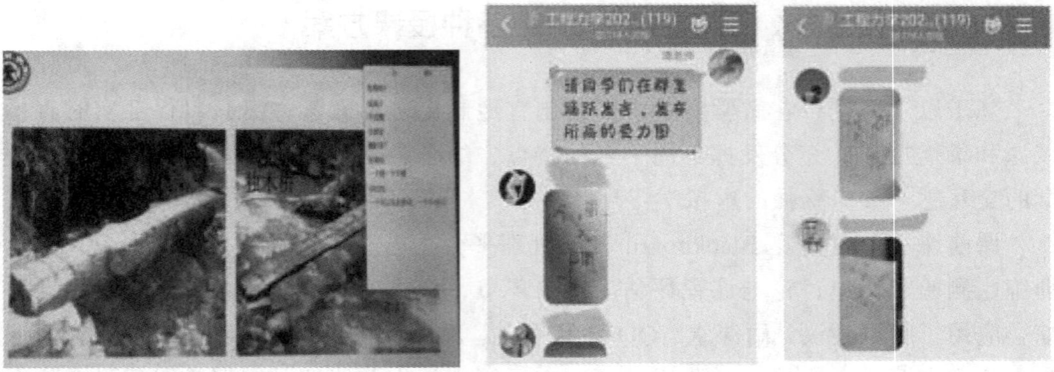

图 2　线上课堂部分应用实例

二、学为中心、问题导向，采用 PBL 教学法进行课堂设计

认知心理学和认知神经科学领域的研究表明，每个学习者都是以自身的知识背景为前提构建自己对新信息和知识的理解和认识，并通过认知模型来认识、应对外部世界[1]。创新人才培养要求“以学生发展、学习状态和学习效果为中心”[2]。因此，教学设计中要秉持“以学生为中心”的理念，引导学生完善自己的认知模式[3-5]。PBL 教学法最初广泛应用于医学教育，是“以问题为导向、学生为中心”的教学方法[6]。通过设计相应学习情境，在教师引导下，学生围绕问题独立收集资料，发现问题、解决问题，进行项目式学习。这种探究式的自主学习过程涵盖了“提出问题、大胆假设、理论推导（或实验验证）、分析数据、得出结论”等多种要素，不仅培养了学生自主学习能力和创新能力，还培养了学生科学严谨、脚踏实地、团结协作等品格素养，达到润物细无声的课程思政。如图 3 所示为“学为中心”的教学设计思路和 PBL 教学法施行思路，如图 4 所示为笔者讲授刚体静力学“实际约束的简化问题”时的教学实例。学生们在腾讯会议中热烈讨论，课后在思源学堂提交了关于该问题的实践报告。

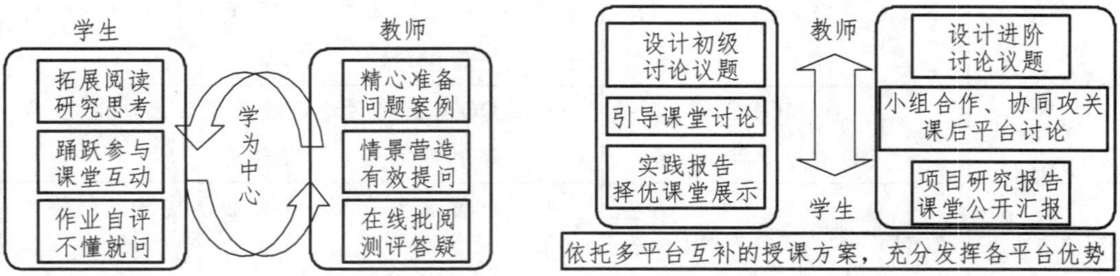

图 3　“学为中心”的教学设计思路和 PBL 教学法施行思路

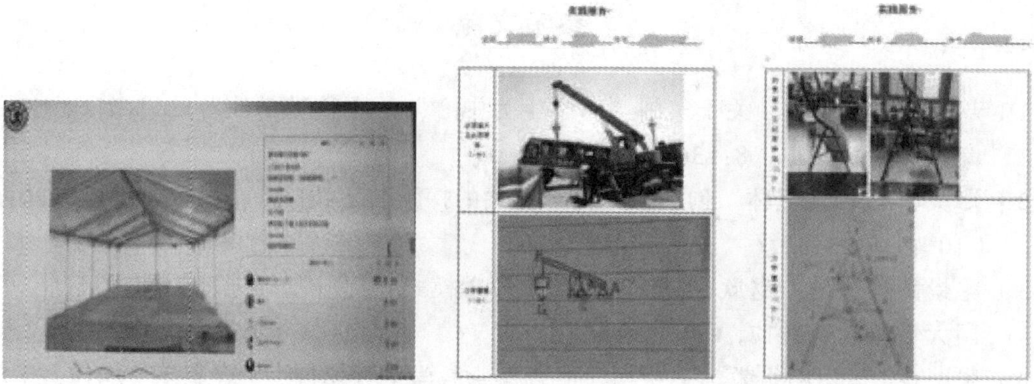

图 4　PBL 教学法在刚体静力学中的应用，引导学生讨论“实际约束的简化”

为解决大班人数多、学习基础参差不齐带来的困难，进行了逐层递进的分级式 PBL 教学设计。初阶讨论议题强调抽象的力学概念从“课本”切实地落到“实地”（见图 4）；高阶讨论议题则是具有实际应用背景的项目研究题目，要求学生团队合作、协同攻关，属于开放式的深度学习。如图 5 所示给出了部分项目研究小组在腾讯会议中的报告实例。学生的感言表明，同学们在课程学习中收获颇多，课程教学目标得到了实现。

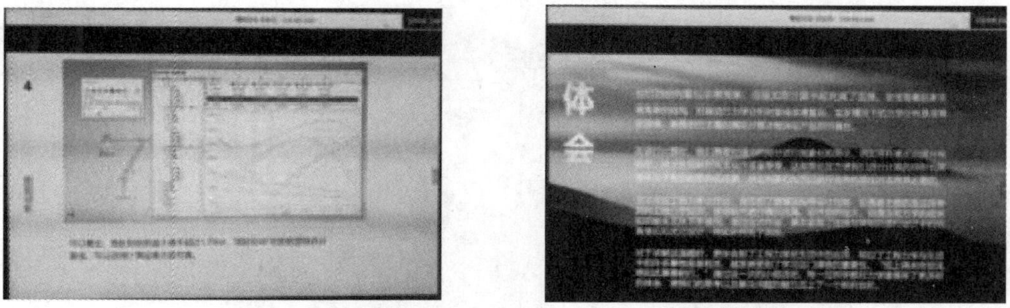

图 5　学生在项目研究中以问题为导向进行深度学习

三、总结与思考

新冠肺炎疫情防控期间，“线上授课，学生开展居家学习”虽是应对疫情的无奈之举，但同时也是一个重要的转变契机。教育部高教司领导指出，融合了“互联网+”“智能+”技术的在线教学已经成为中国高等教育和世界高等教育的重要发展方向。依托信息技术应用，强化“学为中心”的教学设计，强调参与、体验和感悟；采用 PBL 教学模式，引导深度学习，培养自主学习和创新能力及科学严谨、脚踏实地、团结协作等品格素养，达到润物细无声的课程思政效果。“平台互补、学为中心”的教学设计在实践中取得了良好的教学效果，对疫情之后的线下线上混合式教学也具有一定的指导意义。

参考文献

[1] 赵炬明，高筱卉. 关于实施“以学生为中心”的本科教学改革的思考[J]. 中国高教研究，2017，8：36-40.

[2] 郑庆华.“四位一体”创新人才培养模式的探索与实践[J]. 中国大学教学，2016（10）：19-23+30.

[3] 鲍崇高，张健，赵欣，等. 改革课堂教学模式，提升基础课程教学质量[J]. 中国大学教学，2017，（3）：59-62.

[4] 张国辉. 运用网络教学平台构建混合课堂教学的探索[J]. 大学教育，2018，（1）：141-143.

[5] 谭宁，吴莹，伍晓红，张新华. 大班授课环境下理论力学翻转课堂的实践[J]. 大学教育，2019，（4）：18-20.

[6] DONNER R S, BICKLEY H. Problem-based learning in American medical education: An overview [J]. Bulletin of the Medical Library Association, 1993, 81 (3): 294-298.

直面“云课堂”教学挑战，实施有力有效改革措施

朱 焱[1,2]

（1. 西南交通大学利兹学院，四川成都，610031；
2. 西南交通大学信息科学与技术学院，四川成都，610031）

[摘 要] 一场不期而遇的新冠肺炎疫情对课堂教学造成巨大影响，在线教学“云课堂”成为当前教学新常态。从“以教师为中心”到“以学生为中心”的教学模式改革更是对教师的创新思路和教学能力的考验。本文讨论了“以学生为中心”的重要教学理念，分析了“云课堂”面临的一系列挑战。针对亟待解决的问题，探讨了面向“云课堂”的课程内容、教学模式和教学成效评价改革中行之有效的措施和学生们的收获，为进一步的教学模式创新提供借鉴。

[关键词] 教学模式改革；“云课堂”教学挑战；翻转课堂；多元模式联合；教学成效评价

2020年肆虐的新冠肺炎疫情对实体课堂教学带来了前所未有的冲击，当转换到“在线课堂”时，教师们不仅失去了台下坐满的听众，无法立刻了解学生的困惑，而且因计算机屏幕的阻隔，教师的表情、手势与教学内容无法同步完整地传达给学生，教学效果大打折扣。此种情形之下，教学模式改革势在必行，教师应从“实体课堂”转换到“云课堂”，从“以教师为中心”转换到“以学生为中心”。这样的转换面临着艰难挑战，但也孕育着大量机会，必将带给学生更积极丰富的学习体验。

一、“以学生为中心”的“云课堂”教学模式的重点和难点

以学生为中心的模式中，学生是教学活动的核心，师生共同推进教学环节的顺利实施，保证良好的教学质量。要实现这样的目标，须深入讨论“云课堂”的教学方式和面临的挑战。

项目资助：西南交通大学“扬华学者”计划（2019—2022）；西南交通大学本科教育教学改革项目（2019年）

作者简介：朱焱（1965—），女，广西桂林人，教授，主要从事大数据、数据挖掘等研究

1. 推动“合作学习”

线下学习中，学生可形成小组互帮互助完成学习任务，既能培养学生合作精神，发挥团队智慧，又能激励学生在“朋辈”的鼓励下主动学习。但“云课堂”中的“合作学习”面临着挑战：(1)“云合作”形式松散分离，失去了“合作学习”的氛围。(2)居家“孤立式”学习导致某些学生惰性更大、自律性更差，“合作学习”容易演化为学习依赖。(3)在线合作更容易“滥竽充数”，为奖勤罚懒和公平公正带来障碍，亟需合理评定团队成绩和成员个体能力的有效方法。

2. 激发“主动学习”

设置综合的、真实的问题情境，让学生有针对性地评价自己的知识状态，确定知识缺陷，通过自主学习，提升知识水平和技能，最终解决实际问题。这种模式十分适合“云课堂”，但也存在以下问题：(1)如何创设复杂又真实的问题或项目，既关联学生的知识基础，又要有专业技术延展性和挑战性；(2)教师是否有足够的才学和能力引导和帮扶学生，激发自主思考；(3)因各类问题的难度不同，学生解决不同问题所呈现的知识水平和能力有差异，使学习成果评估具有不确定性。

3. 实施“差异化教学”

集各教学方法之长的综合式教学模式能获得最佳学习效果。例如，基于团队合作完成项目驱动的实践；在理论教学中融入“翻转课堂”和“启发式问答”，均能更有效地激励学生的主动性和探究兴趣。

同专业同年级的学生之间存在智力、注意力、执行力等诸多差异。差异化教学要求关注每个学生的表现，并通过修正教学速度和内容，提供不同的教学环节，使学生的收获最大化。不少高校采用按学生水平分班的差异化教学，取得了较好的效果。但需考虑几个关键问题：(1)受制于网络质量和计算机配置，“云课堂”精细化程度不够，难以针对性地调整教学内容和进度；(2)高校的培养方案、教学计划和课程大纲等是针对专业全体学生，较少提供学生自学或小组学习的多元化选择；(3)差异化可能导致对学生是否“一视同仁”的公平性问题，特别是“云课堂”教学如何公正诚信地进行在线考试和考核，这是一个巨大挑战。

二、“以学生为中心”的“云课堂”教学模式改革实践

1.“云课堂”教学模式实践中必须面对的挑战

“云课堂”教学改革实践需要解决三大挑战：(1)“云课堂”教学在支撑环境、“课堂”秩序管理、学生接受度与参与度、师生交流与合作等存在很大不确定性。对教

师的“云课堂”掌控能力和教学水平设置了更高的标准。(2)部分学生缺乏自制力，不能主动获取知识。在居家“云课堂”中，如何调动他们的积极性，提高学习成效？(3)评价“云课堂”的教学内容、教学组织管理、师生互动等改革成效，应建立一个合理有效的课程教学质量评价机制。

2.“翻转课堂”与“多元模式联合”的教学方法

2019—2020学年第2学期疫情期间，在计算机专业的“数据库原理与设计”及其独立设置实验课中开展“云课堂”教学，笔者实践了“翻转课堂”“多元模式联合”“合作学习”等一系列改革措施，解决了上述挑战，取得了很好的成效。具体举措如下：

(1)建设“翻转课堂”支撑环境。精选课程内容录制成清晰翔实的课程视频，制定每周课程章节学习目录，提供辅助材料，在“超星学习通平台”上发布。

(2)设计“学习达成路线图”。提炼知识要点和关联，串联为学习达成路线图，采用“提问—讨论—总结归纳—夯实知识”的“问题驱动”方法，采用实例分析、类比等“启发”手段，激发学生求知欲，唤起主动学习积极性，吸引学生“进入课堂、留在课堂”，进而“学在课堂、收获于课堂”。

(3)开展“翻转课堂”教学，开启“云端多方互动应答模式”。① 根据内容和进度以及学生前期课堂中的反应，设计难度递进的问题或拓展性作业。② 综合利用屏幕分享、语音等方式，邀请学生回答问题，开展学生之间、教师(助教)与学生之间的多方互动，激励学生探究知识，复习巩固。③ 通过作业和小测验评讲，夯实知识，举一反三。通过“云点赞”等方式表彰先进，带动教学大班的学习风气蒸蒸日上。④ 根据所设计问题的难易程度和学生在“云”上的学习表现，预先设计邀请谁回答什么问题，以及问答—讨论—总结的时间把控。保证每位同学都有5次以上的机会参加问答互动。做到了教学组织张弛有度、知识问答有设计、自由讨论有调度，“云课堂”气氛热烈、学习效率高，课程推进十分顺利流畅。

(4)“多元模式联合”开展“线上实验课程”。如何在“云端”狠抓“理论与实践并举”是本次教学改革创新的关键。具体做法：① 集成“项目驱动、合作学习与独立工作相结合、过程质量控制”等多种模式。学生自主应用所学知识和技能，完整解决“近真实”问题。他们首先组成项目小组完成“需求分析和模式设计”，随后个人独立“编程实现并测试”，教师对每位学生进行“实时上机验收”。② 学生不仅提交书面设计报告，还要参加“云”答辩和讨论，回答师生质询，启发深入思考，优化设计，同时训练了学生写作与口头表达能力。③ 在个性化实施阶段，学生独立构建数据库，编制凸显个人特色的程序，自主实现实验项目，充分锻炼学生独立思考和独立动手能力的同时，也激励优秀学生更上一层楼。

3. 科学评价“以学生为中心”的“云课堂”教学成效

如何考核学习“在线实验课”的全国各地学生们的动手实践成果？在无先例借鉴的情况下，开展如下创新性工作：①采用工作量检查与实验编程考核验收相结合的评价方案，根据工作量、课程设计完成度、个人设计亮点等进行评估；②在“上机编程考核验收”关键环节，精心设计了“必做题”“选做题”和“自设题”小题库，学生从题库中自组试卷，限定时间完成实时上机编程任务；③“必做题”要求学生增加个人“指纹数据”（包括学号、姓名、性别等），其他两类题目因“指纹数据”具有了“唯一性”，降低了学生互相抄袭的可能，有效保证了在线学习成效的区分度和公平公正，这是“云课堂”差异化教学和有效考核评价的成功尝试。

三、“云课堂”教学模式改革实践效果的汇报

短短一学期的“云课程”教学改革取得了很好的成果，深受学生好评。根据 4 次不通知小测验统计，教学班 96 人全学期平均到课率 99.82%，平均及格率 96.6%，均为笔者任教 15 年来的最高值。学生们感到课程知识丰富，学习体验好，收获大，符合今后发展需求，分别给两门课程打出了 96.4 和 95.4 的评教高分。

部分学生反馈如下：

- **课程内容的收获：**“内容丰富，结构合理，感觉老师安排的课程进度以及前后衔接是很好的，有一种由浅入深的感觉，学起来每次感觉接受一点就好，然后回头一看感觉学了好多，收获很多。”
- **“翻转课堂”“问答互动”的收获：**“首先看视频学习知识，然后在 QQ 群复习知识，这种教学形式，我认为效率是非常高的。不夸张地说，这门课是这学期我所学习的课程中效率最高的一门课。不定期的小测验也起到了监督学习的作用。”“学习内容都是自己看，上课时间几乎全用来问问题，回答问题，虽然每次上课都心惊胆战，为了避免答不上，因此每个问题都要认真查阅，找到答案，这样十分有助于对知识点的巩固和掌握。”
- **理论联系实际的收获：**“实验课上，老师在最开始花费了整整两周进行开题，进一步加强了我们对前面基础概念的理解，总之我认为我们数据库的理论与实践结合的十分紧密。”

四、总　结

在这个疫情肆虐的学期，笔者迎难而上，践行了“以学生为中心”的教学理念，在“云课堂”的教学内容、教学模式、教学过程质量评价与考核上进行了深入的改革和创新。通过精心实施“翻转课堂”“多元模式联合”“问题驱动”等教学策略，在培养学生自主学习、合作学习、终身学习能力方面取得了十分满意的成效。

从“以教师为中心”到“以学生为中心”的教学改革任重而道远，而“云课堂”教学模式更是对教师的思考深度、教学能力和创新思路带来极大考验。疫情终将过去，但现代信息技术对教育的影响依然巨大，线上线下混合式教学将是一种趋势，总结“云课堂”的教学模式、方法技术和经验教训，解决教学模式改革创新带来的挑战，实施有力有效的措施，一定能打造出学生收获与成长的“金课”，迎来“教书育人”的累累硕果。

《材料力学》线上线下混合教学模式探索与实践

郑佳艳　刘小会

（重庆交通大学土木工程学院，重庆市，400074）

[摘　要] 针对材料力学内容多、学时少、学生主动性不足、课堂参与度不高等问题，以学生为本，重构材料力学教学内容和教学设计，基于超星平台和学习通 APP 构建在线课程，开展“课前+课中+课后”三位一体的线上线下混合教学模式改革。教学实践表明，该教学模式激发了学生自主学习的潜能，改变了学生的学习习惯，使学生成为学习的主体；缓解了材料力学课程内容多与学时少的矛盾；多元化的教学互动提高了学生学习参与度，活跃了课堂气氛，增进了师生感情，有利于提高《材料力学》教学质量。

[关键词] 混合教学模式；自主学习；参与度；三位一体；教学质量

《材料力学》是高等工科院校的一门重要技术基础课，具有假设多、概念多、实验多、公式多、理论性强等特点，课程内容和研究方法对后续专业课程的学习至关重要。随着我国高等教育由精英化教育过渡到大众化教育，在各专业培养方案多次修改中,《材料力学》课程学时逐次递减，但教学内容并未减少。因此如何在少学时情况下保证或提高《材料力学》课程的教学质量（即减时不减质）成为高校一线力学教师共同关注的问题。

随着教育信息化在全球的蓬勃发展，我国在 2010 年开始兴起在线教学，清华大学、北京大学等多所高校和教育研究机构率先开发雨课堂、云课堂等线上学习平台和学习 APP[1]。随着“互联网+”与教育教学的深度融合，超星泛雅、钉钉、腾讯课堂、移动学习 APP 等智慧教学平台和 MOOC（慕课）、微课、SPOC（私播课）、翻

项目资助：2019 年度重庆市高等教育教学改革研究项目“基于现代信息技术的多元混合式教学模式研究——以《材料力学》课程为例”（编号：193117）；2019 年度校级教育教学改革研究项目“基于全过程的多元化课程考核模式研究——以《材料力学》为例”（编号：1903050）

作者简介：郑佳艳（1976—），女，四川遂宁人，副教授，主要从事基础力学教学及相关科研工作

转课堂等应运而生[2]，如雨后春笋般涌现，线上教学呈现出“智能化、移动化、常态化”的新趋势，对传统高等教育教学提出新的挑战。自2015年起，教育部连续发布了《关于加强高等学校在线开放课程建设应用与管理的意见》《教育信息化“十三五”规划》《教育信息化2.0行动计划》等相关文件，2018年9月10日，习近平总书记在全国教育大会指出“加快推进教育现代化、建设教育强国、办好人民满意的教育”，2019年2月23日，中共中央、国务院印发了《中国教育现代化2035》，提出推进教育现代化的指导思想，这一系列举措表明现代信息技术与教育的深度融合是当代教育教学的必然趋势。

一、《材料力学》教学存在的问题

笔者所在高校的《材料力学》教学内容主要包括基本变形、组合变形、应力分析及强度理论和压杆稳定[3]。笔者在多年的教学中发现，材料力学教学主要存在以下三方面的问题：（1）内容多，学时少。在历次培养方案修订中，材料力学课程学时逐次缩减，但教学内容并未删减，且随着知识的迭代更新，新的前沿知识不断加入教学，进一步加剧少学时与多内容的矛盾。（2）学生主动性不足，课堂参与度不高。传统教学中大多采用“满堂灌”的填鸭式教学，教师是教学的主体，学生被动接受知识，师生互动少，课堂“低头族”多，教学参与度低，不利于学生的批判性思维和创新思维培养。（3）时空受限，师生交流不畅。目前，课程教学大多是教师上课来，下课走，师生之间的时空错位导致教师不能及时全面了解学情，学生有问题也无法及时解惑，导致学生学习兴趣减弱甚至消失。

二、融合现代技术，构建在线课程

2019年，《教育部关于一流本科课程建设的实施意见》指出“课程是人才培养的核心要素，课程质量直接决定人才培养质量，必须深化教育教学改革，必须把教学改革成果落实到课程建设上”。为适应新时代人才培养要求，提高材料力学课程教学质量，材料力学教学团队融合现代信息技术，探索适应当代大学生的教学模式、教学方法、教学手段，激发学生兴趣，培养学生自主学习的能力。

1. 整合资源，重构教学内容

根据21世纪对人才培养和对材料力学课程提出的新要求，综合考虑我校力学、土木、地质、港航、机械等专业的特点，整合材料力学的多媒体课件、教学动画与视频、习题库等资料，将教学内容整合为基本变形、复杂应力状态及组合变形、稳定性分析三大板块，并在教学过程中潜移默化地引入课程思政内容。

2. 建设线上资源，优化教学设计

本着“线上有资源，线下有活动”的原则，根据知识点的特性和线上线下教学的优势，将基本概念、基本原理、基本方法（简称“三基”）等知识点录制成视频作为线上资源，供学生自主学习；将重点、难点作为线下教学内容以集中讲解、讨论、翻转课堂等形式开展，《材料力学》线上线下混合教学设计如表1所示。

表1 《材料力学》线上线下混合教学设计

知识点	教学方式	呈现形式	学时数	教学方法
“三基”	线上	视频	32	自主学习、讨论式
重点、难点	线下	面授	40	启发式、案例式、讨论式、小组式、问题式等

3. 各展所长，打造优质视频

根据《材料力学》教学大纲，精选视频教学内容，整理教学 PPT、脚本、动画等资料，根据教学团队成员的专长，由4名教学经验丰富的教师录制知识点短视频，授课视频共64个，总时长为588分钟。

材料力学课程线上资源主要包括授课视频、课程大纲、教学课件、电子教材、习题参考答案、动画、习题库、作业库、试卷库、章节测试等资料，学习任务点共72个，非视频资源总数为32个，习题总数为543道。

三、“线上+线下”混合教学模式

混合式学习是将传统学习方式的优势和网络学习的优势综合起来，既发挥教师引导、启发、监控教学过程的主导作用，又充分体现学生作为学习过程主体的主动性、积极性与创造性[4]。根据材料力学课程特点和线上教学的优势，构建了“课前预习+课中内化+课后巩固”三位一体的线上线下混合教学模块。

教师课前分析学情，设计学习任务，通过学习通 APP 发布通知，推送教学大纲、教学视频、教学课件等资料，设计章节测试和自我测试，发布问题反馈主题，统计分析自学情况。学生课前根据教学安排进行自主学习课件、教学视频，完成章节测试和自我测试，并在讨论区集中反馈学习问题。

在面对面教学中，教师反馈学生自学情况，指出共性问题，讲授重点难点和典型例题，并采用讨论式、问题式、启发式、分组式、案例式、探究式等多种教学方法调动学生的积极性，主导课堂，引导学生主动参与教学活动，培养学生综合能力。

同时根据教学内容不定时进行课堂小测验和引入课程思政内容，根据学习通的数据分析，教师可及时掌握学情并调整教学安排。

课后作业是《材料力学》课程必不可少的环节，是对学生所学知识的检验和巩固。教师通过学习通 APP 在线发布作业，系统可自动评阅判断题、选择题和填空题，学生提交作业后可立即知晓正确与否，并查看参考答案。此外，在线讨论区为师生提供了答疑共享平台，教师和学生的提问或回答，班级成员均可见，实现了师生之间、生生之间的共享交流，不受时间和空间的限制。

四、教学实践及效果分析

教学效果包括显性定量效果与非显性的定性成效，而学习成绩是教学效果最为显性的定量指标[5]。我校 17 级土木类、机械类等专业参与了线上线下混合教学的改革试点，通过签到、课堂测试、讨论、答疑、选人等多元化的活动，学生积极自主学习，参与度高。为对比分析教学成效，课程考核仍采用教考分离、题库随机抽题的传统卷面考核方式。学生期末卷面平均成绩为 73.51，卷面及格率为 80.69%，不及格率为 19.31%，较 16 级的不及格率明显降低（16 级不及格率一般 30%左右，有的教学班甚至高达 40%以上），同时平均成绩也提高了 15 分。

五、结束语

本文基于超星平台和学习通 APP 进行在线课程建设，探索线上线下混合教学模式改革，效果良好。实践表明“线上+线下”混合教学改变了以教师为主的“满堂灌”教学模式；教学方法的多元化和形式多样的教学活动使学生积极主动参与教学，促进了学生的自主学习，发挥了教师的主导作用和学生的主体作用；在线平台打破时空界限，实现了师生之间、生生之间的资源共享、互动交流；解决了材料力学内容多、学时少的矛盾，有效提高课程教学质量。但同时也发现，因线上学习缺乏监督，对缺乏自我管理和自我约束的学生来说，其学习成效反而降低。

参考文献

[1] 南丽军，赵滨. 线上线下课堂有效契合研究[J]. 教育探索，2018，(05)：82-85.

[2] 汪学均，李小培. “互联网+”时代高等学校混合式教学创新探索[J]. 中国教育信息化，2019，(12)：5-9.

[3] 孙训方，方孝淑，关来泰. 材料力学（I）[M]. 5版. 北京：高等教育出版社，2009.

[4] 何克抗. 从 Blending Learning 看教育技术理论的新发展（上）[J]. 电化教育研究，2004，(03)：1-6.

[5] 陈朝晖，王达诠，陈名弟，文国治. 基于知识建构与交互学习的混合式教学模式研究与实践[J]. 中国大学教学，2018，(08)：33-37.

疫情期间高校在线教学模式探讨与思考

徐淑娟　严　丹　孟志广

（浙江师范大学地理环境学院，浙江金华，321004）

[摘　要] 为落实“停课不停教、停教不停学”工作要求，全国高校开展了大规模的线上教学，对保障高校正常教学秩序，确保教学质量起到了至关重要的作用，也取得了很好效果。本文在此基础上，客观分析了当前高校线上教学存在的问题，并提出做好线上教学的建议。

[关键词] 在线教学；疫情；教学质量；同质等效

自在线开放课程建设以来，慕课教学、翻转课堂教学、线上线下混合式教学等教学模式纷呈，数字化教材、数字课程、虚拟实验等数字化课程资源建设越来越丰富，为开展线上教学打下了扎实基础。特别是2020年上半年，在严峻的疫情形势下，为确保正常的教学秩序，全国各地高校按照“停课不停教、停教不停学”工作要求，纷纷组织开展在线教学。据统计，开展线上教学的高校近 1 500 所，在线课程超过1 200 万门次，在线授课教师超过 100 万人，在线学习学生达 23 亿人次。可见，在线教学既是高校应对疫情确保正常教学的应急之选和有效办法，同时也是信息技术发展引发教学革命、学习革命的大势所趋、必然之选。

一、高校在线教学模式

互联网+教育教学所催生的教育信息化对传统课堂教学模式形成了巨大的冲击，影响着教学模式逐渐由“以教为主”转变为“以学为主”。而在线教学作为教育信息化的重要实施手段和“以学为主”教学模式的最直接体现和最重要载体在当下社会及现阶段疫情防控期内发挥着至关重要的作用。因此在线教学模式的优与劣直接决定了在线教学质量好坏[1]。

项目资助：浙江师范大学 2020 年度教学改革项目

作者简介：徐淑娟（1976—），浙江龙游人，讲师，从事建筑设计、力学等教学和科研工作不论是线上还是线下课堂，最终关注的不只是“知识是否被教师正确地讲出来”，重要的是“知识是否被学生有效地接收到”。疫情下在线教学是高校教学的重要方式，因此构建一种效果好的在线教学模式已成为保障在线教学质量的首要任务。目前，比较主流的教学模式主要有五种类型：（1）传统授课模式，以教师授课，学生听课为主；（2）以团队为基础的学习，促进团队协作精神、注重创造性、灵活性与实践特点教学模式；（3）基于问题学习的以学生为中心的教学方法；（4）基于案例教学为基础，引导并启发学生围绕问题展开讨论的一种小组讨论式教学法；（5）基于研究的教学模式。

教育信息化推动教学模式的转变，在线教育最大的特点就是“以学为主”。“以学为主”就是要以“学生”为中心，强调教师不再是知识的传授者而应该是学习的指导者，学生不应该是知识的被动接受者而应该是学习的主动研究者。从传授到指导，被动接受到主动研究，这种角色的转变和翻转正是教育信息化冲击传统课堂教学模式的直接体现，更是当下在线教学所展现的主要特点。因此，要做好在线教学，切实落实“以学为主”教学理念，在组织实施在线教学的过程中就要充分做好课程环节设计，要重点去实现课堂以学生研讨为主，学习评价以线上教学过程为主，教学效果考核以学生学习情况为准，强化教学目标是提升能力，让学生主动去构建知识，去个性化学习，着重培养学生自主学习能力、知识架构能力、逻辑思维能力、表达归纳能力、团队协作能力[2]。

通过这样的组织与实施，同时将上述五种教学模式的优势与在线教学特点充分结合，充分体现“以学为主”教学理念，实现线上课堂教学翻转，创造“教师主动上线教，学生自愿网上学”的在线教学良好氛围，切实构建了以学为主的翻转课堂在线教学模式。

在线教学质量好不好，组织实施和检查督导至关重要。一是要强化组织领导，加强制度保障。要落实防疫期间在线教学实施方案，做好线上教学平台遴选和网络配置工作，同时做好教师线上教学培训工作，确保线上教学有组织、有制度、有保障。二是要精心设计课程环节，强化过程评价。课程环节包含在线教学采取的方式、互动交流、作业提交与课堂效果评价等，课程环节设计的优越是能否实现以学为主的翻转课堂在线教学模式、提高在线教学质量的关键所在。

以《中外建筑史》课程环节设计为例，建筑史课程是建筑设计技术专业的必修课，是建筑类专业的重要基础理论，在课程体系和新工科发展中发挥着基础平台作用，对培养学生创新能力和工程思维有着至关重要的作用。在开展中外建筑史在线教学之前，首先要对中外建筑史线上教学课程环节开展设计：一是要以“以学为中心”的教学理念对中外建筑史课程环节进行精心设计，突出以教师授课为中心向以学生主动学习为中心转变，通过“填鸭式”教学转变为“吊胃口式”教学，引导学生主动学习研究。二是结合在线教学特点对中外建筑史课堂时间结构进行调整优化，按照 6∶2∶2 规划教师讲课时间、在线交流互动时间、学生自主学习时间。三是根据中外建筑史课程教学内容广，知识点分散度大，涉及的背景跨度也很大等课程特点，搜集与建筑有关的文化背景，引入案例开展线上教学，让学生形象深刻地理解相关知识点。四是基于项目开展研究型教学，通过互动环节设置引入虚拟仿真线上教学项目。五是要结合中外建筑史案例分析和项目研究强化线上互动环节，着重推进互动过程评价，重点培养学生在线上教学互动环节过程中的创新思维和科学素养，引导学生主动思考，提升学生课程参与度和融入度。六是要针对中外建筑史课程特点优化考核评价方式，提高线上教学学生参与互动评价比重，加强过程评价，重点考核学生通过在线学习后知识凝练创新与提升能力。

在中外建筑史在线课程设计过程中，要始终坚持“以学为主”理念，让学生主动去学去研究、去思考，同时在互动交流、考核评价环节均以学生为主，切实发挥以学为主的翻转课堂在线教学模式作用，全面提升师生教学过程愉悦感和体验感，寓教于乐中提升在线教学质量。

二、在线教学存在的问题

在线教学虽然优势明显，但从相关数据调查分析可以看出，在线教学在组织实施过程中存在不少问题，主要包括一是在线教学基础条件配套不完善，经常出现网络卡顿，且疫情期间地处偏远条件落后地区的师生根本没有条件开展在线教学工作与学习；二是线上教学无法同步实现线下实践环节，疫情期间这种情况更为突出；三是部分教师不适应网上教学，网上教学经验和创新性不足，师生互动不充分，影响在线教学质量；四是在线教学平台数量多，参差不齐，不统一，不同课程不同平台，极易让学生反感和抵触；五是线上教学“以学为主”理念下对学生学习情况监管存在缺失和不足，学生学习反馈情况也存在不真实和不及时情况；六是部分在线课程教材缺失，影响教学质量；七是在线教学目标设计和结果考核体系不够成熟；八是学生对传统课堂授课模式形成了惯性，对在线教学模式的接纳还存在磨合期；九是疫情期间在家学习的氛围和假期懈怠情绪对在线教学质量存在严重挑战。以上种种问题有的是在疫情期间的具体体现，而有的更是在线教学模式长期发展必须面临和解决的问题。

三、做好在线教学的建议

在线教学是高校教学的重要方式，也是未来教育发展的必然趋势。做好在线教学工作要重点解决好以下几方面问题：一是要进一步强化组织领导，加强资源建设，落实资源保障，拓展平台功能；二是要进一步强化反馈机制建设，及时跟踪学生受教情况，通过调查问卷、任课教师或辅导员回访等形式，开展广泛调查，听取师生意见，及时掌握教师线上教学过程中的不足与普遍问题，协助教师探索更高效的线上教学模式，及时调整完善方案，改善师生线上教、学体验及效果；三是要形成多元督导机制，加强质量监督，确保教学质量不打折；四是重点强化课程设计，创新师生间互动交流方式，提高交流频次，实现在线教学课程环节精品化设计构建师生愉悦的在线教学课堂氛围；五是做好特殊学生关心关怀工作，对于疫情重灾区和贫困地区无法开展在线教学的学生要做好教学方案，落实好同步培养。

四、展　望

疫情期间，全国高校课程开出率超过 90%，教师在线教学认可度和学生在线学习满意度超过 80%，这些数据表明，在线教学与课堂教学质量实质等效不仅可以做到，且在一些关键重要指标上还可以做得更好更为有效。

"互联网+""智能+"在线教学已成为世界高等教育重要发展方向。每一位高校教师，都要本着教书育人的情怀，坚持以学生为中心，不断加强自我培训和提升，充分利用现有条件发挥最大努力，加速线上资源建设，完善在线教学模式，确保在线教学质量。

参考文献

[1] 张雷生，张坤. 疫情防控期间如何保障高校在线教学质量[J]. 大学教育科学，2020，(3)：122-124.

[2] 崔成林，崔越涛. 疫情期间在线教学对常规教学的启示[J]. 教育家，2020，(8)：65-66.

全英文力学课程直播教学的探索与实践

史 智

（西南交通大学力学与工程学院，四川成都，610031）

[摘　要] 新冠肺炎的肆虐之下，对学生以教学班组建 QQ 群进行联络，对两门全英文的工程力学和材料力学课程采用腾讯会议直播+雨课堂插件的教学形式，并对教学的全过程进行录屏供学生复习和回放；作业则分别采用了 QQ 作业和雨课堂作业两种形式，各有优缺点。QQ 群作为课程中心，同时提供资料库和即时答疑两种功能。此套教学方法能克服语言和网络的双重屏障，较好地实时引导和管理学生，取得了满意的教学效果。

[关键词] 网络教学；直播课；雨课堂；QQ 作业；腾讯会议

年初新冠肺炎的肆虐横行，给全国以至全世界的教学模式带来根本性的改变，线上教学主动或被动地得到了飞速的促进和发展。但在线上教学过程中，如何选择适当的教学模式，能引导学生的自主性，提供充分的教学资源，做好课程各环节的管理，保证课程的学习质量，是我们成功实施线上教学的关键。笔者通过腾讯会议+雨课堂直播的方式进行了两门全英文基础力学课程（工程力学和材料力学）的线上教学，通过雨课堂、QQ 群作业和答疑进行教学管理，取得了较好的教学效果。

一、教学模式的选取

2020 春季全英文教学班共有两个，一个是本校茅以升学院力学专业的本科生，课程是材料力学，人数 13 人；另一个是我校天佑学院的埃塞俄比亚留学生，课程是工程力学，上课人数是 10 人（时差缘故，仅有 8 人能参加直播课）。目前线上教学主流看，主要是视频课（包括慕课和预录视频）和直播两大类方式，各有优缺点。

项目资助：西南交通大学本科教育教学改革项目重大项目（20201017）：材料力学全英文教学

作者简介：史智（1970—），女，湖北罗田人，副教授，主要从事基础力学的教育教学视频课师生双方时间方便、自由，可重复播放，教师相对工作量略轻，缺点是学生自主学习难以控制，师生联系不紧密，讨论和答疑会零星分散。直播课可以紧密联系师生，比较具有真实课堂教学的氛围，可以实时集中解决难点和组织讨论；但同样的，网络通畅和学生的实际听课状况也难以实时控制和了解。考虑到网络通畅度以及屏幕分享教学的效果，最终选择了腾讯会议+雨课堂插件的线上教学模式。课堂教学以腾讯会议为工具展开，但是使用雨课堂插件记录学生的参与度与实时测试的成绩。同时为了给学生提供更多的学习资源，每次上课均实时录屏，下课后分享录屏文件至群文件，供学生课后复习以及回放使用。

二、直播教学的实施

（1）PPT 教案和手写板的联合使用。线上直播教学要求把主要教学资源搬到网上来，这要求我们一方面进一步精加工和丰满 PPT 的内容和细节，另一方面可以使用手写板、电容笔的配合，可以在教学过程中进一步诠释、标注重点难点教学内容。对于一些重要公式和例题的推导，或者学生课堂即时提出的问题，可用空白页或雨课堂的插入白板功能，使用电容笔全程演示分享，可以完全替代粉笔和黑板的功能。

（2）雨课堂的随堂即时测试功能联络师生、凝聚课堂注意力。为避免直播课学生人机分离、师生教学脱节，在每节课的进行过程中都可以设计一些即时测试的客观题，包括有多项、单项选择题和填空题的形式，以了解学生的掌握程度以及屏幕后学生听课的专注度，能很好地反映课堂的教学效果。设计这部分成绩计入期末成绩总评并告知学生，对课堂的黏性和学生的专注性有极大的促进作用。与此同时，这样的测试也能促进学生的思考和分析能力，比如在斜弯曲部分，设计矩形截面梁、圆形截面梁、正方形截面梁和 Z 字形截面梁最大正应力的思考题，既能帮助学生巩固新学知识点，又能帮助他们了解公式应用的条件和一些特定情形下的简化结果。

（3）雨课堂最大的优点就是能完成这样的课程测试并做教学的全程记载，既方便教师做统计和分析，也方便学生了解自己知识的死角。但雨课堂测试的填空题，仅适用于简单的文字和数字形式；由于编辑功能所限，对于理工科所要求的公式表达式的编辑和判断都是无法完成的。

（4）全英文教学的特殊处理。两个全英文教学班的教学对象不同，一个都是中国学生，另一个是非英语国家的留学生；两个教学班对于英文教学的接受度是不同的。中国同学心理上普遍比较抵触英文教学，在教学过程中会尽量把每节力学专有词汇首先列出来，并用中文进行解释；遇到有困难概念或推导，也会用中文加以解释；课堂测试题都用中文列出，减少学生理解错误。对留学生而言，英语授课则是他们最佳选择；不专列词汇，改成全英文测试，与此同时专有词汇的解释尽量结合图形、现象或者例题进行，考虑到非洲留学生的课程基础，有部分例题和概念以电容笔逐步板书单独录视频，供他们在需要的时候自行下载观看，但教学要求和难度并没有降低。

三、作业处理

跟正常教学过程一样，每次课后每个教学班会有 4～6 道相关作业题，题目采用全英文方式，要求学生用全英文作答。两个班采用了不同平台完成课后作业。

（1）茅力班作业在雨课堂的平台发放，作业文件的格式有要求，可以设置完成期限，对于主观题，同学们需要手写拍照并上传，没有页数限制，由助教来进行处理。雨课堂平台作业的发放、批改都要登录计算机版雨课堂，主讲教师和助教都可以查看作业，可以红笔勾画，主讲教师也可以重批助教已经批阅的作业。

（2）埃塞班作业在课程 QQ 群的群作业发放，作业文件的格式没有要求，但不能设置作业期限，需要人工公告。QQ 群作业同样是拍照上传，每次作业限制 10 页，群管理员都可以批阅作业。QQ 群作业发放需要登录计算机版，但批阅可在手机 QQ 即可，同样可以红笔勾画，还可以语音批改，非常方便；但作业仅限一次批改，即如果助教有失误，主讲教师也无法在作业上更正。

（3）每次作业在批阅完毕后都会发放电子版的参考答案，供学生复习和纠错参考。总体来说，这两个平台关于主观题作业的功能，已能达到平时纸面作业的效果。

四、课后的资源以及答疑

如上所述，关于学生课后学习的资源保障已经做到了两点：

（1）每次课授课内容 PPT 都在雨课堂平台可全文查看，所有授课均录屏作为群共享文件供学生按需回放，不论是语言障碍或专业障碍引起；从视频回看的角度来说，线上课比线下课提供了更多的学习保障。

（2）每次作业都及时发放参考答案，错误有处可寻。从下载的频次来看，学生对作业答案基本都是 100%下载；留学生下载课程视频的频次也很高，但是茅力班中国同学更倾向查看其他中文慕课资源。

（3）所有的答疑活动都是群在线进行，即时反馈给师生互动的及时性提供了保障。

五、考试和考核机制

由于疫情和学校安排，目前两门课程的期末考试还没有实施。为了鼓励学生平时多参与课堂并认真学习，考核计划分配如下：作业 20%，上课 5%，课堂测试 5%，实验 10%（单独线上开课，这里就不讨论了），期末考试 60%。考虑到网络的普遍使用和监考的难度，我们还是建议期末考试采用线下的形式。

六、结论和讨论

由于没有期末成绩的数据进行比较，我们只能从平时学生的作业、课堂反馈以及个人体验来进行比较。我们认为

（1）腾讯会议+雨课堂直播方式可以很好地模拟线下教学，完成板书推导以及课堂测试的功能；雨课堂课堂测试虽然仍有待提高之处，但是不论线下线上都可以成为有效的课堂控制小工具，把学生手里的手机从玩具转成学习的帮手。

（2）直播课+课程录屏+作业+作业答案，无死角覆盖每个教学环节能周密保障学生克服线上课或者跨语言所带来的学习困难，视频教学其实更有利于跨语言的教学。

（3）QQ 和雨课堂的作业平台都不尽完美，但是能完成我们日常作业的主要功能。

当然，结合笔者本人的教学体验，是否以后我们本科阶段的全英文专业课教学主要针对留学生，而我们自己的学生更多的是考虑双语教学？这也是我们在两个教学班的教学对比中在思考的问题。

综上所述，线上教学技术的发展，不仅仅促进了线上的教学，也是我们线下教学的促进，会为我们未来线上线下的综合教学提供更多的新思路、新方法，这也是信息时代我们教学的大势所趋。

《工程力学》课程基于线上混合教学模式教学体会[1]

付 磊[1] 胡光忠[1] 郭 毅[2] 李 良[1] 兰 岳[1] 岳迎春[1]

（1. 四川轻化工大学机械工程学院，四川自贡 643000；
2. 四川轻化工大学土木工程学院，四川自贡 643000）

[摘　要] 本文紧密结合新冠肺炎疫情期间《工程力学》课程线上教学实践，针对《工程力学》课程理论性强、公式推导较多的特点，围绕“以学生为中心、成果为导向”的教学理念，探索新的线上课程教学方式，尝试采用“MOOC 课+线上直播+线上辅导”的混合线上教学模式，通过一段时间的教学实践，证明该线上教学模式具有较好的教学效果。

[关键词] 工程力学；新冠肺炎疫情；线上混合教学；教学体会

随着新冠肺炎疫情的突然来袭，使得正常的线下课堂教学无法实施，为响应教育部和学校关于新冠肺炎疫情防控期间“停课不停教、停课不停学”的文件号召精神，在《工程力学》课程的教学过程中，尝试采取了多元化的线上教学方式。该课程是我校科工专业基础课，涉及学生众多，理论性强，公式推导较多。因此，采取“MOOC 课+线上直播+线上辅导”的混合线上教学模式，经过一段时间的教学实践，现谈一谈线上教学中的一些做法、体会和反思。

一、线上教学课前准备要充分

（1）学生信息以及需求了解要充分。

为了更好地完成课程线上教学任务，学生信息、学生意见反馈以及学生出勤率等方面信息搜集尤为重要，通过电话以及 QQ 等方式了解学生近况，尤其是疫情高发地区学生，有针对性开展“一对一辅导”，建立课程学习 QQ 群和微信群，以方便在线授课联系；遴选课程助教暨课代表负责班级学习方面问题收集和上课辅助。

（2）网络教学直播平台的酝酿选择要充分。

从众多网络课堂直播平台中，优选了雨课堂、腾讯课堂以及腾讯会议三款软件[5]，

作者简介：付磊（1977—），男，贵州大盘水人，副教授，从事力学的教学与研究工作

经直播测试后，学生反馈信息认为腾讯会议的优点是线路流畅、可以分享屏幕、可以远程分享动画，缺点是没有回看功能；雨课堂功能最为合适授课，雨课堂能实现课堂实时测试反馈、弹幕反馈、有白板可以板书、能够实现线上批改作业、教学全程有记录，并且直播可以回看，学生可以反复学习，线上互动效果更好。最终，通过学生民主投票选择雨课堂和腾讯会议作为网络教学直播平台，雨课堂线上授课，腾讯会议进行互动答疑直播。

（3）课前教学资料准备要充分。

教学 PPT 针对线上教学特殊性应重新优化设计。将已有教学 PPT 按照在线授课模式进行修改，多设计互动题，多增加习题讲解环节，提高学生专注度。公式推导过程进一步细分逐步推出，并增置提问互动环节。线上授课容易分散注意力，因此增加兴趣点，提升学生学习兴趣。

积极主动推送线上学习资料。制作课程学习指南并推送学生，在开课之前，按照一周的学习计划制作学习指南，介绍本课程具体的学习方法和学习形式，给出详尽的学习安排，包括学习时间、内容、具体进度、学习掌握程度以及交流答疑方式。每次课前将本次教学目标、知识点、检测题以及思考题等上课相关预习资料通过 QQ 群以及雨课堂推送给学生，让学生对教学内容有所了解，能对课程的重点和难点提早关注。将教学内容分解为知识点，给学生一个清晰的知识脉络。通过设置检测题，检验学生们预习的情况，最后设置一个跟本节课有关的思考题。

二、线上教学模式应多元化

（1）课程线上教学主要利用中国大学 MOOC 平台北京科技大学制作的《工程力学》课程。该课程具有网络和手机两个学习终端，课程制作精良，讲授详尽，课程资源较为丰富。

（2）选择“腾讯会议直播（可以共享屏幕以及视屏直播）+雨课堂（可以加入互动试题以及弹幕反馈）”的模式进行线上辅导教学。在教学组织上采取“引入问题+分析+例题+线上提问+深入讨论”的线上互动模式，在“线上提问+深入讨论”两个环节都通过雨课堂投放了 2～3 道课堂实时测试题，以便增加学生学习的主动性和参与性，同时，可以实时跟进学生对于相关知识点的理解、掌握程度，从而随时调整课程讲解速度以及进度。课堂板书采用雨课堂“白板+手写板”方式，增加现场教学感。

（3）充分利用雨课堂强大的教学辅助工具。如利用公告功能，提醒学生上课以及按时完成作业；利用签到功能，督促学生按时到课；利用习题回答功能，可以实时查看学生答题情况，分析存在问题，并作实时解答；适度利用实时互动弹幕功能，可以增加学生听课的参与度，实现课程教学过程中实时在线回答问题，完成师生良好互动；充分督促学生利用作业和试卷功能，完成课后内容复习以及课下自学。

（4）通过课程 QQ 群和微信群联络学生，及时发送与课程教学活动相关的信息，课后应注意多收集学生意见建议，提升课堂授课效果；采取 QQ 一对一指导方式，对于学生的疑问不限时间段，全天候地详尽解答；在平时日常生活中，注意在 QQ 课程学习群以及 QQ 空间里与学生保持适度的互动交流，增进师生之间的情感交流，消除同学对力学课程学习的畏惧感。

（5）重视课堂互动、交流以及反馈。结合授课内容设计一些互动活动，比如，提问与讨论、头脑风暴和焦点对话等，为学生提供“上台发言”的机会；课后主动交流，了解学生的个性化问题，收集信息，增强师生情感交流，有针对性地调整相应的教学活动；注重即时反馈，加强师生间教学反馈的及时性；借助论坛、聊天和弹幕等工具及时与学生交流和反馈。

三、结　论

课堂是教师体现自身价值的主阵地，课堂教学中“以学生为中心”制定以及实施教学内容是教师在课堂教学中的主旋律。疫情区间全面线上教学的实施过程中，深刻感受到围绕学生实际情况进行教学设计和实施的重要性。因此，在教学设计和实施过程中要不断与时俱进，不断调整教学方法，找到贴合学生实际需求的最佳方式。积极主动利用网络教学平台，将信息技术与学科教学有机整合，积极践行课程教学改革，完善课程考核评价体系，努力提高学生学习积极性和主动性。

参考文献

[1] 罗云蓉，唐克伦，李良. 关于提高“工程力学”课教学质量的探讨[J]. 西南交通大学学报（社会科学版），2009，10（5）：48-50.

[2] 冯增喜，于军琪，韦娜，等. 新冠病毒疫情期间网络在线教学实践与思考[J]. 教育教学论坛，2020，17（4）：338-340.

[3] 高忠虎，吴忠铁，吴云，等. 新冠疫情防控期基于腾讯课堂和超星泛雅平台的高校线上教学实践与探索[J]. 中国多媒体与网络教学学报，2020（6）：12-13.

[4] 付磊，郭毅，罗云蓉，等. 新工科背景下《基础力学》课程教学改革探索与实践[J]. 第十二届全国“力学课程报告论坛”网络出版，2017.

2020 春季“结构力学”线上教学实践新尝试

郭春华

（成都理工大学环境与土木工程学院，四川成都，610059）

[摘　要] 应对突发疫情，线上教学提前进入日程，结构力学作为土木工程主要的专业基础课程之一，内容多、方法多、内在联系多、分析步骤多、计算量大，紧扣“课前、课中、课后”各环节，保证教学质量。

[关键词] 结构力学；线上教学；教学实践

一直以来，在校园里大家坐在教室里面学习，仍然是全球主流与最重视的接受教育方式。然而 2019 年年末新冠肺炎疫情暴发，突然打破了这种传统格局。为了应对疫情的扩散，根据联合国教科文组织监测数据统计，截至 5 月份之前，已经有 190 多个国家进行了全国范围的停课，停课学生人数高达 15 亿以上。除此，还有少数国家施行了局部的停课，以遏制新冠肺炎疫情的蔓延。“学习永不会停止，也绝不能停止”，联合国教科文组织教育主力总干事斯蒂芬妮娅·贾尼尼如是说。的确，在新冠肺炎疫情带来的风险和不确定下，全球许多高校陆续关闭校园，转向在线教育。

学校于 2020 年 2 月发起“停课不停学，停课不停教”号召，并启动网上教学方案。接到通知后，老师们立刻进入紧张的直播准备。说实话，上了这么多年的课，网上直播还是第一次，真的是既兴奋又紧张。隔着屏幕，怎么才能不让教学课堂成为一个人“自嗨”的舞台？怎么才能知道学生有没有跟着上课进度？直播中如果系统卡了，应该怎么办？……这些问题时时在脑海中显现。带着种种问题开启了“结构力学”这门课的准备工作。

首先是听了雨课堂、学习通、大学慕课等直播培训，对各种平台有了比较详细的了解。选好平台，剩下的就是解决具体上课的相关准备。力学课程总体来说，不同于其他课程的就是讲究逻辑推理，很多过程没法直接推送给学生，而是要从原理开始，用剖析的方式一步步引导学生最终得到结果。结构力学在超静定问题部分，计算的过程尤其烦琐，每一步计算的数据都是下一步要用到的关键参数，步骤和过程显得更为重要。总而言之，结构力学线上教学既会遇到与其他课程一样的共性问

作者简介：郭春华，女，四川仁寿人，副教授，主要从事力学教学与科研

题，也因其独特的要求，会有需要解决的个性问题。为了能保证上课质量，需要紧抓“课前、课中、课后”各个环节。

一、扎实课前细则，多套预案备用，并提前了解学生前期学习情况

对老师而言，以前已经习惯了上课PPT、粉笔+黑板模式，突然之间粉笔、黑板都没了，怎么办？教师首先要认识到在线教学一样要保证教学质量，同时意识到线上课程建设的重要性。选定课程平台后，更需要进行精心教学设计，优化教学资源。其次完善教学内容，需要准备多套教学实施方案。对学生而言，理论力学、材料力学、结构力学是学习中的三座大山，如果理论力学和材料力学稍微不过关，结构力学的学习就会一筹莫展。线上课不仅对老师是挑战，对学生而言也是一次全新的体验。因此要了解学生的现状，联系理论力学、材料力学教师，提前了解学生前期学习情况。上课前两周，通过QQ群、微信群提前与学生建立联系，进行前期课程答疑辅导，帮助学生克服以前学习遗留的“软件”障碍。同时发布通告，让学生提前准备新课电子教材，提前预习衔接内容。另外，将要采用的教学平台及资源情况也需要让学生熟悉了解，扫清后续学习中的“硬件”障碍。

二、精心课中环节，多样互动交叉，充分调动学生参与课堂意识

力学课程前后逻辑严谨，理论性强，结构力学更是内容多、方法多、内在联系多、分析步骤多、计算量大，而且也是本科阶段课程学时较多的课程之一。传统线下课教学中，学生会因为某次课缺席导致后续课程无法跟进，从而造成学习困难。而线上远程教学学生可以通过课程回放，将缺席或者暂时未听懂的内容在课下反复听加以解决。

当然线上课程教学最怕的就是变成教师的“一言堂”，因此课程设计需要能随时了解到学生动态，实时解答学生的问题。同时，因为老师无法看到屏幕另一端学生的真实状态，学生在家里学习也会随时有其他干扰存在。这些都对线上课教学质量的保证提出了挑战。一方面，上课前教师明确强调线上教学的纪律要求，讲清楚课程教学计划安排、课程考核评定方式等，这样可以首先解决学生到课堂的问题。为此，每次上课，笔者会提前15分钟上线，如果有早课的话，会刻意挑选一些接地气的歌曲播放，记得第一天上网课，刚好在新冠肺炎疫情关键时间，当时选了张学友和周杰伦为疫情而合作的“Waiting For The Wind and Rain To Pass”，当时学生听得特别感动，而且因为是他们的偶像作品，连没能进课堂的重修学生也被吸引，连连发来信息，请求通过进入课堂，慢慢地学生因为想听课前歌曲自觉会早到课堂。另一

方面，鼓励和促进学生参与课堂，积极认真自主学习，保证教学效果。课中教学环节增加互动，涉及重要知识点时，或者是限时抢答题，或者是主观问答题，每次课学生通过发弹幕或者投稿的形式，将问题或者观点传递到教师端，经常发现课堂弹幕多达几百条。互动的环节安排有时在课前十分钟，有时在课间，有时放在快下课时，单选题、多选题、填空题、主观题多种题型，改变单一化方式，增强学生兴趣，再增加随机点名回答，总之教师可以随时了解学生的在线状态。

三、精选课后作业，实时展示分享，积极鼓励学生争优意识

随着现代技术的发展，经典力学的参考资料、网上资源非常丰富，如何帮助学生选择适合的课后辅导学习资料，并进行适当的课后练习以完成课程教学目标，任务很具体。结构力学每次课后，学生都需要及时进行习题演练，巩固课堂知识点和计算方法。为保证教学质量，作业选题必须有一定难度、数量适合且紧扣知识点。为此，针对线上教学，每次课后，教学团队都会精心挑选四、五道最能巩固课堂所学知识点的习题，学生的作业在线提交后，也是保证第一时间批阅，针对课后作业的共性问题，在课后辅导答疑环节作解答，对于优秀作业在第二次课前几分钟通过分享方式展示，通过一段时间后发现，作业质量明显提高，正确率和书写都得以大大改善。

四、结　语

突发新冠肺炎疫情，将本来是计划中的线上教学提前提上日程，对于老师来说是挑战，对于学生来说是全新体验。受全球疫情蔓延带来的不确定，在线教育将是一种新常态。对于土木工程非常重要的力学基础课教学而言，保证线上教学质量紧扣“课前、课中、课后”各环节一个不能少。

参考文献

[1] 穆肃，王雅楠. 转“危”为“机”：应急上线教学如何走向系统在线教学[J]. 现代远程教育研究，2020，32（3）：22-26.

[2] 田振国. 结构力学教学中的几个问题[J]. 力学与实践，2019，41（6）：728-732.

[3] 陈廷国，曲激婷，陈璨. 结构力学课程混合式教学探索与实践[J]. 高等建筑教育，2020，29（1）：9-15.

疫情防控下本科毕业设计（论文）创新管理的思考与实践

王亚西　李静波　鹿金龙

（西南交通大学教务处，四川成都，610031）

[摘　要] 在新冠肺炎疫情对本科毕业设计（论文）指导、管理等工作带来的影响下，通过各阶段的创新管理，指导各级部门落实毕业设计（论文）指导任务，扎实做好疫情防控期间的本科毕业设计（论文）工作，保证教学进度和教学质量，最大限度减少疫情对本科毕业设计（论文）的影响，实现疫情背景下论文指导、论文撰写质量的实质等效。

[关键词] 毕业设计（论文）；过程管理；质量管理

本科毕业设计（论文）是高校人才培养方案中的重要组成部分，是培养大学生创新精神和实践能力，充分体现大学生综合素质的重要实践教学环节。在教育部普通高校本科教学工作水平评估指标体系中，毕业设计（论文）是衡量高校教育质量、办学水平和办学效益的一项重要评价内容。过程化管理是保障最终教学质量的关键，教育部《关于狠抓新时代全国高等学校本科教育工作会议精神落实的通知》（教高函〔2018〕8号）、《关于加快建设高水平本科教育，全面提高人才培养能力的意见》（教高〔2018〕2号）中均明确提出要加强对毕业论文（设计）的全过程管理，提高毕业设计（论文）质量。

受2020年初新冠肺炎疫情的影响，全国高校基本全部做出了学生不返校的部署，这为在春季学期开展的本科毕业设计（论文）工作带来新的挑战，各高校既要做好疫情防控，又要做好本科毕业设计（论文）工作，需要本科毕业设计（论文）管理部门“积极应变、创新管理”，采取多种措施对策，减少疫情对本科毕业设计（论文）的影响，实现疫情防控下论文指导、论文撰写质量的实质等效。

资助项目：国家级大学生创新创业训练计划项目

作者简介：王亚西（1984—），女，四川绵阳人，助理研究员，长期从事高校实践教学研究与管理工作

一、疫情对本科毕业设计（论文）管理和质量带来的困难

1. 毕业设计（论文）选题开展的条件保障不足

本科毕业设计（论文）的选题开展是对大学期间知识的综合应用，对于生命学科、工科学生来说，其选题要结合大量的实验、模拟、仿真分析等作为支撑，对于文科、管理类学科学生来说，其选题要结合一定的访谈、调研等作为数据报告，而疫情带来的不返校、居家隔离等实际情况，严重影响了各类选题的条件保障，需通过导师的指导、学生自我条件等调整题目方向来保证毕业设计（论文）的完整性。

2. 毕业设计（论文）的指导水平打折扣

传统本科毕业设计（论文）的指导基本是每周导师“面谈—指导—记录—实验—反馈”闭环程序开展，能充分保证论文的指导质量。疫情期间，学生在家完成毕业设计（论文），和指导老师基本通过线上交流指导，指导时间和方法都很有限，同时加上缺失的实验等环节，使得指导效果会大打折扣。

3. 毕业设计（论文）的管理程序复杂性增加

毕业设计（论文）的管理工作是包括选题、开题、阶段检查、检测、答辩、装订、存档、成绩录入等诸多环节的一个系统工程，疫情下应考虑对各个环节的影响，增加了管理程序的复杂性，比如阶段检查的要考虑校级、院级的组织形式，论文的存档要考虑电子存档中各页的签字方式，答辩环节要考虑具体流程交流的充分性等，当然还有更加细致的学生返校后的指导教室分批限流分配、疫情影响的个案处理等一系列问题。

二、疫情下本科毕业设计（论文）创新管理的对策研究

1. 毕业设计（论文）工作的整体规划

对于疫情对本科毕业设计（论文）管理带来的新挑战，各学校应充分重视，一盘棋布局，整体推进，以保证本科毕业设计（论文）的顺利开展。如西南交通大学从疫情伊始，就多次召开线上、线下的研讨工作会，分析形势，做出“停课不停学、停课不停教、保证同学们顺利毕业”总体部署，陆续发布了《关于做好 2020 年春季学期开学阶段本科教学有关工作的通知》《关于加强疫情防控、保障 2020 届本科毕业设计（论文）质量的工作方案》等文件，明确工作目标与任务、总体要求、基本原则、整体进度等。

2. 毕业设计（论文）各环节方案的详细制订

面对疫情突如其来和不确定性，也面对各学院、导师、同学或多或少的困惑，为及时解决各阶段可能出现的任何问题，学校必须落实毕业设计（论文）指导、中期检查、选题调整、答辩等各环节任务及过程管理，并详细提出各项工作处理方案，以做到心中有数、有备无患。如西南交通大学在“论文指导”方面做出“疫情防控期间指导教师应充分利用通信工具微信、QQ或邮件，远程指导学生按毕业设计（论文）进度论文撰写，确保每周不少于一次与学生毕业设计（论文）指导记录，并形成指导佐证材料，需存档的纸质材料后期按相关要求补齐。在学生返校后，指导教师应调整指导方式，适时增加线下指导时间。对因在疫情防控重点地区无法按时返校的学生，指导教师仍需采取线上远程指导。对于网络问题无法开展网上指导的同学返校后及时安排密集指导”的方案。对于需开展实验、实习、校外调研才能进行的选题，可进行选题变更，也可以根据可行性进行内容的调整，指导教师应指导学生适当加大文献阅读归纳、理论研究、实验设计和可行性论证，为返校后开展实验做好准备。在“质量保障”方面采取校、院两级质量监控，学校督导组督查全校本科毕业设计（论文）质量，为提高学生科技论文撰写能力、答辩 PPT 制作水平、团队协作与沟通能力等，建议学院可安排开设一些相关的线上讲座和培训。

3. 毕业设计（论文）个别问题的精准服务

各地疫情防控情况不同、各学生家庭情况的不同，给部分同学带来了个性化的问题，比如无计算机无网络情况、疫情隔离情况等，学校要充分以学生为中心，精准帮扶毕业生顺利完成毕业设计（论文）。以西南交通大学为例，为及时了解掌握学生毕业设计（论文）开展情况，学校多次摸排本科毕业设计（论文）指导开展情况，完善《2020届本科生毕业设计（论文）开展情况统计表》，制定应急预案，及时帮助学生调整选题方向和撰写思路，针对个别因特殊情况无法正常开展毕业设计（论文）的学生，制定专项帮扶政策，做到精准施策、一人一策。毕业生返校后，学校积极协调全校教室资源，配备专用教室用于毕业设计（论文）错峰错时开展线下指导，增加对学生的指导次数，强化对学生的指导力度。

4. 毕业设计（论文）典型经验的榜样示范

各学校毕业设计（论文）选题众多，各个导师指导效果各异，各同学撰写方法不尽相同，学校应充分挖掘疫情下优秀毕业设计（论文）指导的优秀案例，及时发现好的经验做法并及时推广，激励大家向榜样学习，向优秀看齐。以西南交通大学为例，为增强全校师生开展论文指导与写作水平、提高线上指导及写作的效率，学校陆续推出“[相聚云端 精彩毕设]毕业设计（论文）中期检查案例分享”，累计推出多期精彩案例，充分记录了同学们阶段性的成果，为同学们开展毕业设计（论文）

工作提供了范本和模式。学校精心组织开展“本科毕业设计（论文）校级抽样答辩”，多位校领导与学生相聚云端，视察指导毕业论文答辩工作，听取同学们的答辩陈述，旁听部分同学的答辩全过程，进行提问和点评，为学院的后期面上答辩提供示范。

5. 毕业设计（论文）质量水平的全程监控

高等教育大众化进程的推进和高校规模的急剧扩张，引发了社会各界对高等教育质量的关注。从目前高校教学质量建设路径来看，正面临着由“教”向“学”转变的关键时期。尤其在本次新冠肺炎疫情期间，“互联网+”“智能+”的毕业设计（论文）指导与管理更是掀起了改变了教、改变了学、改变了管的“学习革命”，基于以“学”为中心的高校人才培养的“质量革命”势在必行。以西南交通大学为例，学校通过线上教学等手段组织远程指导教学，安排开设毕业设计（论文）相关的线上讲座和培训；学校全面开展2020届本科毕业设计（论文）中期检查工作，采取校、院两级实施质量监控，落实落细毕业设计（论文）质量保障的各项要求。适时开展毕业设计（论文）的质量调查工作，发布调查问卷，了解本次线上毕业设计（论文）的质量和效果，广泛听取同学们的意见与建议，提升教学体验和教学质量，形成毕业设计（论文）质量报告。通过对比2020届与2019届毕业设计（论文）成绩，本届疫情期间线上指导本科毕业设计（论文）的成绩分布与上届成绩分布基本吻合，其中本届本科毕业设计（论文）达到80分及以上的比例近70%，证明了论文质量得到了保障。

三、结　语

本科毕业设计（论文）质量提升是一项长期的系统工程，任重而道远，本次新冠肺炎疫情更是为本科毕业设计（论文）教学工作开展提出了新思路、新要求。面对疫情给本科毕业设计（论文）教学带来的危与机，每个学校都可从自身实际出发，做出积极思考和有益探索。这场突如其来的教学改革实践，必将成为后疫情时代高等教育教学改革重要的参考，所取得的成果和经验，值得我们认真总结和吸取借鉴。整个过程需要强化学校的顶层设计，高站位开展工作，增强积极应变和主动求变的自觉性和紧迫感，制定好毕业论文（设计）的工作条例、管理办法和实施预案，并将质量标准贯穿全过程，对流程的各个环节加以严格管理和监督，加强院校两级督导，充分发挥教研室、指导教师的作用，不断推进学校本科教育工作迈上新台阶。

参考文献

[1] 刘慧. 高等教育新常态背景下提高本科毕业论文质量的探讨[J]. 高等农业教育，2016（6），44-47.

教育与信息技术融合的力学课程线上教学模式探索

吴晓蓉　果立成　王 军　甄玉宝

（哈尔滨工业大学航天学院航天科学与力学系，黑龙江哈尔滨，150001）

[摘　要] 受疫情影响，2020 年春学校教学有史以来最大规模地纳入线上教学模式，教育与信息技术融合，引起了一场前所未有的教育变革。经历 4 个多月力学课程线上教学模式的探索、实践和反思，本文从线上教学准备、教学实施、教学过程管理、教学效果以及教学体会和思考等方面进行了梳理和总结，为今后的教学模式提出了思考和展望。

[关键词] 力学课程；线上教学；教育；信息技术；材料力学

从 2020 年春季开始，席卷全球的新冠肺炎使得全国乃至全世界的学校教学，被强制纳入线上教学模式。这种教育与信息技术融合的大规模在线教学形式是世界历史上的第一次，势必将引起一场前所未有的教育变革[1]。笔者作为材料力学课程的主讲教师，在经历了 4 个多月的材料力学课程线上教学模式的探索和实践后，对以往的教学方式有了新的理念和新的视角。以往传统的教学模式，是老师和学生在教室中开展教学活动，有公共的时间和场所，有较强的仪式感，有时候会让教师觉得知识被顺畅地传递等同于知识被有效地掌握。

但是在网上开展教学活动，如果教师无法实时准确地掌握学生的学习状况，并及时进行调整，势必导致学生注意力下降甚至溜号。因此在大规模在线教学的场景下，只确保知识传递是万万不行的。关键是如何保证知识传递的有效性。因此要做到“延期开学，如期开课”或许不难，而要确保“知识被有效地传递和掌握”则实属不易[2]。

笔者讲授的材料力学课程是理工科高等院校涉及结构和材料的诸多专业的一门重要的技术基础课，64 学时，4.0 学分，课程概念多、头绪多、计算复杂，面对全校大二的学生开设，是学生眼中名副其实的“硬课”。经过 4 个多月的线上教学活动，

项目资助：哈尔滨工业大学航天学院课程思政教学发展基金项目：立足专业成才 促进精神成人——《材料力学》课程思政建设

作者简介：吴晓蓉（1978—），女，黑龙江哈尔滨人，副高/硕导，主要从事力学的教育教学研究

我深深地感觉到，如果课前花心思做好线上教学的设计，充分利用线上教学资源和线上信息技术，开展互动式、研讨式的教学模式，教学效果可以非常理想。

以下是这 4 个多月以来线上教学活动的探索和总结，包括线上教学的准备、线上教学的实施，线上教学过程管理、教学效果，实施线上教学的体会和对这种教育与信息技术融合的教学模式的思考。

一、线上教学准备

我校的材料力学课程是首批国家精品课程，作为一门重要的校管核心课，材料力学实行挂牌授课，由学生自由选择授课教师。笔者在本学期的选课人数为 140 人，已经达到了选课人数的上限。学生们的认可是鼓励，更是督促，使笔者对教学工作更加充满敬畏心和责任感。

为了确保学生的学习效果，笔者在开课前做了大量的线上教学准备工作。首先是选择贴合教学需要的教学平台。笔者在线上授课的模式是“腾讯会议”+“雨课堂”+“手写板”。教学模式和教学平台的确定是笔者经历了一整个寒假的参加培训学习、不间断的平台和设备测试，综合比较各平台的优势，根据本人的教学理念和教学需要，考虑能够贴合教学设计，更好地辅助教学活动而最终确定下来的。通过对在线教学法一再的调整、优化，笔者实现了从开课前的彷徨忐忑，到开课初期的自信从容，再到课程后期的游刃有余。

二、线上教学实施

腾讯会议作为网络直播课的主平台，用于讲授课程，利用共享屏幕和全程小框出镜直播，营造老师就在身边共同学习探讨的氛围，学生反馈和坐在教室里学习的效果差不多。雨课堂作为辅助教学平台，可用于学生签到，课上互动，课后反馈和课后作业。上课时结合手写板，对于重、难点问题，在手写板上进行板书教学，有助于帮助学生理解，学生们的反响很好。

利用腾讯会议、雨课堂、手写板等信息化手段，我在线上教学实现了多人、实时、高效的互动，这在线下 140 人的课堂上，是绝对不可想象的。因此，融合了“互联网+”“智能+”技术的在线教学模式不仅是挑战，更是难得的机遇，需要新的教学理念和教学方法来实现教学和知识传递的有效性。

1. 互动是关键

这里的互动不仅仅是课上教师与学生的互动，还包括课前的指导和课后的反馈等。线上教学想让学生隔着屏幕，始终能听进去老师讲授的内容，能主动思考，发现问题，提出问题是不容易的。笔者认为确保线上教学有效性的关键是互动。

在教学过程中，设计和安排一些互动的环节，既能够及时了解学生理解、掌握的情况，又能够引导学生主动思考，督促学生认真听课，使得教学模式不再是单向地教和灌输，而转变为教与学兼顾。学生的学习模式不再是单一地、被动地听课，而是转变为有思考、有练习、能参与的多元化、主动性学习。

课前有学习引导，有课前练习，温故而知新。课后有学生评价，有教学反思，在互动中不断完善教学方法，提高教学效果。

2. 混合式教学

由于增加了很多互动环节，无形中占用不少课上教学时间，使得原来在线下课堂中的教学内容，无法在线上全部完成。因此要进行线上线下混合式教学，线下指导学生进行自主学习和思考，线上进行重点内容、高阶内容的研讨。学生主体与教师主导和谐统一。

以“学”为主，学与教兼顾，保证学生学习顺利进行。既重知识学习，更重能力培养，实现知能并举、发展学习能力。接受式学习和参与互动式学习兼有，全面实现学生的自主学习与协作互动。这样才能确保线上教学的有效性。

3. 成效为先的教学设计

笔者认为教学最重要的不是老师教了什么，而是学生学到了什么。每一次的课程，笔者都会尽量设计一些互动的环节和题目，或是回顾前面的重点内容，或是引导学生进行思考和讨论，或是提出新的问题，或是在困难的知识点后加点轻松的、参与性强的教学活动。总之，整个教学设计都是以实现教学成效为先的教学目标制定的。

三、线上教学过程管理

在课程进行的不同阶段，笔者在雨课堂中设置不记名的课堂投票，了解学生对当前课程进度、课程内容及难度的感受，不断调整线上教学的内容和节奏，使学生获得更好的学习体验和学习成效。开课前开展调查问卷，这是在线教学的“前测”。

经过一段时间的线上课程后，师生都有了一定的积累和经验，我们还会再做一次调查，也就是“后测”，以检验这段时期工作的效果。课后的匿名调查问卷，鼓励学生评价当前的教学效果，写出对教学的意见或建议，笔者会在课上给他们反馈，和学生们一起进行教学反思，及时改进教学方法。

课前在课程微信群内预告下次课的教学内容并发布一些课前练习，由于课后作业往往是运用刚学过的知识点，而随着学习的深入，内容更加综合，因此有必要引导学生通过完成课前练习，督促他们针对下次课的教学中涉及已学过的知识点进行复习、归纳和总结。

四、教学效果

学生出勤情况一直挺好，140 名学生出勤率一般在 97%以上。课堂气氛也很活跃，学生经常会在雨课堂弹幕或腾讯会议聊天中，提出问题或参与课堂互动，回答问题。课后经常会有学生开麦与笔者交流，提出问题与自己的思考。还有很多学生，上课时在屏幕另一端，认真记笔记，甚至自言自语来应答笔者抛出的问题，令人感动。

以下是雨课堂中学生给笔者的部分反馈：

——“网课效果很不错，是我在上所有网课中听课和学习效果最好的！感谢老师!”

——“现在的教学方法已经很好了，感觉学得很扎实，我很满意哈哈。”

——“个人觉得无论从哪个角度，老师的角度，课堂的角度，学生的角度，都非常不错，非常感谢吴老师的付出!!!”

——“无意见，很适合，上课氛围很好。有收获。”

——“挺好的，这是我目前上过网课中感觉最好的课程，老师辛苦了。”

——“我觉得老师讲得非常好，逻辑清晰，ppt 也很清楚。”……

五、实施线上教学的反思

线上教学的宝贵经验和方法对笔者今后课堂的教学产生了很大的启发，这种大规模实时交互式在线教学模式，关键在于如何确保“实质等效地传递知识”，教师要通过实时交互获得的反馈数据来掌握学生的学习成效，进而调整教学节奏。融合了“互联网+”“智能+”技术的先进教学手段，必将对提高教学效果、增加教学互动和教学反馈、辅助教师进行教学反思和教学改进起到不可替代的作用。

参考文献

[1] 王青. 识变、应变：面向未来的在线大学物理教育——教育部高等学校大学物理课程教学指导委员会关于推进在线物理教育教学研究的工作[J]. 物理与工程，2020，30（2）：3-6.

[2] 于歆杰. 以高质量在线教学应对高校疫情防控大考[J]. 人民论坛，2020，04：108-109.

空气动力学课程线上混合式教学模式探索

张明禄　陈 浩

（西南交通大学力学与工程学院，四川成都，610031）

[摘　要] 2020年春季学期受新冠肺炎疫情影响，教育部倡议开展“停课不停教、停课不停学”网络在线教学活动。本文针对专业课空气动力学课程缺少线上教学资源的情况，采用制作课件视频、QQ群课堂讨论答疑、电子教材和课件、QQ群在线提交电子作业的混合式教学方法，针对混合式线上教学模式，提出教学方案的设计，探讨课程平台和教学平台的使用，为以后的专业课混合式线上教学提供一定的经验和思路。

[关键词] 空气动力学课程；专业课；混合式教学；在线教学；教学模式

2020年初，一场突如其来的疫情，打乱了全国人民的生活节奏，随着疫情的形势越来越严峻，教育部发出“停课不停学”的号召，各级各类学校纷纷响应并开展线上教学[1]。而在春季学期的空气动力学课程是新专业飞行器设计与工程的第一次授课，从未在线授课的情况下也只能进行线上授课的准备，本文即为线上授课教学模式尝试的探索及授课效果的探讨。

一、线上授课模式的选择

线上授课的模式显然不同于线下教室里的面对面授课，尤其是力学类的专业课程，特点是公式多、推导复杂、学生不易独立学习和消化知识点。线上授课模式也非常多，有在线视频直播，这类直播课程还可以分为以计算机展示课件PPT为主、数字手写板为辅，不需要用到摄像头，或者是摄像头直播类似于直播间，可以用到黑板、白板之类的，采用板书加口述加PPT展示，这样的直播用到的资源很多，甚

项目资助：西南交通大学双一流建设力学学科人才培养项目，力学学科系列研究生课程创新性实验建设项目，以“双万计划”为引领，加快推进工程力学国家一流专业建设（编号：20201016）

作者简介：张明禄（1979—），男，四川峨眉人，副教授，主要从事力学的教学和科研研究

至需要一定的网络条件，也确实不易达到；另外可以采用平台 MOOC 的形式在线授课，当然这需要提前建好 MOOC 资源，或者网上有同类的开放 MOOC 资源可以使用。除此之外还有别的在线授课模式，学校同时也在组织各种线上授课培训、平台讲解等。2020 年 2 月 10 日晚我们听取了上海交通大学余建波教授的在线讲座“老师如何快速制作课程视频”，该讲座主要是面向面临线上授课的教师，苦于缺少 MOOC 资源的课程，介绍了很多快速、便捷制作课程视频的方法。这个讲座启发了我们，空气动力学课程是面向飞行器设计与工程专业的高阶专业课，是在流体力学之后的延续课程，全国开辟这个力学专业的高校非常少，这个专业可能还涉及保密问题，因此网上几乎没有可利用资源，仅仅有南京航空航天大学在中国大学 MOOC 平台上的一门《飞行器空气动力学》在线课程，课时与我们的课程课时不一致。于是我们决定尝试自己快速简易地制作课程视频，采用在线课程视频，建立课程学习 QQ 群，在 QQ 群内讨论答疑，并提交作业的混合式教学模式[2, 3]讲授空气动力学这门课程。

二、课程视频的制作和授课效果

采用在线课程视频的课件 PPT 和线下面对面授课 PPT 是不太一样的，线下的 PPT 可以做得简洁简单，大量的文字叙述可以口述，复杂的推导可以现场板书推导。而由于疫情的影响，学生甚至手上没有纸质教材，只能在网络寻找电子教材资源。因此在线课程的 PPT 就需要格外地做得细致和详细，推导也需要将详细的过程一一写出，于是在制作课程视频前，需要尽可能地完善课件 PPT，制作课件视频的工具很简单，仅仅需要一台计算机、一个麦克风就足够了。制作课件视频的软件很多，主要是录屏类软件，甚至 PowerPoint 自带了录屏加录音功能。我们采用的是余建波教授推荐的 PowerPoint 自带功能，简单易学。录制课件视频同现场授课也有不同，现场授课一节课 45 分钟，3 个学分的课就是 135 分钟，中间会穿插一些各种插曲，吸引学生的上课注意力，而录制授课视频需要语言精练，不能有过多的废话和展开，需要在有限的时间里把授课内容介绍完，这需要对授课内容非常纯熟，而且录制的文件不宜过大，否则不利于上传和下载。按照余建波教授的指导，一节课的录制内容以 20 ~ 25 分钟为宜。

空气动力学是 3 个学分的课程，每周我们提前录制完课程，至少提前一天发布在教学 QQ 群文件中，第二天正式上课时，采用 QQ 群签到监督学生的课堂到勤率，学生利用正课时间观看视频，可提问与讨论。课后利用 QQ 群布置需在线提交的作业，用以检测学生的学习效果。学生还可以利用课余时间，参考观摩南京航空航天大学闫再友和王江峰老师的《飞行器空气动力学》，用于课下拓展。这样的混合式授课模式对于高年级的学生来说，还是比较适应的，而且是 30 人的小班，方便在 QQ

里进行讨论。从学生的作业情况反映出学生的学习效果还是不错的，教学大纲要求掌握的知识点，绝大部分同学都掌握了。

三、课程的反思和经验总结

混合式授课模式的主体是课件视频，这和 MOOC 类似，但缺少 MOOC 课程平台搭建的在线习题与测试功能，仅依靠课下的作业和 MOOC 有一定差距。比 MOOC 方便的优势是学生只需要在空闲时间下载到本地，就可以随时学习，不同于 MOOC 需要登录平台在线播放，学习时间和地点都受限。从实际授课情况看，由于“我国有各级各类学校 51.88 万所、专任教师 1 672.85 万人、在校生 2.76 亿人，教育系统在疫情防控期间面向全国亿万学生开展大规模的在线教育是历史上从未有过的创举，在全球也属首次”[4]，超出网站负荷的大量用户登录平台，中国大学 MOOC、智慧树等著名 MOOC 在线平台均出现了服务器过载导致网站当机的现象，影响学生的在线学习。在线直播授课形式同样由于用户太多，腾讯会议、腾讯课堂、雨课堂、钉钉等直播平台也出现服务器过载、网络卡，学生登录不上的问题，影响了学生的学习计划[5]。课件视频的本地播放形式没有此类网络问题，成功地完成了这学期的教学任务。

课件视频简单易学，可短期快速制作，适合一些缺少 MOOC 资源的冷僻专业课使用。结合其他一些网络手段，就可以实现混合式在线教学，效果也不错。

参考文献

[1] 陆凯. 新冠肺炎疫情期间我国线上教学研究述评[J]. 中国医学教育技术，2020. https://kns.cnki.net/kcms/detail/61.1317.G4.20200623.0927.002.html

[2] 张长欢，张力冉，王阳，等. 疫情期间以学生在线学习为主导的混合式教学模式探讨[J]. 纺织服装教育，2020，35（3）：260-264.

[3] 张丽娟. 混合式教育在课堂教学中的优势分析——以湖南工学院为例[J]. 科教文汇，2020（498）：45-46.

[4] 黄荣怀，张慕华，沈阳，等. 超大规模互联网教育组织的核心要素研究——在线教育有效支撑“停课不停学”案例分析[J]. 电化教育研究，2020，41（3）：10-19.

[5] 谭清立，关颖妍，李煜. 新型冠状病毒肺炎疫情下大规模在线视频教学存在问题及对策[J]. 学周刊，2020（21）：173-174.

《振动分析与测试》线上教学模式探索与实践

范晨光　高芳清　张　波　刘　娟　储节磊　罗会亮

（西南交通大学力学与工程学院国家级力学实验教学示范中心，四川成都，611756）

[摘　要] 本文探索了振动测试与分析课程线上教学与虚拟仿真实验结合的教学新模式，由于疫情原因，将原来以实为主的线下教学模式，转变为以线上教学为主、以虚拟仿真实验为辅的教学新模式，为工程力学专业的本科生实验能力培养探索新途径。在保证原有教学效果的前提下，通过灵活调动学生线上自主学习的积极性，结合新的线上教学方法，提高学生对课程内容的整体把握和深刻理解，同时，从侧面进一步缓解实验室教学的压力。

[关键词] 振动测试；线上教学；虚拟实验；教学改革

《振动测试与分析》是普通高校工科工程力学专业高年级本科生的专业课，同时也是我校“双万计划”工程力学专业的重要实验类课程，从工程结构振动测试的基本理论出发，着重讲解仪器设备原理以及测试方法，讲授振动信号分析方法和机械阻抗测量方法。以传统的理论讲授、配合相应的课程实验与课程设计，使学生具备一定的实践能力，达到初步设计工程结构振动测试方案，并掌握一定的室内与现场工程实验技能的知识水平。

一、疫情影响下“振动测试与分析”课程教学的新问题

该课程授课方式为混合式教学，前 18 个学时为理论学时，后 14 个学时为实验学时。正常情况下，理论学时以教室课堂教学为主，穿插部分课堂演示环节。实验教学环节在实验室内分班分组进行，对实验室条件和设备数量的要求较高。近年来，随着课程实验和招生人数的增加，原来的实验课时和实验室条件已经不能再满足教学需求，从去年开始，逐步将虚拟实验引入实验教学环节。

教改项目资助：西南交通大学本科教育教学改革项目（20201016，20201017，20201018）
作者简介：范晨光（1980—），男，山东宁阳人，副教授，主要从事实验教学研究

由于年初疫情的影响，本学期没能按时开课，后调整为 10～17 周开设线上教学。振动测试与分析课程以实验教学为主线，在整个教学过程中都离不开实验设备和操作训练，更适合于采用线下教学模式。但是，由于疫情原因，学生无法接触到实际的测试设备和实验环境，这给本课程的教学实施带来了很大的实际困难。如何找到合适的教学模式和方式方法，能够更加灵活地实现教学目标，成了迫在眉睫的新问题。

二、新形势下“振动测试与分析”课程教学改革方式

为推进课程的线上教学[1, 2]，转变教学方式，增进学生远程教育的可能性和灵活度，考虑对本课程理论讲授部分进行多样化改革，加强线上教学模式的参与力度，并配合前期课程虚拟化实验建设成果，形成“腾讯课堂互动+微课+实际操作演示+虚拟实验”的“2+2”混合式教学新模式，全面提升课程教学质量和教学效果。

主要采取了下列举措：

（1）围绕“腾讯课堂互动+微课+实际操作+虚拟实验”（见图 1、图 2）的整体课程建设思路，更新课程目标和课程大纲，通过课程实践，达到培养动手能力强、思维方式开阔灵活、知识全面的高素质力学专业人才的毕业要求。

（2）结合最新振动测试方法和工程应用实际，将课程内容与国防建设、轨道交通工程建设、物联网工程建设紧密联系起来，在课程教学和微课中融入思政元素，增强全球观念、国际意识、国家民族意识、竞争意识和创新能力，为祖国需要培养新时代中国特色社会主义的四有新人。

（3）充分利用网络教学资源，通过社交软件、课堂管理软件、虚拟实验平台，建立“线上为主、微课为辅、实验演示为主、虚拟实验为辅”的新型教学模式（见图 3、图 4），让学生形成微课有认识、课堂有提问、虚拟有概念、实验能动手的知识兴趣和自主学习能力，结合课程内容的实际应用，配套综合设计型实验和个性化实验，逐步形成一定的实际创新能力。

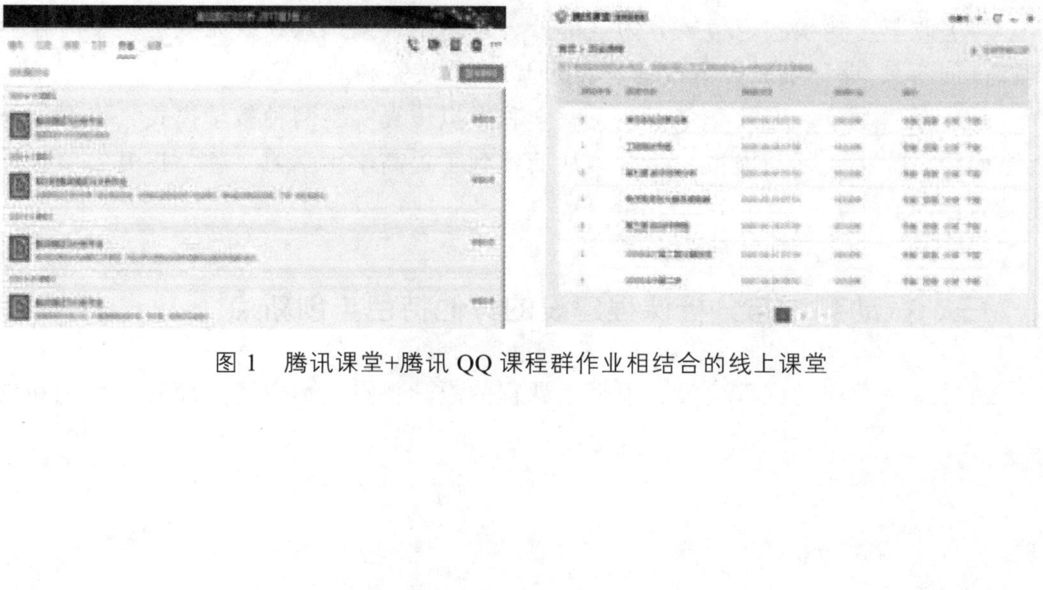

图 1　腾讯课堂+腾讯 QQ 课程群作业相结合的线上课堂

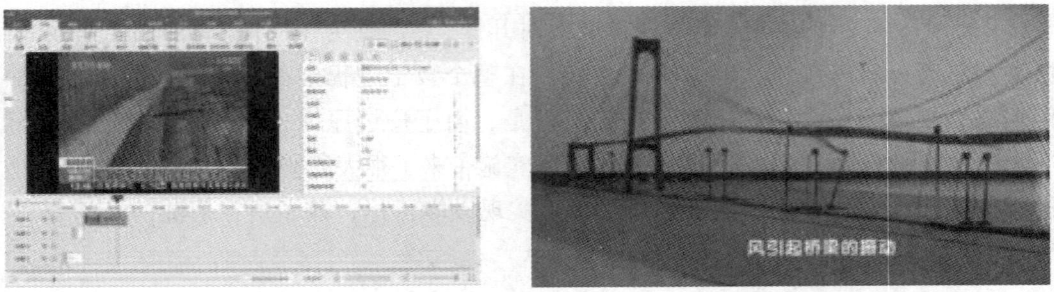

图 2　Coursemaker 制作微课+腾讯课程群发布微课

图 3　腾讯课堂直播演示实验

（a）实物实验　　　　（b）虚拟实验

图 4　简支梁固有频率测试虚拟实验

（4）改革考核模式，考核分为三部分，包括结合知识点在线完成提交平时作业（理论+创新）、课程实验方案设计（实际）、虚拟实验和期末笔试。

通过课程改革，有效结合了线上教学和虚拟仿真实验两种教学模式，将课堂与微课相结合，将实际与虚拟相结合，从而达到了提高学生学习兴趣，提升实验教学效果的目的。

三、振动测试与分析课程建设的其他特色与创新点

通过这一学期的课程建设，根据本课程的教学特点，形成了下面几点特色和创

新点。

（1）紧密联系工程实际，设计了制作结构类振动测试与分析相关的课程实验项目，结合“振动测试与分析工程专题”，拓展了课程实验教学资源。

（2）利用网络资源和工程试验，分知识点制作了微课，设置相应题目进行测验。

（3）通过前期建设的虚拟仿真实验，采用开放式教学管理模式，充分发挥了虚拟实验的线上教学优势。虚拟振动测试实验技术具有开放性好，成本低，简单实用的特点[3, 4]。通过本学期的积极实践探索，完成了课程的实验操作难题，解决了疫情期间实验环境不满足的困难。

四、结　语

本课程的教学改革成果，与我校“双一流”学科建设与人才培养的发展规划和布局紧密结合，密切联系“大交通”人才培养的发展规划思路，延拓力学专业人才培养效益，建设了配套的专业实验教学资源（包括更新课程教学内容、丰富开发了实验教学微课、虚拟仿真实验项目等等），从多个方面建立了“2+2”的混合式教学新模式，全面提升“振动测试与分析”课程教学质量和教学效果。从课后作业完成效果与学生参与的积极性来看，该教学模式是有卓有成效的，后期，通过学生的期末实验考核、学生对新的实验课程模式的问卷调查等方式，将进一步评价完善预期的教学实践成果。

参考文献

[1] 许江波，等．“互联网+”背景下线上教育现状、存在问题及改善探讨[J]．教育现代化，2019，6（36）：79-80，94.

[2] 陈红．线上线下双重教育融合发展研究[J]．盐城师范学院学报（人文社会科学版），2018，38（06）：116-119.

[3] 张文苑，秦志英．虚拟式振动测试系统的研发和应用，现代制造工程，2003，8：68-70.

[4] 陈波，刘佳伟，杨丹，孙彪．虚拟仪器在振动理论与测试技术实验中的应用[EB/OL]．北京：中国科技论文在线，2009. http://www.paper.edu.cn/releasepaper/content/200907-493

基础力学实验在线教学实践与收获

刘 娟　高芳清　储节磊　罗会亮

（西南交通大学力学与工程学院，四川成都，610031）

[摘　要] 疫情期间采用“线上教学+远程指导+自动批改”新型实验教学模式，完成了全校大规模的基础力学实验教学。从教学模式的创新型授、教学手段多样化、教学效果辐射性综合分析来看，此次在线实验教学充分调动了师生的参与热情，保障了实验教学质量，实现了教育部提出的“停课不停学”和教学效果“实质等效”的双重目标。

[关键词] 在线实验教学；教学直播；虚拟实验；教学视频

2020 年 2 月 6 日和 3 月 6 日，以教育部应对新冠肺炎疫情工作领导小组办公室名义，先后印发了《关于疫情防控期间以信息化支持教育教学工作的通知》[1]和《关于加强疫情防控期间网络安全保障工作的通知》[2]，面对突发新冠肺炎疫情，全国教育系统开启了全国范围的线上教学，全区域、全覆盖、全方位实现了“停课不停教、停课不停学”。遵循学校新冠肺炎疫情防控期间教学工作统一部署和指导精神[3]，为应对疫情，保障实验教学工作的正常开展，2020 年 4 月，力学实验中心就 2019—2020 学年第二学期实验开设方案以“线上+线下”结合（峨眉的教师参与腾讯会议）的会议形式进行讨论（见图 1），积极有效推进了信息化实验教学方案。

力学实验中心秉承“学有所得、教有所获”，精心筹划创新思，充分利用信息化技术和资源，对《材料力学》《工程力学》《理论力学》等公共基础力学课程，面向全校 27 个专业的 3 752 名学生共开出线上实验课程 11 门，实验项目 16 项。

一、教学模式特色化

围绕“两校区共统筹、校企合作共完善、实时交流同互动”的宗旨，充分统筹

项目资助：校级重大教改项目（20201017-06）；校级教改项目（1903076）；教育部产学研合作育人项目（201802040049）

作者简介：刘娟（1986—），女，讲师，博士，研究方向：微动磨损

实验教学资源，利用教学视频、虚拟实验、自动批改智能系统，并调动在线直播、录播、线上答疑、教学研讨等教学手段和方法，最终形成特有的“线上教学+远程指导+自动批改”新型实验教学模式，充分调动了师生的参与热情，保障了本次实验教学质量。如图 2 所示，开课前任课教师首先进行了教学研讨，讨论可能应对的问题及熟悉在线实验教学的流程，以充分研讨的形式最大程度保证首次大规模在线实验教学能够同步顺利实现。同时，由于虚拟实验首次大规模面向学生开放，针对操作性、逼真性、成效性，我们联合开发技术人员对虚拟实验进行了修正和优化，并且老师对如何使用虚拟仿真实验系统进行在线实验进行了录屏讲解，作为教辅资源在建立的 QQ 群里传送给学生。其次，也整理了其他学生可利用的在线学习资源，如电子课件、实验报告样例、参考书籍等，另外还录制了基础力学实验的教学视频（访问链接：http://202.115.73.100:8080/virexp/sypt/20200628120830），供学生在线自学和提前预习。

图 1　成都峨眉两校区教学部署视频会议

图 2　虚拟实验教学研讨

二、方法手段多样化

在充分利用教学视频资源、虚拟实验资源基础上，老师们根据实际情况选择了多样化的教学手段。如图 3 所示，《工程力学》实验、《材料力学 AⅡ》实验等课程中老师们利用“观看教学视频+虚拟实验+远程指导”的方式开展了包括弯扭组合实验、压杆稳定实验、矩形梁纯弯曲电测实验等 13 项实验项目，虚拟实验后学生提交实验报告，智能作业系统进行自动批改（见图 4）。

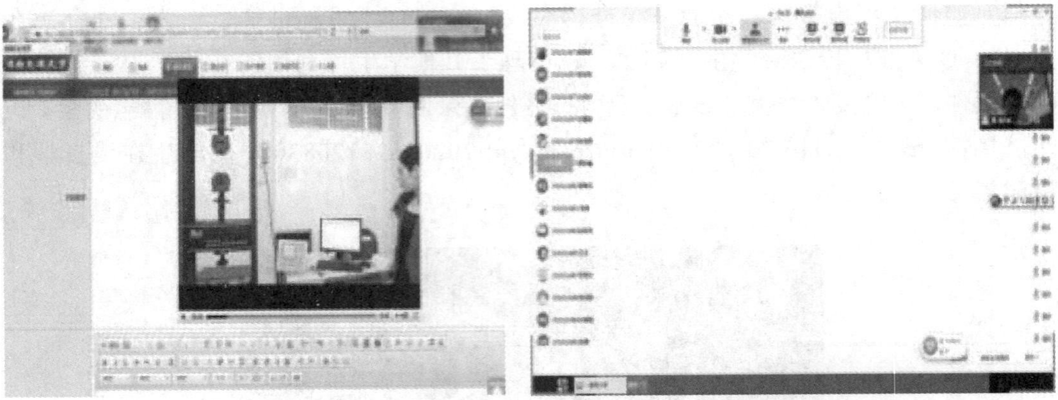

（a）学生观看教学视频　　（b）远程指导

图 3　教学手段

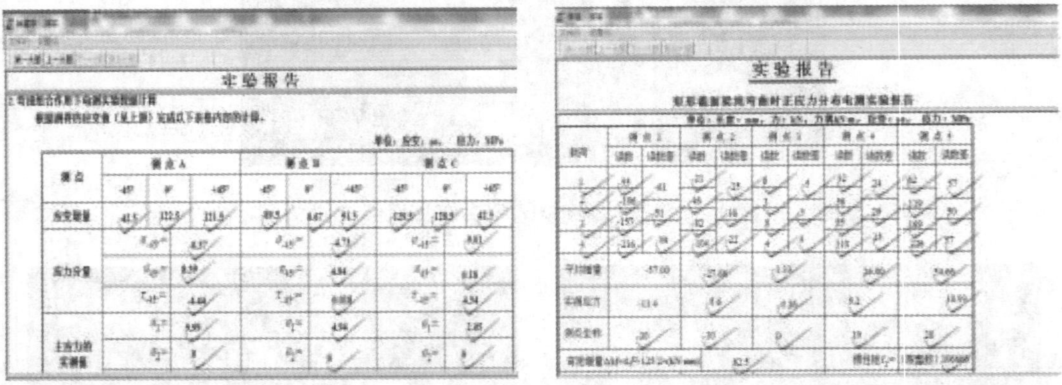

（a）弯扭组合实验报告　　（b）纯弯正应力电测实验报告

图 4　实验报告自动批改

《理论力学》实验教学采用了“录播演示+在线讲解+线上互动”，具体实施：（1）教师对理论及各实验进行讲解录播（见图 5）；（2）实验指导、报告书电子版、教学 PPT 作为群文件上传；（3）多台实验台真实实验数据；（4）通过群进行网上提问及答疑，指导同学自学研讨；（5）针对疑难问题进行专题性在线讲解。

图 5　理论力学实验录播

三、教学效果广辐射

此次线上实验教学不仅老师们全心投入，学生也以高度的热情参与线上积极交流，按时按质完成了实验报告，充分验证了教学质量的有效保障。同时，在受到学生的良好反馈以后，留学生班和电子科大材料力学教学班纷纷对我们的“线上教学+远程指导+自动批改”新型实验教学模式表示感兴趣，积极主动要求加入我们的平台完成疫情期间实验教学（见图 6）。

（a）留学生班虚拟实验完成情况　　　（b）电子科大材料力学 B 教学班

图 6　在线教学辐射情况

四、结束语

综上所述，无论从学生参与度、反馈性、辐射性，还是从减轻教师工作量的角度来看，此次疫情期间大规模实施的在线实验教学成效是显著的。这说明了有序地在线实践教学组织和实施可一定程度替代实操性强的线下实验教学，证明了我中心采取的“线上教学+远程指导+自动批改”新型实验教学模式的可行性和有效性，同时验证了虚拟实验在实验教学中的存在性和重要性。同时，此次疫情期间在线实验教学的成功开展，也对在线实验教学是否有必要常态化开展提出了新的思考，这需要在后期的教学实践中进一步讨论和完善。

参考文献

[1] 教育部. 关于疫情防控期间以信息化支持教育教学工作的通知[EB], 2020. http://www.moe.gov.cn/srcsite/A16/s3342/202002/t20200214_421005.html

[2] 教育部. 关于加强疫情防控期间网络安全保障工作的通知[EB], 2020. http://www.ccqcsz.net/news/651.html

[3] 教育部. 疫情防控期间做好高校在线教学组织与管理工作[EB], 2020. http://www.moe.gov.cn/jyb_xwfb/gzdt_gzdt/s5987/202002/t20200205_418131.html

材料力学慕课教学的实践与思考

郭建威　龚　晖　阚前华

（西南交通大学力学与工程学院，四川成都，610031）

[摘　要] 对2020年春季学期的材料力学慕课教学过程进行了回顾，包括开课准备阶段以及慕课教学初始阶段遇到的挑战及相应的解决办法、期中考试的形式及利弊等。根据笔者实施慕课教学的实践，总结提高慕课在线教学效果的技巧和经验，分析慕课与传统课堂教学相比所具备的优势，从教师、学生和技术等几方面出发，思考慕课教学常态化发展需要解决的问题。

[关键词] 材料力学；慕课；在线教学

2020年年初，突如其来的新冠肺炎疫情给高校新学期的教学工作带来了严峻挑战。2月4日，教育部印发了《关于疫情防控期间做好普通高等学校在线教学组织与管理工作的指导意见》，决定在高校全面实施在线教学。各地教育行政部门和高校快速响应，保证“停课不停教，停课不停学”，各专业根据自身条件和特点制定了不同的在线教学方案。在此之前，西南交通大学的材料力学已经实施了6年的慕课教学，共有26个教学班的2 600多名学生采用慕课技术完成课程学习。因此，疫情之下，全校材料力学课程得以迅速启动在线教学模式，采用自主研发的慕课平台SOTS（Smart Online Tutor System）实施教学。本文首先对慕课教学实施过程进行介绍，分析慕课教学中总结的经验和存在的问题，然后分析慕课教学与传统课堂教学相比存在的优势，在此基础上探讨材料力学在线教学模式未来的发展需要解决的问题。

一、材料力学慕课教学实践及体会

回顾2020年春季学期材料力学整个教学过程，最难的是开始阶段。首先，大规

项目资助：西南交通大学本科教育教学改革项目重大项目（20201018）

作者简介：郭建威（1986—），女，河北唐山人，讲师，主要从事材料力学的教育教学研究

模在线教学面临着巨大的不确定性：全校同时上课，服务器的承载能力是否满足需求？学生能否快速适应所有学科同时开展在线教学的全新学习模式？最终会收获什么样的教学效果？老师和学生都带着诸多疑问开始了在线教学。当头棒喝就是由于全国上下同时开始在线教学、远程办公，网络拥堵、服务器崩溃的现象时有发生。其次，大多数任课教师第一次实施慕课教学，老师和学生都需要快速熟悉慕课在线教学平台。由于在线教学过程中有很多互动环节，学生一旦不会作答就不能继续学习，这对老师提出了很高的要求。只要学生在 QQ 群提问，首先鼓励学生互相解答问题，但是学生无法解答的情况下，老师就要及时回应。否则，学生的学习过程中断，一方面降低学习效率，另一方面会打消学生的积极性。因此，任课教师需要全天候“待命”，一旦学生有问题，立刻予以解决。再次，在线教学过程中的作业由计算机批改，这就对学生解答过程的输入提出了很高要求，只有完全符合计算机的批改规则答题才有效。三周的适应阶段过后，学生的技术问题基本解决完毕，学习状态渐入佳境。

在材料力学的教学过程中，任课老师每周发布视频学习任务和网上作业题目。视频学习过程穿插互动题目，题目回答不正确则无法继续播放视频。此外，学生在线学习视频教学内容之后才有权限做作业，且作业设置了 7 天的有效期和最低提交分数。而无论是视频学习中的题目还是网上作业题目，每位同学拿到的已知条件的数据是不同的，这样避免学生相互抄袭。这些教学环节的设置有效地保证了学生全程认真听讲，尽可能在较短时间内高质量完成视频学习和网上作业。

为了及时检验在线教学效果，材料力学课程组织了期中考试。题目的编排方面，为尽可能避免学生因为在线输入解题过程消耗过多时间，或因答案格式不符合系统的批改规则而无效，期中考试的计算题全部被拆分为填空题的形式。学生线下完成解题过程，只需在系统中输入最后答案。考试试题同样采取已知条件的数据随机的策略，尽可能做到每一位同学自己独立完成。单纯抄袭他人的答案则无法顺利通过考试。总体来讲，期中考试反映出比较理想的慕课教学效果。

二、慕课在线教学模式的优势

经过 12 学期的单个班级试点慕课教学，以及本学期全校统一的慕课教学，笔者认为，材料力学的慕课教学具有成为常态化教学模式的可能。那么，与传统的课堂教学相比，慕课教学究竟有什么优势？在回答这个问题之前，我们首先应该厘清“慕课”的概念，走出对慕课教学的认识误区。所谓慕课，简单来讲就是学生不用到教室听老师的课堂讲授，也不用完成纸质作业，而是通过互联网观看教学视频并完成在线作业。慕课是以一节课或一部分完整的教学内容为最小单位的教学资源，包括课堂教学的全部环节，如概念引出、公式推演、理论分析和例题讲解等[1]。因此，它既不是传统课堂教学的补充，也不是碎片化的微课。

传统的课堂教学中,学生需要在每节课的45分钟全程保持精神高度集中的状态，而且由于课堂学生人数多，如果遇到没有立即理解的内容，只有下课再问老师，或者干脆不了了之。与之相比，慕课教学的节奏可以由学生自己控制，遇到重点、难点内容，学生可以暂停或回放视频，使学习如滴灌般精细化，而不是大水漫灌。除此之外，好的慕课教学视频播放过程中穿插需要学生回答的问题，增加教学的互动性，既避免学生走形式，只“播”不“学”，也避免教师单方面灌输知识的“填鸭式”教学。这，应该是真正的以“学”为中心。

慕课教学的优势，不仅是对学生而言的。只有同样对教师有益，才会提高慕课建设的热情，实现双赢。传统的课堂教学，一位教师需要在不同的教学班重复讲授相同的内容。此外，材料力学的作业包括烦琐的计算过程，需要教师在课后投入大量的时间和精力用于批改作业。慕课教学效果既可以将教师的最佳讲授展现给学生，又无须重复讲课，且实现了作业批改的智能化，这大大降低了教师的教学工作量，将教师解放出来，投入更多的精力用于教学设计的改进、学生的个性化培养等其他教学活动中。

与传统的课堂授课相比，虽然师生之间的互动并不是面对面的，少了教师表情和肢体语言的感染力，以及教学策略的及时调整，但是整体而言，上述慕课教学的优势仍然使其发展势不可挡，并在材料力学的教学中有可能取代传统课堂，成为常态化的教学模式。

三、慕课教学常态化的挑战

既然慕课教学的常态化发展趋势已初见端倪，那就对教师和学生双方都提出了一定要求，而当务之急是解决现存的一些问题。

第一，与以往教师自愿采用在线教学模式不同，很多教师因疫情原因被迫采取了慕课教学模式，对该模式的认识还停留在表面层次。由于大多数教师缺乏在线教学经验或准备不充分，以至于他们还不能很好地掌握在线教学的方法和技能，缺乏在线教学的临场感[2]。因此，要实现材料力学慕课教学的常态化，首先需要进一步加深教师对慕课教学的认识和认可。

第二，每门课都建设成慕课还是每个任课教师单独建设自己的慕课，需要进行合理的选择。如果每门课整合优势资源，只建设一门慕课，该如何体现个性化？如何避免没有参加慕课视频录制的老师缺乏参与感？如何提高青年教师的讲课水平？因为慕课基本上是“一劳永逸”的，至少不会频繁升级，那么又如何保证教师的教学不会变得生疏？相反，如果为了提升个性化水平，让学生有更多的选择，而鼓励每个任课教师建设自己的慕课，那会不会造成资源的浪费？

第三，慕课本身是可以面向大众的，但使用慕课的群体主要是高校在校学生。教育部高教司多次强调了慕课在改革教学模式，重塑教学流程中的重要作用[3]。因此，慕课建设在兼顾社会学员的同时，重点应放在高校学历教育中学生的“学”与“习”，即视频课程学习和在线作业。那么，学生对慕课教学的接受程度如何？学生倾向自主性更强的慕课教学还是喜欢与老师面对面交流、有眼神接触的课堂教学？单门课开展慕课教学与多门课同时开展慕课教学，是否会影响学生的状态？只有考虑学生的认可和接受程度，慕课教学才是可持续的。

第四，慕课教学不仅离不开教师和学生，还离不开在线技术的支持。如何提高现有技术水平，优化慕课技术平台，使学生与系统的互动更加智能化？如何完善在线考试系统，既能重现线下考试的题目类型又能保证考试的公平公正？这些，都是亟待解决的问题。此外，如果每门课的慕课教学技术是相互孤立的，如课程平台、输入法和计算机评分规则不同，那么学生在不同课程的慕课之间进行切换时会存在难以适应的问题。如何从宏观层次进行整体规划，降低慕课教学的技术门槛，使学生具有更好的学习体验，也是一个不可忽视的问题。

四、结 语

疫情期间，特殊的条件对传统课堂教学造成了巨大冲击，但也激发了教育主管部门和教育者们对在线教学模式的探索和尝试，必将促进现有教学模式的改革与进步。笔者所在学校材料力学的全程慕课教学有效保证了疫情期间的“停课不停学”，并且教学效果丝毫不打折扣。本文对慕课教学过程进行了简单回顾，总结该过程所体会到的慕课教学优势以及有待改进之处，并从教师、学生和技术等几方面出发，简要分析了慕课教学实现常态化所需要解决的问题和面临的挑战。

参考文献

[1] 龚晖，储节磊．“慕课”八问．中国大学教学，2016（3）：11-16，37.

[2] 邬大光，沈忠华．我国高校开展在线教学的理性思考——基于 6 所本科高校的实证调查．教育科学，2020，36（2）：1-8.

[3] 龚晖，李永强．慕课：风已起 潮将至．中国大学教学，2018（11）：21-25.

线上教学平台在实践中存在的问题及建议

郑慧明

（华中科技大学力学系，湖北武汉，430074）

[摘　要] 新冠肺炎疫情全方位地测试了线上教学模式的优缺点。线上教学不限制空间和时间，不限制人数，但我们在实践中发现了一些值得改进的地方。通过增加一些新的功能，我们自主开发了理论力学听课和作业离线软件，在教学实践中，深受学生喜欢。基于现有的互联网技术，目前的线上教学平台可以很容易实现我们离线使用的软件中的新增功能，我们的教学尝试可为进一步完善线上教学平台软件功能提供参考。

[关键词] 线上教学；听课监控；作业批改

在2020年年初新冠肺炎侵袭时，全民线上学习全方位地测试了线上教学模式的优缺点。相对于线下教学，线上教学不限制空间、时间和人数。在开始居家学习的理论力学课程线上教学时，我们尝试采用了MOOC、学习通、智慧树、优慕课平台，各平台各有特色，但在实践时，发现都难以保证良好的教学效果。为了提高教学效果，我们融合目前线上各常用教学平台的特色，增加了一些新的功能后，自主开发了理论力学居家学习听课和作业离线软件。在教学实践中，该软件深受学生喜欢，取得了良好的居家学习效果。本文介绍我们在软件中所增加的功能，期望能为互联网教学软件开发公司进一步完善线上教学平台软件功能提供参考。

一、目前常用线上教学平台存在的问题

1. 监督效果不佳

在直播的课堂模式中，学生进入课堂后，有部分学生，人在曹营心在汉。为了克服这一不足，线上教学平台通过提问来监督，但提问次数稍多，时间将不够，因此大部分同学不会有被提问的机会。而在大部分时间是进行讲课的屏幕共享，老师

作者简介：郑慧明（1968—），男，湖北省蕲春人，副教授，主要讲授理论力学、高等动力学等课程，从事噪声与振动控制方面的研究

对大多数同学的听课专心程度和听课效果难以详细了解。录播模式更缺乏监督效果。

2. 课程节奏单调，容易疲劳，且不利于创新能力的培养

学生上网课大多存在观看视频时间长，一直做的事都是观看视频的同一个动作，容易导致注意力不集中和视力疲劳。直播受制于时间，互动有限。录播每个视频一般 9～15 分钟，播放时间段内师生间无任何互动。而对于类似理论力学这样的需要培养创新思维的工科课程，在讲到某一知识点时，需要通过适时提出问题，督促学生思考并给出评分；然后，再进入下一环节。这样通过启发式教学，不仅可以抓住学生的注意力，还能培养创新的思维能力。但这样的模式，每次出现互动启发的问题的时间间隔往往不同，且需要对一些文字性的自由回答的表述作出评价，而目前线上平台不满足此种模式。

3. 课后作业批改麻烦

类似理论力学的工科课程，课后需要完成较大量的文字应用大题的作业。然而，目前的线上教学平台需要拍照上传，然后由老师批改或同学互改，并给出成绩。批改工作量大，难以一一仔细批改，且批改再反馈到学生手里的滞后时间比线下批改的长，不利于学生及时改正错误。

二、解决方案

为了解决目前的线上教学平台存在的上述问题，我们针对理论力学课程，自主开发了居家学习的听课监督和课后文字大题作业批改软件。学生下载本软件到计算机后离线运行。完成听课和作业后，软件自动生成听课成绩单和作业成绩单。成绩单中记录了学生的学习全过程中的几乎所有互动的操作内容和时间等，供老师跟踪学习全过程和实施对学生学习态度的监督。以下是所开发软件的部分功能。

1. 身份验证

在听课和作业的需要眼睛注视计算机屏幕的环节，软件会随机拍照并将照片自动保存到《听课成绩》文件夹中。若是其他人替代或在视频播放时当事人不在计算机前或在计算机上聊天看电影等，这些行为都可能被软件拍摄，并加密记录在成绩单中。

2. 适时提问

（1）理论力学课程常需要学生对于一些问题尝试提出自己创新思想，来培养创新能力。若如目前线上平台都采用判断题或选择题形式的具有选项暗示的问题，将

削弱了创新能力的培养，故本软件在讲到某一知识点时，便及时提出问题，有时需要学生给出较多文字的自由格式的答案描述，再弹出参考答案，然后要求学生对比参考答案给出相似度，根据相似度软件自动给出该次回答的成绩。为防止学生夸大自己的成绩，软件具有对输入的文本内容的关键词进行比较和评分功能，给出学生自我评估的水分；若偏差到一定程度，将在成绩单中给出加密的标识记录。老师那里的成绩单核查及统计成绩软件将提取存在水分的学生的记录和评分点的位置，老师亲自核实；若发现学生有意作假，老师将证据发给该生，并扣分，使得学生不敢人为地夸大自己的答案的正确性。在实际上课中证明，因为软件具有的这样的防作弊威慑力，故意自己评分造假的学生很少，需要老师亲自核实的人数也不多，减少了老师的工作量。

（2）因为过不了几分钟就要根据视频中老师的讲解进度回答问题，回答问题的时间与视频播放的进度都在成绩单中有记录，使得学生只能跟随讲课进度。此外，这样的较多的听课互动，打断了学生在听课时玩手机或聊天等的兴致。

（3）因为在观看讲课视频时，需要经常停下来思考并输入答案，使得不会总是保持一个观看视频动作，减少了因重复动作导致的心理的疲劳，也减少了视力的疲劳。

（4）听课时有疑问可即刻填写自己的疑问，有疑问同学的成绩单名称将出现“我要答疑”的标识，使得老师容易看到并回复。

3. 引入类似游戏的功能，增加趣味性

线上学习若大范围开展后，学生每天在线上要学的课程较多，易出现厌倦情绪，特别是工科的课程。在我们所开发的软件中，加入了类似游戏的功能。根据每堂课的知识点，编了一个神话和江湖传奇的故事，听课学生为主人翁，将每堂课的重要内容与故事情节设法建立具有一定关联的逻辑。通过课程学习深入，主人公能力不断提高，在最后的章节，实现了主人翁的理想。此外，在听课中，引入游戏中的竞争机制，学生可以挑一个合适的学生作为虚拟的同桌一起学习和 PK，激发学习热情。

4. 作业自己批改

在作业的软件模块中，一些文字应用大题出现后，学生手写拍照上传到默认文件夹，软件记录加密的提交信息后，该题的各种典型解法及其容易出现的错误和评分规则便出现，每一步给出了对应的分值。此时，要求学生本人及时对照参考答案每一步的评分标准，选择分值。因为刚完成答题，很容易在估分中发现自己的不足，克服了作业批改滞后的缺点。此时，会随机拍照，防止其他人代为批改。批改完后成绩单自动生成。成绩单中包含了学生的每一步自我评分，供老师抽查。若学生评分与答案明显不符，老师将警示学生并扣分。这样，一方面学生不敢随意评分；另一更重要的方面是，通过及时的自我批改，发现了自己解法的不足，且能看到多种解法的详细步骤。

5. 教师使用的软件

教师的批改软件具有成绩统计和排序等多方面汇总功能。其中也具有检查学生是否作弊的功能。学生提交的成绩单中记录了一些疑似作弊的加密标识，老师的批改软件能自动提取这些疑似作弊标识，老师再亲自核实学生是否真正作弊，避免误判。

三、结 语

本文自主开发的软件补充了目前线上教学平台软件所没有的功能，在教学实践中，深受学生喜欢，软件中有些功能仍需要进一步完善。基于现有的互联网技术，软件中的新增功能很容易在目前的线上教学平台实现。在本课程中所能实现的功能，可以推广到大部分工科课程中。此外，本软件所采用的离线教学模式，不需要网络流量，不怕断网和卡顿，但仍具有对学生实行学习全过程监控和追踪的功能，为采用录播教学模式提供了一种新的思路。

鉴于篇幅限制，需要进一步了解本文所述功能，可访问 QQ 群：928527383，下载《理论力学听课及作业自动批改软件安装程序》压缩包，按说明使用。

“理论力学”课程线上教学组织方式初探

富 裕

（西南科技大学土木工程与建筑学院，四川绵阳，621010）

[摘　要] 通过对“理论力学”课程进行线上教学，从传统的线下一言堂的教学组织方式转变为优质慕课资源与自身直播教学内容有机结合的模式。鉴于网络学习的不确定性，为关注学生在整个学期的学习进展情况，在成绩考核中，加大单元测试与课堂讨论占比权重，带领学生由被动学习转变为主动学习，挖掘学生潜在学习能力，促进课堂教学效果的提高。

[关键词] 理论力学、线上教学、考核方式

“理论力学”是工科大学生的一门重要的技术基础课。该课程的理论教学内容分为三部分：静力学、运动学和动力学，这三部分内容权重几乎相当，三者之间内在逻辑关系紧密，循序渐进，构成了理论力学这门具有完整体系并持续发展着的独立的学科。理论力学在机械、土木建筑、航空航天等许多工程技术领域中有着广泛的应用，同时也是各门后续力学课程的理论基础。

2020 年年初的新冠肺炎疫情对各高校的在线网络教学提出了严峻挑战，同时也成为推动信息技术与教育教学深度融合的契机。在抗击疫情形势下，“停课不停教、停课不停学”成为全国上下的共识和行动。笔者在该学期承担的“理论力学”课程，为 2019 级土木工程本科专业的必修课，总学时 64 个，周学时 4 个，开课两次，开课周数为 1 ~ 16 周，选课学生 82 人。与以往传统教学组织模式及其考核方式不同，本次课程将中国大学 MOOC 平台提供的优质慕课资源与自身直播教学内容有机结合，针对力学课程的特点和难点，以及网络学习过程和学习效果的种种不确定性，侧重开展单元测试与课堂讨论，将其纳入平时成绩并加大平时成绩的比例权重，通过关注学生在整个学期的学习进展情况，发现大多数学生的学习积极性较高，教学效果良好。

作者简介：富裕（1978—），女，辽宁人，讲师，主要从事力学的教育教学研究

一、线上教学组织方式的变化

与传统的任课教师一言堂的授课模式相比，疫情期间的线上教学组织方式变更为：课前 20 分钟内通过 QQ 社交软件发布本讲知识要点、发布投票题完成前讲知识要点的复习测试，课堂前一学时要求学生观看学习指定的优质慕课课程，课堂后一学时通过发布投票题完成本讲知识要点的测验，随后利用钉钉社交直播软件以直播方式回顾总结本讲知识要点、择机补充评讲重要例题、组织学生分组讨论，并带领学生对前期的投票题进行评讲讨论，具体实施过程如图 1 ~ 图 4 所示。借助这种混合交互式教学组织方式，结合本专业课程教学目标和要求，顺利完成了教学工作，并取得了较为满意的教学效果。

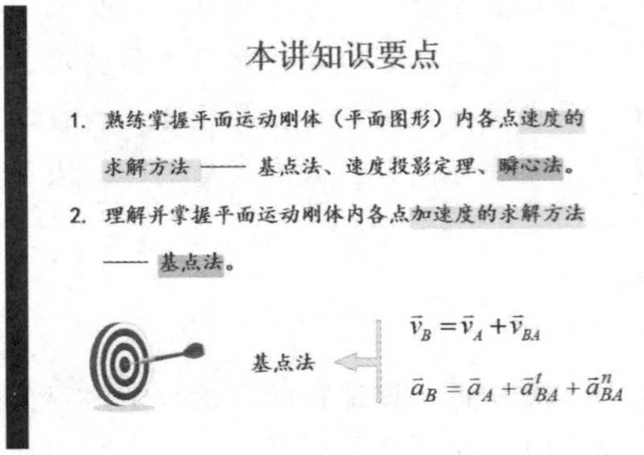

图 1　知识要点发布

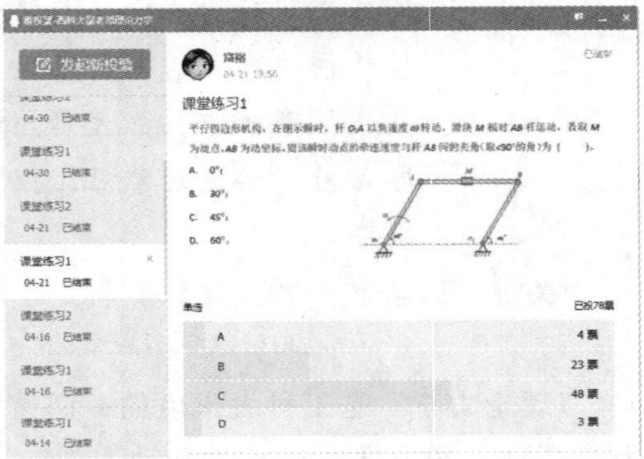

图 2　投票题作答情况

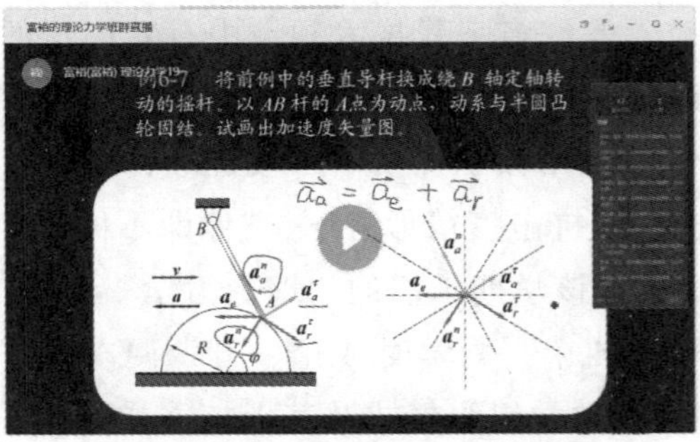

图 3　直播评讲例题

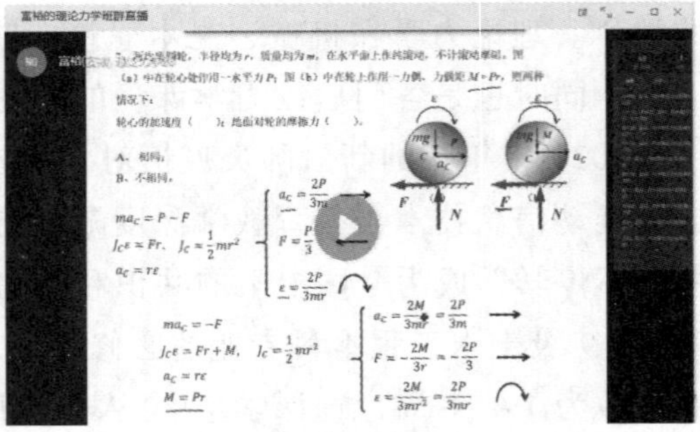

图 4　直播评讲投票题

二、课堂测试考核环节的改进

力学类课程的内容逻辑性强，且图片、公式繁多，学习起来具有一定的难度，借助网络直播通过电子课件进行教学可以生动直观地展示一些图片、动画，及一些繁琐的公式推导过程，加快课堂节奏，增加课堂信息密度，但是多媒体课件无法代替学生独立思考的过程，如何能有效地促进学生自觉学习，如何评估教师的教学效果，围绕上述问题，笔者在教学实践活动中进行了三点改进。

1. 课前测验

每次上课前 10 分钟内在 QQ 群中发布 2～3 个客观投票题（多为单选题，预估作答时间共计不超过 15 分钟），学生的参与作答情况可以作为课堂出勤的考核凭证，同时又能够帮助其对前讲的知识要点进行回顾和复习。目前已收集整理出涵盖静力学、运动学、动力学三方面的近 80 道客观题用于课堂练习。

2. 单元测验

依据理论力学的三部分教学内容，在教学过程中依次开展三次单元测试（见图 5）。测试内容难度和题型形式完全参照正式考试题型，考查范围出自课堂投票题和直播例题，每次单元测试的评分占最终成绩评分的 10%，合计共占最终成绩评分的 30%。

3. 分组讨论

为鼓励学生积极开展提问和讨论辩论活动，将学生按照 8～10 人规模划分为辩论组、询问组和裁判组，辩论组的职责是对课堂投票题、讨论题、单元测试题的解题思路、步骤及过程进行讲解发言，询问组的职责是提出质疑或反驳，裁判组的职责则是根据前两组的综合表现做出点评和打分。最终对于认真参与、表现积极的同学在单元测试的评分等级评定中可以进行一定的加分鼓励。

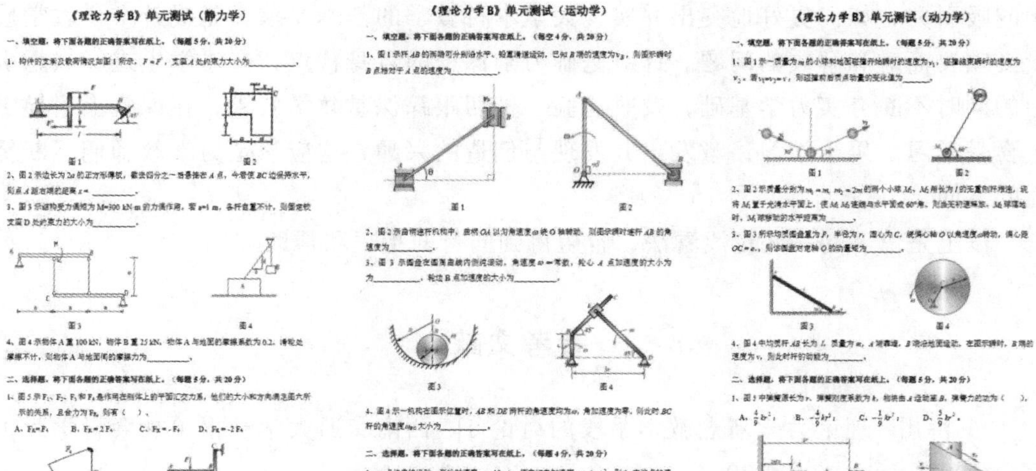

图 5　单元测验试卷

三、课程考核评定方式的调整

以往的“理论力学”课程成绩最终考核评价组成为：出勤、课堂提问、测验及课后作业共占比 30%，期末考试占比 70%。由于行课周数较长，一些学生的学习效果并不理想，很多学生在期末考试前突击学习以希望能够通过考试，但实际情况却往往差强人意。

本学期即 2019—2020-2 学期的“理论力学”课程综合成绩考核评价方式变更为四部分构成：课堂出勤及分组讨论占比 20%，课后作业占比 20%，课堂单元测试占比 30%，期末考试占比 30%。笔者认为增加单元考核环节（等效于中期考试）不仅是检验学生前期学习效果的一种非常有效的方法，更能够有效地促进学生自觉学习，从而起到达到提高学习效果的目的。对于大多数工程方向的学生而言，夯实力学基础是非常必要和重要的，通过引入单元考试制度，关注学生在整个学习过程的学习进展情况，并增大单元考试成绩占据综合成绩的比例权重，这样的成绩评定分配方式更有利于激励学生更为扎实系统地学习和掌握所学知识，同时可以有效避免那种临时抱佛脚突击应付考试，考完后全部忘光的现象。

四、结束语

随着互联网技术的飞速发展，教育教学方式的变革也日渐到来，我们迫切需要从传统灌输式的教学模式转变为启发开放式的教学模式。如何增强教师在课堂教学中的吸引力，如何更好地突出并实现大学本科教学的基本要求，是提升本科教学质量必须要面对和解决的问题。针对基础力学课程的自身特点，在对学生进行兴趣引导的同时不断夯实力学基础，及时检验、密切跟踪课堂教学效果，在课堂上引导学生喜爱学习、乐于学习，激发出其发现与创造的兴趣，这应该是力学教师们不断努力的方向。

以上是笔者的一些粗浅看法，希望得到同行的指正和帮助。

参考文献

[1] 王桥川. 理论力学新老教学手段的讨论[J]. 西南交通大学学报（社会科学版）2007,（8）: 119-120.

[2] 周小兵. 微信交往背景下的“工程伦理”课程教学组织方式研究[J]. 西南科技大学（高教研究）2020,（1）: 48-51.

塑性力学课程数字资源建设的思考

张 旭　张 波　杨 杰　阚前华

（西南交通大学力学与工程学院，四川成都，610031）

[摘　要] 塑性力学是工程力学、机械、土木、飞行器设计等专业的重要基础课程。该课程从典型实验现象出发，通过合理的假设和简化模型找出受力物体超出弹性极限后的变形规律，进而确定应力超过弹性极限后材料的本构关系。学习塑性力学需要有扎实的高等数学、线性代数、理论力学、材料力学和弹性力学基础。因此，该课程具有较强的理论性、逻辑性、抽象性，学生普遍感觉枯燥乏味，学习积极性不高，甚至产生抵触情绪。如何提高学生学习兴趣，增强教师教学获得感是塑性力学课程教学面临的重要挑战。笔者认为，在塑性力学课程数字资源建设中通过融入有限元仿真技术，借助软件中图形可视化界面，将抽象的塑性力学概念及结果以生动的云图或动画呈现出来，从而增进学生对塑性力学知识点的理解，降低授课难度，培养学生的理论分析和数值建模能力，为打造新时代背景下塑性力学“金课”提供有效途径。

[关键词] 塑性力学；有限元仿真技术；数字资源建设；金课

塑性力学是固体力学的一个分支，主要研究物体受力后进入塑性变形状态时应力、应变与外力的关系。先进材料的塑性本构关系与塑性变形机理是基础力学与材料科学研究的前沿，同时在超精密机械加工、材料安全服役、地质灾害分析等工程领域发挥着重要的作用。由于塑性力学课程本身具有抽象性、复杂性的特点，要求学习者具有较强的力学和数学基础，且在初学时比较枯燥，与学生们普遍感兴趣的实际工程应用相去甚远。因此，学生对于塑性力学课程的重要性认识不足，学习的主动性不强。

徐芝纶先生[1]在《怎样提高课堂讲授的质量》论述道：对难点应分析它是概念上的难，还是数学上的难；是复杂造成的难，还是冗繁造成的难，应有区别地去处理。

项目资助：西南交通大学本科教育教学研究与改革项目（1905010，20201016）

作者简介：张旭（1985—），男，湖北襄阳人，教授，主要从事力学专业教学与研究对于概念抽象造成的难点，应努力使之具体化，尽量采用感性较强的例子去说明；对于数学上的难点，则要把有关的数学知识先讲清楚；是复杂造成的难，就要把难点分解为几个简单部分，逐个去解决；是冗繁造成的，则应把段落分清，层次分清，前后联系讲清楚。

以往教学经验表明，塑性力学课程的难在于基本概念繁杂，方程数量众多，推导过程冗长复杂，且不像某些学科形象、生动、具体。《材料力学》课程教学改革经验表明，在理论课程的教学中恰当地融入数值仿真技术，将会极大地提高学生课程学习的积极性。阚前华与张旭出版的数字化教材《材料力学实验、仿真与理论》[2]针对“材料力学”课堂的教学特点，借助数字化教材的优势，将理论、实验和数值仿真结合在一起，通过有限元仿真视频的方式将材料力学的几种典型的变形方式生动地呈现出来，极大地方便学生学习和加深理解，辅助材料力学课程的教学，取得了较好的教学效果。因此，《塑性力学》理论教学与有限元仿真模拟相结合将改革塑性力学教学，提高学生学习兴趣，开阔学生眼界，培养学生解决复杂问题的综合能力。有限元模拟可辅助塑性力学课程教学中复杂概念的讲解，为复杂边值问题的求解提供生动的云图和动画显示，有助于提升学生的学习兴趣。在工程技术快速发展的今天，面向各种复杂力学问题的有限元分析软件已经广泛应用。因此，在讲授塑性力学理论的同时，让学生接触、了解一些常用的有限元计算软件，如 ABAQUS、ANSYS 等，可以搭建理论知识与工程应用的桥梁。

因此，在塑性力学课程数字资源建设中，考虑融入有限元数值仿真，将在一定程度上契合了教育教学会议和政策文件中反复强调的“拓展课程深度，扩大课程的可选择性，真正把‘水课’转变成有深度、有挑战度的‘金课’”。接下来，将在有限元模拟案例设计、课程教学实施、课程教学质量保障三个方面对塑性力学课程与有限元仿真融合进行讨论。

一、有限元模拟案例设计

有限元模拟案例的选择是建设塑性力学课程数字资源需要解决的核心问题。案例库选择的指导思想是从教学大纲出发，立足学生的学习接受能力而规划。首先根据《塑性力学》课程的教材、教学大纲、教学重难点，有针对性地选择典型教学模块，拟定有限元仿真模拟的案例目录。有限元仿真案例的设计除了针对性外，还需要考虑难度系数以契合学生的接受程度。一种可行的方案是从学生的能力出发，塑性力学课程教学负责人指导助教和研究生开展难度系数可控的有限元仿真模拟，整理有限元仿真模拟的文档资料、视频演示等；并选择已学习过塑性力学课程的本科生志愿者进行有限元仿真模拟教学案例的学习和反馈，通过不断迭代进而完善有限元仿真模拟教学案例。

此外，有限元软件的帮助文档也是塑性力学课程学习的重要参考。目前，大学生在理论课程学习中往往持知识脱离实际应用的消极观点，特别是塑性力学这样的概念定义复杂、理论推导烦琐的课程。为改变学生的学习态度，在塑性力学课程教学中，穿插有限元软件的理论帮助文档是一种可行的尝试方案。以有限元模拟软件ABAQUS 为例，ABAQUS 的帮助文档有很重要的一个模块为“Abaqus Theory Manual”，里面涉及教科书甚至学术论文中的很多理论模型。通过教材与软件帮助文档的结合教学，有助于提升学生对知识的渴求之心，提高学习的积极性。

二、课程教学实施

传统的塑性力学课程教学主要是通过 PPT 的方式进行概念、理论、模型的介绍。理论知识的教学方式比较单一，不受教学条件的限制。但是考虑到有限元模拟融入理论课程的教学，教学方式需要做相应的调整。一种折中的方案是，有限元的案例教学只是辅助塑性力学理论知识的传授和理解，而有限元模拟的案例操作作为学生学有余力的情形下的一种能力提升，不做课程考核要求。基于这样的一个课程实施理念，授课教师需要做的是在传统教学资源中恰到好处地融入有限元模拟的仿真案例，从多角度进行知识的讲授，目的在于提高学生对相应知识概念的理解。由于有限元模拟是独立于塑性力学课程之外的一种能力，不对听课的学生做任何要求，从而降低学生的学习压力和负担。而对有限元模拟有兴趣，学有余力的学生，则鼓励在课后通过自学的方式，来重现相关有限元模拟案例，提高学生的动手能力，主动学习能力和探索精神。

为进一步打造塑性力学“金课”，在提升学生的学习能力的同时，提升学生的创造力，课程可以设置挑战环节。课程挑战环节，可以由学生自发地进行塑性力学与有限元模拟结合资源库的补充建设。

三、课程质量保障

1. 数字资源精心制作

有限元仿真模拟教学案例的制作，基于高年级修学过塑性力学课程的学生对有限元案例库提出需求建议，并由有经验的研究生助教在课程教学人员的指导下开展，进而实现质量保证。在案例库的教学实施过程中，积极听取授课学生对案例的反馈，特别是学有余力的学生在有限元模拟方面探索方面的反馈，不断进行迭代更新有限元模拟教学案例库，进行教学课件的修改。

2. 教学过程优化调整

在《塑性力学》理论教学中融入有限元仿真模拟教学看似增加了教学内容，但是后者对前者有一定的促进作用，可使得理论知识的讲授和理解更加高效。为解决新增有限元模拟相关内容而导致教学时长可能相对传统教学模式增加的问题，在线下教学之前，可以首先进行线上教学资源的建设，通过线上教学资源评估教学内容和教学时长。在线下教学后，通过与学生进行及时的问卷调查，班长搜集学生意见，座谈等方式进行教学方式、教学节奏和时长的调整，教学时间和教学内容的冲突问题有望解决。

3. 教学效果全面评估

教学效果评估一方面评估学生的考试成绩，此外课堂出勤也是考量学生对课程学习兴趣的一个重要方面。教务系统的教师匿名评价也是衡量课程改革在学生中的接受程度和好评度的一种要参考。充分利用既有成熟的西南交通大学本科教学质量评估系统，帮助授课教师认识理论教学与数值模拟在塑性力学课程教学中的效果，进行不断的优化和改进，不断提升教学改革效果和质量，打造让学生满意的“金课”。

四、结　语

塑性力学作为工科教育的重要专业课，但是面临着由于课程难度系数大使得学生学习有畏难情绪、积极性不高。多元化的教学方式有望改革塑性力学课程的教学模式，特别是课程资源的建设。通过理论教学和有限元数值仿真模拟教学的结合，在塑性力学课程教学中有助于学生多角度理解塑性力学知识，培养学生理论和模拟两种能力，把《塑性力学》课程打造成培养学生综合学习能力和解决问题的“金课”。

参考文献

[1] 徐芝纶. 怎样提高课堂讲授质量[J]. 人民教育，1979，10：27-29.

[2] 阚前华，张旭. 材料力学实验、仿真与理论[M]. 北京：科学出版社，2018.

三、

PART THREE

教材与课程创新篇

材料力学教材编写中的严谨性与易学性的关系思考

江晓禹　康国政　龚　晖　史　智

（西南交通大学力学与工程学院，四川成都，610031）

[摘　要] 以梁的弯曲问题为例，首先阐述了梁的弯曲问题中严谨性需要考虑的问题，然后说明了在考虑工程应用中准确性前提下引入的简化假设，进而得到易学易用的工程梁理论。说明了严谨性与易学性的关系，为教材编写中存在的问题提供了解决思路。

[关键词] 材料力学；教材；方法论

材料力学课程教材内容经常会被指出不一些严谨地方（如理论模型的简化不严谨，推导不严谨等），经过讨论也确实存在某些不严谨的内容。因此，也有教材编写者针对某些不严谨的内容进行了改动，以保证教材内容的严谨性。但是，这种为了保证内容严谨性而进行的改动是否就合适呢？

一般来说，材料力学内容体系的建立，依据的是课程内容的严谨性、完整性、易学性，还有面向对象等。因此，可以发现，严谨性只是其中的一个重要方面，而不是全部。也因此我们会发现材料力学具有自身的一套方法论。比如，等直受拉杆件的任意一点处的线应变等于杆件的平均应变、纯弯曲梁的横截面线应变呈线性分布等，最为常见的就是“经过实验论证”这样的描述，而连接件的实用计算就更是依靠实验结果来建立简单实用模型的经典案例，这可以说就是材料力学方法论的典型体现。

一、梁弯曲问题的严谨性示例讨论——弯矩、剪力与载荷集度的关系

如图 1（a）所示简支梁，用 *m*-*m*、*n*-*n* 横截面截取微段，得到如图 1（b）所示

项目资助：西南交通大学本科教育教学研究与改革项目：积极发展“互联网+教育”探索基础力学智能教育新形态（编号：20201017）

作者简介：江晓禹（1965—），男，贵州遵义人，教授，主要从事力学的教学和科研

分离体。此时我们关注的是微段的左边 m-m 截面上的弯矩 $M(x)$ 与剪力 $F_S(x)$，从数学的增量角度来说，分离体右边 n-n 截面上的弯矩和剪力会随着坐标增量 dx 出现相应增量，因此图中表示为 $M(x)+\mathrm{d}M(x)$ 和 $F_S(x)+\mathrm{d}F_S(x)$，因此图 1 表示是严谨的。并可以通过图 1（b）的平衡条件获得如下关系式：

$$\frac{\mathrm{d}M}{\mathrm{d}x}=F_S,\qquad \frac{\mathrm{d}F_S}{\mathrm{d}x}=q(x),\qquad \frac{\mathrm{d}^2M}{\mathrm{d}x^2}=q(x) \tag{1}$$

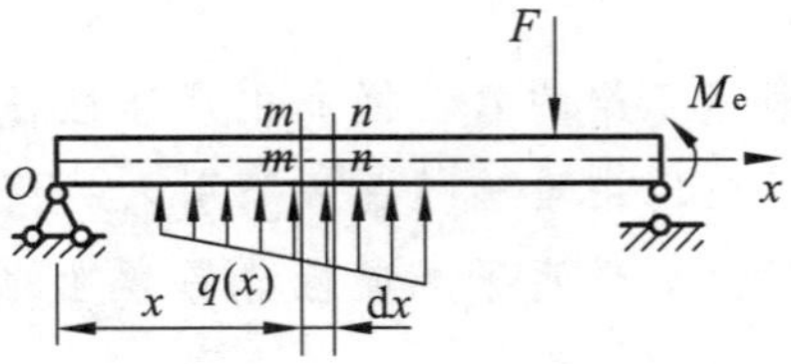

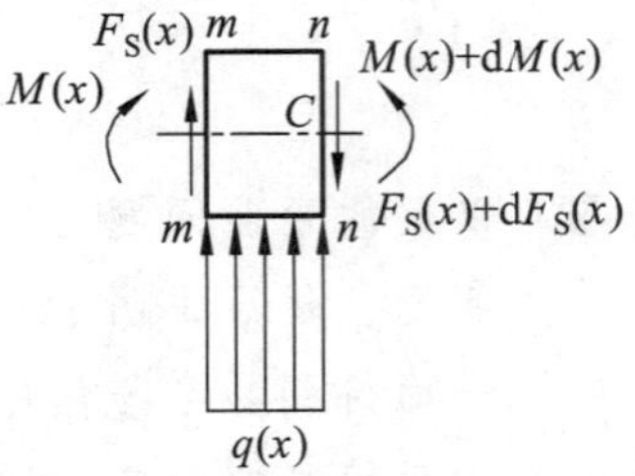

图 1　弯矩、剪力与载荷集度的关系

二、梁的简化导致的不严谨

1. 材料力学中的细长梁——Euler-Bernouli 理论

在求梁的应力和变形时，进行了线弹性理论简化，只考虑横向弯曲变形（见图 2，注意：似乎图中出现了梁轴线的伸长变形，实际并没有考虑轴线的伸长变形，只是为了图能够表现清楚），由此引入了平面假设："梁在纯弯曲时，横截面仍保持为平面，且与梁变形后的轴线仍保持正交，只是绕垂直于纵对称轴的某一轴转动"。对于横力弯曲情况，只是强调对于细长梁（$l/h>5$），纯弯曲时的正应力计算公式可以推广到梁的横力弯曲情况，其结果仍足够精确。换句话说，翘曲和横向剪切变形的影响以及横向正应变非常小，可以忽略不计，这些假设对细长梁是有效的。我们可以得到如下关于梁变形的近似微分方程：

$$M=-EI_z\frac{\mathrm{d}^2w}{\mathrm{d}x^2}\quad \text{或}\quad q(x)=-\frac{\mathrm{d}^2}{\mathrm{d}x^2}\left(EI_z\frac{\mathrm{d}^2w}{\mathrm{d}x^2}\right) \tag{2}$$

但如果把细长梁（$l/h>5$）条件去掉，横力弯曲时，由于切应力的存在梁横截面会发生翘曲，以及横向力还使各纵向线之间发生挤压，从而导致平面假设和纵向线之间无挤压的假设实际上都不再成立。

表面上看，这是教材编写中不严谨的地方。但是，如果要把这种不严谨去掉，我们可以来看看下面的推导。

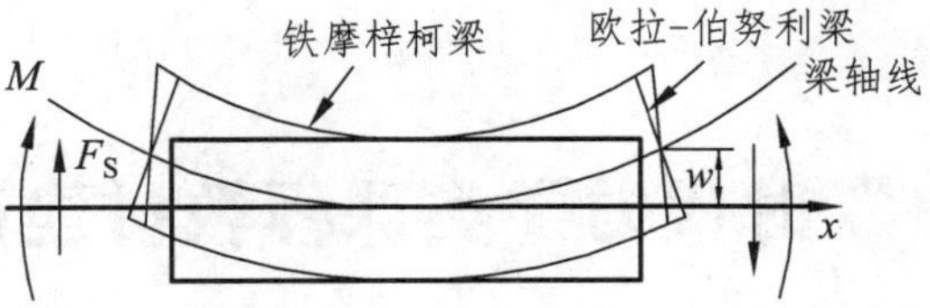

图 2　两种假设下的梁变形

2. 适合于非细长梁的铁摩梓柯理论

如果考虑梁的剪切变形，铁摩梓柯提出了与平面假设类似的假设：梁发生弯曲变形时，横截面保持为平面，但横截面不保持垂直于轴线。就是说，梁在变形前，梁的横截面与梁的几何中心轴线是垂直的，而变形后，由于考虑了横向剪切，其横截面不再与几何中心轴线垂直，而这个不垂直量即为横向剪切量，整个量的计算可以通过严格的推导得出。假设静态梁内某一点（x, y, z）的位移服从如下变形（取 y 轴正向朝下，$\varphi(x)$ 为梁横截面的转角）：

$$u(x,y,z)=-z\varphi(x),\qquad v(x,y,z)=0,\qquad w(x,y,z)=w(x) \tag{3}$$

可得

$$M=-EI_z\frac{\mathrm{d}\varphi}{\mathrm{d}x},\qquad F_S=\kappa GA\left(\frac{\mathrm{d}w}{\mathrm{d}x}-\varphi\right) \tag{4}$$

由梁的微段平衡式（1），进一步可以获得梁变形的控制微分方程为

$$\frac{\mathrm{d}^2}{\mathrm{d}x^2}\left(-EI_z\frac{\mathrm{d}\varphi}{\mathrm{d}x}\right)=q(x),\qquad \frac{\mathrm{d}}{\mathrm{d}x}\left(-EI_z\frac{\mathrm{d}\varphi}{\mathrm{d}x}\right)=\kappa AG\left(\frac{\mathrm{d}w}{\mathrm{d}x}-\varphi\right) \tag{5}$$

以上结果可以参看相关结构力学方面的书籍。对于不同梁有不同的剪切修正系数 κ。铁摩梓柯理论由于采用了梁变形后横截面仍为平面的假设，与物理现象是不存在差异的，因此，还出现了高阶剪切理论，此处就不讨论了。

三、讨论与结论

从以上关于梁推导的一些结果可见，材料力学教材主要是针对低年级大学生，要求基本概念讲述清晰，但考虑到应用及易学性，在保证工程应用准确性的前提下引入简化假设，从而实现材料力学的方法论。就是说，材料力学教材是在保证工程应用中准确性前提下，做到简化和易学易用，因此可不需要引入过多复杂内容。

参考文献

[1] 孙训方，等. 材料力学Ⅰ、Ⅱ[M]. 6 版. 北京：高等教育出版社，2019.

“互联网 + ” 时代力学类课程教材建设的思考

朱志武[1,2]　沈火明[1]　康国政[1]　阚前华[1]

（1. 西南交通大学力学与工程学院，四川成都，610031；
2. 西南交通大学研究生院，四川成都，610031）

[摘　要]“互联网+”时代的力学课程教材建设，对规范教学活动、创新教学内容、保证教学效果，起到至关重要的作用。本文总结了近年来力学类教材建设的基本现状，对“互联网+”时代力学类教材建设进行了深入分析，并对下一步力学类教材建设工作给出了建议。力学类教材应加强规划，注重系列教材建设，构建互动互通知识框架；不断创新数字化教材的出版形式；妥善解决好教材相关的版权问题；应尽可能制订统一的教材建设与相关教学资源标准，能够很容易实现数字化资源的迁移。希望本文的分析能对高校力学类教材向数字化出版转化提供一些值得借鉴的建议，对未来的发展给出有益的启示。

[关键词] 课程；教材；新工科；数字化；人才培养

一、引　言

不断加强高等学校精品教材建设，是推进教学改革、加强教学内涵建设、更新教学内容、提高人才培养质量的基础，也是推进教育强国的重要举措。教材建设要适应教学改革和课程建设的需要，充分反映当代课程建设与学科发展最新成果，体现现代教育思想，充分运用“互联网+”时代的现代教育技术、方法与手段，应与时俱进、紧跟科技进步、瞄准国际水平、彰显中国特色，精品教材能够体现出科学性、系统性和先进性，经教学改革实践检验效果优秀。随着“互联网 + ”国家战略的不断升级，移动互联网、云平台、大数据、VR、AR 及人工智能等新一代信息技术手段快速发展，也给力学课程教学带来了新的挑战，基于“互联网 + ”新阶段的“新

项目资助：四川省教育教学改革项目：力学专业跨学科拔尖创新人才培养模式探索与构建（编号：JG2018-116）；本科生学习成果形成性评价（编号：JG2018-117）

作者简介：朱志武（1974—），男，甘肃文县人，教授，主要从事力学的教学和科研

形态教材”日新月异。

二、近年来力学类教材建设的基本特点

面对“互联网+”时代的新变化和新挑战，力学课程教材建设应以服务人才培养为目标，以提高教材质量为核心，以创新教材建设机制为突破口，以实施精品和特色战略、完善教材评价选用制度为着力点，配合人才培养方案，着力建设一批具有力学特色的高水平教材。

总的来说，近年来力学类课程教材的建设呈现出以下特点。

1. 教材形态更加丰富多样

随着“互联网 + ”时代的来临，现代信息技术产品如平板计算机、智能手机等移动、高效终端设备的全面普及，这些移动互联网的学习工具，成为一种便捷、有效、有创造性的移动学习方式，为学生获取知识的速度和广度提供了更多便利，作为重要教育资源的教材就需要在这样一种全新思路的引导下大胆地尝试。教材不能仅拘泥于传统的纸质形式，而是要实现“纸质+移动终端+线上教育”的结合，突破固有的纸质图文形态，与视频、AR（Augmented Reality，增强现实）及 VR（Virtual Reality，虚拟现实）等现代化高科技应用领域等融合。

2. 加强力学类教材改革创新，不断锤炼精品

一方面，鼓励对优秀教材不断修订完善，将学科、行业的新知识、新技术、新成果写入教材模式和教学，教材内容的编写中充分体现出学科交叉与融合。另一方面，鼓励编写及时反映人才培养模式和教学改革最新趋势的教材。重点建设特色教材、“质量工程”项目配套教材，特别是加强实验实践类教材建设，并不断推进数字化教材建设。此外，在力学类教材建设中，坚持传承经典、彰显特色、严守教材名著的强势阵地，避免低水平教材重复建设。

3. 教材编写中明确责任，确保质量，体现“新工科”的人才培养特色

“新工科”战略开展得如火如荼，强调培养复合型、创新型人才。“新工科”背景下的教材建设，如果仅仅是简单改编已有的教材，那么其迎合时代的成分将显不足，而应符合“新工科”这一全新教学理念的诉求，才能不辜负全新时代的发展机遇。因此，在教材编写方面，力学类教材编写人员需要有丰富的专业经验，能够基于力学课程特色来实现各个学科专业知识的有效融合，使教材呈现出更多关联性、节点化的特征。

西南交通大学力学类教材编写实行主编负责制，主编必须是由在教学和科研方

面有所成就的教师担任。学校教务处承担监督检查责任，每两年进行一次校级教材立项，配套相应的建设经费和奖励经费。学院积极参与，鼓励有基础的老师优先申报并立项支持。教材出版进一步繁荣，教师参与教材建设的积极性进一步提高，影响力进一步增强。第 5 版《材料力学》被国内 500 多所学校采用，第 2 版《工程力学教程》被国内 100 多所学校采用。此外，除了力学类教材，整个学校的教材建设数量也大幅度增加，近五年，全校出版教材近 600 部。教材编写质量进一步提高，教材编写团队也得到进一步建设。

4. 不断推进力学类教材编写的国际化和团队建设

单打独斗总是力量薄弱，整体打包建设更能锻造精品，富有震撼力。近年来力学类教材编写的团队整体性特点突出，各高校整合优秀教师编写团队、联手国内优秀出版社，合力打造特色、精品力学类教材，推进了服务课堂和教学的教材体系建设。

随着力学类课程双语教学、全英文教学的不断拓展。原版教材的选用与引进工作不断完善，为双语教学、全英文教学的开展提供了有利条件。国际化教材的编写工作也得以持续开展，近年来出版了多本全英文力学类高铁教材。此外，全英文“互联网 + ”时代数字化教材的建设也在不断发展，结合新型教学模式（如 MOOC、在线开放课、混合式教学等）改革，借助多元媒体，实现知识点的无限延伸。

三、力学类教材建设的发展方向及建议

1. 加强规划，特别注重系列教材建设，构建互动互通知识框架

现存的力学类部分教材存在着体系性不强，教材与课程之间缺乏互补、联动的布局。此外，教材之间协同性不强，相互缺乏理论认知与技能训练上的前后关联。只有把握好知识体系各部分及发展各阶段的内在联系与规律，而不是各部分相互孤立、缺乏联系，则能引起正向的链式反应，促进教学的良性和持续发展。因此，在“互联网 + ”时代的力学课程教材建设中，教材体系的建构不是一个单一的过程与事件，应加强规划，特别注重系列教材建设，构建互动互通知识框架。应从教材内容、课程、科研、实践与教学手段等方面综合考虑，呈现动态、复合、多元的互通互联特点，并解决在专业建设中教材所面临的主要问题。

2. 不断创新数字化教材的出版形式

在“互联网 + ”时代，力学类教材也在不断推陈出新，数字化教材将会越来越便捷和高效，更好地服务于教学之中。数字化教材有别于传统教材，它是利用多媒体技术转化为适用于各类电子终端的互动性教材。数字教材充分发挥信息技术优势，

融合了文字和音频、视频、图片及动画等元素，具有表达更加生动形象、有利于互动交流、有利于分层施教、有利于修订完善等优越性。数字教材分四个层次：纸质教材数字化、多媒体数字教材、互动式数字教材和集聚式数字教材。不同层次的数字教材需要不同的课堂教学方式。

数字化教材应该不断创新出版形式，实现从提供作为实物的纸质教材到提供教学服务的转变。可能提供的服务包括但不限于以下几种：① 纸质教材；② 教材定制平台；③ 学期内的课程学习平台，以及学期结束后的电子笔记本；④ 学生学习分析报告；⑤ 教学质量评价报告。

3. 妥善解决好教材相关的版权问题

希望能够解决资源的版权问题，避免版权纠纷。同时应明确相关数据的所有权与使用权。尤其处于“互联网 + ”时代，知识的更迭超乎想象，信息来源更趋广泛，在这种情况下，更需注重保护和解决好与教材相关的版权问题，为出更多精品教材提供有效帮助。同时，由于“新形态”教材才处于起步阶段，缺乏统一标准。若不设立统一标准，会使得教材形式各异，不利于资源整合及教材建设数字化的推进。因此，应尽可能制订统一的教材建设与相关教学资源标准，能够很容易实现数字化资源的迁移，以适应“互联网 + ”时代高等教育对力学类教材的需求。

四、结　语

教材建设是专业建设和课程建设的迫切需求，教材建设一定程度上代表着学校学术水平的高低。教材对规范教学活动、创新教学内容、保证教学效果，起到至关重要的作用。“互联网 + 教材”即“平台+服务”，平台包括资源平台、数据平台、管理平台、交流平台等，服务包括教材定制、学习分析、质量评估、知识图谱等。“互联网 + ”时代的力学课程教材建设，应始终坚持“促进教学质量的提高”这一核心，与时代接轨，充分利用互联网，真正为高等教育和广大师生服务。

参考文献

[1] 王欣. 高校理工类教材数字化出版问题研究[J]. 传媒论坛，2020，3(13)：96-97.

[2] 王媛，楼程富. 新时代高等教育教材出版的深度思考——基于出版社区域影响力的分析[J]. 中国出版，2018（17）：38-41.

[3] 李晓鹏. 新形态教材出版的实践与思考[J]. 现代出版，2017（05）：51-54.

[4] 徐平，倪明. “互联网+”时代：传统图书编辑工作的新思考[J]. 编辑学刊，2015

（06）：74-77.
[5] 田凯，张志娇．基于“互联网+”背景下高职工程力学课程教学模式改革的实践研究[J]．教育教学论坛，2020（17）：198-199.
[6] 王美玲．“互联网+”时代教材出版数字化转型探析[J]．中国出版，2018（10）：46-48.
[7] 叶志明，李俊峰，王世斌等．基础力学课程教材及教学体系分析（一）——国内基础力学教材基本情况简述[J]．力学与实践，2019，41（03）：314-319.
[8] 陈更林，郭楚文．“双一流”建设背景下的工程流体力学教材改革[J]．教育现代化，2019，6（87）：77-78.
[9] 张炜．新形态课程与教材建设[J]．中国大学教学，2018（01）：85-86.

工科基础课程“金课”建设的实践与思考

沈火明　朱志武　阚前华　刘娟

（西南交通大学力学与工程学院，四川成都，610031）

[摘　要] 针对当前工科基础课程建设中存在的问题，结合高教关注热点，通过构建教学改革新生态，以学生发展、学生学习、学习效果为中心，不断拓展资源供给模式，包括慕课、虚拟仿真实验项目、新形态教材与数字课程，按“两性一度”打造工科基础课程“金课”，合理提升学业挑战度、增加课程难度、拓展课程深度和推进课程思政建设，切实提高工科基础课程教学质量。

[关键词] 金课；教学质量；基础课程；工科；课程思政

一、引　言

课程是人才培养的核心要素。学生在大学里受益最直接、最核心、最显效的是课程，特别是基础课程。西南交通大学工科基础课程包括基础力学、大学数学、大学物理、工程图学、机械设计等课程，课程团队包括新一届教育部工科基础课程教学指导委员会委员 4 人，国家级教学名师 1 人，国家级精品在线开放课程负责人 5 人，省级教学名师 5 人，团队成员承担工科基础课程的教学任务、教育教学改革项目或从事教学管理工作。根据我校工科优势的特点，以工科基础课程为主体，通过构建教学改革新生态，按“高阶性”“创新性”“挑战度”打造工科基础“金课”，合理提升学业挑战度、增加课程难度、拓展课程深度和推进课程思政建设，切实提高课程教学质量。同时，通过系列工科基础课程“金课”打造，统筹推进基础课程的教学改革，加强课程资源整合、内容衔接，革新教学内容和方法，助推工程教育改革创新和人才培养理念、模式的变革创新，促进学科交叉融合，推动实施课程建设

项目资助：四川省 2018—2020 年高等教育人才培养质量和教学改革（项目号：JG2018-125）；中国高等教育学会教学研究分会中国高校“金课”建设推进平台计划课题（项目号：JKJH201902）；第 2 批新工科研究与实践项目（项目号：E-GCJYZL20200814）

作者简介：沈火明（1968—），男，江苏苏州人，教授，主要从事力学的教学和科研工作

“双万计划”，深入推进学校新工科建设和“拔尖计划”培养。

工科基础课程是学校量大面广、影响大的课程，受益学生多，其优化教学改革生态的做法和成果势必具有重要意义和可推广价值。

二、教学改革思路与目标

当前课程建设及典型课堂问题主要包括教材呈现形式单一、课程资源缺失、与信息化结合不够、教学内容不严谨、教学内容与现代科技衔接不够紧密、以学生成长成才为中心不够等。然而，目前对这些问题的研究还不够深入，特别是系统性研究不够，对当前教学改革形势认识不够。

针对课程建设中存在的问题，结合新工科建设，工科基础课程建设的总体思路是，将适应新的工科、既有工科的发展，适应全球视野下的工程教育认证，以学生发展、学生学习、学习效果为中心，不断拓展资源供给模式，包括慕课、虚拟仿真实验项目、新形态教材与数字课程等。同时，通过系列工科基础课程多模式教学改革试点，不断探索课程教学模式，以价值塑造、能力培养、知识探究三位一体教育理念，全方位推进以翻转课堂为代表的混合式教学模式，针对上述问题形成系统性的解决方法，最终提升课堂教学质量。

工科基础课程改革和建设目标可以概括为四个方面：

（1）通过发展子集、寻找交集、突破并集，建设优质慕课、新形态教材、数字课程和虚拟仿真实验教学项目，助力学校工科基础课程建设“双万计划”；

（2）构建教育教学改革新生态，将系列工科基础课程打造成具有高阶性、创新性、挑战度的“金课”，并推广应用；

（3）探索适应新工科发展、新形态课程的多样化、多类型教学模式，整体提升工程基础课程教学质量；

（4）以学生成长成才为中心，推进课程思政建设，在注重学生科学思维方法训练、强化工程伦理教育同时，培养学生探索未知、追求真理、勇攀科学高峰的责任感和使命感，激发学生科技报国的家国情怀和使命担当，全面提升人才培养质量。

三、强化改革举措，提升课程建设质量

正如教育部高教司负责人说的：“课程是教育最微观、最普通的问题，但它要解决的却是教育中最根本的问题——培养人；课程是中国大学普遍存在的短板、瓶颈、软肋，是一个关键问题；课程是体现以学生发展为中心理念的最后一公里；课程是落实立德树人根本任务的具体化、操作化和目标化。”所以，各校都应精准发力，做

实大学“金课”建设。

西南交通大学工科基础课程教学团队紧密跟踪高教发展形势，不断强化工作举措，将信息化技术和课程进行深度融合，打造系列工科基础“金课”，并推广应用。改革举措和成效主要有：

（1）打造线上“金课”，完善已有在线开放课程，建设新型优质慕课，通过新机制，构建教育教学新生态，优化课程互动和测评方式，在系列工科基础课程中推进翻转课堂教学模式改革，制定了线上“金课”标准，为线上“金课”建设奠定扎实基础。同时，推进数字课程建设，在工程力学数字课程、电磁场与电磁波数字课程建设的基础上，统筹推进其他工科基础课程的数字课程建设，如理论力学、材料力学等。已建成工程力学、理论力学、材料力学、结构力学、机械设计等国家线上“金课”，这些资源为2020年上半年疫情期间线上教学奠定了扎实基础，取得了很好成效。

（2）打造线下“金课”。针对课程建设中存在的问题，加强工科基础课程教师队伍建设，不断拓展资源供给模式，推进新形态教材建设和数字化资源建设，全面试点小班化教学、探究式教学，打造线下“金课”。已完善出版了数字化教材《工程力学教程》，建设了《力学与工程》《机械设计》等系列数字化教学资源，《理论力学》《材料力学》《结构力学》《大学生创新与创业实践》《概率论与数理统计》《土木工程制图基础》数字化教材正在建设中，这些工作不仅有力推进了课程资源建设，同时也很好地加强了线下“金课”建设。2019年，推荐两门工科基础课程申报国家级线下“金课”。

（3）打造线上线下混合“金课”。工科基础课程教学团队实施以学生为中心的学习和教学方式的革命，大力推进翻转课堂教学模式，通过建、用、学，充分应用线上“金课”，包括自身建设的，也包括上线的特色“金课”，探索线上“金课”的多种应用模式，打造适合本校学生特点和培养需要的“金课”，扎实推进线上线下混合“金课”建设。2019年，推荐四门工科基础课程申报国家级线上线下混合“金课”。

（4）打造虚拟仿真“金课”。虚拟仿真实验实训的课是一种新的教育生产力，是“互联网+教育”之后的“智能+教育”。信息技术、智能技术与实验教学的深度融合破解了高校实验、实习、实训中的老大难问题，解决了原先“做不到”“做不好”“做不了”“做不上”的问题。结合工科基础课程，推进了虚拟仿真实验教学项目建设和平台建设，推进在线课程案例库、试题库建设，有效推进“互联网+教育”“人工智能+教育”落地。已建成两个省级虚拟仿真实验平台，开发研制了30多个虚拟仿真实验，为进一步打造虚拟仿真“金课”奠定基础。2020年，推荐两门工科基础课程申报国家级虚拟仿真“金课”。

（5）加强课程思政建设。2020年5月，教育部发布《高等学校课程思政建设指导纲要》，分别明确了公共基础课、专业课、实践类课程课程思政建设的重点。工科基础课程具有传授知识、培养能力，和思想政治教育双重功能，承载着培养大学生世界观、人生观、价值观的作用。中国高等教育学会教学研究分会理事长杨祥认为，金课建设的核心与关键是课程思政，焦点是课程思政元素，难点是聚焦课程思政元素。近年来，工科基础课程也大力推进课程思政建设，建设了多学科交叉的《运动科技与智慧人生》课程思政新课；工程力学、大学物理课程思政取得新成效，被评为四川省首批课程思政示范课程，相关教学案例已推广应用。其他课程课程思政建设工作也全力推动中。

（6）积极探索打造“金课”中的保障机制，如条件保障、组织保障、机制保障、评价保障和经费保障等，工科基础课程“金课”建设的多个项目得到立项，多模式教学改革试点、教学资源建设逐步得到推进，如全程慕课、线上线下混合教学、数字化教材建设、数字课程建设等。同时，工科基础课程教育教学改革的成果真正惠及了学生，在人才培养质量上得到了体现，受到学生好评。

四、创新与特色

经过近年来的教学改革和“金课”实践，我校工科基础课程“金课”建设取得了一些创新成果和特色，主要有：

（1）提炼“金课”建设的核心要素，实体实施四类“金课”建设，扎实推进工科基础课程慕课、新形态教材、数字课程、虚拟仿真实验项目等的建设，建成了五门国家线上“金课”、四门国家线上线下混合“金课”。

（2）工科基础课程是专业类的核心支撑课程，相关举措有力推进了平台建设、资源建设和教学改革的深入，获取第一手“金课”建设的原则、标准、途径和机制，为其他课程“金课”建设提供了可复制的实践经验。

（3）工程基础课程课程思政建设的经验，包括课程思政的教学设计、实施路径等，已得到推广应用，课程思政的实践成果仅2020年就进行十二次报告和交流，产生很好影响。

参考文献

[1] 吴岩，等. 高等教育的强国梦：中国高等教育区域发展新论[M]. 北京：高等教育出版社，2013.

[2] 沈火明，等. 基础力学立体化教学资源建设的实践与思考[J]. 西南交通大学学报（社科版），2017（12）.

[3] 余文森，宋源，丁革民. “课堂革命”与“金课”建设[J]. 中国大学教学，2019（9）.

变形协调方程在超静定拉压杆系中的不确定性与确定性

喻 勇

（西南交通大学力学与工程学院，四川成都，610031）

[摘 要] 指出杆系结构的变形协调几何图形存在不确定性，但在规定了伸缩变形的符号后，针对同一问题的不同变形协调方程在本质上是相同的。因此在求解超静定问题时，可任意假设杆件的伸缩特性，这种不确定性不会影响解的唯一性。

[关键词] 杆系结构；变形协调；超静定；不确定性

杆系结构是常见的工程中结构，出于安全考虑，多数情况下杆系结构在设计上就是超静定的。杆系结构拉压超静定问题也是材料力学和工程力学课程的一个难点，求解这类问题的关键，是在平衡方程之外建立杆件之间的变形协调方程，而变形协调方程一般通过变形几何关系可以得到。结构中的杆件已被简化成二力杆，只受到轴向拉力或压力，发生伸长或缩短的变形。由于采用了小变形假设，无论是静定问题或超静定问题，材料力学在求解节点位移时采用了以垂线代替圆弧的近似方法。从数学角度看，求垂线的交点是求线性方程组的解，而求圆弧的交点等价于求解二次方程组，因而以直代曲的近似方法较为便捷。文献[1]以三杆桁架为例，验证了这种近似方法的结果与精确解之间的误差，表明只在变形较大或杆件之间呈特定角度时误差才比较大，说明以直代曲的做法是合理的。超静定结构中，杆件变形体现为既有微小的转动也有微小的伸缩。为研究方便，一般假定杆件先伸缩后转动，因此以直代曲方法会面临一个问题：垂线是垂直转动前的杆件还是转动后的杆件？文献[2]指出，使垂线垂直于已伸缩未转动的杆件，比垂直于已伸缩且已转动的杆件容易得到正确的变形协调方程。在求解变形协调方程方面，文献[3]通过对杆系的几何方程采取微分运算，相对简单地得到了平面汇交二力杆系的变形协调条件。文献[4]注意

项目资助：西南交通大学本科教育教学研究与改革项目：积极发展“互联网+教育”探索基础力学智能教育新形态（编号：20201017）
作者简介：喻勇（1969—），男，重庆秀山人，教授，主要从事工程力学的教学与科研

到变形协调方程存在的不确定性，但未进行深入研究。仅仅指出如果对杆件拉压受力的定性判断不够准确，会得到不同的变形协调方程，并进一步提出了用投影法求解变形协调方程。本文研究变形协调方程存在的不确定性和确定性。

一、变形协调方程的不确定性

在求解拉压超静定杆系结构变形时，往往需要根据自身经验对杆件的伸缩特性作出假定，而不同的假定会得到不同的变形协调关系几何图形。如图 1 所示，AB 为刚性杆，杆 1、2、3 为弹性杆，每根杆的两端均为铰接，求在外力 F 的作用下 3 根杆的内力。此为一次超静定问题。每根杆都有伸长、缩短、不变共 3 种可能的变形结果，单从数学角度考虑，3 根杆可以组合出 27 种变形协调关系。若从经验出发，1 杆只能伸长，则变形协调关系仍有 9 种。再利用变形后 A、B、C 三点共线的条件，又可以排除一些情况。如图 2 所示画出了 4 种可能的变形协调图，从不同的变形协调图可以得到不同的变形协调方程，而与实际情况相符的只有一种。这就是变形协调方程的不确定性。对于初学者而言，如何确定正确的变形协调图是超静定问题的一个关键问题，也是一个难点问题。

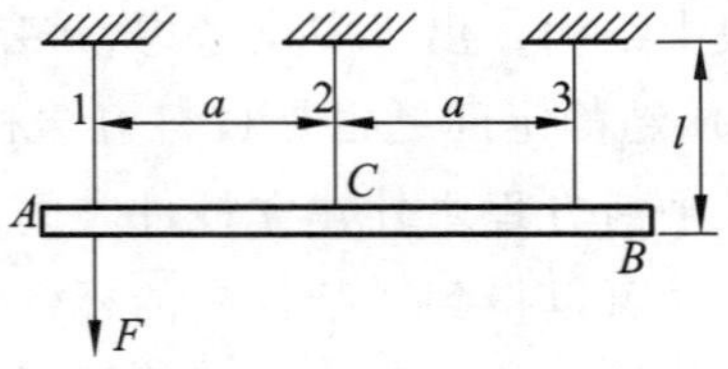

图 1　平面桁架 1

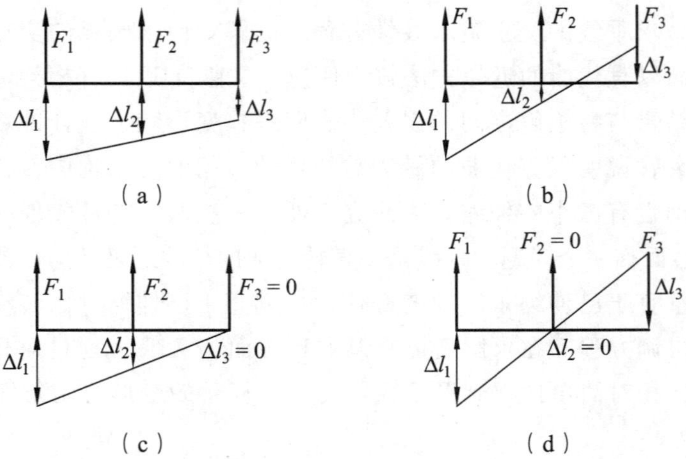

图 2　桁架的 4 种可能的变形协调图

二、变形协调方程的确定性

针对如图 2 所示 4 种变形协调图，容易推导出各自的变形协调方程，分别为式（1）~式（4）。

$$2\Delta l_2 = \Delta l_1 + \Delta l_3 \tag{1}$$

$$2\Delta l_2 = \Delta l_1 \tag{2}$$

$$2(\Delta l_2 + \Delta l_3) = \Delta l_1 + \Delta l_3 \tag{3}$$

$$\Delta l_1 = \Delta l_3 \tag{4}$$

上述式子看似不同，实则相同：如果规定伸长变形为正压缩变形为负，则以上 4 个式子可统一用式（1）来表达。这表明，不论研究者假定杆件受力后是伸长还是缩短，其变形协调方程都具有相同的形式，即具有确定性。这也说明了解的唯一性不受变形协调方程的影响。

为验证以上结论，考察如图 3 所示一次超静定结构，根据经验只能判断出 1 杆受拉，猜测 2 杆可能受拉，至于 3 杆则难以确定。如果假定 3 杆受压，则 3 根杆的变形协调图如图 4（a）所示，变形协调方程为式（5）。若 3 根杆均受拉，变形协调图如图 4（b）所示，变形协调方程为式（6）。两式的区别仅仅是 Δl_3 的正负号不同，如统一规定伸长为正缩短为负（或者相反），则两式具有完全相同的形式。

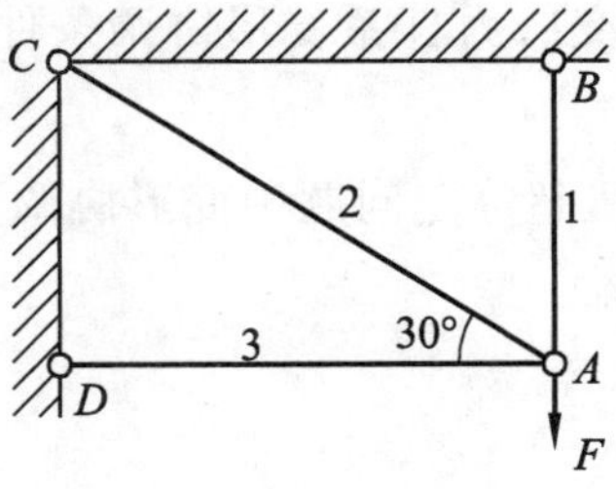

图 3　平面桁架 2

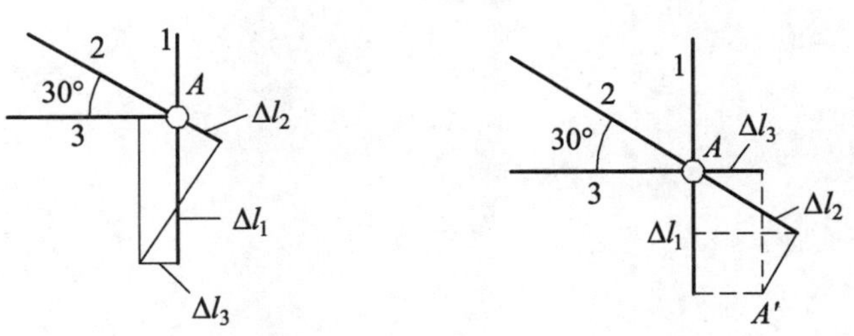

（a）　　　（b）

图 4　变形协调图

$$\Delta l_1 = \Delta l_2 / \sin 30° + \Delta l_3 \cot 30° = 2\Delta l_1 + \sqrt{3}\Delta l_3 \tag{5}$$

$$
\begin{aligned}
\Delta l_1 &= \Delta l_2 \sin 30° + (\Delta l_2 \cos 30° - \Delta l_3)\cot 30° \\
&= \frac{\Delta l_2}{2} + (\frac{\sqrt{3}}{2}\Delta l_2 - \Delta l_3)\sqrt{3} \\
&= 2\Delta l_2 - \sqrt{3}\Delta l_3
\end{aligned} \tag{6}
$$

三、结　论

在规定伸长为正缩短为负的条件下，二力杆的 3 种变形便统一成一种。从逻辑角度而言，只要能以正负号区分不同的变形，符合题意的任何形式的变形协调方程都是成立的。因此，可以得到如下结论：在求解超静定问题时，可以任意假定杆件的变形特性，假设条件的不确定性不会影响到解的唯一性。

参考文献

[1] 邓宗白，陶秋帆，金晖. 关于材料力学中小变形问题的讨论[J]. 力学与实践，2009，31（04）：72-76.

[2] 常学平，王维，蒋平，任继莊. 拉、压静不定问题变形几何分析中存在的问题[J]. 力学与实践，2008（02）：89-90.

[3] 吴泽艳，王兴霞.平面汇交二力杆系变形协调条件的解析方法[J].力学与实践，2016，38（04）：451-452.

[4] 张晓艳，陈燕，唐亮.拉压超静定问题中变形协调方程的讨论[J]. 科教导刊（中旬刊），2018（05）：41-42.

材料力学荣誉课程成绩评定方法及学生退出机制改革初探

杨昌棋　万　玲　郭开源　尹德强

（重庆大学航空航天学院，重庆市，400044）

[摘　要] 高校荣誉课程建设是近年教学改革的一个重要方面。荣誉课程成绩评定方法及学生的课程进入、退出机制对于吸引优秀学生申请加入荣誉课程学习、树立荣誉课程形象和社会认可度十分重要。本文针对当前教学的具体情况，对材料力学荣誉课程成绩评定方法及学生的课程进入、退出机制的改革提出了一些初步设想和建议。

[关键词] 荣誉课程；材料力学；成绩评定

高校荣誉课程，兴起于美国。通过课程的教学风格、教学目标等不同途径的变革，实现对能力卓越的优秀人才的培养是荣誉课程建设核心。美国高校荣誉课程建设由全国高校荣誉教育理事会指导，地方政府积极支持。荣誉课程招收学生总数一般不高于在校生的5%，荣誉课程选拔人才参考指标多、方式灵活，但是选拔过程严谨。荣誉课程采取小班化教学，名师授课，学生通过研究论文发表、独立学习以及教师个性化指导等方式完成学习任务。通过荣誉课程的学习，学生学术水平、创造性思考方式、批判性思维能力等得到了提升。随着我国高等教育大众化的到来，高校之间的竞争日益激烈。为了更好地培养高层次人才，增强学校的竞争力，荣誉课程也在国内少数一流大学中兴起。2009年底，教育部在北京大学、清华大学、上海交大、同济大学、浙江大学等国内名校启动“基础学科拔尖学生培养试验计划”，旨在培养创新型的领军人物。这些高水平大学在培养拔尖创新人才方面进行了有益尝试并取得了初步成果。其中浙江大学的荣誉教育最为突出，具有起步早、项目多、效果好的特点。总体看来，荣誉课程在本科院校还未能普及，受众学生少，不能满足国家发展对高水平人才的需求。

作者简介：杨昌棋，重庆大学航空航天学院教授，长期从事基础力学教学研究及改革工作。电话：13527502780，E-mail：ycq3664@126.com

一、材料力学荣誉课程建设面临的若干问题

2019 年重庆大学在大类平台课程中开始启动荣誉课程建设，旨在建设更具挑战性、高阶性的课程，激发学生学习潜能，引导学生追求卓越。材料力学也作为专业基础课程列入荣誉课程建设。在建设工作起步阶段，课程建设就面临若干亟待解决的问题。总结起来主要有以下几方面的问题。

1. 荣誉课程建设还缺乏规范的制度建设与指导

对比美国荣誉课程的建设经验可以发现，一个权威性的荣誉课程建设指导机构，对于荣誉课程建设的持续发展是十分重要的。目前不管是教育部还是学校层面，还没有建立一套规范的制度建设与指导机构。因此，荣誉课程建设的质量控制、规范性难以保证。总体而言，还处在“摸着石头过河”的状态。教育部层面应该设立荣誉课程指导委员会，加强对荣誉课程的建设的指导。学校层面应该聘请专家对荣誉课程教师以及教学方法等进行指导与培训。

2. 在学生选拔方面，依然比较传统，应该更加灵活

目前重庆大学荣誉课程的学生选拔的初步考虑主要在实验班中，利用 GPA 进行筛选。对比美国哈佛大学的选拔标准，我们的选拔标准就显得有些偏重学习成绩，在学生其他方面的考核略显不足。在今后的学生选拔时，如何在保证公平性的前提下，实现既重视学生的学习成绩、解决问题能力，又更注重考核学生的独立思考能力、创新能力以及执着精神也是一个亟待解决的问题。

3. 材料力学荣誉课程的边界界定

从国内起步较早的学校的荣誉课程建设看，荣誉课程建设主要在通识课程和专业课程中开展。通识课程深广化和专业课程“实战化”是荣誉课程建设的特点。通识课程的学习能使学生厚积薄发，拓宽通识课程学习的深度，培养学生自主获得知识、分析及解决问题的能力。专业课程实战化培养学生理论联系实际的能力。材料力学作为机械类、结构类专业的专业基础课，介于通识课程与专业课程之间，如何合理地界定课程的边界是一个十分重要的问题。荣誉课程建设如何保持课程体系的完整性和不要过分“越界”是杜绝“改的不教，教的不改”的怪圈的关键，也是课程建设难点。

4. 课程成绩评价及学生的课程进入、退出机制不够健全

探索一种合理的课程评价方法和课程进入、退出机制对于荣誉课程建设十分重要。前面提到的学生选拔筛选办法的前提是申请学生有足够的积极性。根据我们的调查，在荣誉课程还没有得到社会普遍认同的情况下，学生对于申请进入学习要求

比常规课程要求高很多的荣誉课程学习普遍存在一定顾虑。在荣誉课程对学生 GPA、升学以及今后就业的优势没有充分体现的情况下，很多同学还是趋向于选择普通课程学习，这对选择优秀的学生进入荣誉课程学习依然有一定的负面影响。建立一套公平、合理的荣誉课程成绩评价和课程退出机制，对于解决学生的后顾之忧十分必要。同时，也可更快地树立荣誉课程的品牌形象。

二、材料力学荣誉课程成绩评定与学生的课程进入、退出机制改革设想

目前在选课环节，学生的选拔、筛选机制一般只能依据学校教务处的全校性规则行事，荣誉课程本身一般无法直接把控。目前我校荣誉课程的学生选拔的初步考虑，还是在实验班中，利用 GPA 进行筛选，最多只能在面试环节进行有限度介入。但是，在课程成绩评定、课程退出等方面，荣誉课程可以有一定的作为。

根据学校对荣誉课程建设的要求，荣誉课程建设以建设国内一流课程为目标涉及课程体系建设、学生成绩评价、学生进入、退出机制及第三方评价等诸多问题。在此，仅介绍对学生成绩评价、学生进入、退出机制的初步想法。

1. 材料力学荣誉课程学生退出机制

荣誉课程相对于传统课程，起点高、难度大。为了确保荣誉课程学生质量，对于不适应荣誉课程教学要求的同学除了常规的退选机制外，期末还要进行资格考核。荣誉课程资格考核拟采用全体学生参加全校性平行班材料力学（1）课程期末考试或相当难度考试方式。考试成绩按平行班材料力学（1）统一成绩计算标准计算。资格考核综合成绩 80 分以下的，取消材料力学荣誉课程学生资格，降为平行班同学。成绩与正常平行班同学一样计算课程综合成绩并报教务处登记成绩。这样，既保证荣誉课程学生基础达到正常班同学优良以上水平，同时又给不能适应荣誉课程要求的同学一个公平、体面的退出机制，解决同学在是否申请进入荣誉课程学习的后顾之忧。还可以考虑对于在平行班的学习成绩优秀的学生，当考试成绩达到 90 分以上的，可以参加荣誉课程考试和后续的科研培训，为优秀学生开辟一个中途进入荣誉课程的新途径。

2. 材料力学荣誉课程成绩评定

荣誉课程的成绩评价应该体现荣誉课程的“高阶性”和“挑战性”的要求。因此，本课程成绩评价打破了传统课程的评价方式，融入了课外科研培训和学科竞赛等因素。但是这给教学、教务管理提出了新挑战，能否实施取决于学校的决策和配套规定。现初步有两个方案：方案 1，课程成绩+科研培训成绩；方案 2，课程成绩+学科竞赛成绩。

方案 1，材料力学荣誉课程成绩由资格考核综合成绩、荣誉课程考试成绩、短学期科研培训考核成绩加权构成。

初步考虑，材料力学荣誉班综合成绩（满分 100 分）=合格性考核成绩（满分 100 分）×0.6+荣誉课程考试成绩（满分 60 分）×0.5+短学期科研训练成绩（满分 10 分）。

这一方案的优点是可以较好地与现有的教务管理规则兼容，只需学生成绩登录时间推迟到新学期开学前即可。

方案 2，材料力学荣誉班综合成绩（满分 100 分）=合格性考核成绩（满分 100 分）×0.5+荣誉课程考试成绩（满分 60 分）×0.5+竞赛培训平时成绩（满分 10 分）+竞赛分值。加权综合成绩超过 100 分的，按满分 100 分计算。

竞赛分值计算：

① 参加全国力学竞赛、全国结构大赛获得二等奖及以上的，竞赛分值=20×竞赛实际得分/（一等奖最低分）；获得三等奖的，竞赛分值=10×竞赛实际得分/（二等奖最低分）。

② 省级竞赛获得二等奖及以上的，竞赛分值=8×竞赛实际得分/（一等奖最低分）。

方案 2 的优点是借助竞赛，引入了第三方评价。缺点是竞赛成绩取得时间是随机的，存在成绩追加问题，对教务管理的兼容性较差，需要教务管理规章进行较大幅度的调整，短期可操作性较差。

三、总　结

合理的荣誉课程进入、退出机制及课程成绩评价方法，对于保证荣誉课程教学质量、提升学生进入荣誉课程学习申请率十分必要。通过资格考试与荣誉课程考试以及科研培训或学科竞赛相结合的方法，即可为能力不能胜任荣誉课程的同学提供一个公平、合理的退出通道，也可为前期没有机会加入荣誉课程学习的同学提供一条加入荣誉课程后期学习的机会。在教务机制无法变动的情况下，采用短期科研训练与课程考核相结合的方案 1 与现行的管理制度有更好的相融性。当然，荣誉课程的教师选拔与培训、教学体系、教学资源与教学方法的全新构建是更为艰难的建设工作。

参考文献

[1] 杜小平. 美国高校荣誉课程建设及其对我国的启示[J]. 教育与职业，2016（10）：112-122.

[2] 章志英，周永明，唐晓武. 研究型大学荣誉课程的探索与创建[J]. 教育研究，2012（1）：125-134.

《材料力学》课程讲述的导入与教材选择

杨庆国　郑佳艳　刘小会　陈　燕　韩　勇

（重庆交通大学土木工程学院，重庆市，400074）

[摘　要] 国内外《材料力学》教材展开讲述时，在绪论部分，对于整个材料力学的指引、导入，大致可以有两种方式：一种从内力、应力应变、材料特性和设计依据等概念开始；另一种则从课程的地位、任务、基本假设和基本变形的概念出发，不涉及内力、应力应变这些具体概念。教材选择应结合专业培养的要求、后续课程设置等进行。

[关键词]《材料力学》教学；《材料力学》教材；教材选择；培养计划；课程设置

一、引　言

适合的、好的教材对于实现教学目的、教学效果会有非常大的帮助。随着教育理念的发展和深刻,《材料力学》教材的编写也得到了空前的重视，目前国内《材料力学》教材种类有几十种之多。特别的，一些学校在教学中直接采用英文教材，英文教材也有多个版本。

教材种类多为教学提供了便利，但另一方面给教材选择带来了一定的难度。面对众多的教材，不同的专业、不同的培养计划和课程体系应该有自己深思熟虑的选择，然而，事实上教材选择常常存在较大的随意性和从众心理。

目前国内外主要的《材料力学》教材，从整个内容上看，差别不大，最后给出的理论和方法体系，也都是一致的。并且，也有人认为所有理工科各专业可选用同样的教材。事实上，从讲述体系和深度上，这些教材存在较大的差异，特别是在第一章绪论导入上。

项目资助：重庆市高等教育教学改革研究一般项目资助（193117）；重庆交通大学教育教学改革研究项目资助（1903050）

作者简介：杨庆国，重庆交通大学土木工程学院。电话：13808341608；E-mail：491668442 @qq.com

二、《材料力学》教材讲述体系的导入方式

国内外的《材料力学》教材，从其讲述内容的导入方式上看，存在两种主要的导入方式，其实质差别主要表现在《材料力学》的基本概念上。

1. 从应力、应变、材料特性和工程设计角度导入

这种讲述体系的导入方式，在第一章，运用较多的篇幅，给出了《材料力学》中的应力、应变基本概念，以及材料的性质描述、设计思路等《材料力学》课程所体现的基本思想。

比如 James M Gere 主编的 *Mechanics of Materials* （*sixth edition*）的第一章，其目录为[1]

在其导入过程中，可以清晰地看出应力、应变、材料特性、应力应变的关系、许用应力和许用荷载等基本概念，作者以这些概念统领材料力学的整体思路和方向。

Ferdinand P 等编著的 *Mechanics of Materials*（*sixth edition*）的第一章[2]，作者除了同意文献[1]的介绍，增加了实际结构应用的方法分析，还增加了平面应力状态和空间应力状态的介绍。国内教材中，范钦珊主编的教材，基本上也采用了这种导入方式[3]。

这个讲述体系导入的特点主要表现为课程理论性强，这一部分明白以后，有高屋建瓴的效果，后续学习会十分容易。缺点是初学者可能感觉抽象，不容易理解，较难把握《材料力学》中解决实际问题的方法（材料力学解决问题时，常常并不需要特别高深的理论）。

2. 从变形体基本假设、杆件基本变形导入

这种讲述体系的导入方式，采用了更加宽泛的概念进行导入，而不是直接介绍材料力学的具体概念和解决问题的思路与方法。这种讲述体系的导入方式是站在材料力学之外，从材料力学与其他学科的关系，以及材料力学总体角度进行导入，较

少涉及《材料力学》本身内部的具体问题。

比如文献[4]的第一章，其目录为

“第一章　绪论及基本概念

该体系的特点是，后续章节依次对轴向拉压、扭转、弯曲进行讲解，应力的概念、应变的概念，应力应变的关系、材料性质，设计准则等是在基本变形的讲解过程中逐渐给出、逐渐加深的。

换句话说，这种讲述体系的导入和讲述逻辑是在建立《材料力学》基本方法时，从特殊性出发，通过拉压、扭转、弯曲这些具体变形问题的解决，再走向普遍情况、空间状态。

这种讲述体系的特点具有具象、直观优势，容易理解，容易掌握《材料力学》处理问题的基本方法。缺点是容易将初学者培养成工程化思维模式，理性思考培养不足（某种意义上这涉及人的深层次培养）。

三、联系课程体系的教材选择

从讲述导入方式看，除了上述两种导入方式，其他一些《材料力学》教材第一章导入时，强调了应力、应变的概念，如文献[5，6]等。除此之外不同《材料力学》教材还有内容上的差别，有些教材干脆把其分为（Ⅰ）和（Ⅱ）。

在这种背景下，如何选择教材呢?

教材选用不能简单看本课程的要求，必须联系学生的专业培养计划和课程设置进行选择。以下举例说明。

以山东大学的“交通与车辆工程学院车辆工程专业培养计划（2015）”的课程设置情况看，为“四、主要课程：理论力学、材料力学、电工技术、电子技术、机械原理……”，材料力学之后，未开设进一步的力学类课程。

再看安徽理工大学土木工程专业培养计划的课程设置:“四、专业主干课程——各方向共同专业基础课程：理论力学、材料力学、结构力学、流体力学、土力学……”，《材料力学》之后，开设了多门力学类课程。

相对于土木工程专业，难道车辆工程专业的学生真的不需要结构的力学知识和结构内部应力的进一步分析的知识吗？车辆工程学科高度发展的今天，新结构、新材料得到了广泛应用，事实上需要学生有更加深入的力学知识。

因此，可以得出结论：在后续课程中没有更加深入的力学课程、但专业又需要更加深入的结构知识和应力分析能力的专业，比如机械工程专业，应该更加重视《材料力学》教学——该课程要挑起部分结构力学的任务，比如应该在教学中加强刚架、曲杆、梁系的内力和变形分析；也需要承担部分弹性理论分析的任务。也就是说，当《材料力学》课程是最后一门力学课时，需要加大《材料力学》的难度，提高其广度。

四、对《材料力学》教材编写的建议

目前《材料力学》教材编写，常常追求体系上的完整，这一点是非常值得肯定的，任何一门课程，或者教材，理清自己的内容和边界是课程或者教材成熟的表现。

但反过来看，由于各专业对《材料力学》课程的要求不同，因此《材料力学》编写，如果能按照专业的需要组织内容，选择适宜的展开方式，会更加适合学习。比如，土木工程专业，后续有《结构力学》，能否适当降低对弯曲内力图的要求？相类似，机械类专业，是否要提高要求？在编写教材时，如果能在一定程度上针对小众的需求，不追求大而全的体系和内容完整，可能会更适合某些专业的教学。

参考文献

[1] JAMES M GERE, Mechanics of Materials[M]. 6 th ed. 2004 Thomson Learning, Inc. 10 Davis Drive, Belmont, CA 94002, USA

[2] FERDINAND P BEER, E RUSSELL JOHNSTON, JOHN T DEWOLF, DAVID F MAZUREK, Mechanics of materials[M]. 6 th ed. 2012 The McGraw-Hill Companies, Inc. 1221 Avenue of the Americas, New York, NY 10020.

[3] 范钦珊. 材料力学[M]. 2 版. 北京：高等教育出版社，2005.

[4] 孙训方，方孝淑，关来泰. 材料力学[M]. 5 版. 北京：高等教育出版社，2009.

[5] 李红云，孙雁，陶昉敏. 材料力学[M]. 北京：机械工业出版社，2015.

[6] 刘鸿文. 材料力学[M]. 5 版. 北京：高等教育出版社，2011.

力学公共基础课程的创新教学方法浅析

王新筑　皮文丽

（重庆大学航空航天学院，重庆市，400044）

[摘　要] 力学是工程学科中最为重要的基础学科之一，力学的重要作用在航空航天工程、土木工程、机械工程、水利工程、生物医学工程等领域中日益突显。本文以重庆大学为例，并结合其他高校调研结果，分析力学类公共基础课程教学中存在的诸多问题。卓越工程师人才培养计划不仅为基础力学教育提供了改革方向，同时也对高校基础力学教学提出了新的挑战，如何培养高素质的创新性、应用型人才，成为高校基础力学教学的首要任务，作者在充分继承现有基础力学教学改革成果的基础上，针对基础力学教育的困境，在教学过程中探索学生易于接受的实用型教学方法，以提高学生的综合素质，适应高校卓越人才模式，并更好地服务于社会。

[关键词] 力学；卓越工程师人才培养计划；教学改革

"卓越工程师教育培养计划"（简称"卓越计划"）是贯彻落实《国家中长期教育改革和发展规划纲要（2010—2020 年）》和《国家中长期人才发展规划纲要（2010—2020 年）》的重大改革项目，也是促进我国由工程教育大国迈向工程教育强国的重大举措旨在培养造就一大批创新能力强、适应经济社会发展需要的高质量各类型工程技术人才，为国家走新型工业化发展道路、建设创新型国家和人才强国战略服务，对促进高等教育面向社会需求培养人才，全面提高工程教育人才培养质量具有十分重要的示范和引导作用。

项目资助：重庆大学教学改革研究项目：力学公共基础课程的创新教学方法研究（编号：2018Y57）；重庆市研究生教学改革研究项目：航空工程专业研究生培养模式研究（编号：yjg193010）

作者简介：王新筑（1976—），男，黑龙江人，教师，主要从事力学基础课程的教学和科研相关工作

一、目前力学公共基础课程教学中存在的问题

以重庆大学为例，力学类公共基础课程包括《工程力学》《理论力学》和《材料力学》三门，授课对象涉及机械学院、电气工程学院、资环学院、汽车工程学院及航空航天学院的机械、电气工程、采矿、车辆工程、工程力学等十余个专业的学生。作为重庆大学所有工科专业必修的一门专业基础课，就力学类课程教学的现状来看，虽然在课程体系、教学内容、教学方法方面做出了许多的努力，但是力学类课程应用教学的效果并不理想，原因主要在于

（1）教学方法过于传统，不适用应用型人才培养。

工科学生虽然动手能力较强，善于发现问题、思考问题，具备一定的创新意识，但是学生们创新思维还不健全、创新知识还不完善、创新人格尚未形成，因此还需要逐步引导和培养。当前偏工力学类课程教学主要以课堂讲解、传授知识为主，教学中不能兼顾各个学院学生的专业特点。统一的大纲、教材和统一的考试，在这种统一的规范下，学生的思维被局限在书本和教师所限定的框框内，学生知识结构和思维方式也容易雷同，缺乏个性、缺乏创见。客观地说，力学类课程可工可理，在许多高校的教学过程中，还是偏重理论教学环节，应用教学环节没有受到重视。

（2）应用教学环节薄弱，不利于后续专业课的衔接。

根据重庆大学毕业生的调查信息显示，反映最多的问题是学生在大学期间，学习了大量理论知识，但是不知如何去应用。特别是在专业课学习和毕业设计时，学生们找不到基础课知识与专业课、毕业设计之间的结合点，缺少基础知识的专业课，毕业设计如同空中楼阁，建立基础课与专业课联系的桥梁，是授课教师之职。力学类课程是我校工科专业学生的必修课，是学生学习相关专业知识必经环节，因此力学类课程改革不仅影响到学生后续专业课的学习、学生的就业和对社会的适应性，也影响到学校转型期间人才模式的培养。

（3）应用教学手段单一，无法激发学生的学习兴趣。

应用教学的手段单一，也是学生创新实践能力不能得到提高的重要原因。力学类课程的培养目标是培养具有力学基本理论、基本知识和基本技能并能够胜任力学教学、工程设计、管理、研发和施工等工作的应用型专门人才，对学生实践能力培养的要求非常高，但是在应用教学环节中，受到师资、实验经费、实验设施等软硬件条件的限制。总的来说，实践教学手段还是比较单一，实践教学手段缺乏创新性和灵活性，造成知识理论与社会应用脱节的现象，制约了学生社会实践能力的培育和提高。

上述问题在力学类课程的实践应用教学环节不能回避，本文将深入地剖析这些问题的深层原因，在教学过程中探索学生易于接受的实用型教学方法，强化服务于专业应用的教学改革，提高学生的综合素质，适应本科高校人才模式的培养，并更

好地服务社会。

二、改革目标

为了十三五期间适应国家教育发展的要求和人才培养的需要，力学类公共基础课程改革应注重学生的应用能力培养，包括学习能力、实践能力和创新能力，确保我校人才培养质量。具体来说，“本科高校力学公共基础课的应用教学改革”的意义在于

（1）改革教学方法和内容，强化专业应用的教学理念。

根据力学类课程的培养目标和定位、学生的专业特点、知识结构，结合社会对应用型人才的需要，构建应用教学体系，改革力学类课程教学。通过构建专业应用型人才教学体系，改革传统力学类课程的教学方法，建立起力学基础课立体化教学模式，促进力学基础课与社会实践的结合。本研究不仅弥补本科生较为薄弱的应用环节，还能克服教材的局限性和应试教育的弊端，调动学生对力学基础课学习的主观能动性，提高应用教学质量和学生的综合素质。

（2）促进理论学习与专业知识的融合，强化应用能力培养。

力学是一门可工可理的学科，目前我校力学基础课在教学过程中，还是偏重理论教学环节，应用教学环节没有受到应有的重视，学生无法获得有效地分析问题和解决问题的技能，导致大多数毕业生缺乏独立性和创造性，缺乏工作应用能力，难以更好地服务社会，影响了学生的就业和社会适应。通过强化应用教学环节，构筑力学基础课和专业课之间的桥梁，强化学生的应用能力培养，使学生初具专业素质，明确职业定位，切实保障应用型人才培养质量。

（3）采用多种教学手段，构建应用教学的体系。

通过改革教学方法，构建力学基础理论与工程实际应用相融合的立体化教学体系，充分利用重庆大学现有条件，以及现代化手段和国内外教学资源，为学生提供形式多样的有效指导，使学生的专业实践能力和创新创业意识得到锻炼。改善传统的教学方法单一的弊病，使力学类课程教学水平与质量迈上一个新的台阶，使普通本科高校人才培养与国际接轨。

总之，针对工科学生的专业特点，重点改革力学基础课的应用教学方法和教学内容，通过构建力学基础课并与工程实际应用相融合的立体化教学模式，提高学生的学习兴趣，使学生在大学期间较早地具备专业素养，明确的就业方向，真正贯彻落实“重基础、宽口径、强实践、长应用”的人才培养指导方针，培养出具有良好社会适应能力并具有创业、创新、创造才能的专门人才。

围绕基础力学课程教育现状，改革目标可分为如下几点：

（1）构建以工程实例为特色的教与学内容。

通过在教师教学和学生自学过程中融入具有专业背景的工程实例，促进基础力学与后续专业课程的衔接，增加学生的学习兴趣，切实保障应用型人才培养质量。

（2）进一步完善以工程能力和创新能力训练为主旨的实践教学环节。

弥补传统教学对大学生创新性和专业素养培养不足的缺点，通过多种途径传授力学知识，提高学生的实践能力、合作能力和探索创新能力。

（3）建立基于能力培养的多维教学评价新体系。

改变现有评价体系中以期末考试为主的现状，完善培养卓越人才创新创业应用能力的多维教学评价方法客观公正地评价学生（见图1）。

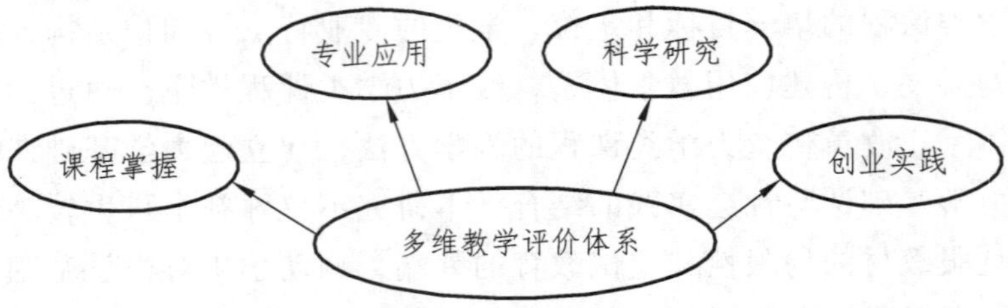

图1　多维教学评价新体系的教改目标

三、结　语

本文紧密结合基础力学系列公共课程教学改革发展方向，围绕“学习兴趣诱导”“学习过程引导”和“实用型教学”等方面展开研究工作，研究成果可以极大促进基础力学系列课程建设，同时也有很好推广价值。

做到对不同专业学生因材施教，最大限度挖掘学生的潜能，高质量地完成力学类课程教学工作。

参考文献

[1] 叶红玲，杨庆生. 新工科背景下基础力学融合创新研究型教学体系建设思考[R]. 北京力学会第二十五届学术年会，2019：854-855.

[2] 吴爱华，侯永峰，杨秋波，郝杰. 加快发展和建设新工科主动适应和引领新经济[J]. 高等工程教育研究，2017，（1）：1-9.

[3] 本书编写组. 创新高等理工科教育人才培养机制[M]. 北京：高等教育出版社，2015.

《载重平衡与飞行计划》课程教学改革策略

肖艳平　叶　露

（中国民用航空飞行学院飞行技术学院，四川广汉，618307）

[摘　要]《载重平衡与飞行计划》课程是飞行技术专业多元化课程中的专业选修课程，是培养学生解决航空运行实际问题能力的重要途径。针对该课程仍采用传统教学模式和考核方式的现状，探讨了线上线下混合式教学模式的实施方法，建立了多元化考核体系。新的教学模式和考核方式增加了对学习过程性的考核，注重培养学生的创新思维，提高了学生分析解决实际问题的能力。

[关键词] 载重平衡与飞行计划；教学模式；考核方式；多元化

飞行技术专业的培养目标就是按照“学历+执照+英语”的飞行人才培养模式，为中国民航培养面向未来、高素质、具有国际竞争力的航线运输领域的飞行技术高级应用型人才。《载重平衡与飞行计划》课程就是因执照考试改革而新开的课程，内容涉及私商仪及航线执照考试知识点。该门课程是2017年开设的，沿用的是传统的教学模式和考核方式。但实际上，这门课程是一门综合应用型课程，应该更注重理论与实际的结合，培养学生的动手能力和利用新技术解决飞行运行中可能遇到的复杂问题的能力。近年来，在教育部实施一流课程“双万”计划的部署下，各高校都十分重视学生的能力培养，深入开展课程教学改革，效果明显[1-4]，值得我们学习。但是，《载重平衡与飞行计划》这门课程有其独特之处，既要满足民航执照考试的要求，又要满足教育部对本科学历的要求，既要满足学生对知识的需求，又要满足航空公司对学生能力的要求。因此，有必要对该课程的教学模式与考核方式的改革进行探讨。

项目资助：2019年中央高校教改项目“载重平衡与飞行计划教学新模式探索”（E2019007）

作者简介：肖艳平（1980—），女，河北唐山人，博士，教授，教学研究方向：飞行计划，飞机性能

一、课程特点

《载重平衡与飞行计划》课程在往届飞行技术专业学生的培养方案中是专业必修课，在2019级学生的培养方案中，该门课程是多元化教育模块多元化课程中的本专业选修课程。课程内容主要是讲解重量平衡的基本理论及载重表、平衡图、电子舱单的应用和飞行计划的制定与使用。在实际飞行中，飞行员需要根据载重表、平衡图和电子舱单进行起飞前的重量重心检查，并根据重心位置进行起飞配平；在驾驶舱准备阶段，飞行员需要根据计算机飞行计划单进行初始数据的设置，在飞行中需要对照飞行计划单进行燃油的检查。因此，该课程内容与飞行运行密切相关，在教学中应要求学生能够掌握配载和飞行计划制作的流程，而要达到这个目标，最好的方式就是要求学生亲自动手去做、去讲，很显然，传统教学模式无法满足这个要求。

二、课程教学现状及存在的问题

1. 教学模式

《载重平衡与飞行计划》课程是一门综合应用型课程，课程性质为必修课，虽然是近年新开设的课程，但仍采用学校传统的教学方式，以教师“教”为主，即整个学期基本上都是老师在单向灌输，学生在被动接受知识，尽管课上偶尔会有些小练习需要学生亲自动手，但学生课下学习的主动性很差，几乎没有预习和复习的环节。

2. 考核体系

该课程考核仍采用期末闭卷考试，兼顾学生平时成绩，即平时成绩占 20%、期末考试卷面成绩占 80%。其中，平时成绩主要依据出勤和课堂纪律打分。期末试卷题目类型主要包括选择、判断、填空、简答和图表计算题。这种考核方式存在三个方面的问题：一是考核方式过于单一；二是权重分配不合理；三是缺乏考核评价体系。现行考核方式为被动式考试，无法反映学生的学习过程，授课教师对学生学习状态的掌握也不够全面，不利于教学方法的改进。

三、课程教学改革的思路

1. 修订教学大纲

教学大纲是课程教学的依据，要改变教学模式，首先就应该修订教学大纲。在教学大纲中应明确线上和线下教学内容的范围、线上和线下教学时数和进度的安排以及教学法上的基本要求等。

2. 实施线上线下混合式教学模式

《载重平衡与飞行计划》相关知识具有较强实践综合性，需要飞行员动手动脑计算和查找，尤其是飞行计划，需要充分考虑机场和航路的限制、气象资料、航行情报等对飞行的影响。因此，线上线下混合式教学模式应注重培养学生对知识的综合应用能力。具体实施方法如下。

（1）该课程的线上 MOOC 平台已搭建完成，为了提高课堂效率，要求学生在课前按进度学习 MOOC 平台的相关内容，并提出问题，课前将相关问题写在白板上。教师授课中只需回答学生提出的问题，如果学生问题较少，教师就通过提问的方式了解学生是否真的掌握了相关内容。为了提高学生的学习兴趣和参与度，建议教师使用 MOOC 平台进行考勤和课堂提问。

（2）在课程进行一半后进行阶段测试。阶段测试采用线上测试方式。建议题目打乱，选项打乱，并限制时间，防止在线测试作弊，以便更准确地掌握学生对知识点的掌握情况。

（3）教学中设计两次大作业作为实践内容。第一次大作业需要在重量平衡内容讲完后进行，作业设计一定要有难度，涉及面要广，且不同组的要求要有所区别。第二次大作业可设计为详细飞行计划的制定，题目同样用不同机型，不同航线，飞机状况不同，气象条件不同，航行通告信息不同，甚至可以出开放题目，让学生自己定航线，自己查找相关资料，培养学生的创新能力。但要注意每个小组成员不宜过多，4 ~ 5 人为宜。每次作业完成后需要进行答辩评分。

（4）在课程教学进行一半时，采取问卷的方式，了解学生对教学方法、考核方式的态度与看法，并让学生对自己的学习状态进行自评和反思，以促进教师教学方法的改进和提升学生的学习兴趣。

（5）利用在线平台，定期定时安排教师对学生的疑惑进行网上答疑。同时，也可以在平台上设置学生讨论区，既能培养学生的团结合作能力，又能使同学间建立互帮互助的友情，还能减轻教师的负担，当然也能使教师及时了解学生对知识的掌握情况。

3. 建立多元化课程考核体系

所谓多元化课程考核体系就是将权重分配给多个元素，既能体现学生对理论知识的掌握程度，也能体现学生的学习过程，又能体现学生创新能力和综合应用能力。各元素具体分配如表 1 所示。

表 1 考核方式分配表

考核方式	平时成绩		过程性考核					结业考试
考核元素	出勤	课堂表现	阶段测试	创新能力	解决问题能力	团队合作能力	答辩讲解	闭卷考试
权重	0.05	0.05	0.10	0.10	0.10	0.05	0.05	0.50

在表 1 中，将考核方式分为三大部分，平时成绩占 10%，过程性考核占 40%，结业考试占 50%。平时成绩主要从课堂考勤和课堂提问两个方面进行考核。结业考试仍采用传统的闭卷考试规则。过程性考核主要从两次阶段性测试和两次大作业进行评价。两次阶段性测试分别为重量平衡内容测试和飞行计划内容测试，以选择题为主，借助 MOOC 平台，实施方便，不占用课时，要求每个学生独立完成测试，以了解学生对知识点的掌握情况以及运用知识进行定性、定量分析问题的能力。实践教学即两次大作业分别是重量平衡和飞行计划的综合应用，分组进行，要求小组成员进行分工协作，并在规定时间内完成作业，做成 PPT，课上进行小组答辩。答辩主要从小组成员分工情况说明、作业的求解步骤、遇到的问题及解决方法等方面进行讲解，讲完还需回答老师和其他小组提出的问题。两次大作业主要考核学生的创新能力、团队合作能力、解决问题的能力及 PPT 制作、演讲能力等。为了公平起见，答辩评委由同学和老师共同组成。

四、结 语

考核方式的改革与教学模式的改革是相辅相成的关系，多元化考核体系在课程教学中的应用，有利于培养学生创新能力和理论联系实际的能力。同时，多元化考核体系的实施需要任课教师投入大量的时间精力设计大作业实践题目及解答学生提出的问题，对教师的教学水平要求较高。线上线下混合式的教学模式，将课上理论讲授与课下实践练习相结合，有助于全面提高学生的专业素质、实际应用能力、创新能力和团队协作能力，使其在今后工作中更具竞争力。同时教学改革本身也督促本课程任课教师不断地自我学习，提高师资队伍的整体水平，可谓是一举两得。

参考文献

[1] 马青娜，樊军，梁进军. 基于“两多一全”的专业课程考核模式探索[J]. 大学教育，2017（6）：47-48.

[2] 曾晰. 能源与动力工程专业课程实验教学模式与考核方式改革[J]. 大学教育. 2019（9）：52-54.

[3] 罗清威，邹祥宇，张会.《材料工程基础实验》课程考核方式改革初探[J]. 铸造技术，2019（3）：319-321.
[4] 韩文佳，杨桂花. 新工科背景下工科专业实验教学体系的构建与实践[J]. 大学教育，2018（9）：61-63.

整体法与隔离法思想在“车轮模型”动量计算中的应用

王 璟　杨文武　刘伟吉

（西南石油大学机电工程学院，四川成都，610000）

[摘　要] 隔离体法和整体法是计算系统动量的两种主要方法，通过“车轮模型”的六种典型变形，分析两种方法在分析过程上的区别和注意事项，为动力学普遍定理的学习打好基础。

[关键词] 车轮模型；动量；质心；相对速度

一、引　言

动力学是理论力学三大分支学科之一，它将牛顿运动定律与质点运动学知识相结合，发展出了动力学三大普遍定理，提供了解决各种各样质点（系）动力学问题的原则依据。其中动量定理主要研究质点和质点系在机械运动范围内的运动变化，是矢量方程，它能够描述机械运动的强弱变化以及反映运动的方向[1]。“车轮模型”[2, 3]不仅是动量守恒问题中典型的物理模型，也是最重要的力学综合模型之一。对“车轮模型”及其典型变形的研究，将直接影响着力学过程的发生、发展和变化，也将直接影响着力学过程的分析思路，通过类比和等效方法，可以使许多动量守恒问题的分析思路和解答步骤变得极为简捷。如何计算“车轮模型”的动量是正确应用动量定理求解该类动力学问题的前提，本文通过六个典型变形，分析动量计算的两种方法和注意事项。

二、“车轮模型”及其典型变形

考虑以下六种变形形式的“车轮模型”：

（1）小车质量为 M，速度为 v，车轮的质量为 m，半径为 r，车身和车轮焊接在

项目资助：国家自然科学基金资助项目（No. 11672252）

作者简介：王璟（1987—），男，江苏扬州人，讲师，主要从事力学的教学和科研

一起，如图 1 所示；

（2）小车质量为 M，速度为 v，车轮的质量为 m，半径为 r，车身和车轮通过滚轴连接，不计滚轴的质量，设车轮与水平面没有滑动，如图 2 所示；

（3）小车质量为 M，速度为 v，车轮的质量为 m，半径为 r，设车轮与水平面和小车间都没有滑动，如图 3 所示；

（4）在（1）的基础上，设车轮有偏心，偏心距为 e，偏心位置在车轮竖直中心线下方 c 点，如图 4 所示；

（5）在（2）的基础上，设车轮有偏心，偏心距为 e，偏心位置在车轮竖直中心线下方 c 点，如图 5 所示；

（6）在（3）的基础上，设车轮有偏心，偏心距为 e，偏心位置在车轮竖直中心线下方 c 点，如图 6 所示。

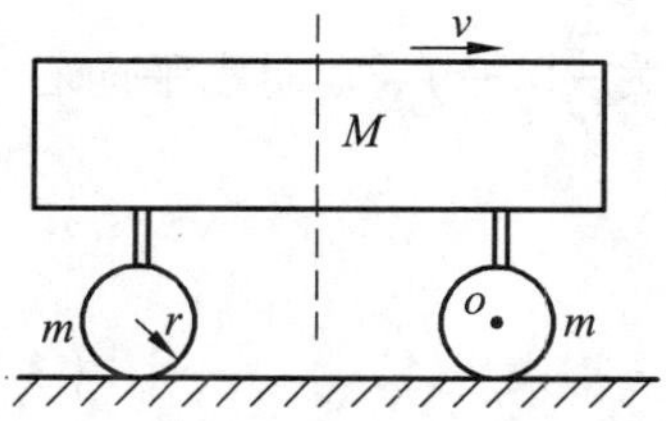

图 1

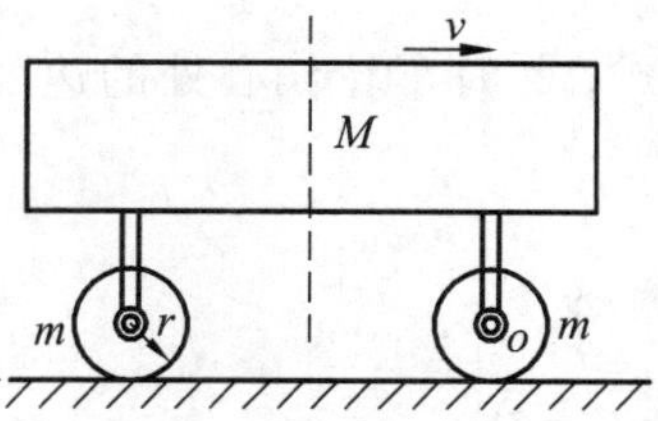

图 2

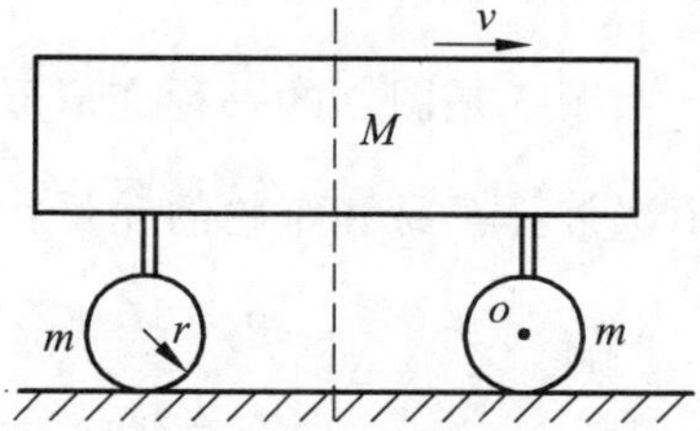

图 3

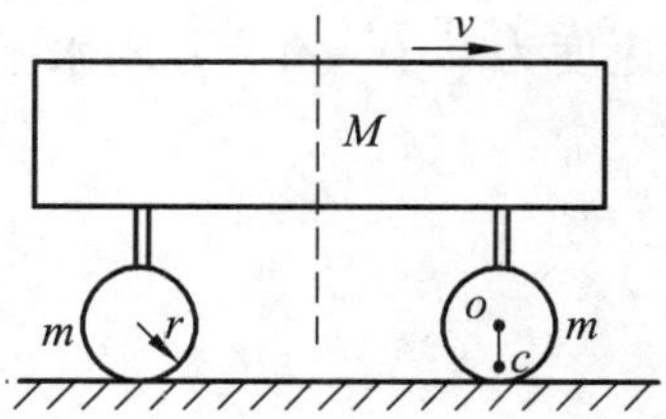

图 4

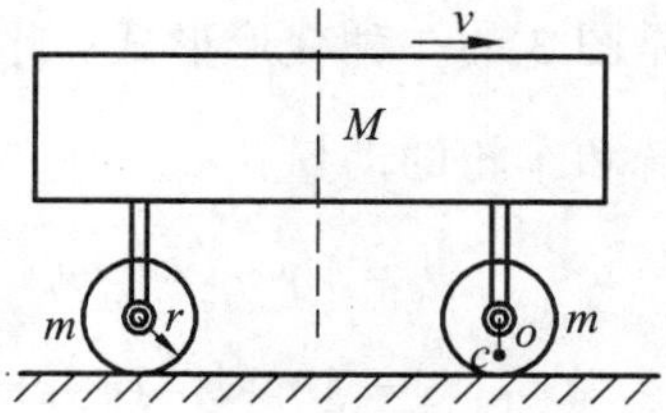

图 5

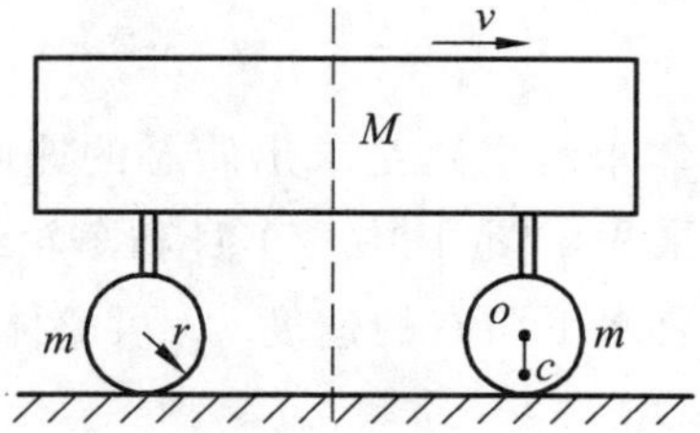

图 6

1. 隔离体求解

隔离体求解思路是依次计算组成系统中各子系统的动量，再进行矢量求和。图 1 中，车身和车轮焊接在一起成为一个整体，滑而不滚，具有向右的速度 v，这是最简单的一种形式，可以依次计算车身和车轮的动量：

$$\boldsymbol{p}_1 = M\boldsymbol{v} + 2m\boldsymbol{v} \tag{1}$$

图 2 中，车身和车轮通过滚轴连接，车轮作纯滚动，轮心速度为 v，车身作平行移动，速度为 v，同样可以依次计算车身和车轮的动量，虽然最后结果形式和图 1 中一致，但是此时车身与车轮的运动形式是不一样的。

图 3 中，车身和车轮直接放置在一起，车轮虽然也作纯滚动，但此时车轮质心的速度为 $v/2$，方向水平向右，依次计算车身和车轮的动量：

$$\begin{aligned}\boldsymbol{p}_3 &= M\boldsymbol{v} + 2\times m\times \boldsymbol{v}_c \\ &= M\boldsymbol{v} + m\boldsymbol{v}\end{aligned} \tag{2}$$

图 4 是图 1 的一种基本变形，虽然车轮有偏心，但依然保持滑而不滚，车轮质心的速度仍为 v，方向水平向右，此时偏心不会影响动量的变化，系统动量和图 1 情况一致。

图 5 是图 2 的一种变形形式，此时车轮偏心处的速度为 $\dfrac{v}{r}(r-e)$，方向水平向右，依次计算车身和车轮的动量：

$$\begin{aligned}\boldsymbol{p}_5 &= M\boldsymbol{v} + 2\times m\times \boldsymbol{v}_c \\ &= M\boldsymbol{v} + 2m\frac{\boldsymbol{v}}{r}(r-e)\end{aligned} \tag{3}$$

图 6 是图 3 的一种变形形式，此时偏心处的速度为 $\dfrac{v}{2r}(r-e)$，方向水平向右，依次计算车身和车轮的动量：

$$\begin{aligned}\boldsymbol{p}_6 &= M\boldsymbol{v} + 2\times m\times \boldsymbol{v}_c \\ &= M\boldsymbol{v} + m\frac{\boldsymbol{v}}{r}(r-e)\end{aligned} \tag{4}$$

2. 整体求解

与隔离体求解不同，整体求解思路是求出质心的速度，系统动量就等于其质心的速度与质点系的总质量的乘积。图 1 中，车身和车轮组成的系统整体质心处于车身中心线（虚线）处，并具有水平向右的速度 v，可整体求解：

$$\boldsymbol{p}_1 = (M + 2m)\boldsymbol{v} \tag{5}$$

图 2 中，此时车身和车轮组成的系统整体质心依然处于车身中心线（虚线）处，并具有水平向右的速度 v，可整体求解，结果形式和图 1 中结果一致。

图 3 中，此时车身和车轮组成的系统整体质心依然处于车身中心线（虚线）处，若此时按照质心具有水平向右的速度 v 求解，则有

$$\boldsymbol{p}_3 = (M + 2m)\boldsymbol{v} \tag{6}$$

这显然是不对的，因为车轮与车身之间存在相对运动，相对运动速度为$v/2$，方向水平向左，因此需要在式（6）基础上加上相对速度引起的动量（注意矢量方向）：

$$\begin{aligned}\boldsymbol{p}_3 &= (M+2m)\boldsymbol{v} - 2\times m\times\frac{\boldsymbol{v}}{2} \\ &= M\boldsymbol{v} + m\boldsymbol{v}\end{aligned} \tag{7}$$

图 4 中车轮与车身之间不存在相对运动，偏心不会影响动量的变化，整体计算和隔离体计算所得结果一致。

图 5 中，车身和车轮组成的系统整体质心依然处于车身中心线（虚线）处，若此时按照质心具有水平向右的速度v求解，则必须加上车轮相对于车身的相对速度产生的动量，相对速度大小为$v-\frac{v}{r}(r-e)$，方向水平向左，此时系统动量为

$$\begin{aligned}\boldsymbol{p}_5 &= (M+2m)\boldsymbol{v} - 2\times m\times[\boldsymbol{v} - \frac{\boldsymbol{v}}{r}(r-e)] \\ &= M\boldsymbol{v} + 2m\frac{\boldsymbol{v}}{r}(r-e)\end{aligned} \tag{8}$$

图 6 中，车和车轮组成的系统整体质心依然处于车身中心线（虚线）处，若此时按照质心具有水平向右的速度v求解，同样必须加上车轮相对于车身的相对速度产生的动量，此时相对速度大小为$v-\frac{v}{2r}(r-e)$，方向水平向左，此时系统动量为

$$\begin{aligned}\boldsymbol{p}_6 &= (M+2m)\boldsymbol{v} - 2\times m\times[\boldsymbol{v} - \frac{\boldsymbol{v}}{2r}(r-e)] \\ &= M\boldsymbol{v} + m\frac{\boldsymbol{v}}{r}(r-e)\end{aligned} \tag{9}$$

需要注意的是，对于任意位置的偏心轮，以上两种方法的求解思路依然适用，这里不再赘述。

三、小　结

由上面的例子可以看出，在整体求解的时候，需要注意子系统间是否存在相对运动，若存在，需要正确地运用质心动量计算公式。而隔离体求解则避免了分析相对运动，但同样需要注意正确计算各个子系统的动量，对于复杂系统而言如果单个考虑其中物体的运动状态等的变化，因为条件的限制，变量较多而使得分析变得复杂。将整体、隔离法的思想结合起来，有助于理解方法的精髓，也为后续守恒思想的理解和应用打好基础。

参考文献

[1] 陶春达，孙建强. 理论力学[M]. 北京：石油工业出版社，2017.
[2] 蒋平. 工程力学（Ⅰ）理论力学[M]. 北京：高等教育出版社，2018.
[3] 哈尔滨工业大学理论力学教研室. 理论力学（Ⅰ）[M]. 北京：高等教育出版社，2016.

基于成果导向教育理念（OBE）的改革与实践
——以工程力学实践教学为例

文 军[1] 冯婧杰[2] 朱国权[1] 盛 鹰[1] 张代全[1] 陈国平[1]

（1. 西南科技大学土木工程与建筑学院，四川绵阳，621010；
2. 西南科技大学国家大学科技园，四川绵阳，621010）

[摘 要] 工程力学作为工科类专业的学科基础课程，对于学生进一步专业知识的学习以及工程实践有着关键的支撑作用。为了提高学生学习效果，满足实际就业需求，本文将成果导向教育理念应用于工程力学教学实践当中，通过深化理解 OBE 教育理念的结构、原则以及特点制定了针对特定学生群体的教学内容和方法。在具体的教学实践中发现 OBE 教育理念可以有效地开发学生学习潜质，提高学生学习的积极性并且让大部分学生实现自己的学习目标，对于现有教育方式具有积极的改善意义。

[关键词] 工程力学；教育方法；课程改革；基于成果导向教育

工程科学教育是一种将工程学领域知识、技能、价值观、信仰和习惯结合的过程形式。相对于考试结果来说，学生学习的过程以及学生实际掌握的工程实践能力应该更为重要。虽然现行工科教育方式可以较好地保证学生对于知识理论的掌握，然而由于过分强调理论本身而非学生以及社会的个性化需求，因此也存在一些局限性。

一、基于成果为导向的教育理念

相比于传统的教育方式，Spady 等[1]提出基于成果为导向的一种新型教育理念（OBE），他们提出教育系统关注和组织的重点应该是围绕学生在学习过程结束之后可以做什么。学校和教师首先要对影响学生学习效果的因素有清晰的认识，然后通过组织课程、指导和评估，以确保这种学习目的最终实现。由于 OBE 教育理念以学

项目资助：西南科技大学教育教改研究重点项目（编号：17xnzd18）
作者简介：文军（1987—），博士/讲师，主要从事工程力学及生物力学教学与研究。
E-mail：scu_wenjun@hotmail.com

生为中心，以学生学习结束后获得的实际能力作为课程教学效果的衡量标准，因此可以有效地提高学习效果，有利于满足实际就业需求[2]。

1. OBE 教育理念的原则

在实施 OBE 教育体系过程中，学校以及教师需要明确以下教学原则：（1）明确影响学生学习成果的因素；（2）建设和运行学校的目的是让所有学生最大化获得学习的成果，因此学校应当为学生提供充足的拓展学习以及实践的机会，为学生可以成功地学习提供支持；（3）对每一个学生都寄予期望，不论学生学习进度的快慢，学校以及教师都不应该放弃任何一个学生；（4）根据学习拟达到的成果来指定相应的教学计划，该计划的目标应当确保所有的学生在离开教育系统后依然可以掌握工程实践所必需的相关知识，能力以及技能。

2. OBE 教育理念的特点

作为一套以学生为主体的教育理念，OBE 教育的首要目标是让学生主动地学习，并在学习过程中可以对教学内容进行批判性的思考、推理、整合以及实践，并且可以将学习所获得的知识应用于真实的工程实践当中。此外，OBE 教育理念给予学生更多的自由，让学生可以按照自己的节奏学习。除了课堂的教学之外，OBE 教育理念鼓励学生建立课程小组，充分利用网络信息资源，开展网上讨论以及小组会议等。

二、OBE 教育理念在工程力学教学中的实践

工程力学是本校面向工程类本科专业开设的一门理论性、系统性较强的专业基础课程，在许多工程技术领域中有着广泛的直接应用。涉及工程力学课程的教学改革目前已有较多的研究与报道[3-5]。虽然针对工程力学的 OBE 理念已有部分学者在理论层面进行了相应的理解和阐述[6]，然而在实践教学方面目前较少有文献提及。本文作者长期从事工程力学一线教学工作，因此结合自身教学实践经验以及对于 OBE 教育理念的理解，对当前工程力学课程改革提出一些自身的实践方法和思路。

1. 基于 OBE 教育理念的工程力学的课程教学实践要点

作者针对本校材料工程专业本科学生开展了基于 OBE 教育理念的工程力学课程教学，并得出需要关注的以下要点：

（1）OBE 教育理念以学生成果为导向，因此课程设计必须遵循自下而上的原则。即首先明确学生学习结束可以获得什么具体能力。

（2）为学生提供充足的学习时间，并引导学生在课堂内外开展更多的自主学习。

（3）建立一个挑战性的目标鼓励学生深入学习，并让学生创造性、批判性地使

用这些知识。

（4）建立自我鼓励机制，让学生在学习过程中通过成功学习促进更成功的学习。

2. 基于 OBE 教育理念的工程力学课程教学实践——以“梁的弯曲与变形”一章为例

具体过程如下：

（1）提出问题。梁在受到外荷载的作用时会发生变形，那么如何得到变形曲线？当变形到一定程度梁可能会发生断裂，那么这个变形极限如何得到？

（2）提示学生主要知识点。梁的挠度和转角理解和计算、挠曲线边界条件的定义、挠曲线微分方程的计算。

（3）设计相应的教学计划并开展教学过程。

教学目标：学生掌握梁变形曲线的分析方法，并且可以计算分析梁所能承受的最大挠度以及转角。教学方法：课堂讲授教学，学生课堂练习及讨论学习，课后开展训练。教学内容：挠度与转角的概念及计算方法；挠度曲线定义及推导；积分法计算挠度曲线；利用边界条件确定积分常数。

（4）小组进行讨论，对学生的知识掌握能力开展评估。82.35%的学生可以理解挠度以及转角的概念，列出挠曲线方程的一般表达式。然而有 33.83%的学生在列弯矩方程时存在困难。

（5）学生自主提出学习中的遇到重点和难点。通过小组讨论学生进一步提出希望增加对于边界条件深入教学，以及增加相关边界条件实际案例的相应需求。

（6）针对学生提出的问题补充指定教学计划。安排两个课时的时间针对弯矩方程的定义以及梁边界条件的定义开展案例教学，组织学生课堂外小组讨论，整理不同案例情况下如何正确列出弯矩方程以及确定梁的边界条件。

（7）课堂教学结束再次评估。在两个知识点强化学习之后，90%以上的学生可以正确分析不同情况下梁的弯曲变形，并计算得到最大的挠度以及转角。学生在该阶段的学习后获得了较好的自我认可。

3. OBE 教育理念下对于工程力学教学实践的效果与评价

工程力学课程作为工科类专业的基础课程，对于学生进一步学习和理解专业课程内容而言有着非常重要的意义。在基于 OBE 教育理念的教学实践过程中，作者针对 OBE 教学实践提出以下几点评价：

（1）每一个学生都有较高的发展潜质，如果给予学生充足的学习时间以及正确的引导，每一个学生都可以达到很高的学习评价。

（2）成果导向的教育方式可以让学生主动地学习，允许教师灵活教学。在教学实践环节中基于学生的体验不断优化教学计划，在学生理解困难的知识点环节适当延长教学时间，在学生理解容易的知识点环节缩短教学时间，可以让学生始终以一种合理的进度前进。

（3）学生可以更自信地学习，并且通过每一次达到目标，会不断地建立自我认可，从而强化其学习的主动性。在本次教学实践过程中可以发现，学生达到自己的成果—建立自信—主动学习这三者是一个良性循环的过程。

目前的 OBE 实践教学也存在一些不足之处，由于每门课教学时间方面有固定的限制，因此只能在已有的教学时间范围内开展实践教学，因此在内容方面教学改革幅度较小。此外，学生在实践教学过程中常常会出现基础薄弱导致现有知识点学习困难的现象，因此在针对基础知识强化的过程会消耗额外的教学时间。最后由于现有的教学评价以最终的闭卷考试、平时成绩和考勤成绩三部分组成，而 OBE 教学理念中实践成绩的权重只能限制于平时成绩的范围之内，因此对学生最终的成绩影响有限。

三、结 语

本文基于对于 OBE 教学理念的认识和理解，开展了相应的教学实践工作。结果表明 OBE 教学理念可以使课程教学过程更加清晰、学生学习主动性加强以及学生自我认可建立，并且较好地实现了课程目标。当然，OBE 教育理念完全实施还需要考虑社会实际需求以及学生自身发展特点，也需要学校以及教师们的共同努力对其进一步的改进和完善。

参考文献

[1] SPADY, WILLIAM G. Choosing outcomes of significance[J]. Educational Leadership Journal of the Department of Supervision & Curriculum Development, 1994, 51 (6): 18-22.

[2] FELDER, RICHARD. Designing and Teaching Courses to Satisfy the ABET Engineering Criteria [J]. Journal of Engineering Education, 2003, 92 (1): 7-25.

[3] 刘新柱. 基于创新能力培养目标的工程力学教学改革与实践[J]. 黑龙江教育，2014（1）：39-40.

[4] 范钦珊. 以内容方法技术为重点，深化课程教学改革[J]. 中国高等教育，2004（1）：35-37.

[5] 杜惠英，李晓阳，李祥琴. 对工科基础力学教学改革的探索[J]. 力学与实践，2001（3）：57-59.

[6] 陈静. OBE 理念下工程力学教学研究[J]. 新课程研究，2018（5）：20-24.

面向对象材料力学教学改革的思路与探讨

皮文丽　王新筑

（重庆大学航空航天学院，重庆市，400044）

[摘　要] 新时代对高等教育提出了新的要求，赋予了教育工作者新的使命。本文针对材料力学课程提出了“面向对象”的课程改革思路，并从面向对象的教学理念和教学内容、面向对象的教学方法与手段、面向对象的课程考核评价体系三方面进行了阐述，就如何搞好材料力学课程建设提出了自己的见解。旨在提高该课程的教学效果和质量，达到力学基础课面向应用、创新型人才培养的基本要求。

[关键词] 材料力学；面向对象；课程改革

材料力学是工科专业的一门重要的专业基础课，也是相关专业硕士研究生入学考试指定的考试科目之一。该课程的知识及理论既可直接应用于工程实践，又能为学生进入下一阶段学习弹性力学、塑性力学和连续介质力学等后续课程，以及进行构件的设计和科学研究奠定必要的理论基础，对于培养学生知识、能力和素质，对学生的工程应用能力及科学创新能力培养具有极其重要的作用。材料力学课程有自身的明显特点，一方面具有较强的系统性和理论性，要求学生深入理解基本概念、定律、方程、方法等。学生通过理解、掌握这些理论知识得到科学研究的训练；另外，课程内容具有较强实用性，其为从工程实际中抽象出来的力学模型，学生可通过课程的学习来加强与实际的联系，提高发现和解决工程实际的能力。

一、面向对象的材料力学课程改革思路

基于上述材料力学课程理论与实践并重的特点，传统的教学模式偏于理论，不

项目资助：重庆大学教学改革研究项目：力学公共基础课程的创新教学方法研究（编号：2018Y57）；重庆市研究生教学改革研究项目：航空工程专业研究生培养模式研究（编号：yjg193010）

作者简介：皮文丽（1979—），女，重庆人，副教授，主要从事力学基础课程的教学和科研

注重实践，教学内容过于陈旧，不能顺应时代前行发展的步伐。教师在教学过程中注重传道授业，没有寻找学生对于知识的兴趣点、需求的侧重点，学生的学习以被动接受为主。这样容易造成学生认为课程抽象、枯燥，内容多难度大，造成很多学生对这门课程一开始就没有好感和兴趣，不利于教学活动的开展，影响教学的效果从而达不到教学目的。

我们认为要将本课程讲活、讲好、讲得具有特色，可以适当地开展“面向对象”的教学模式。“面向对象”的概念来源于程序设计和软件开发领域，本文将此概念引入到材料力学的教学模式中，意在讨论怎样将材料力学的讲授与授课对象的行业背景需求、学科专业的适应地域需求、科学研究服务领域需求、人文精神传承引领需求结合起来。课程的教学不仅要求掌握相关理论知识，还需要培养学生具备解决工程实际问题的能力来达到力学基础课面向应用、创新型人才培养的基本要求。接下来本文将从“面向对象的教学理念和教学内容”“面向对象的教学方法与手段”“面向对象的课程考核评价体系”等几个方面进行阐述。

二、面向对象的教学理念和教学内容

材料力学课程的授课对象来自机械工程、土木工程、材料冶金、采矿安全等十几个专业，其课程教学目标要顺应社会对应用、创新型人才的需求。课程的教学内容要紧密围绕授课对象的行业背景需求、学科专业的适应地域需求、科学研究服务领域需求，根据各专业教学的反馈信息，对原课程内容进行整合与调整。课程内容的设计要在传统课程的基础上，面向对象地与多学科内容相契合，合理整合各学科知识来拓展基础课程的应用，提高学生的学习兴趣和工程能力。

针对不同专业学生授课时，教师在执行基本教学大纲的前提下，可以适当地选择面向对象的授课内容。通过在教师讲授和引导学生自学过程中植入具有学科专业背景的工程实例的分析和讨论，可以潜移默化地增强学习目的性、提高学习兴趣和主动性、培养学生工程观点以及从工程需求中分析力学问题的能力。教师针对性从工程设计、科学研究、生产及科研中收集有关实例，并从教学的角度加以提炼，形成面向对象授课的教学素材。有几个案例探讨，例如给材料成型专业同学讲授材料力学课程时，他们对材料塑性体积成型常见的几种加工工艺：锻造、挤压、轧制、拉拔等比较熟悉，授课时和他们讨论熟悉的事物通常能提起兴趣、找到契合点，让话题聊起来，课堂活跃起来，在轻松的氛围中将力学问题引出来。接下来，比如，让同学画出工件在拉拔过程中的受力图、试件被镦粗时的受力图，发现他们会比较乐意继续讨论下去。在介绍材料的拉伸和压缩章节时，可以和他们一起讨论实现金属丝拉拔过程的条件。介绍点的应力应变概念时，和他们讨论材料成型加工工艺下典型塑性变形的应力应变状态分析，画相关实例的应力状态单元体图。又如授课对象为采矿安全专业的同学时，也多列举他们熟悉、关心的案例展开讨论，采矿系有一门专业课名字叫《爆破工程》，讲授材料力学时不妨和他们讨论一下爆破，可以聊聊前几年 CCTV 报道过的唐山农民工工程队利用简单力学原理拆除大烟囱的案例，讲授不够生动还可利用课间时间播放相关视频让学生观看，上课时让同学们讨论拆除过程中用到的简单力学原理。同学们在感到震撼的同时，也了解到材料力学课程不是枯燥、抽象的概念，成群结队的公式，而是切切实实能够指导所学学科、专业工程实际问题的理论依据。

三、面向对象的教学方法与手段

教学方法与手段是教师和学生为了完成教学任务，传授与学习课程内容所运用的所有途径的总和，是特定的教学理念和教学价值观的具体表现，又是实现特定教学目标的具体实施手段，受参与课程的学生、教师、教学内容、教学媒介和教学环境所影响。在材料力学课程教学中，我们坚持学生是学习的主体，教师是教学的主导者，教师控制教学过程，这不仅是一个知识传输过程，更是一个情感交流过程。开展以学生为中心的教与学，教师对课程教学灵活组织，采用引导主动学习和探索的教学方法，如基于项目的学习、基于问题的学习、案例驱动的学习、实习与实践等多种教学方法相融合，加强师生间的互动交流。针对各专业学科发展迅速的特点，教师备课有针对性地收集课程素材（与学生学科背景相关的力学图片、视频等），凝练用于教学的问题。课前、课后向学生推荐相关国内外期刊及相关的专业文献与阅读材料，设置教学目标，以问题为导向，引导学生查阅资料、组织讨论、相互合作，以达成教学目标，使课堂教学紧跟学科前沿和进展，使学生从不同层次近距离地感受知识产生的起因和过程，激发个体自主学习和探究的动机。我们具体进行了以下几个方面的探讨与实践：（1）设计以能力训练为主旨的实践教学环节。把目前单一的力学基础实验环节设计为面向多学科专业背景、不同层次学生服务的综合性创新性实验平台。通过实践环节内容的多样化、兴趣化和开放式设计，真正调动学生的动手兴趣，培养学生的实践能力、合作能力和探索创新能力。（2）开展面向多专业背景授课对象教学方法和内容上的创新实践，建立学生自主学习训练平台及教学交流平台，有效检验教与学效果，提高学生学习积极性。我们专门开发了面向不同学科背景的在线作业模块系统，学生可用计算机或手机作答，及时方便地检验学习效果。（3）开展面向部分专业的材料力学双语教学。对于高校来说，培养既懂外语又懂专业的复合型人才战略体现了人才培养面向现代化、面向世界、面向未来的发展理念。针对某些专业选取了部分英语基础好、学习积极性高的学生组成国际班，开展双语授课，提高学生科技英语阅读能力。（4）除了专业知识讲授之外，我们在教学活动中注重挖掘课程中的思政元素、文化内涵，从更大的视野和更深的层面建设课程。在课程教学中体现科学精神与人文精神相统一、知识传授与价值认同相统一、个人发展与祖国命运相统一。课堂上弘扬正能量，通过课程内容、科学发现的过程、典型工程案例、科学家奋斗的事迹等素材，培养学生严谨的科学精神与科学态度，通过学习专业知识提高自己的综合素质。

四、面向对象的课程考核评价体系

改变现有评价体系中以期末考试为主的现状，设计包含多种能力培养评价方法的多元体系，客观公正地评价学生。课程考核从注重“学习成绩”向注重“学习成效”转变，注重学习过程考查和学生的能力评价。采用期末考试与平时考核相结合；课内积极参与教学与课外知识扩展相结合；平时作业与课后研究小论文撰写相结合的方式，多元化设计考核评价方式，注重对学习方法与思维方式的考核、引导学生进行有效学习。现阶段的考核采用百分制，主要包括期末考试、课堂表现（出勤、参与课堂交流讨论）、作业部分（线上和书面作业）和实验部分四方面的内容，分别占总成绩的 60%、10%、10%、20%。对于部分采用双语教学的班级试卷为纯英文试题，考察的知识点及深度和中文教学班级尽量保持一致。学生可以选择中英文作答。学生课堂上的互动、英文完成作业、提交课程的英文学习报告等，均由授课教师根据其表现及完成情况适当予以加分，以鼓励学生自觉、积极地参与双语教学过程。

五、结　语

新时代对高等教育提出了新的要求，赋予了教育工作者新的使命。本文针对材料力学课程提出了“面向对象”的课程改革思路，并从面向对象的教学理念和教学内容、面向对象的教学方法和手段、面向对象的课程考核评价体系三方面进行了阐述，就如何搞好材料力学课程建设提出了自己的见解。旨在提高该课程的教学效果和质量，培养学生自主创新能力和工程应用能力，达到力学基础课面向应用、创新型人才培养的基本要求。

参考文献

[1] 秦楠. 以解决工程实际问题为导向——浅谈材料力学教学改革[J]. 科技风，2019，(3)：32.

[2] 糜长稳，乔玲，周志红，韩晓林. 材料力学双语教学研究与实践[J]. 教法研究，2012，(14)：52-54.

“后疫情时代”力学数字化教材建设再思考

张金奎

（机械工业出版社，北京市，100037）

[摘　要] 新冠肺炎疫情的突然爆发，让以纸质教材为主要盈利模式的传统出版业的短板完全暴露于市场之下。在高校教学改革的大背景下，基于信息技术与教育教学的深度融合，结合国内外教材发展现状，本文从教材形式、内容和编写理念三个方面对“后疫情时代”的力学数字化教材建设做了讨论和思考。

[关键词] 疫情；信息技术；改革；数字化；转型

2019 年底爆发的新冠肺炎疫情成为全球重大突发公共卫生事件，其负面影响几乎波及各行各业，当然包括出版业。在此之前，高等学校 2020 年春学生用书已基本全部运抵各地新华书店和民营发行商处，只待开学发到学生手里。面对突如其来的疫情，各高校都推迟了正常的开学计划，学生也只能在家进行线上学习，当然也就没有第一时间拿到教材。

自 3 月份开始，为解决学生线上学习的困难，方便教师授课，各大出版社舍小家顾大家，或提供教材电子样章，或开放数字资源库，通过多种形式解决了师生的燃眉之急。但另一方面，出版社不得不面对的现实问题是，除少部分学生自己网购教材，以及少部分高校组织经销商或亲自为学生寄送教材外，大约一半甚至更大比例的教材因无法发送到学生手中而被迫退回出版社，致使生产利润大幅降低，库存积压。

不得不说，信息技术的广泛应用在这次疫情防控中发挥了不可替代的重要作用，比如与我们息息相关的每天都能看到的疫情大数据以及如雨后春笋般快速发展的线上教学。但出版业，至少是国内的出版业，尽管此前也在不遗余力地开展信息化、数字化工作，但其盈利模式或利润来源仍是依托纸质教材的销售，纯电子或数字产品收入微乎其微。可以说这次疫情让出版业的短板完全暴露于市场之下，对其冲击

作者简介：张金奎（1979—），男，山东泰安人，副编审，主要从事力学、物理等高等教育教材的出版

不可谓不大。另一方面，我们从另一个角度来看，信息化的到来是迟早的事情，只是疫情让这一趋势加速罢了。归根结底，还是出版业的数字化转型进展太慢，至少同很多其他行业相比要慢。所以，在此背景下，出版业看到的不应该只是疫情的消极影响，而更要借此重新审视自我，抓住机遇，加速转型，迎接新的挑战。因为从某种意义上来说，这可能是市场重新洗牌的一个过程，“早一步是财富，晚一步是包袱”，谁先迈出一步，谁就有可能占得先机。当然，鉴于学生的学习习惯、各方面的实际情况和目前高校教学的基本现状，纸质教材在今后一段时间内不可能一下子就消亡，教材建设一步就跨入完全地抛开纸质教材的数字化或电子化也是不现实的，而是应该分步尽快完成转型。

去年底今年初，国家教材委员会印发了《全国大中小学教材建设规划（2019—2022年）》（简称《规划》）。在高校教材建设方面，《规划》提出，随着信息技术的日益普及，要适应信息技术与教育教学深度融合的需要，满足互联网时代学习特性需求，建设信息技术与教育教学深度融合、多种介质综合运用、表现力丰富的高等学校新形态教材。下面笔者结合力学教材，就“后疫情时代”的数字化教材建设谈几点认识。

一、形式上由“静态”向“动态”过度

二维码的出现和普及，让教材实现了由静到动转变的第一步，这当中实际上经历了两个重要的阶段。最初，嵌入教材的二维码为静态码，也就是其绑定的学习资源是固定的，编码中的数据与二维码图案完全对应，教材一旦印刷，则二维码链接的内容不可更改，所以尽管在纸质教材中加入了视频、动画等帮助学生学习的动态资源，但不能做到实时更新内容，从这层意义上来说还是静态的。后来有了活码二维码，其原理是对一个短网址进行编码，读者扫码后实际上是跳转到了一个网页，这样其内容就可以随时更新了，而不必受二维码图案的约束，教材真正到达了“动态”境界。另外，“动态”教材的形式也是多样的，除活码二维码外，还有绑定APP的教材、VR教材、AR教材等。所以，在“后疫情时代”，为方便学生线上线下学习、及时更新教材内容，出版业要做到信息化思维常态化，打造更多、更精的纸媒相结合的“动态”数字化教材。

二、内容上由“教材”向“学材”转变

在一波又一波的教学改革过程中，教学上一直在强调师生的角色互换，也即从以教师为中心到以学生为中心的转变，做到以学生为本。今天，各种新的教学理念，

比如“翻转课堂”“同伴教学”等正以各种各样的形式被教学先行者融入课堂，其目的就是希望充分调动学生的主观能动性，加强其自主学习能力，以更好地培养他们的创新能力。

教材改革是教学改革的一个重要环节。无论被称作“教材”还是“教科书”，其字面意思都是“教学的素材”。正如其名，国内教材的编写定位首先为教师教学服务，因此其篇幅大小一般也是根据课时设置而定的。受篇幅所限，内容展开较少，实例及扩展内容也不多，主要是教师上课用，学生课上跟着学。另一方面，因为引进工作需要，笔者有机会接触了不少国外的教科书，并做了一些研究。比较发现，与国内教材不同，国外教材的定位一般是为学生服务的，主要供学生自学之用，这就同时决定了它的几个特点。首先篇幅大，实例多，包括知识原理与日常生活结合的实例、与工程技术结合的实例等，让学生能学透；其次，教材中会设置一些“检查点”“易错点”“小测验”等栏目，目的是帮助学生更好地巩固所学知识；再次，书中的例习题非常之多，一般都经过精心设计，且题目会有难度分级，同样与工程实际结合紧密，形式多样。因此，笔者个人也更愿意将其称为“学材”。有了信息技术手段，我们的教材完全可以在控制篇幅的同时，通过资源整合，做到更广、更深、更实用，满足学生的学习需求，做教学改革的坚强后盾。

力学是一门基础科学，同时又是一门应用科学。要学好这门课，要求学生既要有扎实的数理基础，又要掌握相关工程实践应用。所以对于力学教材，要打造成“学材”，还要注意一些个性的问题。比如工程或机械结构图尽量少用或不用二维平面图，而多用三维立体构图。以吉林大学魏媛主编的《工程力学》为例。如图 1 所示为轴承装置图，如图 2 所示为铰链、销钉连接图。可以看到，这种图比国内教材中常见的平面图对学生深入理解实物结构来说要直观得多。实际上国外教材基本都是采用这种三维图片的。再比如，可以在教材中穿插力学名人轶事，在“枯燥”的学习中融入一些人文元素，激发学生的学习兴趣。重庆大学萧允徽主编的《结构力学》中就开设了“专家论坛”栏目，特别编辑了力学界、工程界八位专家关于力学在土木工程中的重要作用、广泛应用及发展前景的深刻见解和精辟论述，以期能扩宽学生视野，启迪学生思维，可以说加强了教材的前瞻性和可读性。

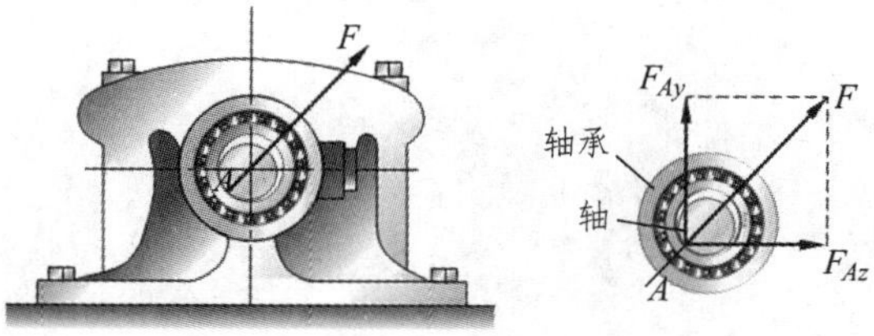

图 1

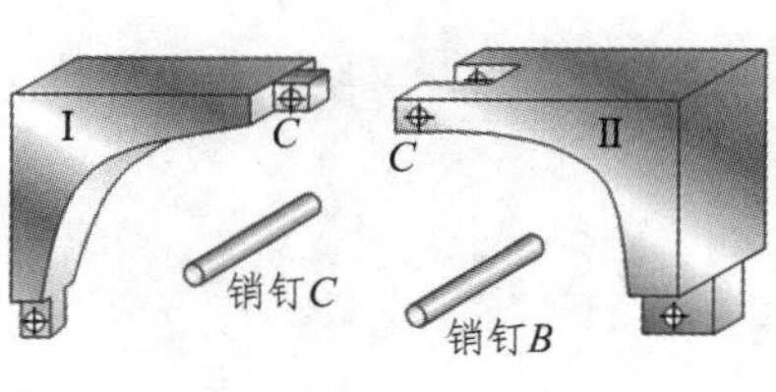

图 2

三、理念上变“是什么、怎么做”为“从何来、去何方”

要激发学生的创造力，不仅要使其知其然，更想使其知其所以然。常见教材章节引入的写法都是先简单概述之前学习的相关内容，帮助学生回顾知识，以更好地进行新课的学习；之后再讲本章的主要知识点有哪些，重点是什么，难点是什么；结尾也是中规中矩的小结或总结。诚然，这种写法对串联、梳理学生的知识的确很有帮助，但可以提升学生的创造力吗？能激发他们的求知欲吗？显然不太可能。一部好的教材不是为了告诉读者“是什么、怎么做”，而是应该告诉学生理论背后的东西，比如其探索发现的过程；告诉学生目前的相关研究处于什么水平，前沿的研究方向是什么，研究的困难是什么等。

2020 年 1 月，笔者策划出版了一本由西南交通大学樊代和主编的《大学物理实验数字化教程》，或许可以提供一些借鉴意义。尽管这还是一本以纸质教材为载体的“数字化教程”，但无疑在教材数字化的道路上迈出了重要一步。全书纸质部分“重”实验原理，“轻”实验操作，包括每个实验开篇加入“实验背景”专栏，告诉学生本实验相关原理的来龙去脉和技术应用；而且在每个实验的最后均用二维码链接的形式给出较新或较重要的参考文献，既没有增加篇幅，又扩大了学生的知识面，更重要的是可让学生了解相关实验项目或内容的最新发展动态，激发他们的学习研究兴趣，进而为培养其创造能力提供帮助。此外，全书在数字资源部分又是相当重视实验操作过程及现象演示，可以有效提高学生的课前学习效率。

当然，以上谈到的教材改革或发展趋势仍没有脱离“纸”这种介质或载体，而教材改革的终极目标一定是彻底的数字化。而且，这种数字化绝对不是纸质教材的电子化翻版，它应该是为“每个”学生量身打造的、定制化的、可反馈的，因个人学习水平而异，随个人进步而进阶，类似于培生教育集团的“MyLab & Mastering”在线学习系统。

地方农业院校《理论力学》教学优化措施讨论

张媛媛　沈火明

（西南交通大学力学与工程学院，四川成都，610031）

[摘　要]《理论力学》是高等工科院校机械、土木等专业的一门非常重要的专业基础课。文中结合地方农业院校和理论力学课程自身的特点，分析讨论了理论教学和实验教学的具体要求，以及教学中存在的问题；并根据理论力学的教学现状对教学方法及策略提出几点有效的改进措施，以求提高教学效果。

[关键词] 理论力学；地方农业院校；教学方法；优化措施

理论力学是研究物体机械运动一般规律的学科，处于连接基础知识和专业知识的关键环节。学生基础知识的掌握程度直接影响到后续力学课程和专业知识的学习，但学生仅通过教材，很难将力学简化模型与工程实际相结合。因此，各高校越来越重视具有工程背景的实验教学，使理论教学和实验教学相结合，形成互促机制。

近年来，随着科学技术的迅速发展，我国各大高校教育从应试教育向培养创造性人才的综合素质教育转变，越来越注重对学生能力素质的培养。新疆农业大学是新疆维吾尔自治区的重点建设大学，学校立足新疆，面向“三农”，服务社会。作为地方农业院校教育工作者，既要为国家培养进一步深造的研究型人才，又要为地方经济和社会发展输送应用型人才。

因此，如何培养地方农业高校学生的创新力和实战力，对其进行综合素质的全面培养是目前教育中需要迫切解决的问题[8]。本文针对理论力学课程的特点和学校的实际情况，分析探讨了教学中遇到的困难和问题，并提出几点教学方案改革措施。

一、理论力学课程分析

1. 课程特点

（1）概念多、公式多、计算多。

作者简介：张媛媛（1988—），女，在读博士，讲师，曾从事力学的教学和科研工作

学生最开始只是单纯地从物理学中得知力的简单定义，因此很多学生将力学等同于牛顿第二定律。在学习过程中，学生普遍反映该课程“概念多、公式多、计算多”，逻辑性较强，且推导过程多。怎样全面而准确地讲授力学基本概念，并结合相关实验，帮助学生掌握并准确运用相关定理公式是该课程的教学重点。

（2）综合性强。

理论力学涉及面较广、研究对象具有复杂性，既包括单纯的理论研究、模型抽象简化，又结合了实际的工程结构，如水利工程、建筑结构和机械能源。在该课程的学习过程中，又涉及高等数学、线性代数、物理学等的知识，如积分、求导、方程解的唯一性。

2. 面临的困难

随着科技发展的需要，各专业增加了新课程，这样必须要压缩已开课程学时，各门课程在学时的平衡上普遍遇到困扰。与此同时，很多课程又做了相应的改版，增加了新内容。理论力学也不例外，在总课时量减少的同时，知识点增加了。

在具体的教学中，一方面如果课程信息量大，学生没有充分的思考空间，对所学知识难以接受和消化，逐渐丧失兴趣，不可避免地出现学习质量滑坡现象；另一方面，为保证绝大部分学生听得懂、跟得上，则要对课程内容进行精简，课程系统的完整性将得不到保证，容易丧失该课程作为学习后续专业课程的基础性地位。目前，理论力学依然是传统的考核方式，以期末笔试成绩为主，而实验部分通常体现在平时成绩中，所占比重较少。因此，在有限的学时内，如何兼顾理论教学和实验教学，使两者相辅相成也是实际教学中的困难所在。

二、学习者特征分析

作为地方普通农业高校，少数民族学生占有一定的比重，有些授课班级是民汉合班。加之学生本身基础、能力不同以及对未来发展定位各异等，导致对先修基础课程掌握程度不同，学习积极性参差不齐，思维仅限于课堂内容，无法延伸。所以在学生中一直存在着听懂易懂、做题困难的矛盾。

三、教学方法的探索

1. 理论教学

（1）讲授法：由于理论力学概念多、公式多、计算多，并且较为抽象难懂，为更好掌握课程进度，让学生最大程度参与到课堂学习中，建议课堂教学主要采用板书形式。

（2）演示法：利用多媒体课件中的模型、实物、动画演示常见约束的简化、桁架体系的简化以及运动的合成与分解等。

（3）任务驱动法：充分利用学生希望“学以致用”的特点，无论习题还是结合相关专业的工程实际，精讲多练，将教学内容贯穿于任务中。

（4）引导发现法：引导学生总结规律学会分析。一方面将已有知识进行扩充和推广，如将平面力系中的研究方法和基本概念推广和引申至空间问题中；另一方面引导学生将所学知识和工程实际相结合，如讲述力偶、力螺旋时，请同学们回答机械中哪些地方会用到（常见的双手握方向盘开车、丝锥等）。

（5）实训作业法：在完成教学大纲的基础上，布置实训小组练习，激发学生学习兴趣和巩固学习成果。如在摩擦学知识中，让学生分组，课后讨论其在本专业的应用，并进行简单的力学分析（如千斤顶的自锁现象）。

（6）自学结合辅导法：利用精品课程及相关教学网站等手段为学生创造自学平台，让学生体会、总结、归纳各章的知识点，以及各章之间的联系，使其知识体系具有完整性。

2. 实验教学

在具体教学中，用实验来验证理论，用理论来分析实验结果，以达到深化理解理论知识并学习实验方法的目的。理论力学实验以理论验证为主，如测量简谐振动振幅、拍振实验和二自由度系统各阶固有频率及主振型测定的实验等。

目前，实验教学中依然是老师准备实验仪器、讲解在前，学生测试在后，将测试数据带入公式，然后分析误差，并未达到预期效果。学生应参与到整个实验过程，熟悉实验仪器、学习实验原理，锻炼学生动手能力。另外，还应根据具体专业背景开设创新性实验，鼓励学生结成学习小组，对感兴趣的力学模型重点研究，设计实验方案、进行数值模拟，并建立鼓励机制，增加学习的主观能动性。

四、对教学策略的优化措施

（1）以工程实际案例来引导学生，增强学生的学习兴趣。如目前新兴的风能发电产业，风轮叶片受风载作用下的转动与平衡问题等又与理论力学中受力分析、平衡问题的知识点密切相关。

（2）加强基本概念和相关定理的理解和应用，逐步引导学生自主推广和引申。如学习平面力系时，力对点之矩、力的平移定理以及怎样简化分析等，可引申和推广至空间力系。

（3）帮助学生找到学习方法、建立自己的知识结构体系，增强对课程的学习信心，减少畏惧心理。

（4）让教师在“教中做—做中教”，使学生在“学中做—做中学”。以学生思维活动为主，教师讲授总结为辅；学生思维活动在前，自评互评贯穿其中，教师点评总结在后。

五、结束语

根据理论力学课程特点和学生的具体情况，课堂教学中应突出重点、分散难点，和学生专业紧密结合，提高学生学习的主动性；强调概念和结论，重在应用，弱化推导过程；适当地启发学生一题多解，灵活运用不同的力学定理分析解决问题；合理利用现代教育技术，教学手段多样化。总之，学习的主体是学生。在发挥教师引导作用的同时，要积极创造条件，充分发挥学生的自主性、创造性和能动性，使学生从知识的被动接收者转变为主动参与者和积极探索者。

参考文献

[1] 刘红岩，李冬，罗志华，等.“理论力学”课程内容的逻辑关联分析及教学方法研究[J]. 中国地质教育，2010，2（1）：82-85.

[2] 王建祥，陈国新，陈亮亮.《基础力学实验》教学质量的优化措施研究[J]. 实验科学与技术，2014，12（5）：86-88.

[3] 陈震.《理论力学》课程教学改革探讨[J]. 江汉大学学报，2013，41（2）：101-106.

[4] 吴艳阳，赵旭伟，傅捷，等. 关于力学实验课成绩考核及评定的探讨[J]. 实验室科学，2011，14（5）：200-205.

[5] 张民生，王秀海，洪波，等. 促进学生实践创新能力提升的特色教学模式探索[J]. 实验科学与技术，2017，15（3）：105-108.

[6] 陈亮亮，陈国新，热依汗. 少数民族大学生力学兴趣小组设计与实践[J]. 中国电力育，2013，（35）：212-213.

[7] 陈亮亮，乔箭，陈国新，等. 地方农业高校校级力学竞赛设计[J]. 热带农业工程，2013，37（2）：60-62.

[8] 苏枋，张磊，吕冠伟，等. 西部地方高校实验教学质量控制的有效途径探讨[J]. 实验室研究与探索，2009，28（7）：152-155.

[9] 梁志达，罗玉军. 高校《工程实验力学》教学研究及实践[J]. 实验科学与技术，2013，11（3）：77-79.

[10] 张速. 科学方法论在理论力学教学中的综合应用[J]. 合肥师范学院学报，2010，28（3）：49-51.

[11] 张剑，黄剑峰. 理论力学教学改革的几点探讨[J]. 云南农业大学学报，2009，3（1）：62-65.

以学生为中心的《混凝土结构》课程教学改革与多元化考核探索

郭子红　朱占元　邹祖银　陈 伟　莫 忧

（四川农业大学土木工程学院，四川都江堰，611830）

[摘　要] 为进一步提升混凝土结构课程教学效果和学生对课程改革的参与度，对土木工程专业学生进行了考前问卷调查，按总人数、不同卷面成绩、性别等进行分类统计，分析了各因数对调查数据的影响。获得了学生对课堂教学和课程考核的相关诉求，并将相关教学手段应用于教学全过程，统计 2011—2017 级学生在期末卷面考试成绩变化后发现，重过程的多元化考核有利于提升学生的学习主动性和学习效果。

[关键词] 混凝土结构；教学改革；多元化；重过程；问卷调查

一、引　言

混凝土是土木工程使用最广泛的结构材料之一，《混凝土结构》作为专业主干课程，对后续开展的专业课程很强的支撑作用，历来受到各教学单位的重视[1]。该课程教学内容包含有大量的试验研究、设计规范、工程实践，是一门信息量大、综合性强、理论性与实践性并重、教学难度较大的课程[2]。课程教学内容多、概念多、公式多、符号多、构造条文多，如果完全按数学和力学课程的思路进行教学，会造成计算公式过于复杂而抓不到重点[3]。我校土木工程专业将《混凝土结构》列为全部课程中四门核心骨干课程之一，并成立了校级教研团队，结合学校特色及卓越工程师的培养，探索该课程的教学和考核模式，促进教学质量的提升。

项目资助：教育部首批“新工科”研究与实践项目（教高厅函〔2018〕17 号）

作者简介：郭子红（1981—），男，四川合江人，教授，主要从事土木工程专业教育教学研究

二、教学与考核方法改革探索

1. 增强实践教学

激励法、任务法和专题式比较法与讲授法相结合的授课方式，能较好地调动学生学习的主动性、积极性[4]，我校混凝土结构教学过程中，主要采取多媒体方式教学，但针对所有弯、剪、扭、拉压构件的计算和设计内容结合板书进行教学，所有设计围绕“一图、两平衡、三公式，施工+构造”的模式进行讲解，即掌握一个截面受力图，力和力矩需平衡，受剪、受扭和变形裂缝计算公式，满足施工和构造要求。详细讲解每一个设计案例，重视课堂练习和课后作业，及时对其进行评讲，随机抽学生回答问题和完成课堂练习。参考四川省和我校每年的结构设计大赛模式，将每个小班分为 3 ~ 5 个小组，根据汇报和加载结果评比小组成绩，让学生主动参与混凝土结构的学习，提升学生对混凝土结构设计课程认识和学习积极性。

2. 课程考核

基于“多元化—重过程—考能力”的课程考核方式改革指导思想[5]，我校混凝土结构课程考核逐步改进和完善，主要由考勤占 10%、课后作业占 10%、课堂测试占 20%、实验竞赛占 10%和闭卷考核卷面成绩占 50%组成，并制定相应的奖惩措施。同时将混凝土结构设计竞赛引入课程考核内容，激励学生主动思考和学习。

以上的教学和考核方法基本建立于教师的主观意愿设计，考核评价主体以教师为中心[6]，但未体现学生参与度，为此，需要开展相关调研。

三、期末考试前调查内容统计分析

本次调查对象为我校土木工程专业学生，所有数据按总人数、卷面成绩为 70 分以下和 70 分以上、性别等进行分类统计，分析以上因数对调查数据的影响，为后续教学改革工作开展提供参考。

（1）课程考核评价：62%的学生认为课程采用闭卷考试是合适的；67%的学生认为课程考核由考勤、课后作业、课堂测试、闭卷考核卷面成绩四部分组成是合理的，大多数学生认可该考核方式，但有 30%以上的同学只是比较认可，表明考核方式还有一定的改进空间。该课程考试主要考察学生能力方面，78%的同学认为考察活学活用，22%的同学和 25%的女同学认为考察他们死记硬背，一方面，该课程的概念多、公式多、构造多，学生在学习方法和对课程的认识方面会有一定偏差；同时也表明参考“半开卷”考试的必要性[7]，可把部分烦琐的公式和构造备注在试题后面。90%以上的同学认为平时测试能提升学习紧迫感，表明平时测试督促学生学习效果明显。

（2）期末卷面成绩所占比重：4 种不同比重中，除女生认为期末考试卷面成绩与其他成绩比例为 6∶4、5∶5 和 4∶6 的比例相同以外，其他统计表明，学生认同成绩比例为 5∶5 占比例最高，其中，卷面成绩为 70 分以上和男生赞同卷面成绩与其他成绩的比例为 5∶5 的约 47%，表明这个比例是较为理想的选择。

（3）期末考试认可度如图 1 所示，45%学生认可期末考试能公正客观地评价其学业，但有 55%同学不认可。其中 70 分以上同学认可的比例占 52%，70 分以下同学中认可比例占 40%，且男同学认可比例为 47%，女生认可比例为 41%。表明合理采用多元化课程考核内容对提升学生对考核方式的认可度是非常必要的。

（4）结构设计大赛对提升学习积极性联系如图 2 所示，54%学生认为结构设计大赛能提升学习积极性，但女生认为该考核方法对学习积极性有提升的只有 41%。表明结构设计大赛对学生学习积极性具有一定的积极作用。

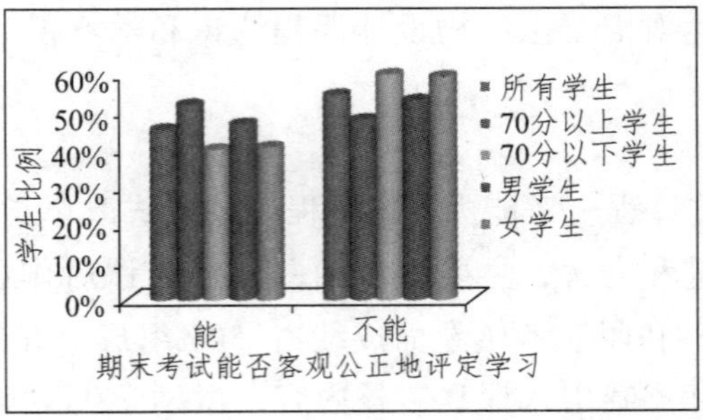

图 1　学生对期末考试的认可度

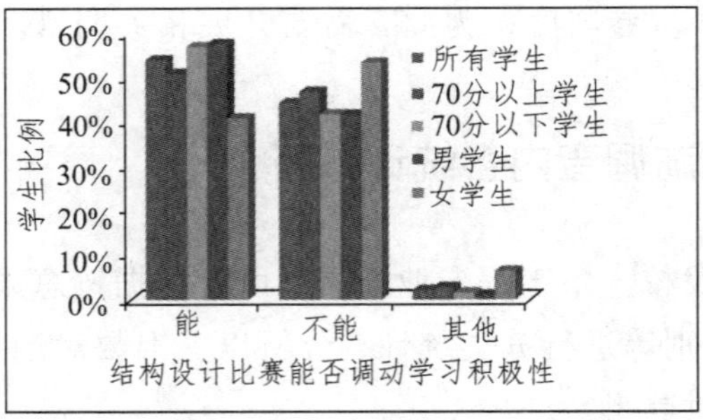

图 2　结构设计大赛与学习积极性联系

四、教学过程实施及效果

1. 教学实施

从土木工程 2015 级开始加大平时成绩比例，将两项平时考核逐步增加到 4 项平时考核，包括考勤（10%）、课后作业（10%）、课堂测试（20%）和实验竞赛（10%）。其中实验竞赛能很好地调动学生自主学习，将每个小班按不超过 4 人分为一个小组，每个小组按要求完成受弯和受剪构件设计(需给出梁的受力图),进行方案汇报比赛。根据得分公式计算出得分进行小组排名(前 30%等级为 A,后 30%等级为 C,其余为 B),小组之间相互寻找对方在构造和计算方面的不足,出现计算和构造错误的小组排名将被列为最后。实验竞赛获得学生的踊跃参与,学生讨论和争论比较激烈,教学效果非常明显,在一定程度上激发了学生学习混凝土结构的兴趣,提升了学生的团队合作意识。

2. 教学效果

统计了我校土木工程专业 2011 级至 2017 级混凝土结构期末卷面成绩变化(忽略新任教师 2016 级成绩,同时去掉重修和其他专业选修同学的成绩),如图 3 所示。在增加平时成绩所占比例和平时成绩类型数量后,2015—2017 级学生的平均成绩比 2011—2013 级学生的平均成绩多出 9.69 分,学生期末考试的成绩明显改善。其中,虽然教师的教学经验积累对学生的学习有所帮助,但是重过程和多元化考核方式对学生的学业提升更为显著。

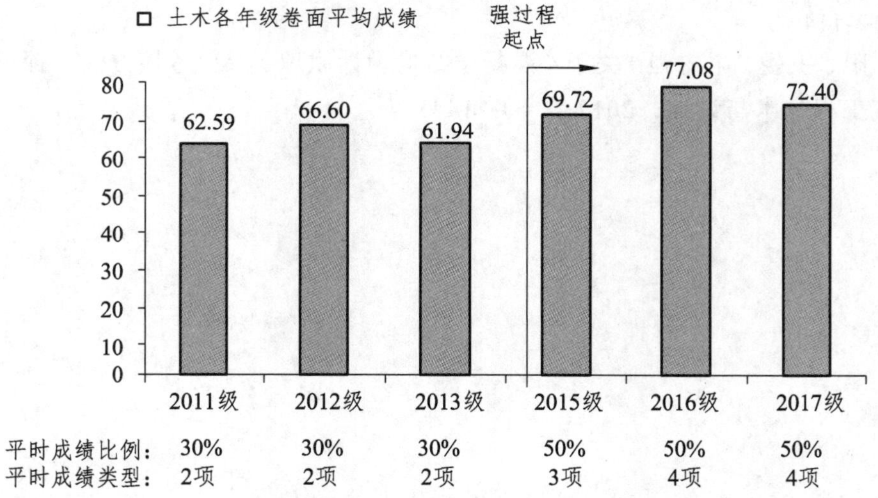

图 3 近年混凝土结构卷面平均成绩

五、结 论

(1)混凝土结构课程考核多元化更适合学生和课程建设要求,卷面考试中尽量考核理解的知识点,对于复杂公式可作为已知条件。

(2)卷面成绩与其他成绩的比例为 5:5 是较为理想的选择,期末考试是课程考核的重要部分,合理结合其他考核内容提升学生对考核方式的认可度是非常必要的。

(3)增加平时成绩所占比例和平时成绩类型数量,突出重过程的多元化考核有助于学生的自主学习，对学生的学习效果具有一定的提升。

参考文献

[1] 周朝阳，杨建军，刘澍. 面向土木大类的混凝土结构课程教学改革探讨[J]. 中国大学教学，2002，(11)：35-36.

[2] 刘华新，魏巍. 混凝土结构教学方法的研究与实践[J]. 辽宁工业大学学报（社会科学版），2001，3（3）：90-91.

[3] 关萍.《混凝土结构设计原理》课程建设[J]. 大连大学学报，2010，(06)：116-8.

[4] 许英，汪宏，张益多等. 混凝土结构设计原理教学方法与教学手段探讨[J]. 高等建筑教育，2008，(3)：88-91.

[5] 刘建平，贾致荣. 混合式教学课程考核方式改革研究[J]. 中国现代教育装备，2017，(21)：42-44.

[6] 殷雄. 普通本科院校课程多元化考核模式探析[J]. 中国成人教育，2016，(5)：112-114.

[7] 郭阳，王曼，牛志强. 关于《混凝土结构设计原理》课程考核方式的探讨[J]. 建筑工程技术与设计，2017，(4)：1441.

基于数值模拟及多媒体演示的《建筑结构检测与加固》课程教学改革

梁 危

（四川农业大学土木工程学院，四川都江堰，611830）

[摘　要] 根据《建筑结构检测与加固》课程的特点，结合在该课程的教学经验和体会，笔者对教学中存在的问题进行了分析和反思，从教学方式上提出了基于数值模拟技术和多媒体演示对该课程进行教学改革。期望能够由此提高教学效果，增强学生对理论及实践内容的理解，并能为他人的相关教学工作提供借鉴。

[关键词] 建筑结构检测与加固；课程特点；数值模拟；多媒体

建筑物在长期的使用过程中，随着结构损伤和老化，结构功能将逐渐下降，甚至无法满足正常的使用要求。对于一些新有建筑，也存在着由于设计不科学、施工不合理、甚至偷工减料等方面原因导致结构可靠性达不到标准要求。此外，近年来，我国地震灾害频发，由此引发的房屋倒塌或损坏造成了不少的经济损失及人员伤亡。为了使这些因可靠度达不到使用要求的既有建筑或新有建筑，能够满足现有设计规范要求，就需要采取科学的检测、鉴定方法对结构进行系统分析和评估。同时，采取合理的加固技术来有效地延迟建筑结构的使用寿命。

一、课程主要内容及特点

《建筑结构检测与加固》课程包括了建筑结构检测、鉴定、加固三个方面的内容。检测是结构鉴定的依据，鉴定的过程中要进行相关的检测工作，而结构的检测和鉴定又往往是结构加固的必要前提。该课程涉及了例如结构的力学性能的检测、耐久性的检测，结构及构件正常使用性鉴定和安全性鉴定、各种结构的加固理论和加固技术，是一门需要较好的理论基础、并且实践性很强的课程[1]。该课程的学习过程中，

项目资助：教育部首批“新工科”研究与实践项目（教高厅函〔2018〕17号）
作者简介：梁危（1989—），女，讲师，主要从事土木工程专业教育教学研究

需要学生具有良好的专业知识储备，涉及材料力学、结构力学、混凝土结构、钢结构、砌体结构、地基基础工程、工程结构抗震设计等方面的知识。因此，在各高校中，该课程的授课对象通常为土木工程专业大三、大四的学生。通过学习该课程，学生了解钢筋混凝土结构、砌体结构、钢结构、地基基础几种典型建筑结构的检测、鉴定和加固的基本原理，掌握各种常用的建筑结构检测手段和方法，学会选择合适的加固方法对建筑结构进行加固设计。针对建筑结构检测、鉴定、加固这三个方面，其学习方法各有特点[2]：

（1）建筑结构的检测应强调实践性环节，应掌握对常用仪器、设备的使用方法，要学会对检测数据的整理和成果的计算；（2）建筑结构的鉴定应重点了解鉴定标准的主要条文，包括评定等级的方法、评定等级的依据和标准等；（3）在加固技术的学习时应结合相关规范掌握荷载及其他作用的计算方法和组合方法，正确选用结构计算模型以及简单可行的结构分析方法。

二、课程教学中存在的问题

笔者就该课程对本院土木工程专业大三学生进行了教学工作，发现在课程教学中存在以下问题：

该课程内容涉及混凝土结构、钢结构、砌体结构等多种结构体系，并且各结构体系的检测方法和使用仪器各有不同，鉴定内容和评级方法各有不同，加固技术也多种多样。因此，在有限的学时下，部分内容的讲授只能尽量简化，造成学生对该部分内容的理解并不透彻。同时，尽管在课堂上讲解了相关检测仪器的原理及操作过程，但由于实践教学学时较少且实验仪器有限，导致学生没有充分的时间熟悉仪器操作，使得理论与实践脱节。

总之，由于该课程涉及内容较多且实践性很强，所以对尚未接触实际工程项目的学生而言，部分学习内容显得相对抽象，理解起来比较困难[3]。由此导致学生的学习积极性不高，很难集中精力听课，故教学效果不太理想。

三、改进措施

当前教学过程中面临的问题是，在规定的学时内，既要按要求完成教学任务，又要让学生真正学到知识，激发学生内在的求知欲，以达到提高教学质量和教学效果的目的。因此，针对以上问题，笔者主要从教学手段方面提出以下改进措施：

（1）录制高质量多媒体演示视频。

在教学过程中，笔者收集了大量视频、演示动画等资料，在课堂理论知识教学和实践教学上给学生们进行播放，帮助学生能够尽快并且更容易理解相关知识，例如混凝土结构的损伤机理，检测仪器的原理和操作等。但由于部分演示视频的讲解思路不够清晰、演示过程不够完整，在教学过程中仍需要进一步进行讲解，导致教学效率不高，学生印象不深等问题。因此，在相关教学环节中，建议根据实际情况录制专门的适用于本专业本课程的多媒体演示视频，以提高教学效果。

（2）数值模拟技术结合实践教学。

目前由于实践教学资源和实验条件不足，故学生的仪器操作时间较少，将理论知识用于实际工程中的能力较弱。采用仿真模拟技术可以把理论教学与实践环节有机地结合起来，尤其是能将结构受力变形、加固后结构的受力特征等相关问题可视化。例如，在进行钢筋混凝土梁的加固设计时，可由教师利用数值模拟软件制作某一固定尺寸及配筋的钢筋混凝土梁，同时提供几种加固方案的数值模型，如增大截面加固法、粘贴钢板加固法、粘贴纤维复合材料加固法等，要求学生能够选择相应的加固方式并基于理论知识设计出具体的加固方案使得该梁的承载力能够提高到某一特定值。学生可分组讨论和计算，并提供出具体参数，例如采用增大截面加固法时构件应增大的具体尺寸，采用粘贴钢板加固法时钢材的强度及粘贴位置，采用粘贴纤维复合材料加固法时纤维复合材料的尺寸及粘贴方式等。然后，教师根据学生的设计方案进行数值模型的参数修改，向学生演示加固后的效果，并进行评述和讨论。

采用仿真模拟技术可以使得各种工程实例能够更形象地呈现给学生，而且具有低成本、高效率、内容丰富、不受场地和设备限制等特点，有助于激发学生的学习兴趣，培养学生的动手能力和创新能力，可以有效改善教学效果。

四、结　语

笔者从《建筑结构检测与加固》课程教学中所发现的问题出发，提出了可以从录制高质量演示视频和结合数值模拟技术这两个方面着手的改进措施，以期能够激发学生的学习兴趣，提高教学效果，增强学生的专业素养，使学生明白如何利用所学知识来解决实际工程问题。

参考文献

[1] 潘建伍，艾军. 工程结构鉴定与加固课程教学改革探讨[J]. 高等建筑教育，2008，17（9）：92-93.

[2] 张立人，卫海. 建筑结构检测、鉴定与加固[M]. 2版. 武汉：武汉理工大学出版社，2012.

[3] 苗吉军，张蓉芳，刘延春. 工程结构检测鉴定与加固课程教学改革探究[J]. 高等建筑教育，2017，26（3）：55-57.

新工科背景下土木工程制图与CAD教学改革探讨

陈 伟 朱占元 邹祖银 郭子红 陈 佳 袁书成

（四川农业大学土木工程学院，四川都江堰，611830）

[摘 要] 本文从土木工程制图与CAD的课程培养目标出发，结合更新人才培养理念，重构培养目标和知识结构，转变培养方式的新工科人才培养新模式的本质内涵。课程组从画法几何与制图基础、专业制图和实践教学三个模块对课程内容体系框架进行了重构；从实物模型演示、仿真实验室、虚拟数字化技术平台辅助教学、信息化教学手段等方面探索新的教学方法；为了提高课堂学习效率，提高学生课堂参与度，实现课程目标对教学组织进行改革。上述改革为培养符合新时代要求的土木类人才提供了参考。

[关键词] 新工科；土木工程制图；教学改革

一、引 言

更新人才培养理念，重构培养目标和知识结构，转变培养方式是新工科人才培养新模式的本质内涵[1]。新工科的提出对土木类专业人才的培养计划也提出了新的要求，使得对土木类专业人才培养方式和内容进行深入改革具有紧迫性[2]。《土木工程制图与CAD》是土木工程专业必修的专业技术基础课，同时也是道路与桥梁、给排水、工程管理、工程造价等相关专业的必修课程。在倡导创新型人才培养和新型工程师培养的新工科形势下，对《土木工程制图与CAD》在课程内容体系重构、教学手段和教学组织、课程考核等方面进行了改革和实践。

基金项目：教育部首批“新工科”研究与实践项目（教高厅函〔2018〕17号）；四川农业大学校级教改项目

作者简介：陈伟（1986—），女，黑龙江人，讲师，硕士，从事理论力学、结构工程的教学与科研工作。电话：15114010759，E-mail：496408292@qq.com

二、课程内容体系框架重构

在课程体系构建上，坚持拓宽基础、增强创新能力、提高综合素质、办出专业特色的基本原则，将《土木工程制图与CAD》分为画法几何与制图基础、专业制图（手绘及软件制图）和实践教学三个模块进行教学。

1. 画法几何与制图基础

画法几何与制图基础模块中，将多媒体课件、网络微课视频、投影的视频动画、建筑物及工程形体的实物模型等相结合，主要培养学生空间想象能力和空间思维能力、对建筑形体的读图和绘图能力，以及贯彻执行国家和行业相关标准的专业精神，为后续专业课的学习奠定基础。

2. 专业制图

专业制图模块中，在传统内容基础上，加入国家统一的制图师及“AutoCAD工程师”“全国CAD技能等级”等国家职业资格等级考试相关内容，贯彻落实“双证书”制度教学。本模块中以四川农业大学综合实验楼为实例，讲授国家制标准以及施工图纸的阅读与绘制方法。通过课堂讲授、现场参观、仿真模拟和企业专题讲座等，最终使得学生做到了解图、看懂图、会画图、应用图的教学目标。为检验教学效果，举办制图大赛，邀请企业专家提供项目及担任评委，以竞赛为抓手，真实检验学生运用所学知识解决实际问题的能力、统筹和协调的能力，培养学生的创新意识和团队协作精神，从而提高专业素质。

3. 实践教学

实践教学以教学实践周的形式实现。与企业合作，按照技术岗位的操作要求来选择编排实习内容。① 由设计单位提供建筑方案图，学生按要求完成建筑施工图纸的手绘工作。绘制完成后由企业专家进行点评指导，完成绘图技能的实践应用。② 由合作企业提供在建项目施工图纸，首先学生进行图纸的识读，然后由企业负责人及任课教师带领同学进入施工现场，进行图纸与现场的比对、钢筋的校核、放线指导等图纸应用现场教学，使学生全面掌握建筑构造、结构，加深对图纸的理解，真正做到理论与实践的统一。③ 学生用CAD、天正建筑等计算机绘图软件，设计一栋自己理想中的建筑，完成该建筑的方案图绘制，要求学生在今后的房屋建筑学、结构力学、结构设计等专业课程的学习中不断完善和改进方案，并完成建筑施工图和结构施工图的设计，最终完成一套完整的施工图图纸，做到一个项目贯穿整个大学的学习，做到了专业知识的系统性。

三、教学方法的改变

为了使各专业学生能够更好地服务社会，教育教学必须采用多样化的手段和方法来改进教学模式，培养学生的创造能力和思维能力[3]。

1. 实物模型演示，提升学生空间想象能力

针对画法几何和工程识图与制图这两个重点难点模块，在授课过程中采用实物模型直观教学的方式：指导学生动手制作并建立三面投影空间体系，辅助学生建立空间感，使学生更好地掌握正投影知识，同时锻炼学生动手能力，增加学生的专业学习兴趣；在授课中利用已有教具模型向学生进行直观的讲解和展示。

2. 仿真实验室、虚拟数字化技术平台辅助教学

学院建设虚拟仿真实验教学中心，以“进程式”的教学方式，从学生对房屋建筑结构的整体认识开始，通过教学、自学、管理、考核为一体的功能特色，逐步让学生做到“了解图、看懂图、会画图、应用图”。教学中引入建筑信息模型（Building Information Modeling，简称 BIM）数字技术，三维式的“立体化”教学，从 360°展示施工图各个知识细节。其情景式漫游功能，加快了从单体识图向整体识图变革的步伐。

3. 挖掘“互联网+教育”下的信息化教学手段

通过慕课、微课，依托村镇建设虚拟仿真教学平台、网络课程教学平台等丰富教学资源，为学生提供形式多样、内容丰富、方便快捷的学习途径。2012 年起本课程即进行了网络课程的建设，并向相关专业在校生及社会人员开放。

四、教学组织的改变

基于工作过程导向的学习理念，依据工程图学的内容与学情，主要采用了以下几种教学方法组织教学。

1. 参与式教学，使学生成为学习的主体

在画法几何的理论教学中，5 ~ 6 人为一组，学生自由分组，以小组为单位完成教师布置的任务。按照教学大纲，各小组选择知识点，进行 PPT 的制作，资料的收集，课程教学设计。根据教学日历安排，每节课选定一组进行汇报，时间为 15 分钟，包括汇报 10 分钟、教师点评 1 分钟、学生组间互评 4 分钟。课程汇报成绩计入平时考核成绩。

2. 以案例式教学为主，注重学生应用能力的培养

本课程教学中引入大量工程实际项目为案例，增强学生工程应用能力的培养。例如，在讲解施工图纸的绘制原则及相关国家制图标准时，以“四川农业大学都江堰校区综合教学楼施工图”为具体案例，结合这个案例，学生更容易理解相应的表示方式及制图规则。在识读过程中，学生可以带着图纸到教学楼现场，边对照建筑实体边识读图纸，有助于将图纸内容形象化、立体化，做到真正的身临其境。

3. 工作页引导法，指导学生自主学习

对于画法几何与制图基础等理论内容，教师设计详细的学习情境，并以工作页的形式引导学生进行分组学习，以免学生盲目地自主学习。工作页引导学生明确目标，通过对建筑设计说明、平面图、立面图、剖面图、详图等的对照识读，将平面图纸逐步具象化、实物化。

4. 角色代入法，模拟工程实践

在识图任务中，由企业专家指导，模拟图纸会审环节，将学生分成几个小组，各组学生分别承演图纸设计者和审核者，并互换角色。视角和立场不同，各组学生提出的都是己方关心的问题，他方为了正确回答问题，必须反复查阅图纸及标准图集，这样，各组同学相互合作，相互监督，相互学习，课堂气氛紧张而活跃。

5. 以赛促学，培养学生的创新意识

学院每年组织制图大赛，聘请校外专家，临时抽取实际工程项目，以小组为单位组织学生，在规定时间内，组员间分工合作，运用 BIM 技术，进行建筑、结构、设备等施工图的绘制。同时积极推荐学生参加全国 BIM 建模大赛，以竞赛为抓手，真实检验学生运用所学知识解决实际问题的能力、统筹和协调的能力，培养学生的创新意识和团队协作精神，从而提高专业素质[3]。

五、结　语

在新工科背景下，《土木工程制图与 CAD》课程教学出现了新的内容和要求，对传统的教学方法和教学组织提出了严峻的考验[4]。为了适应现代工程及科学技术领域应用型人才培养的需求，课程以应用能力培养为核心，从企业及行业需求出发，以工程项目为载体。通过对课程内容、教学方法、教学组织等方面的改革，旨在培养具备熟练掌握常用绘图软件，图样表达准确、符合技术规范且具备一定的徒手绘图能力的专业制图员；能较快地读懂图纸，理解图纸间的相互关系，掌握查阅技术规范、各种标准图集的识读，能够直接指导施工的高素质现场技术人员等新型应用型人才。

参考文献

[1] 姜晓坤，朱泓，李志义. 新工科人才培养新模式[J]. 高教发展与评估，2018，34（2）：17-24.

[2] 张登萍. 新工科新视野：2-3D 协同教学的工程制图课程教学方法改革[J]. 高教研究：西南科技大学，2019（4）：39-42.

[3] 周蕊，金玉阳，侯晓云，等. 基于新工科思想的机械制图课程改革与实践[J]. 中国轻工教育，2018（3）：83-86.

[4] 毕仁贵，刘雁峰，肖雄，等. 新工科背景下工程制图课程建设与改造的探索性思考[J]. 教育现代化，2019（70）：139-141.

新工科背景下土木类毕业设计管理初探

——以四川农业大学为例

贯少敏　张青青　魏召兰

（四川农业大学土木工程学院，四川都江堰，611830）

[摘　要] 对于土木工程的本科教学阶段而言，毕业设计是体现学生综合实践和解决问题能力的不可或缺的重要环节。为提升本科教学阶段的质量，改善土木工程毕业设计的现状，本文以四川农业大学为例，在研究“新工科培养模式”的前提之下，深入探讨了毕业设计中大多数学生所存在问题，并针对此提出了毕业设计各个环节的质量管理细则，从而形成完整的毕业设计管理体系，为毕业设计的质量提供了有力保障。

[关键词] 新工科；土木工程；毕业设计；过程管理

一、引　言

自 2016 年开始，“新工科运动”如火如荼，“北京指南”“复旦共识”和“天大行动”三部曲先后奏响，成为新工科建设的标志[1-3]。新工科工程培养模式的最大特点是更加重视对学生实践能力的培养。土木类专业作为应用型很强的专业，实践教学的重要性更是不言而喻。本科毕业设计是考核学生综合能力的工程实践教学关键环节，因此研究新工科培养模式下的土木类专业的毕业设计的建设与管理，对促进土木类专业的新工科建设具有重要的现实意义[4]。

二、以往毕业设计中存在的问题

1. 学生不重视，态度不认真

不少学生认为毕业设计就是走形式，对老师布置的要求、进度不以为然，临到

项目资助：教育部首批“新工科”研究与实践项目（教高厅函〔2018〕17 号）

作者简介：魏召兰，女，1986 年出生，博士，副教授。E-mail：weifei0722@163.com

答辩匆忙应付一下就能毕业。

2. 教师指导不足

教师本身课时及科研压力较重，指导人数也相对较多。有些老师只在乎指导的人数多少，忽视毕业设计质量，指导时责任心不强，等待学生来问来找，学生不问不找就放任自流，毕业设计质量难以保证。

3. 在毕业设计管理工作上缺乏具体的操作规程与管理措施

学校、院系在毕业设计工作布置上要求严格，但缺乏过程管理，缺乏督促教师认真指导、师生定期交流答疑、毕业设计审阅等的机制，也间接造成了毕业设计质量下滑[5]。

4. 毕业设计写作时间短，难以保证质量

学校毕业答辩日期统一为第 8 学期，往年来看很多学生都是第 8 学期开始才做，但此时有些学生忙于四处找工作，考研的学生忙于复试，根本无心认真做毕业设计，最后只能应付了事，难以保证毕业设计质量。

5. 毕业答辩流于形式

很多学生认为，只要找到了工作或考上了研究生，毕业设计肯定会让我过。本身毕业设计撰写过程匆忙，答辩一问三不知，答辩组老师负担过重，答辩过程难免走过场，流于形式。

基于以上存在的问题，在新工科背景下，针对毕业设计各个环节，制定相关的管理细则，以期提高毕业设计质量。

三、毕业设计各环节的管理

毕业设计的整个环节分为学生选方向/选导师→选题→确认题目→开题答辩→中期检查（阶段成绩）→论文评阅、答辩资格审查→答辩→资料归档。对重要环节的相关建设与管理如表 1 所示。

表 1　本科毕业设计各个环节质量管理细则

环节	管理细则
选方向	（1）召开毕业设计动员大会（各方向主要内容介绍）。 （2）向学生公布详细的毕业设计考核标准，包括答辩评分标准、最终成绩算法，强调毕业设计的重要性

续表

环节	管理细则
选题	（1）毕业设计伊始（开题前），每个学生均应发放《毕业设计指导记录册》，方便记录具体问题、进度、教师指导情况，不得后补资料，如实记录；教师应有《考勤记录册》，方便对指导学生的出勤率考核，以计入最终成绩。 （2）选题应符合专业培养目标和专业认证通用标准，题目内容应符合补充标准。 （3）各系室成立毕业设计审阅小组，对学生实际选题内容审查，保证一人一题，各指导老师间不得重复，连续3年不得重复。 （4）选题确定后，各指导老师应召开不少于两次的开题内容及思路的集中指导会，并报督导组备案，方便督导核实。 （5）学生提交《开题报告》，导师进行检查，督导组或毕业审阅小组进行抽查，重点检查指导教师指导情况及“开题报告”完成情况
开题答辩	（1）学生开题答辩前准备答辩PPT（5分钟左右），并打印3份开题报告。 （2）答辩组老师提问不低于3个，若3个问题中，两个回答错误或不回答，重新提问两个，若还答不正确，则进入公开答辩
过程管理	（1）各方向根据任务书内容，具体细化每周完成内容，或明确地列出完成每一部分设计任务所需要的时间，让学生有的放矢地展开设计，并在限定的时间内检查每位学生完成设计任务的具体情况。督导也可根据此查看具体指导进度情况。 （2）各方向根据每一部分任务，定期开展专题讲座，可由指导教师分阶段讲解或演示具体内容及操作，以推进实际进度。 （3）各指导老师按照毕设进度表，形成“学生汇报，教师答疑”的集中讨论答疑周例会（不少于每周一次），并对学生的进行考勤（建议给指导教师统一印制考勤记录表），各学生如实记录《毕业设计指导记录表》，督导组将不定期抽查各指导教师及学生的记录表[6]
中期检查（阶段成绩）	（1）由各答辩组（督导组）组织，学生将前期成果整理成PPT汇报，答辩组成员就各学生的进度、质量等提出相应问题，并计入中期成绩。 （2）中期检查，着重考察教师指导次数（指导记录表）、学生目前的成果进度等
论文评阅、答辩资格审查	（1）学生的毕业设计要经过指导教师和系上同行教师两次评阅（打乱进行随机分配），合格后才能进行答辩。 （2）指导教师在审阅学生的毕业设计过程中应从学生设计态度、设计内容、工作量、设计质量、设计文本、图纸规范及存在的不足等方面写出客观评阅意见，并给出评阅分数（导师评分表）；然后该论文需要提交系里同行教师进行评阅，给出评阅意见和评阅分数。在两次评阅合格后，学生才具有答辩的资格。若两次评阅，成绩相差10分及以上，必须再由第三评阅人评阅，最后评阅成绩由三位评阅人的成绩取平均值

续表

环节	管理细则
答辩	（1）答辩前，学生应完成指导教师毕设评价（学院可设专门的评价系统，对指导教师进行量化评价）。 （2）平时无故缺勤 1/3、无故不参加中期检查、指导教师或同行教师评阅不合格，或未能按时提交论文等的学生不能直接参加公开答辩。 （3）学生需持有导师评分表和同行教师评阅表，方可进行答辩。 （4）学生毕业设计答辩前准备答辩 PPT（5 分钟左右），并分别打印两份图纸和计算书。 （5）答辩组老师提问不低于 3 个，若 3 个问题中，两个回答错误或不回答，重新提问两个，若还答不正确，则进入公开答辩。 （6） 答辩结束后答辩委员对学生的毕业设计从设计内容、质量、工作量、答辩情况等方面进行成绩评定。学生毕业设计总成绩包括开题答辩评分 10%、中期检查评分 20%、导师评分 20%、评阅教师评分 20%和答辩小组评分 30%，获优秀的比例控制在 15%左右

四、结　语

本科教学阶段的任务在于培养复合应用型创新人才，而本科毕业设计作为重要环节参与培养计划中，具有很大的难度，需要学院、指导教师、学生三方配合良好，为毕业设计的完成质量提供有力保障。在新工科建设背景下，本文以四川农业大学为例对土木类本科生毕业设计环节建设进行了深入研究，分析了当前阶段存在的一系列问题，提出了毕业设计各个环节的管理细则，其核心内容主要包括加强指导教师频次和资质的管理、加强毕业设计的全程管理。通过各环节的把控，激发了学生的学习兴趣，增加了教师指导力度，增强了学生在新工科背景下的竞争能力。

参考文献

[1] 教育部."新工科"建设复旦共识[J]. 复旦教育论坛，2017，15（2）：27-28.
[2] 教育部."新工科"建设行动路线——"天大行动"[J]. 高等工程教育研究，2017，4：24-25.
[3] 教育部."新工科"建设指南——"北京指南"[J]. 高等工程教育研究，2017，7：20-21.
[4] 赵国勇，董爱梅，赵彦峻，王洪泉. 新工科背景下机械类本科生毕业设计环节

建设探索[J]. 产业与科技论坛，2019，18（7）：248-249.
[5] 吴峰，康国祥，宋年秀. 新工科背景下本科毕业设计的思考与探索——以青岛理工大学交通运输专业为例[J]. 教育教学论坛，2020，1：332-334.
[6] 王文虎，韩冰. 新工科背景下本科毕业设计教学改革研究[J]. 黑龙江教育（高教研究与评估），2019，5：25-26.

新工科建设背景下开展基础力学课程的混合式教学

彭 芸

（西南科技大学土木工程与建筑学院，四川绵阳，621010）

[摘　要] 力学课程作为广大工科专业的基础课程，在新工科建设背景下，其基础地位依旧不会动摇。以材料力学课程为例，对材料力学开展线上线下的混合式教学进行了几点思考。

[关键词] 新工科；力学课程；混合式教学

“新工科”建设是我国主动应对新一轮科技革命与产业变革采取的重大战略行动，旨在加快培养新兴领域工程科技人才、改造升级传统工科专业和主动培养未来战略必争领域关键人才。工程实践不断证明高新科技发展中众多技术难题都离不开力学的知识储备。因此，基础力学课程（理论力学、材料力学、工程力学等）作为广大工科专业的基础课程，在新工科建设背景下，其基础地位依旧不会动摇，但如何让工科人的力学知识满足新工科建设的高期待值得探讨。混合式教学模式将网络教学与传统教学模式相互融合，它不仅是一种学习方式的混合，更是教育理论、教学理念的混合，包括教学方法、教学模式、教学资源、教学环境、教学媒介和教学目标等教学要素的混合。本文以材料力学课程为例，结合目前材料力学课程的知识结构特点和混合式教学的优势，探索新工科背景下的材料力学课程教学新理念、新方法和新的实践模式。

一、新工科的提出

为了推进新一轮的科技革命和产业变革，我国推动实施了“中国制造 2025”“互联网+”“人工智能”等一系列重大战略，以适应新经济的飞速发展。教育部高等教育司原司长说过：“工程教育跟产业发展是紧密联系的，相互支撑的。我们急需发展‘新工科’，来支撑新经济发展的人才需要。”从行业和产业发展对新工科的高度期待

作者简介：彭芸（1981—），女，四川广元人，讲师，主要从事基础力学课程的教育教学研究

和新工科对国家经济社会发展应承担的重大使命来看，主动布局、设置和建设服务国家战略、满足产业需求、面向未来发展的工程学科与专业，培养造就一批具有创新创业能力、跨界整合能力、高素质的各类交叉复合型卓越工程科技人才，应是新工科建设和发展的重点。从 2017 年 2 月的“复旦共识”到同年 4 月的“天大行动”，再到同年 6 月的“北京指南”，全国各高校纷纷开启了新工科建设背景下工程教育改革创新的研究，共同确立了新工科建设目标、行动路线和具体实施内容。新工科，“工科”是本质，“新”是导向，即工程教育的新理念、学科专业的新结构、人才培养的新模式、教育教学的新质量、分类发展的新体系，其目的是培养具备扎实专业技术和创新设计能力的复合型新工科卓越人才，拥有解决高新科技发展中的可能面对的技术难题的能力，能够适应、甚至引领未来工程发展的技术需求，进而提高国家在关键领域的未来竞争力。

二、基础力学课程的现状

众多的工程实践不断证明在高新科技的发展进程中，所面临或必须解决的技术难题都离不开扎实的力学计算和分析能力。在国内外高等院校工科专业培养方案中，基础力学课程都是大部分工科专业的基础必修课，对培养学生分析解决工程实际问题以及后续专业课程的学习均有重要的意义和作用。基础力学课程内容基本概念和数学公式繁多，需要学习者有较强的数理基础和分析计算能力。传统的面对面课堂教学，以教师讲授为主，学生课上或课下练习为辅的方式开展，由于学生的学习基础和理解能力各不一样，课堂教学内容的接受程度也呈多样化，这就导致在课程教学进行到中后期时，有的学生反映教师讲授内容太基础希望能深入扩展知识点，而有的学生反映已经完全听不懂教师所讲的知识点，很难做到教学的个性化和多样化。再加之教学改革的逐步深化，课程的学时不断压缩，力学课程教学反映出的难教、难学已成为困扰力学教师和工科学生许久的重大难题。因此，当前力学课程的教学方法以及教学效果还不能满足新工科建设对工科专业人员力学素养提出的高要求，改善力学课程的教学环境、提高课程的教学效果已经成为新工科人才培养进程中不能忽视的重要问题。

三、混合式教学模式的出现

改善力学课程的教学环境、提高力学课程的教学效果，并非一味增加学时和内容，课堂上多提问题以促进学生的课堂参与度，而应该以优化教学内容、培养分析能力为重点，寻求适宜高效的教学模式，积极构建新的力学教学环境。随着互联网与移动技术的迅猛发展，特别是“互联网+”时代的到来，混合式教学（Blended-learning）已成为当今教育界研究的热点问题之一，是当前国际教育技术发展的新动向。与传统的面对面课堂教学不同，混合式教学根据学生志趣有效整合传统面授教学的优势与网络在线教学的特点，根据学生的学习情况和实际需求，选择合适的教学技术，在适当的教学手段、方法、组织形式之下将学习要素加以整合，创造出学生能高度参与的学习环境，从而实现最高效的教学过程。混合式教学强调的重点是“学生”，不仅仅是面对面的传统教学方式与互联网在线教学的混合，更是在以学生为中心的学习环境下，以教学平台为起点，链接教师、学生、教学资源等要素开展教学与辅导形式的混合。

四、材料力学课程的混合式教学

以西南科技大学为例，材料力学课程主要面向机械工程与制造专业和土木工程专业的大二本科生开设。学生经过大一高等数学、大学物理和理论力学等课程的学习后，对实际工程存在的力学问题有了初步的认识。以 64 学时的材料力学课程为例，材料力学主要介绍工程构件的强度、刚度和稳定性问题，以基本变形、组合变形和压杆稳定作为三大教学版块。为了能够更好地提高教学效果，考虑从以下三点开展材料力学课程的混合式教学：

（1）资源整合。

混合式教学以学生为中心，重在激发学生求知、探索、创新等能力。64 学时的材料力学课程主要解决工程构件的强度、刚度和稳定性问题，一般包括基本变形、组合变形和压杆稳定这三大教学版块。教师根据学生专业特点和学时数量，建立材料力学课程框架图，展现课程各个知识节点的相互关系以及课程授课的教学安排，并在框架图中表明哪些属于课堂教师讲授的内容、哪些属于课后学生在线学习的内容。课上教师讲授的内容主要完成重要基本概念的介绍，如内力、应力、应变及其计算方法。教师在课堂上更着重对重要基本概念的讲解、易混淆的知识点及易出错的公式计算进行讨论，并根据学生掌握的程度，分别组织开展知识点的拓展训练。而对于具体针对基本变形（拉压、弯曲、扭转、剪切）的内力计算、应力及变形公式的推导则由学生课后在线学习来完成。不同的教学内容采取不同的教学手段，这些都应在课程的概念框架图中有所体现，以便让学生实时掌握自己的学习进度，是否滞后、是否满足课程要求，后续该怎样学习。

（2）过程评估。

学生可以通过在线教学平台可以观看到课程视频进行课前预习和课后复习，完成规定的在线作业和在线学习；而在课堂上根据学生学习情况进行组队开展知识点的拓展训练，提高学生对知识点的理解和应用能力。在混合式教学的过程评估中，学生的在线学习时间、在线学习进度、在线阶段性测试、在线作业、在线分享学习心得等情况都会有完整的数据记录，再加之课堂教学时的出勤情况、课堂表现以及小组汇报等都能让教师实时了解学生的学习进展。另外，这样的混合式教学可以实现对学生进行个性化教学，课堂理解和接受能力比较差的学生可以在网上多次反复学习，而接受速度比较快的学生则可以加快学习进度。同时，在教学平台系统上定期设有课程的小测试和问卷调查，让学生和教师及时掌握教学效果，查找补齐知识漏洞，从而达到提高学生自学能力的目标。

（3）效果评价。

在线学习能够使学生根据自己的情况让知识内化，而课堂学习能够让老师与学生更好的交流、答疑解惑。这种线上线下的混合式教学能够大大提高学生学习的主动性和参与度，让学生更注重知识的平时积累。混合式教学是以学生为中心，满足学生个性化需求的一种新型教学模式，教学效果不能只看最后的考试成绩，还应对学生学习的自我满意程度和学生对工程问题的解决能力进行综合评估。学生自我满意程度可以通过匿名教学评价来完成，学生在课程学习中对教学内容、教学手段以及教学过程中设置的各个教学环节进行打分。而学生对工程问题的解决能力则由课程结束时组队计算分析某一实际工程问题的情况来体现。

五、小　结

混合式教学促进了信息的双向流动，重构了新的教学模式和教育体系，充分发挥互联网教学的优势，改善传统教学模式，从原来以教师为中心的教学模式转变为以学生为中心的互动式教学模式。当传统教学模式遇上“互联网+”时，我们既能感受到混合式教学对教学效果的促进和提升，也会在教学过程中遇到新的问题与新的挑战。在“互联网+”的潮流与趋势下，如何让基础力学这一自然科学焕发出新的活力，是值得力学教师思考的问题。

参考文献

[1] 林健. 面向未来的中国新工科建设[J]. 清华大学教育研究，2017（38）：26-35.

[2] 吕学鹏，张保森，巴志新，王章忠. 新工科背景下《工程材料》的混合式教学模式研究与实践[J]. 广州化工，2018（46）：126-127，152.

[3] 马宏伟，张伟伟. 新工科力学课程体系的几点思考[J]. 高等工程教育研究，2018，3：6-12.

[4] 冯晓英，王瑞雪，吴怡君. 国内外混合式教学研究现状述评——基于混合式教学的分析框架[J]. 远程教育杂志，2018：13-24.
[5] 顾娟，陈力. MOOC 环境下混合式教学模式在基础力学教学中的应用初探[J]. 高等建筑教育，2016（25）：169-172.
[6] 李志海，钟源. 新工科个性化人才培养模式下课程改革探索与实践—以工程流体力学课程为例[J]. 中国现代教育装备，2018，5：82-84.

新工科背景下材料力学课程教学改革探索

陈　渝　李晓晓

（成都大学机械工程学院，四川成都，610106）

[摘　要] 新工科建设要求高校必须充分发挥人才培养优势，以培育出更多高质量复合型工程人才。材料力学是材料专业的基础课程，对构建材料专业工程技术人员的专业知识体系和后续专业课程的学习具有非常重要的作用。针对课程当前面临的问题，在新工科理念下进行材料力学课程教学改革，通过革新教学内容、创新教学方法、重视实践教学和完善课程考核机制，来建立符合新工科建设要求的工程人才培养模式。

[关键词] 新工科；材料力学；教学改革；培养模式

2017 年开始教育部联合国内高校对新工科进行了深入的探索，目前具有代表性的成果有“天大行动”“复旦共识”等[1]。在此基础上，教育部于 2017 及 2018 年两年间连续下发了多个指导性文件，为新工科实践的开展指明了方向。新工科的目的在于为我国工程技术发展提供人才。材料力学是极具实践价值以及现实意义的工科课程，与现实生产活动关联密切，具有很强的理论性、逻辑性。在材料力学的学习过程中，学生不仅可以使自己的逻辑思维能力得到显著的提升，还借助于该学科实践性较强的特点，使自身分析和解决实际问题的能力得到锻炼。但传统材料力学的教学活动中更倾向对学科知识的讲解和传授，教学内容以理论为主，这种相对固化的课程体系已不能满足社会生产力高速发展而产生的全面型人才需求。结合新工科建设的发展方向，对我国高等院校应用型学科材料力学课程进行深入探索并加以改革。

项目资助：成都大学本科教育教学改革项目：新工科背景下材料科学基础课程的教学改革探索与实践（编号：cdjgb2019061）

作者简介：陈渝（1984—），男，重庆铜梁人，副研究员，主要从事电子陶瓷与传感器研究。电话：13693403049，E-mail:chenyu01@cdu.edu.cn，xxli1987@163.com

一、课程面临的问题

对材料专业学生而言，材料力学是其在学习过程中较早接触的专业技术基础课程。通过材料力学的学习，学生的逻辑思维能力和实践操作能力均得到了充分的锻炼，同时还对后期学习研究所必需的力学建模产生初步的认识。国内高校在材料力学课程调整的过程中主要面临着三方面的挑战。

（1）外部环境变化显著。随着新工科理念的发展完善，原有的教学计划、课程安排以及教学目标等均难以适应当前生产力发展所产生的人才需求[2]。与高速发展的社会生产力相较，工科专业高等教育教学体系的发展已严重滞后。

（2）教学实施难增加。材料力学学科不仅理论体系严密，且知识点多较抽象，难以令学生产生较为直观的认识，加之该学科兼具理论和实践双重要求，使得很多学生在学习过程中缺乏学习兴趣。而以教师为主体的教学方式，学习内容及方法较为固化，不利于学生实践操作能力的提升，不能达到预设的教学目的。

（3）评价考核机制失当。当前各高校对材料力学教学成果的考核仍以期末结课考试分数为主要依据，缺少课程过程考核。学生课堂参与感不足，只通过考前数周的突击学习获得及格分数以获得相应学分的现象普遍存在，这类学生通常不具备利用理论知识解决实际问题的能力，使教学成果大打折扣。

二、革新教学内容

很多高校教师对材料力学作为工科基础学科的重要性认识不足，课堂上采取照本宣科等单向教学模式的情况屡见不鲜，使材料力学的学习变成了生硬的死记硬背，再通过题海战术对知识点进行反复的强化[3]。这种教学方式难以启发学生对所学内容的深层次思考，使理论知识的学习过于僵化，学生很难在这种教学模式下提升自己的逻辑思维能力及实践操作能力。对教学内容进行调整，需以各专业、各阶段教学大纲为依据，对不同教学对象设置差异性的教学目标及方案。同时还要考虑到材料力学作为工科基础学科承前启后的特点，在课程设置上要突出对前后知识点衔接的相关教学内容，全面提升教学质量。例如，为了给学生结构力学相关学科的学习奠定基础，将简易法求截面内力的教学内容进行了提前；为了避免重复教学所产生的教学资源浪费，后续其他学科教学中必修的能量法、图乘法以及内力计算等内容不再列入材料力学的教学大纲；在极值弯矩的计算上，引入微分关系的相关教学内容，引导学生自主地对计算公式进行推导。材料力学的教学内容革新还要突显出高等教育应用型学科的基本目标，即学以致用。将培养学生实践应用能力作为重要的教学目标，对学时进行合理的安排，针对教学对象工科理论基础较为薄弱的特点，在对理论及相关概念进行说明时，避免使用晦涩难懂的表述，尽可能地简化理论的推导、验证过程。

三、创新教学方法

在新工科理念下，教学活动的主体由教师转变为学生，同时鼓励教师在课堂教学中采用启发式教学方法，摒弃传统的“填鸭式”教学方式。启发式教学法在教学活动中注重师生之间的双向互动，教师承担着引导和启发的职责，为学生独立思考、自主学习提供必要的帮助。启发式教学可以极大地激发学生的学习热情，使学生自主学习成为了主要的学习方式，学生可以根据自己所掌握的知识情况主动对学习内容及学习进度进行调整，最大限度地调动学生的积极性。

材料力学属于应用型基础课程，在进行相关知识的讲授时必然会涉及诸多实际案例，如果仅靠文字或静态的图片进行表述，势必难以令学生产生直观的印象，不利于学生充分理解并掌握所讲授的知识。高校在进入二十一世纪之后便逐渐加大了对多媒体教学资源的研发和应用力度，经过十余年的积累，已经初步形成了较为完善的教学资源体系，借助慕课等成熟的线上平台，实现了教学活动在课堂之外的拓展。借助于多媒体技术，可以将案例生动形象的予以展现，同时很多复杂的工程力图也可以通过透视或旋转等方式加深学生的理解。现代教育技术的应用，为新工科理念下教学机制的改革提供助力。

四、重视实验教学

新工科理念下的教学体系侧重于对学生创新意识及实践能力的培养，所以在教学实务中要将优质资源向实验教学倾斜[4]，首先要对实验实施的过程予以高度重视。其次，丰富实验教学的内容，增加综合性实验。为了更好地实现材料力学学科的教学目标，提高学生的实践操作能力，需要对原有较为固化的实验项目进行革新，结合社会生产对全面型人才的需求，增加综合性实验的数量。比如，在对圣维南原理进行教学时，由于学界对圣维南原理在薄壁结构中的应用方面迄今仍未形成统一的认识，所以该实验极具科研价值。圣维南原理在薄壁结构中的应用涉及薄壁杆件的弯曲扭转以及应变电测法等多方面的知识，属于综合性实验，不仅可以使学生将所学的知识在实验中得到印证，同时也可以使学生对各知识之间的关联产生更加深入的认识，提升了学生的思维能力及实践能力。

五、完善考核机制

在传统教学体系下，材料力学学习成果的评价考核方式相对较为原始，主要以平日考核及期末考试成绩为主[5]。这一考核模式已不能满足当前形势下的人才需求，所以对评价考核机制进行革新势在必行。具体可以考虑以下做法：（1）提高学生综合素质在考核结果中所占的比重，降低非必要的记忆性知识点考核；（2）降低期末考试成绩在考核结果中所占的比重，提高课堂表现的重要程度，引导学生在平时的学习过程中保持严谨的学习态度；（3）课堂表现考核过程中，侧重于对学生实践能力进行考核，通过实验操作或撰写小论文等方式，启发学生对所学知识进行深入的思考，鼓励学生对自己的见解进行阐述；（4）丰富考核的方式方法，综合使用闭卷及开卷等考试方式，以期可以更加准确全面地反映出学生对课程知识的掌握程度。

六、小　结

新工科理念下的高等教育教学改革是我国教育发展过程中又一全新尝试。材料力学作为工科的基础学科，应结合学科教学特点，在教学内容、方法以及评价考核等方面进行深入的探索及尝试。结合当前社会生产所产生的人才需求，积极对材料力学的课程安排进行调整，革新教学方法，重视实验教学，完善评价考核机制，提高平日课堂表现及实践能力在考核结果中所占的比重。同时要充分发挥网络、多媒体技术等现代教育方式，激发学生学习热情，将教学活动的主体由教师转变到学生，通过学生的自主学习，使其综合素养及专业能力得到全面的提升。

参考文献

[1] 王松博. 新工科建设背景下地方高校工科人才培养模式改革研究[D]. 桂林：广西师范大学，2019.

[2] 徐锋，范剑，许晨光. 新工科背景下地方高校材料力学金课建设路径与探索[J]. 力学与实践，2020，42（02）：226-231.

[3] 方建士，顾建平，汪云祥，等. 新工科建设背景下应用型本科院校材料力学教学改革探讨[J]. 南京工程学院学报（社会科学版），2019，19（03）：81-84.

[4] 吴莹，徐志敏，张陵. 适应“新工科”人才培养需求的力学实验教学新模式[J]. 力学与实践，2019，41（01）：86-90.

[5] 吴蒙蒙，杨少红，章向明. 材料力学考核评价方式的改革与探索[J]. 力学与实践，2019，41（04）：475-477.

新工科背景下理论力学多学科融合教学模式探析

刘东亮[1] 李智慧[2] 刘永杰[2] 李 艳[2] 王 宠[2]

（1. 四川大学水利水电学院，四川成都，610065；
2. 四川大学力学科学与工程系，四川成都，610065）

[摘 要] 在新工科背景下，如何对教学模式进行改革以满足培养适应新时代发展要求的工程科技人才的需求，是当前教育教学改革的重要话题。本文针对理论力学教学，从引导学生课后实践方面，通过几个具体案例探讨教学拓展模式，引导学生在课后练习时注重多学科思维的训练，结合计算机技术进行拓展分析，感悟工程思维，培养多学科交叉融合能力。

[关键词] 理论力学；新工科；教学拓展；多学科融合

理论力学作为许多工科专业的基础课，为了符合“新工科”建设要求，教学模式改革势在必行，很多高校也在开展探索与实践。

早在 1978 年，钱学森先生就已经指出：“力学工作者要懂得、要会用电子计算机，要研究如何运用力学本身的规律，使它和电子计算机的规律结合起来，最有效地得到最好的解。”可见，合理运用计算机技术在力学领域往往带来事半功倍的效果。2016 年以来，随着“新工科”理念的提出，利用计算机技术进行工程实践教育被认为是提升学生学习兴趣、形成以学生为中心教育模式的良好办法。鼓励学生采取一些创新方法来解决日常的习题，有利于锻炼学生发现问题、分析问题、解决问题的能力，有助于建立起工程技术与计算科学的感性认识。

一、从解桁架受力探索建模仿真

仿真模拟是力学研究中常用的手段，为了弥补教学与实际应用的差异，在理论

项目资助：四川省高等教育人才培养质量和教学改革（JG2018-32）；四川大学高等教育教学改革研究（SCU8232，SCUKG060）

作者简介：刘东亮，在读本科生，E-mail：donlyon@qq.com；刘永杰，通信作者，副教授，主要研究方向为实验固体力学，E-mail：liuyongjie@scu.edu.cn

力学静力学部分教学中，可以采用一些简单、易学的方法来进行桁架受力求解，比如使用 SolidWorks 软件实现受力仿真运算。

例如，如图 1 所示平面桁架中，已知载荷 P=100 N，试求 A、B 处铰链的竖直约束反力。

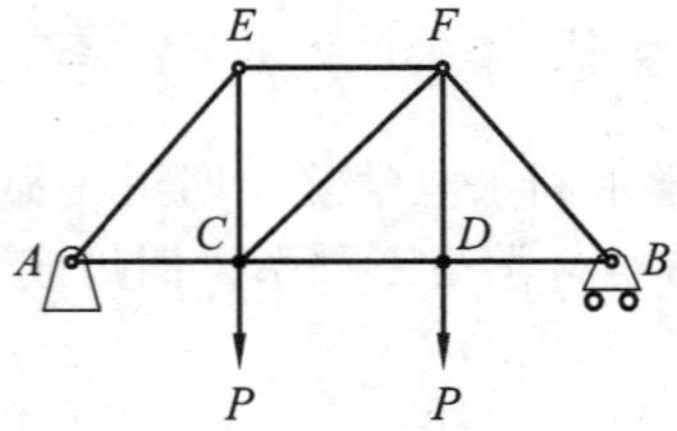

图 1　平面桁架静力学问题

在 SolidWorks 软件中，使用焊件模块建立桁架模型，然后采用 Simulation 插件进行受力仿真。生成、运行算例后，可以得到模型在 y 方向上的反力情况，如图 2 所示，可见节点 A、B 的受力均为 100 N，与手算结果一致。

进一步利用软件还可求得该模型的轴应力图（见图 3）。杆件的轴应力并非理论力学中所假设的定值，这是由于杆件的轴应力是由于构件产生变形引起的，不能视为刚体来分析，从而为后续课程（如材料力学）奠定直观的感性认识基础。

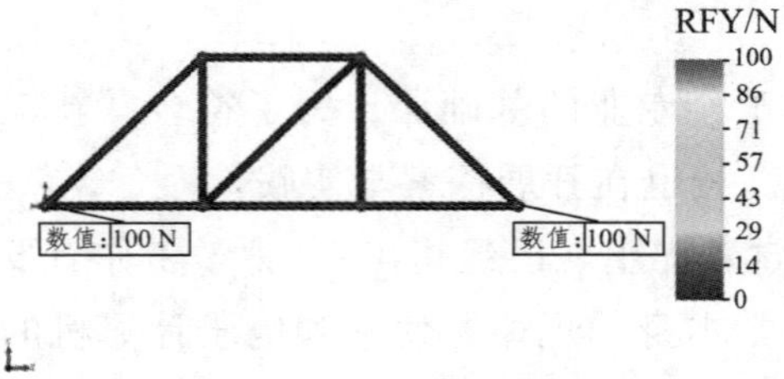

图 2　模型 Y 方向反力图

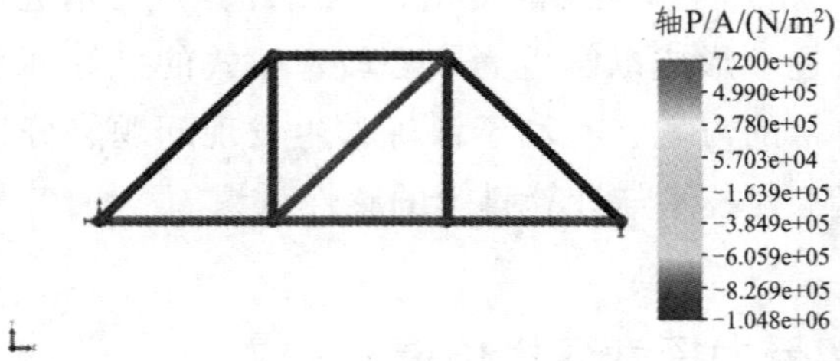

图 3　轴应力图

二、从动力学问题探索编程计算

实际应用中，使用计算机编程来求解工程问题也是常用的手段。尽管不少高校为学生专门开设了程序课程，但学生在学习这些程序时很少有机会将编程知识应用到其他学科领域。这个问题，可以在理论力学学习中，通过对典型习题的编程练习而进行拓展训练。

例如，在如图 4（a）所示系统中，均质圆盘和均质杆 CB 的质量均为 m，均质圆盘半径为 R，放置于粗糙的平面上，均质杆长 $2l$=10 m。初瞬时，系统静止，CB 处于竖直位置，现加一微小扰动让 CB 倒下，试求当 CB 运动到水平位置时圆盘的速度。

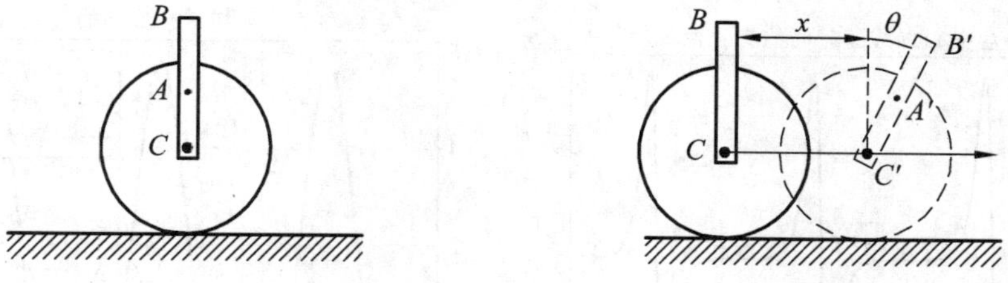

（a）　　　　　　（b）

图 4　动力学问题

如图 4（b）所示取 x 轴为零势能面，设任意时刻圆盘中心坐标为 x，CB 杆转过的角度为 θ，则 CB 杆质心坐标为 $x_A = x + l\sin\theta$、$y_A = l\cos\theta$，速度为 $\dot{x}_A = \dot{x} + l\sin\theta\dot{\theta}$、$y_A = l\sin\theta\dot{\theta}$。系统的拉氏函数为

$$L = E_{\mathrm{k}} - E_{\mathrm{p}} = \frac{5}{4}m\dot{x}^2 + ml\cos\theta\dot{\theta}\dot{x} + \frac{2}{3}ml^2\dot{\theta}^2 - mgl\cos\theta \tag{1}$$

由 $\dfrac{\partial L}{\partial x} - \dfrac{\mathrm{d}}{\mathrm{d}t}\left(\dfrac{\partial L}{\partial \dot{x}}\right) = 0$ 可得

$$\frac{5}{2}m\ddot{x} + ml\cos\cos\theta\ddot{\theta} - ml\sin\theta\dot{\theta}^2 = 0 \tag{2}$$

由 $\dfrac{\partial L}{\partial \theta} - \dfrac{\mathrm{d}}{\mathrm{d}t}\left(\dfrac{\partial L}{\partial \dot{\theta}}\right) = 0$ 可得

$$mgl\sin\theta - ml\cos\theta\ddot{x} - \frac{4}{3}ml^2\ddot{\theta} = 0 \tag{3}$$

整理式（2）、（3），可得

$$\begin{cases} \ddot{x} = \dfrac{\mathrm{d}v}{\mathrm{d}t} = \dfrac{3g\cos\theta - \dfrac{3}{4}l\dot{\theta}^2}{3\cos^2 - 10}\sin\theta \\ \ddot{\theta} = \dfrac{\mathrm{d}\omega}{\mathrm{d}t} = \dfrac{3(2l\dot{\theta}^2\cos\theta - 5g)}{2l(3\cos^2\theta - 10)}\sin\theta \end{cases} \tag{4}$$

式中，v 为圆盘中心速度，ω 为 CB 杆转动角速度，那么有

$$\begin{cases} v = \dot{x} = \dfrac{\mathrm{d}x}{\mathrm{d}t} \\ \omega = \dot{\theta} = \dfrac{\mathrm{d}\theta}{\mathrm{d}t} \end{cases} \tag{5}$$

引导学生使用 Python 对微分方程组（4）、（5）进行求解、作图，结果如图 5 和图 6 所示。从图 5 中可以看出，圆心做周期性的左右运动。从图 6 中角位移θ与 CB 杆角速度、圆盘中心位移和速度的关系可知，当直杆为水平时（90°、270°等），圆盘运动到最左或者最右的位置，此时圆盘中心速度为零。通过使用计算机对此题的微分方程进行求解和画图，让原本难以想象的系统周期性运动过程变得直观。

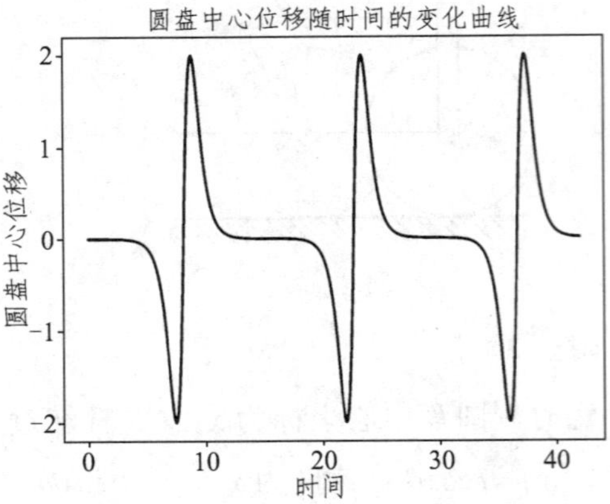

图 5　圆盘中心位移随时间变化曲线

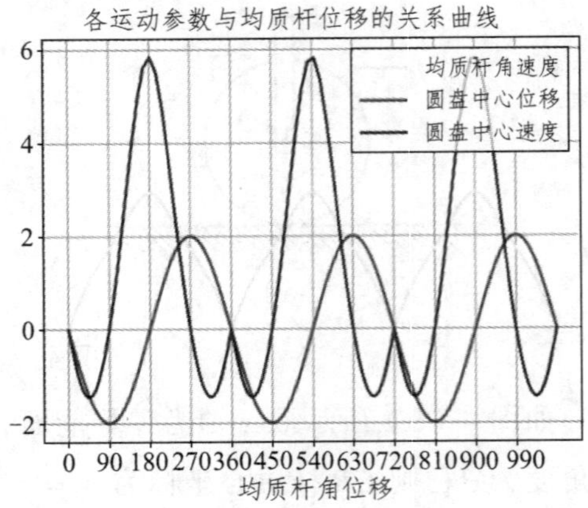

图 6　角位移与杆角速度、圆盘中心位移和速度关系

此外，本例还可以进一步提出一个问题，即题设所给的“微小扰动”是什么样的扰动，换句话说，它究竟是给了哪个物理量一个不为零的初值？让学生分别改变程序参数，设位移、角位移、角速度的初值不为零，可知微小扰动是给了角速度或角位移非零初值。

三、结　语

通过对一些典型案例的探讨，在理论力学教学中，可以通过引导课后实践，鼓励和指导学生结合自身兴趣，学习使用计算机程序设计语言和软件（比如 Python、Solidworks、Mathematica 等）对习题进行拓展计算分析，拓展应用广度，培养其应用多学科知识和技术交叉融合研究和分析问题的能力。

参考文献

[1] 钟登华. 新工科建设的内涵与行动[J]. 高等工程教育研究，2017（03）：1-6.

[2] 崔玉洁，张祖立. 谈理论力学课堂教学模式改革[J]. 沈阳农业大学学报（社会科学版），2006（02）：345-346.

[3] 陈建平，范钦珊，邓宗白. 从工科基础课程的特点出发开展研究性教学[J]. 中

国大学教学，2008（05）：20-22.

[4] 钱学森. 现代力学——在一九七八年全国力学规划会议上的发言[J]. 力学与实践，1979（01）：4-9+3.

[5] 贾书惠，张怀瑾. 理论力学辅导[M]. 北京：清华大学出版社，2003.

[6] 白跃品，宋铁. SolidWorks 中建立桁架模型方法[J]. 机械管理开发，2014，29（03）：20-22+25.

[7] 张若愚. Python 科学计算[M]. 北京：清华大学出版社，2016.

以赛促教提高材料力学教学质量探究

王亦恩

（西华大学土木建筑与环境学院，四川成都，610039）

[摘　要] 目前，不少地方性大学因学时不够、青年教师教学动力不足等原因，基础课程的教学质量存在较大隐忧。本文结合自己参加讲课比赛及进行教学改革的经验，针对中学时材料力学课程教学改革提出建议，重点介绍参加教学竞赛如何促进课堂教学质量，以及课堂教学服务教学竞赛的体会。

【关键字】材料力学；教学竞赛；课程中心；教学反馈

一、前　言

2018 年 5 月，习近平总书记在北京师范大学师生座谈会上强调，人才培养的关键在教师，教师队伍素质直接决定着大学办学能力和水平。随着信息化不断发展，知识获取方式、传授方式以及教和学关系都发生了革命性变化。这对教师队伍能力和水平提出了更高的要求。青年教师将会成为学校发展的中坚力量，针对青年教师的教学方式改革就显得尤为重要。

2018 年 6 月，教育部陈宝生部长在新时代全国高等学校本科教育工作会议上指出“不抓本科教育的高校不是合格的高校”，这给高校办学划出了一条底线。要坚持把教学质量作为教师专业技术职务评聘、绩效考核的重要依据，多维度考评教学规范、教学改革研究等教学实绩，对教学工作的要求要硬一点，教学工作达不到平均水平，就不能晋升职称，真正将人才培养中心地位落到实处。然而，青年教师面临巨大的科研压力，导致重科研轻教学的现象，教学改革最缺乏的是动力，最需要的也是动力，而参加教学竞赛将是解决教学改革动力问题的有效途径。

项目资助：以赛促教提高材料力学教学质量探究（xjjg2017114）

作者简介：王亦恩（1987—），女，四川，讲师，主要从事多场耦合纳米梁研究。E-mail：61049710@qq.com

二、中学时材料力学课程教学改革必要性

对于很多地方高校而言，土木工程、机械工程、材料科学等诸多专业都是重点发展专业，基础力学对上述的专业来说是非常重要的专业基础课。从长远角度来看，力学课程作为工程领域的基础学科，它在推动科学技术现代化发展过程中起着重要的作用[1]。而基础力学课程一再面临学时被压缩的困境，这些专业的教学方案中均把基础力学定位为中学时或少学时，这就迫切要求基础力学课程的青年教师对教学过程有系统详细的把握并且根据学生的情况做出恰如其分的改革。从另一方面看，在全国基础力学教学竞赛中，教师的获奖情况与所在学校的定位以及学校基础力学课程教学的学时数量有着密不可分的关联性[2],这也说明如果地方高校的青年教师想在同等水平的教学竞赛中获得成绩必须做出改革。同时，如何让学生在有限的学时中系统地掌握材料力学的知识，这就对青年教师的教学水平有着越来越高的要求。青年教师的基础力学教学水平会影响和决定多数工科学生培养质量的好坏，因此，努力提高基础力学青年教师的教学水平至关重要。

三、以赛促教，“教”“赛”相长

工作以来，笔者参加了四次教学竞赛，获得一次省级比赛第 1 名，一次省级比赛第 2 名。同时，针对教学竞赛和教学活动相互促进问题进行思考，认真梳理两者的逻辑关系，并从自身参赛的体会出发，分析如何从实践中更好相互促进并有些感悟。

1. 参加全国青年教师基础力学讲课竞赛的感悟

以笔者参加过的全国青年教师基础力学讲课竞赛为例，作为基础力学权威性的全国性赛事，主要是对力学知识点的准确性、完整性、深入性以及延展性的理解和掌握。初赛为理论考试，晋级后才可以进入试讲复赛，根据成绩排名再进入决赛。这不仅要求我们有讲课的艺术，还需要掌握理论解题的能力。目前，青年教师进入高校以后极少的教师会完成一本或几本教材的课后习题，这对教学效果的影响是不可忽略的，此类比赛促使青年教师提高解题能力。同时，竞赛评委均为基础力学教学名师或专家担任，要求青年教师对知识点把握需要十分精准。把知识点讲清楚是基本要求，而讲好讲透讲有趣才是应该下功夫的方向。比如在讲解梁的弯曲应力时，可以自己建立三维动画或有限元模型代替传统的静止模型；再比如讲解应力集中的概念时，结合膨化食品的包装袋设计进行讲解。全国青年教师基础力学讲课竞赛赛制要求青年教师完成大量与实际生活相关的习题和案例，同时需要把握知识的准确性和精准性。本着这样的理念，在备课的过程中可以有意识地关注更贴近生活的案例。根据连续两年的教学反馈来看，用身边案例讲解概念的方式更受学生欢迎。学

生反馈说："材料力学课程是全班同学除了班会以外唯一不会缺席的课程。"这样的教学效果得益于按照全国青年教师基础力学讲课竞赛赛制进行备课方向指导。

2. 参加全国高校青年教师教学竞赛的感悟

全国高校青年教师教学竞赛又是另外一个基础力学的高层次比赛，比赛赛制将开设的所有课程分为文科组、理科组、工科组、医学以及思想政治组。基础力学隶属于工科组。大赛评委是全国工科专业的教学名师或专家，对知识点深度的考察相对减弱，但侧重考察授课方式和授课环节的完整性。建议结合前沿科学热点为背景，深入浅出引入知识点，让非力学专业的评委对所讲知识产生兴趣，耳目一新；同时需要将所讲知识与课程思政相结合，最后，需要有严密的逻辑和极好的表达能力。将大赛指导思想贯穿于课堂，让非力学专业的学生对力学课程感兴趣是我们教学改革中亟待解决的问题。用比赛的赛制服务平时的课堂，引发学生兴趣是我们努力的方向。比如为什么出现大量的斜拉桥，这是由于用拉索代替桥墩可以减少桥墩的数量，目的就是增加构件的稳定性，使受压构件变为受拉构件，不会出现压杆失稳[3]。

赛制要求每节知识有完整的教学大纲、教学设计、教学反思、PPT 等资料，综合考察教师对教学活动完整性的把握。目前，诸多原因导致青年教师普遍缺乏教学设计的过程，导致青年教师很难做到将知识消化加工再输出。此类讲课竞赛，可以很好地弥补这方面的缺失。笔者的教学过程中真实有效地做到以下几个环节：在教学活动开始之前对授课学生的情况进行问卷调查，包括已有知识储备、学生情绪等，根据反馈情况调整授课方式；其次，撰写完整的教学设计，包括运用的教学方法、拟达到的教学效果、板书设计等；最后，每节课后，撰写教学反思。笔者认为教学反思环节应该是学生和教师双方共同参与，用调查问卷的方式针对每一节课的内容让 3 ~ 5 位学生写教学反馈，从教学反馈中看到学生对知识的掌握情况，教师再反观使用的教学方法是否适用。

笔者认为教学反思是非常重要且一直被忽视的教学环节，受比赛赛制的影响，已经连续进行了两年的教学反馈问卷调查，收集到 670 份教学反馈表，有效且真实的反馈为 580 份，通过学生反馈可以更加直观有效地修改自己的教学方案。同一知识点经过四次反馈，基本上可以掌握学生的真实情况。同学反馈认为这个环节增加了他们的参与感，学生可以及时评价教师，师生之间建立更加平等的关系。通过学生课堂表现，期末成绩以及评教体系反映笔者的课堂教学效果逐步提升。得益于参加全国高校青年教师教学竞赛的经验，这样的授课过程也将反过来服务以后参加的讲课比赛。立足于高校教师参与的各类教学竞赛，将比赛赛制的具体环节纳入日常教学过程中，服务于教学活动，也用教学活动的具体实施情况提高以后的教学竞赛水平，达到双赢的结果。

四、教学竞赛是维持青年教师教学热情的好途径

教学过程是一个重复的过程，不可否认不断的重复可能会让教学热情减弱。如何长时间让青年教师保持教学热情也是一个教学过程中的难点，而鼓励青年教师参加教学竞赛将在一定程度上激发和保持这种热情。以教学竞赛促进教学质量的探究式教学有着传统教学不可代替的作用。虽然按照两种赛制的要求准备日常的教学活动对青年教师来说付出的时间和精力是不可估量的，但是教学过程的不断完善本就是教师的终生职业。在教学竞赛指引下，青年教师可以快速有方向地接受创新的教学理念，学习最先进的教学方法，结识最有热情的教学伙伴，维持长期有效的教学热情。让教学活动服务教学竞赛、教学竞赛改革教学活动的理念深入青年教师的心中，让高效教学成为青年教师的目标追求。

五、结　论

本文从参加全国青年教师基础力学讲课竞赛和全国高校青年教师教学竞赛的经验和赛制出发，介绍了两种竞赛和课堂教学相辅相成的关系，得出以下结论。

（1）参加全国青年教师基础力学讲课竞赛并以此赛制作为课堂教学的备课指导方向，将要求青年教师从知识点的深度和广度出发进行课堂准备，会取得较好的教学效果，反之，教学过程中的经验也将为参加比赛服务。

（2）全国高校青年教师教学竞赛赛制要求将所讲课程的完整性和生动性进行考察，以此为指导思想服务教学过程，将在一定程度调动学生的学习积极性，达到较好的效果。

（3）鼓励青年教师积极参加各类讲课比赛，这是进行教学改革的动力和维持教学热情的有效手段。

参考文献

[1] 赵丽霞，刘丹丹. 基于周培源力学竞赛的基础力学教学方法的思考[J]. 亚太教育，2015，4（22）：132-132.

[2] 李道奎，李东，黄海兵，等.以力学竞赛促进基础力学教改的创新与实践[J]. 力学与实践，2011. 33（3）：80-81.

[3] 叶志明，黄兴. 从竞赛看基础力学教与学的质量提升——全国基础力学青年教师讲课比赛和全国周培源大学生力学竞赛相关分析与思考[J]. 力学与实践，2018，40（2）：202-206.

基于体验式培养创新型工程人才的跨学科课程设计与实践

宋爱玲[1] 朱志武[2] 杜 润[3] 张雪琴[4] 蒋玉石[5]

（西南交通大学体育部，四川成都，610031；2. 西南交通大学力学学院，四川成都，610031；3. 西南交通大学机械学院，四川成都，610031；4. 西南交通大学电气学院，四川成都，610031；5. 西南交通大学经管学院，四川成都，610031）

[摘 要] 课程基于跨学科理论与方法、基于研究导向融入多学科视角和知识，以两大目标（创设教学情境，提高学习动机；任务驱动，实现团队自主实践学习）和五大模块（体育原理、机械基础及材料、力学基础、电气基础和营销方法）进行建构。在以学生成长为导向的课程设计目标体系中，采用四导（理念先导、方法指导、实践引导、评价主导）的课程架构，有效运用体验式、研究型和基于项目的教学方法，最大限度地激发学生探究知识的兴趣，并通过发现问题、形成创意、动手实践，让学生通过自己和团队利用掌握可迁移的知识和技能不断创造，发现自我潜能，从而实现多学科融合学生创新能力的提升。通过六期课程实践，在设定培养的学生六个维度评价中，统计数据证明学习效果显著。

[关键词] 体验式；跨学科；创新人才；实践；深度融合

一、引 言

时代技术飞速的进步，特别是人工智能的发展，对各行业各方面的作用都产生重要的影响，尤其是人工智能的出现，势必将引领一场教育方面的革命，我们将如何从容应对新时代和新技术对教育的挑战？根据联合国教科文组织对未来人才趋势的分析，拥有隐性知识的创新型人才是未来人才的发展趋势。而这种隐性知识更多

项目资助：四川省教育教学改革项目：本科生学习成果形成性评价（编号：JG2018-117）
作者简介：宋爱玲（1977—），女，山西大同人，副教授，主要从事教学改革研究。
E-mail：280309841@qq.com

的是一种思维和能力的体现。所以我们教育的价值不能仅仅体现在学生的知识掌握上，更应体现在学生的思维和能力发展上。2018 年 4 月 2 日，教育部发布了《高等学校人工智能创新行动计划》，指出要充分利用智能技术支撑高层次创新教育模式的改革，目标一定是高层次创新教育模式。面对复杂的未来世界，单一领域的知识已经难以满足复杂的发展需求，难以支撑高水平的创新教育模式。因此，迫切需要我们研究与构建知识自由融合与跨领域交叉的创新教育模式。

二、课程模式构建的思考

教育改革的核心其实就是课程改革，所以需要我们探寻这样一种面向未来的课程模式。基于此种理念，本课程为多个专业融合的跨学科课程模式，整体设计的难点就是要思考如何将各学科知识体系进行融合与再建构，即建立不同学科领域之间的关联点，使得原来各学科相互独立、相对封闭的知识开始彼此开放和融合；同时教学中要始终考虑开放，如何恰当、巧妙地运用教学方法激发学生提出创意还要保证结果，确实有些难度。但通过多学科的交融绝对是提高教学方法、提升学生学习浓厚兴趣、拓展思维的一把“金钥匙”。

三、课程实践难点的突破

（1）建构各学科讲授知识体系的关联点，各学科教师需要凝练该学科知识点，同时又要与本课程主题紧紧相扣，我们需要进行反复讨论。

（2）如何激发学生大胆创意，但又要避免“心猿意马”无法落地的构想，课程设计及拿捏把握尺度很重要。

（3）如何恰当地增设体验及动手实践环节，激发学生兴趣、感知和提升无限的自我潜能，是操作过程的关键点。

（4）以学生成长及成果为导向的课程设计目标体系，完善的评量体系必不可少，但评估表的设计考虑细致会不会阻碍学生的创作力发展，需要认真思量。

四、理论支撑及课程理念

课程基于建构理论，基于跨学科理论，采用研究型学习、基于项目学习的教学方法，重点依托跨学科理论方法，以提升学生思维和能力为导向的课程设计目标体系，以运动为主线、多学科融合的课程架构，并将理念先导、方法指导、实践引导、评价主导的课程设计贯穿始终。以体验式情境教学和动手实践，激发学生批判性、创造性的思维，培养发现和解决问题、不断创造的能力；同时引入整体型 Rubric 评量和分析型 Rubric 评量对学生运用跨学科理论知识构想出创新方案和学生动手实践制作出自己的展示模型进行评量指导，以及有效利用 Radar Mapping 六个维度的自检评价图反馈来不断促进教学效果。

五、课程设计

课程内容设计主要有四大环节：运动技能的原理探究（包括运动生物力学、运动解剖等）及其他学科（电气、机械、力学、材料、经管）相关知识点；通过体验引导，让学生运用头脑风暴、TRIZ 等方法提出创意（可提出硬件设计、也可提出软件构想）；设计制作；包装营销。整个课程知识点架构建立在多学科的背景之上，但其又有着本身特殊的研究方向和应用背景，即不同学科间的关联；解决问题的启动点，横跨多学科领域，体现应用研究领域。所以该课程知识内容量丰富，学科跨度较大，涉及多学科的理论基础、软件操作、模型制作、成果演示等方面能力的培养；教学设计思路以运动为主线，运用恰当的教学方法将体育学科和工程学科有机结合，并通过让学生充分体验运动不断激发学生的兴趣，产生思维碰撞，动手实践构想出相应的硬件或软件模型，最后通过口头报告和成果展示完成课程（见图 1）。

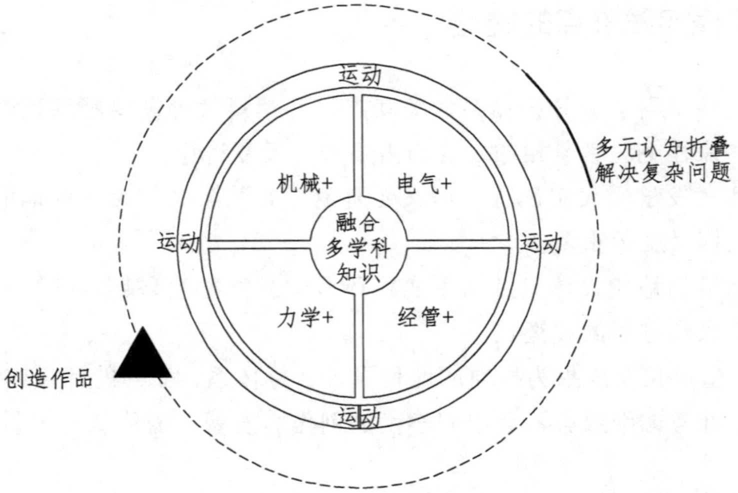

图 1　课程设计思路

六、课程成效

课程以跨学科通识课程《运动、科技与智慧人生》面向全校学生发布进行选修，从西南交通大学 2015—2016 学年第二学期开始实践，迄今已经第七期，目前完成并统计学习成效的有六期，每期课程以小班教学规模 25 人进行，参与总人数为 150 人，完成有效统计分析人数为 149 人。课程通过设定培养创新型人才的六个核心维度（团队协作、研讨互动、动手实践、体验参与、思维的培养、创新创造）在课程设计中重点具体实施，实施后加入 Radar Mapping 对课程达成度（通过学生评价）进行统计分析，以有效评价及促进教学效果。

根据六期有效反馈统计：每个维度设定总分 5 分，次之 4 分，依次为 3、2、1 分，每期人数为 25 人，而学生线上评价分数普遍集中在 5 分及 4 分，如图 3 所示为每期评价 5 分的人数，其余为 4 分，评价 3 分及 3 分以下的统计为零。从整体数据反馈：课程达成度高，高阶能力及思维的教学目标效果显著。（统计分析详见图 2 和图 3）

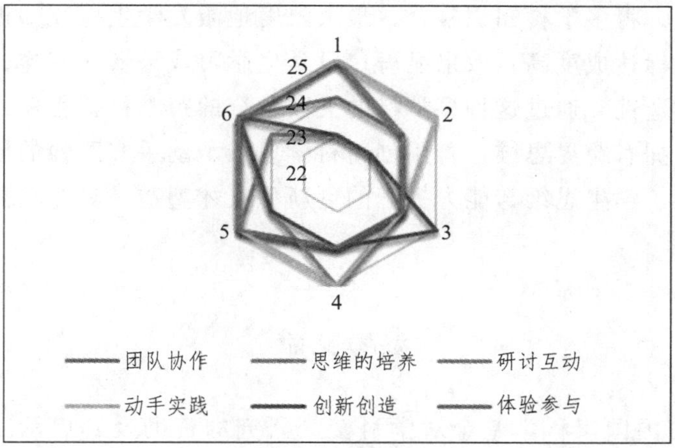

图 2　每一期六维度统计图

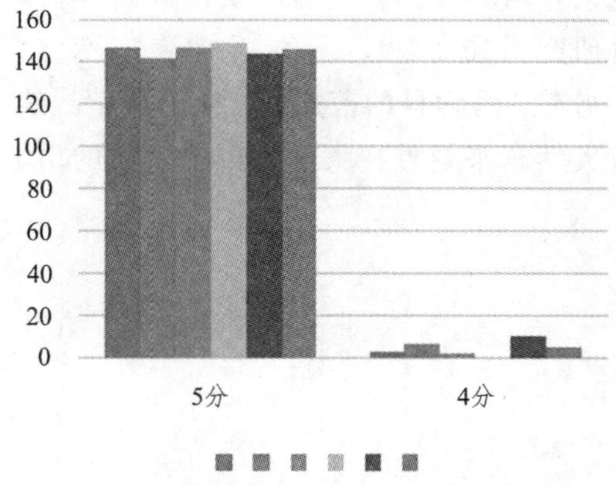

图 3　六期总人数六维度评分统计

七、课程评量体系

课程在以学生成长及成果为导向的课程设计体系中，将学生的三种思维和三种能力（批判思维、成长性思维、创新思维和动手实践能力、掌握可迁移的知识技能能力、创新能力）的培养作为首要，课程评价、反馈等体系紧紧围绕学生能力及思维的培养设定开展，这也是当今教育改革的方向和目标。所以对于趋于隐性的思维和能力培养的评价，本课程由最初的学习成果展示答辩的终结性单一评价逐步完善为学生互评、教师过程性评价与终结性评价相结合的 Rubric 整体型和分析型评量体系。

八、结　论

本课程以运动为主线，四导贯穿的课程设计，有效运用体验式、研究型和基于项目的教学方法，将多学科知识融合，最大限度地激发学生探究知识的兴趣，数据统计反馈教学目标达成度高，效果显著；且学生学习成果形式多样，与现实需求紧密结合并富有创造性。通过这种多学科的关联融合的跨学科课程模式，对培养具有宽厚理论基础、拥有跨界思维、善用创新科学思维、动手实践强的创新型人才效果明显，真正实现了学生思维与能力提升的创新型人才塑造，具有较高的借鉴意义和推广价值。

参考文献

[1] 樊春良. 美国国家科学基金对学科交叉研究的资助及其启示[J]. 中国科学基金，2005.

[2] 周光礼. 如何确定人才培养目标，这有必要回到高等教育原点，重构创新人才培养目标[J]. 教育研究，2016.

[3] 汪丁丁，罗卫东，叶航. 跨学科的范式[J]. 社会科学战线，2004.

[4] 别敦荣. 国外一流大学越来越重视大学生创新素质的培养[J]. 中国高等教育，2016.

“气动弹性力学”课程教学设计的思考与策略分析

李鹏 鲁丽

（西南交通大学力学与工程学院，四川成都，610031）

[摘　要] 本文针对“气动弹性力学”课程教学中存在的问题，分别从教学内容优化、实验教学手段设计、课堂教学方法改进和考核评价方式改变四方面，对课程的教学进行了分析并给出了相应的解决方案。探索在课程教学中引入计算机数值仿真的辅助教学手段，在实验教学中引入计算机虚拟实验设计的技术，在课堂教学中引入成果导向的教学模式（OBE），在考核中引入“互评式”的评价方式，以期通过这些策略和构想激发学生的学习热情，改善和提升教学效果，获得良好的教学改革效果。

[关键词] 气动弹性力学；数值仿真；虚拟实验；OBE；教学改革

西南交通大学力学与工程学院于2016年获批并新增飞行器设计本科专业，该专业属于工学大类的航空航天类[1]。该专业不但需要基础力学课程，更需要其他专业性强的力学课程作为支撑。“气动弹性力学”（以下称课程）是这些专业课程中非常重要的一门专业课程，安排在四年级上学期进行授课，是飞行器气动优化等方向必选的专业课程。然而，由于我校还未在本科生中开设过该课程，该课程本科教学还缺乏相关的课程设计及教学经验。因此剖析和掌握该课程的教学内容和特点，结合和引入先进的教学手段，依托和结合我校力学专业的教学和实验资源，对该课程的教学进行细致的设计是保证课程教学顺利开展并取得良好效果的先决条件。

一、课程特点剖析

“气动弹性力学”是飞行器设计气动方向的必修专业课程，国内开设该课程的学校主要是如北京航空航天大学、西北工业大学等这些航空类院校。该课程主要研究

项目资助：西南交通大学本科教育教学研究与改革教学实践类项目资助（20201016）

作者简介：李鹏，男，副教授，主要从事动力学的科研及教学工作。E-mail: meigongyuandeze@163.com

飞行器在飞行过程中与空气之间的相互耦合作用，具有非常显著的学科交叉性。学生在学习该课程之前需要掌握理论力学、材料力学、空气动力学、振动力学等多门力学基础课程的知识。通过前几年该课程研究生（主要面向研究生）的教学工作，我们总结了该课程的以下几个特点。第一，专业词汇多、概念抽象，容易混淆和遗忘。该课程中有不少的抽象概念，但却又缺少实物与之对应，需要结合已有的力学基础并发挥想象能力，学生普遍认为比较难理解。第二，公式繁多，推导复杂。比如，在有关空气动力学的教学中会介绍大量奇异积分的计算，这些复杂公式对学生的数学基础提出了非常高的要求，很容易造成混乱。第三，该课程的教学内容与实际工程联系非常紧密，特别强调理论分析与工程实际相结合的方式解决问题，这也要求学生从简单地掌握知识点、会解题提高到能够分析实际问题。

二、课程教学中的问题预判

通过前期调研，我们对本课程开设中可能遇到的问题进行了预判。首先，教学内容方面，课程采用 32 学时制，但该课程的内容丰富且难度较大，其他相关院校大多采用 48 学时制，因此，如何结合我校实际情况，紧扣教学大纲、合理规划教学内容、设置教学目标、突出教学重点，是需要解决的首要问题。其次，实验教学手段方面，本课程需要较多的实验教学以支撑课程整体的知识体系，但考虑到是新设专业，相关实验手段还不完善，存在着实验无法开展、实验资源不足等诸多问题和困难。因此充分利用已有的实验资源，尝试引入计算机数值实验和虚拟设计作为辅助措施[2]，以最大限度地保证课程教学的开展，也是需要解决的一个重要问题。再次，课堂教学方法和手段方面，本课程会涉及大量的公式演算以培养学生的逻辑思维能力，笔者目前在该课程的研究生教学中采用板书和多媒体教学相结合的方式，但学生反映容易感觉乏味厌烦，若仍然采用以教师讲解而学生被动接受为主的传统教学模式，则很难保证课堂教学的效果。最后，考核和评价方式方面，该课程注重基础知识的掌握，又特强调动手和灵活应用的能力，因此单一的考核机制无法对学生各阶段的学习效果进行全面的考察和衡量[3]。因此如何结合课程的教学内容，优化和改进课程的评价和考核方式也是值得关注的一个问题。

三、课程教学的设计方案

1. 教学内容的优化

课程教材选用北京航空航天大学出版社的《飞行器气动弹性原理》（2 版）。由于课程学时有限，我们结合课程大纲对课程教学内容进行了取舍和优化。课程内容主要包括结构动力学基础（15%）、空气动力学基础（35%）、气动弹性稳定性（30%）及气动弹性实验（20%）四部分。（1）结构动力学是基础性教学内容，考虑到学生已学习过相关课程，因此该部分内容将采用回顾式的教学方式；由于学生未学习过系统稳定性的知识，因此考虑增加动力系统平衡稳定性问题为该部分的重点讲解内容。（2）空气动力的教学内容在课程中占比相对较多，考虑到学生已学习过流体力学等相关课程，我们对该部分内容就进行了取舍，只选取重点的五个子部分内容进行讲解：① 小扰动速度势流理论；② 定常气动力理论；③ 准定常气动力理论；④ 非定常气动力理论；⑤ 离散面源法理论。在空气动力学方程定解问题方法的教学中，重点讲授非常实用奇异积分方法，这部分内容注重方程的推导，强调基本力学方程在力学模型建立中的应用。（3）气动弹性稳定性这部分教学内容对学生来讲较为陌生，因此设定其为讲授的重点内容。为与前两部分的教学内容进行较好地衔接，我们重新对这部分内容的结构进行了梳理和优化，确定了重点讲解的七个子部分内容：① 静态发散；② 荷载重新分布；③ 操纵效率及操纵反效；④ 颤振理论；⑤ 颤振计算方法；⑥ 操纵面颤振；⑦ 壁板颤振。同时将静气动弹性、颤振实验设计等内容划分在气动弹性实验部分进行讲解。（4）气动弹性实验，该部分内容是对前三部分教学内容的综合检验和应用，也是课程教学中的一项重要内容。这部分教学过程需要充分的实验资源的支持，但考虑到我校实际实验资源和条件，为最大限度地利用已有的风洞等实验资源，我们对这部分内容进行了取舍，确定重点讲解①气动弹性实验设计原理和②气动弹性风洞实验两个方面的内容。由于我校暂不具备气动弹性地面实验的条件，因此这部分内容主要以理论介绍为主，不开展相关的实验教学。

2. 课堂教学手段的设计

（1）计算仿真与教学的融合。我们探索将单一课堂讲授模式转变为课程讲授和计算机数值实验相结合的互动式教学模式。采用已有的数值软件（如 Matlab）直观地给学生展示复杂和抽象的知识点，目的是提高学生对相关知识点的认识，学生通过实际操作加深对学习内容的理解，提高学生参与课堂教学的积极性。结合实际的教学内容，计划前述三部分教学内容中分别穿插数个数值演算例子。比如在讲解柯西主值积分时，可以提前安排学生熟悉相关的知识点和软件执行命令，然后邀请学生在实际课堂教学中演示程序，通过绘图等方式展示计算结果，并引导学生在演示示范程序上进行二次修改等操作，提升对相关知识点的认识。

（2）成果导向教学模式的引入。最近几年一种基于成果导向的教学模式（Outcome-Based Education，简称 OBE 模式）在国内众多高校的专业教育中得到了较为广泛地应用[4]。结合我校飞行器设计专业学生的实际情况，我们尝试将 OBE 模式引入到课程教学中。我们将分别针对空气动力学、气动弹性稳定性及气动弹性实验设计三项教学内容设计分组讨论，课前教师会将学生分成 5 ~ 6 组，并结合教学内容对各小组成员发布 2～3 个相关课题，要求学生利用已经学过的知识，通过进行小组讨论，在规定时间内完成相关设计。邀请其他小组同学对每个小组的完成情况进行评价和打分并计入该小组各位成员的最终成绩。鼓励不同小组之间进行深入探讨，教师在整个过程中作为旁观者和引导者，在必要的时候对学生讨论的内容进行指点和引导。

3. 实验教学手段的设计

（1）已有实验资源的深度挖掘。我们在该课程研究生教学中已经设计了部分相关的风洞实验，但现有的实验无论是在设计策略和数目上都满足不了课程教学的要求。因此我们通过“再设计，再优化”等手段，对这些已有的实验资源进行必要的二次改进，并“衍生”出更多满足要求的气动弹性实验。这样不仅可补充课程的实验，也可提高学生参与实验设计的积极性。结合现有的实验资源，依据教学大纲，我们初步设计了如下风洞实验：① 二元机翼静力发散实验；② 二元机翼动态颤振实验；③ 长直机翼静力发散实验；④ 长直机翼动态颤振实验；⑤ 柔性壁板静力发散实验；⑥ 柔性壁板动态颤振实验。

（2）虚拟实验手段的融合。对已有实验资源进行挖掘，虽可设计出上述六个基本的教学实验，但这些实验所覆盖的知识点过于集中，对课程教学的支撑作用仍然有限。我们考虑依托我校虚拟仿真实验中心的资源对课程的实验内容进行必要补充，设计相关的虚拟实验并进行程序化实现，建立相应的虚拟实验项目，借助于我校开放的虚拟仿真实验系统开展实验教学。我们在前期教学工作中设计完成了柔性壁板稳定性的虚拟风洞实验并已将其应用于了研究生的教学，取得了良好教学效果。采用虚拟实验技术可有效地弥补风洞实验资源的不足，保证课程实验教学能够高质量开展。

4. 考核及评价方式的设计

（1）考核方式的调整和优化。在总成绩考核中，期末考试成绩、实验成绩和平时成绩的占比分别是 50%、30%和 20%，在实验和平时成绩中增加了前面提到的三次分组讨论的成绩。这样可避免评价方式的单一，相对更公平地衡量学生平时的学习效果。

（2）学生互评式评价方式[3]的引入。我们将该评价方式主要将其用于前面提到的作业和分组报告这两部分平时成绩的评价。教师与学生的互评分数占比各占总分数的 50%。教师对每个学生的作业要求分别由三位同学进行相互评阅。若学生不积极参与或未完成互评环节，则只能分别得到 40%和 70%的分数，学生完成全部互评则可得 100%的分数，最终学生成绩取三份互评成绩的平均值。通过这样的学生互评环节，可提高学生完成作业的积极性，加强学生的交流。

四、结束语

综上所述，本文针对“气动弹性力学”课程的特点进行了剖析，对可能遇到的，如教学内容繁多、实验教学手段欠缺、课堂教学手段和考核及评价方式过于传统等问题进行了预判，并基于课程教学大纲的要求，依托现有的教学资源，借鉴并引入先进的教学理念，给出了相应的解决策略。在课程教学过程中尝试引入计算机仿真实验、虚拟实验等辅助实验手段等一系列的措施，以期激发学生的求知欲望，提高学生的学习兴趣及积极性，提升教学效果。

参考文献

[1] 杨超. 飞行器气动弹性原理[M]. 北京：北京航空航天大学出版社，2016.

[2] 宋彦琦，刘冬桥，李小龙，邵志鑫. 引入计算机仿真的数学物理方法教学改革探索[J]. 高教学刊，2020（4）：125-128.

[3] 张代雨，刘倩，朱信尧，王加夏. “船舶阻力与推进”教学改革探析[J]. 教法新探，2020（3）：56-58.

[4] 边心田，陈贵宾. 成果导向教育（OBE）理念下的应用光学课程改革[J]. 高教学刊，2019（7）：113-115.

数值计算在流体力学教学中的应用

陈　浩　张明禄

（西南交通大学力学与工程学院，四川成都，610031）

[摘　要] 本文针对本科流体力学教学中学生缺乏关于解决真正实际流动现象能力的问题，特别是计算能力的问题，分析了在课程中适当引入数值方法的必要性和可行性。结合管道流中的 Colebrook-White 方程，构建了基于数值方法的非线性流动计算内容的探究性学习专题，这些专题内容能够帮助学生克服处理实际流动问题时计算上的困难，同时为后续计算流体力学课程的讲授奠定基础。

[关键词] 流体力学；数值计算；Colebrook-White 方程

流体力学是力学学科的重要分支，也是力学专业的重要基础课程。当前流体力学研究呈现出的特点是，更加关注于复杂流动现象的分析，同时与其他学科的交叉渗透也更加广泛深入，这些都突显出这门学科的复杂程度。因此国外在课程建设中，除了经典内容外，还将一些新的方法融入相关的章节里，同时新的应用及交叉学科内容也做了一些专题讲解[1],这些措施的目的都是为了提高学生解决自然界和工程中实际流动问题的能力。

流体力学课程具有理论分析抽象复杂、概念内容多、公式推导繁复、对学生综合运用知识的能力要求较高等特点，是一门理论性很强的课程。由于课程的这些特点，一直以来教与学的重点都放在理论知识方面，但是学生自己独立解决实际问题的能力还比较差，如何提高学生的实际能力，是当前流体力学教学工作者急需考虑的问题。课堂教学使我们意识到，造成这个问题的原因主要有两点：（1）缺乏建模能力，也就是从实际复杂流动现象或问题中抽象出熟悉的流动模型的能力。实际上我们课堂教学一直都在教授这些，只是课后习题多数已是简化后的问题，并且偏重某个具体理论或公式的分析与运用，所以缺乏这方面的训练。关于此问题，我们可

项目资助：　西南交通大学本科教育教学改革项目重大项目（20201016，20201017，20201018）；双一流建设力学学科人才培养项目

作者简介：陈浩，男，四川成都人，讲师，主要从事计算流体力学研究。E-mail: 363198812@qq.com

以在教学中着意强调这个方面，让学生注意体会模型是如何一步步从实际问题中得到的，并且改进课后习题，加强对学生这方面能力的训练。（2）缺乏计算能力。由于流动现象一般是非线性的，但是在大多数本科教材中，可能由于篇幅课时限制或者为了突出流动问题本身，很少涉及这些流动中非线性问题的求解，而是采用简化的线性问题来分析[2]，这就导致学生在处理实际流动问题时会遇到计算上无法逾越的鸿沟。本文通过数值方法，构建一个关于 Colebrook-White 方程计算方面的专题，以期能够提高学生关于流动问题的计算能力。

一、Colebrook-White 方程

Colebrook-White 方程是管道或者管网流动中计算摩阻系数非常重要的方程，一方面其应用范围很广，但是教材中一般按图或表的形式给出其阻系数解，很少涉及如何求解方程的内容。另一方面其对应的计算方法在流动问题中很具有代表性，所以本文以 Colebrook-White 方程为例来建立关于计算方面的专题。方程（1）中未知量摩阻系数 f 依赖于已知量 Reynolds 数 Re 和相对粗糙度 ε / D：

$$\frac{1}{\sqrt{f}} = -2\log_{10}(\frac{2.51}{Re}\frac{1}{\sqrt{f}} + \frac{\varepsilon / D}{3.71}) \tag{1}$$

在此专题中，学生可以通过多种数值任务来提高自己的计算能力，包括简单的定点迭代方法，以及复杂点的 Newton-Raphson 迭代和多点迭代方法[3]。同时在这些任务中，学生还能习得一些数值计算技巧，例如如何避免计算机处理超越函数时需要执行额外的浮点运算。

二、数值迭代方法的应用

此专题中我们给出两个计算实例：① $Re = 2.3\times10^5, \varepsilon / D = 10^{-4}$；② $Re = 4.6\times10^7$，$\varepsilon / D = 0.037$。这两个计算实例的精确解为① f=0.016 050 961；② f= 0.062 427 396。在圆管穆迪图中，实例①位于光滑流到湍流的过渡区，实例②位于完全湍流区，学生应该结合课程中圆管湍流的章节理解为什么设置这两个计算实例。

（1）定点迭代方法。为了完成这个任务，学生应该把 Colebrook-White 方程首先改成 $F(x) = 0$ 形式，这里令 $x = 1/\sqrt{f}$：

$$x + 2\log_{10}(\frac{2.51}{\text{Re}}x + \frac{\varepsilon / D}{3.71}) = 0 \tag{2}$$

相应的定点迭代形式为 $x_{i+1} = x_i - F(x_i)$，这样如果序列 $\lim\limits_{i\to\infty} x_i = x$ 收敛，x 一定是

Colebrook-White 方程的解。此计算任务能够帮助学生提高迭代算法程序实现的能力，为以后诸如计算流体力学课程打下基础，而且最重要的是，定点迭代提供了一种更加系统、更具操作性的序列构建方法。在实例①中，初值按 $1/\sqrt{f_0}=\dfrac{\varepsilon/D}{3.71}-2.4=-2.4$ 和 $1/\sqrt{f_0}=\dfrac{\varepsilon/D}{3.71}+157003=157\,003$ 处理，在两种情况下，达到 9 位小数的迭代误差，都需 11 次计算，得到的数值解是 $1/\sqrt{f_{11}}=7.8931$。学生可以进一步测试不同迭代初值下，上述定点迭代的计算性能，同时类似的处理方法也可以用于实例②。更进一步，学生可以将求解结果制成自己的穆迪图，即关于 $1/\sqrt{f}=F(Re\sqrt{f},\varepsilon/D)$ 或者关于 $f=F(Re,\varepsilon/D)$ 的二维图，再与课程介绍的基于实验数据的穆迪图进行趋势比较，最后学生还能继续讨论是否可以构造类似 $x=1/\sqrt{f}$ 的变换来加速 Colebrook-White 方程的迭代计算。

（2）Newton–Raphson 迭代方法。在这部分任务中，学生应该首先学习如何找到非线性函数关于摩阻系数 f 的一阶导数，令 $x=1/\sqrt{f}$ 和 $F(x)=x+2\log_{10}(\dfrac{2.51}{Re}x+\dfrac{\varepsilon/D}{3.71})$，

$$\frac{\partial F}{\partial f}=-\frac{1}{2}(\frac{1}{\sqrt{f}})^3(1+2\frac{2.51}{Re\ln(10)(\frac{2.51}{Re}\frac{1}{\sqrt{f}}+\frac{\varepsilon/D}{3.71})}) \tag{3}$$

上述一阶导数除了按解析方式得到，对于复杂形式的非线性函数还可以按数值方式计算[3]。这样 Newton–Raphson 迭代形式如下：

$$f_{i+1}=f_i-\frac{F(f_i)}{F'(f_i)}$$

其中，$F(f)=\dfrac{1}{\sqrt{f}}+2\log_{10}(\dfrac{2.51}{Re}\dfrac{1}{\sqrt{f}}+\dfrac{\varepsilon/D}{3.71})$，学生在上述迭代形式下，可以测试收敛速度是否明显快于定点迭代。同时引导学生，以 $1/\sqrt{f_0}=\dfrac{\varepsilon/D}{3.71}-2.4=-2.4$ 作为初值进行 Newton–Raphson 迭代，会发现到 14 次迭代时会出现除 0 的错误使得迭代意外中止，这样让学生明白，收敛更快的 Newton–Raphson 迭代对初值也更敏感。

（3）多点迭代方法。前述 Newton–Raphson 迭代可以看成是两点迭代，在此部分学生可以接触到另一种更高效的多点迭代格式[4]，例如这里我们要进行练习的三点迭代格式。对于多点迭代格式，可以引导学生讨论迭代次数是否会随着迭代格式复杂程度的增加而减少。三点迭代格式如下：

$$x_{i+1}=x_i-\frac{2F(x_i)F'(x_i)}{2F'(x_i)^2-F(x_i)F''(x_i)} \tag{4}$$

$$F'(x_i)=\frac{9\,287\ln(10)x_i+1\,000\frac{\varepsilon}{D}Re\ln(10)+18\,574}{\ln(10)(9\,287x_i+1\,000\frac{\varepsilon}{D}Re)} \tag{5}$$

$$F''(x_i)=-\frac{172\,496\,738}{\ln(10)(9\,287x_i+1\,000\frac{\varepsilon}{D}Re)^2} \tag{6}$$

可以看出，三点迭代采用 $x=1/\sqrt{f}$ 作为自变量，与 Newton–Raphson 迭代相比还需要计算二阶导数，同样对于复杂形式可以采用数值方法计算。对于实例①，初值按照 $x_0=1/\sqrt{f_0}=\frac{\varepsilon/D}{3.71}+1\,574\,003$，得到收敛解 $x=7.893\,1$。然而当以 $x_0=\frac{\varepsilon/D}{3.71}-2.4$ 作初值也会遇到迭代过程除 0 的错误，所以对于多点格式，初值的选取也很重要。同样的处理过程也需要应用到实例②中，利用这些数据可以让学生建立自己的穆迪图。

三、结　论

本文我们以圆管流动中的 Colebrook-White 方程为例，构建关于流动问题计算方面的专题内容，为学生提供了流动非线性问题常用的迭代方法的系统性学习资料，以期通过这些专题内容能够提高学生解决实际流动问题的能力，当然这些工作也为管道或管网流动分析提供了一些参考。

参考文献

[1] 张敏弟，郑辰，王娅娜. 工程流体力学教学模式国内外对比[J]. 教育教学论坛，2020，21：4-6.

[2] 邹丽，吴锤结，王振. “交叉型”教学在流体力学教学中的作用与研究[J]. 中国校外教育，2010，S2：64-79.

[3] P DEUFLHARD. Newton Methods for Nonlinear Problems: Affine Invariance and Adaptive Algorithms[M]. Springer Science & Business Media, 2005.

[4] M SALIMI, N M A NIK LONG, S SHARIFI, B A PANSERA. A multi-point iterative method for solving nonlinear equations with optimal order of convergence [J]. Japan Journal of Industrial and Applied Mathematics, 2018, 35: 497-509.

工程力学专业大学生写作能力培养

——应用写作课程的设计与实践

苗鸿臣　阚前华

（西南交通大学力学与工程学院，四川成都，610031）

[摘　要] 针对力学专业大学生写作能力培养环节的缺失，构建了“应用写作”课程。课程由“应用文写作”“学术论文写作”“演讲报告”和“实用文写作”四个部分构成，并侧重力学专业领域学术论文的写作。组建了跨学科的课程团队，采用“讲授+练习”的授课模式，侧重传授相关文体的规范性知识、工具性技能和训练写作思维。实践证明，该课程显著提高了学生凝练观点、使用软件工具和规范表达的能力，受到了学生的广泛好评。该课程的建设经验可供相关理工科专业写作课程的建设提供借鉴。

[关键词] 写作课程；学术写作；通识教育；能力培养

一、引　言

良好的写作与沟通能力是当代大学生应必备的技能之一。然而，力学专业的大学生在进入本科学习后，基本不再学习语文这类涉及写作的课程，因此缺乏写作与沟通能力的训练。培养环节的缺失导致当代力学专业的大学生写作能力薄弱，在一定程度上影响了他们的职业发展。以我校力学专业的本科生为例，问题主要表现在：（1）撰写毕业论文的能力不足，主要表现在格式混乱、逻辑混乱以及措辞学术性差；（2）不会或者不能熟练使用 Word、Excel、PowerPoint、Visio、Origin、Endnote 等现代写作工具；（3）不懂学术规范，不清楚抄袭和引用的界限；（4）无法清晰地口头表达自己的观点；（5）利用 PPT 等现代多媒体工具进行演讲汇报的能力不足；（6）不太会写简历、求职求学邮件等应用文体。

事实上，上述问题并非我校力学专业大学生所独有，而是我国当代理工科大学

项目资助：西南交通大学本科教育教学研究与改革项目（2020）

作者简介：苗鸿臣（1989—），男，西南交通大学副教授

生共同存在的问题[1]。比如，2017 年教育部本科教学评估专家组在对清华大学的大学生进行评估后，指出清华大学的学生的书面写作和口头表达能力有所欠缺[2]。因此，开设一门针对理工科学生的写作课程教会学生如何写作十分必要，国内包括清华大学[2]、复旦大学[3]、西安交通大学[1]等很多高校已经将其付诸实践。

为了提升我校力学专业大学生的写作与沟通能力，我校力学与工程学院于 2020 年开设了面向工程力学专业本科生的“应用写作”课程，其目的是通过该课程让学生系统掌握常用的公文类、科研类、演示类文章的写作规范和写作技巧，建立起良好的写作思维，培养学生在今后工作和科学研究过程中必备的写作和沟通能力，为他们成为拔尖人才奠定良好的基础。

二、课程内容

经过充分调研和讨论，力学与工程学院“应用写作”课程于 2020 年春季正式面向 2019 级工程力学专业新生开设。课程定位为选修课，允许其他年级和专业的同学选修。课程以力学领域学术表达与交流为主线，侧重训练学生提炼观点、使用工具、说理写作和规范表达的能力。课程各个部分的具体内容如下：

“应用文写作”部分由绪论、公务文书、事务文书、财经文书和公关文书构成。这部分内容属于通识教育，旨在帮助学生掌握生活和工作中常见的基本文体的格式和写作要求，提升学生的综合素质。

“学术论文写作”部分由科研项目申请书、学术论文组织结构、图表与数据处理、学术论文撰写工具和论文评审及学术道德构成。这部分内容是对学生思维能力和工具使用能力的训练，侧重对学术写作内涵的理解和学术规范的了解，不要求进行创新写作。

“演讲报告”部分由演讲报告规划与设计、报告的制作、报告中图表的使用和实例分析构成。这部分内容兼具通识教育和专业教育。侧重帮助学生形成根据听众需求来进行报告内容设计的思维习惯，并与学术写作部分类似，侧重对软件工具使用能力的训练。

“实用文写作”部分由个人简历和推荐信及电子邮件构成。简历部分着重讲解根据不同的需求进行简历内容的设计，并侧重帮助学生认识到简历规划实际上是大学学业规划的过程，促使学生从大一开始合理规划自己的大学生活。邮件部分着重讲授中英文邮件的格式及工具的使用，提升学生求职和升学的竞争力。

三、授课方式

课程采用讲授为主的授课模式，但作为一门侧重应用和实践的课程，我们希望学生在写作练习、教师点评和学生互评中提升写作与交流的能力。因此，本课程在讲授的同时设计了作业和演讲环节，学生需要完成以下几个环节：

（1）对一份打乱的实验报告进行重新排版。教师提供一份排好版的 PDF 格式的实验报告作为模板，让学生将一份打乱的 word 版的实验报告中的部分图表重新绘制替换并进行排版。该作业将帮助学生熟练掌握图表绘制工具和 word 文档的高阶功能。

（2）撰写一份大学生科研训练计划项目书申请书（只写立项依据部分）。学生根据自己的兴趣，进行文献调研，提炼拟研究问题的科学或应用价值、国内外研究现状和研究内容、附主要参考文献。该作业将综合锻炼学生文献调研、提炼观点、图表绘制及相关软件的使用能力。

（3）独立完成一份演讲报告。学生根据自己的兴趣，选定某个主题，独立设计制作 PPT。授课教师在上课期间随机抽取学生上台汇报，并由老师和学生互评。该作业旨在帮助学生掌握 PPT 的构思、制作并提高口头表达能力。

（4）制作一份个人简历。学生自己设计简历模板，但需包含个人信息、学习情况、科创经历、社团工作、社会实践、自我评价这几个部分，没有内容可填就空着，等后面有了成绩再补上。该作业不仅可以训练学生制作简历的能力，亦能帮助学生做好大学生活规划。

（5）撰写一份课程报告并邮件发送给任课教师。学生需对课程各个部分的内容进行点评，阐述自己的收获与思考，并给出课程改进的意见和建议，最后以邮件的形式发送给任课教师。该作业既是对学生写作能力的训练，也检验了其撰写邮件的水平。

因实践部分的作业具有较高的难度和强度，为了激发学生的学习兴趣，我们将平时作业占总成绩的比例设定为 70%，课堂表现和出勤占比为 20%，期末报告占比 10%。

四、保障措施

师资方面：由学院主管教学的副院长担任课程负责人，根据课程内容聘请了 7 名教师担任授课教师。课程团队中既有力学学科的教授也有长期工作在高校党政机关一线的管理人员，每位教师负责自己最擅长的部分。教学内容方面：课程团队组建了微信群，每位老师每次备课完成后都会先将电子教案发送到微信群中供其他老师审阅，大家对有争议的地方进行讨论并形成修改意见，保证了教案的质量。师生互动方面：每个教学班单独组建了 QQ 群，任课教师通过 QQ 群上传教案、实例和修改批注后的作业。

五、学生反馈

根据学生期末报告的反馈结果，接近100%的同学认为本课程非常有意义，不少同学表示选课的时候以为选修课性质的“应用写作”是一门水课，没想到课程处处是干货。超过 80%的同学认为通过课程的学习，较好地掌握了 Word、Excel、PowerPoint、Visio、Origin、Endnote 等现代写作工具，实现了从软件小白到大神的转变，非常有成就感。超过 70%的同学认为，通过该课程了解了学术写作的内涵和技巧，使得他们可以从容应对后续的大学生科研训练计划和科创竞赛，在项目申请书和竞赛论文的撰写中不再感到无从下手。超过 80%的同学认为课程极大地提升了他们制作 PPT 和进行演讲汇报的能力，并有部分同学表示这项技能的提升使得他们在社团学生干部的竞聘中脱颖而出。

整体来看，学生对课程的积极评价超出了授课教师团队的预期，但仍有以下问题需要进一步改进。超过 60%的同学认为课程的互动不足，作业没有收到及时的反馈。未来课程团队将压缩部分讲授的内容，增加学生自我展示的时间，同时进一步限制选课人数，力争实现小班教学。

六、结　语

我们认为力学专业大学生写作能力薄弱是规范性知识缺失、工具性知识缺失和逻辑思维能力薄弱共同导致的。因此，我们在课程设计中注重规范性知识的讲授、工具性技能的练习和批判性思维的训练。写作的过程其实是思考的过程，因此写作质量的高低取决于学生思维品质的高低。显然我们无法通过一门课就显著提升学生写作的能力，但在大学之初教给他们思考的方法、写作规范和相关工具的使用，无疑会帮助他们更好地适应大学的学习。本文介绍的“应用写作”课程虽然针对力学专业的大学生开设，但其内涵和经验亦适用于其他理工科专业，可供相关专业写作课程的开设借鉴。

参考文献

[1] 管晓宏，李凡，杨嘉琪，陈希，曹猛，邓建国，罗新民. 培养表达与交流能力是不可或缺的通识教育[J]. 通识教育评论，2019，6：77-87.

[2] 邓耿，李成晴，苏芃. 通识教育课程中的能力培养——清华大学“写作与沟通”课程探索[J]. 通识教育评论，2019，6：88-97.

[3] 才清华. 大学生写作能力培养——复旦大学的思考与实践[J]. 通识教育评论，2019，6：98-109.

“本科教学工程”背景下材料力学课程教学团队建设研究

李　朗

（西南科技大学土木工程与建筑学院，四川绵阳，621010）

[摘　要] 教学改革是教育领域一个永恒的主题，课程教学团队为教学改革提供了平台和契机。但在实践过程中也同时暴露出诸多问题，影响着课程教学团队的进一步发展和完善，因而有必要对课程教学团队的建设及其实践进行较为深入的研究，以保证其顺利运行和健康发展。

[关键字] 教学改革；教学团队；材料力学

一、引　言

教学团队建设是高等院校教学改革的内容之一，也是国务院、教育部和财政部发文推行“质量工程”建设的重要内容之一。教学团队建设是我国近年来高等教育教学改革过程中一项富有开创性的工作，其意义是积极而深远的。作为教学团队的载体——课程教学团队对于提高课程教学质量、推动课程建设具有重要的作用。

二、良好教师团队的建设

课程是实现教育目标的基本途径和载体，是培养人才蓝图的具体体现。合理的课程设置对促进学生身心发展起着决定作用。而教师作为课程的实施者和建设者，也必将在课程实施与建设的过程中实现自身的转变。同样，作为一所综合性大学，一旦建立起了自己的课程体系，将由此摆脱“千校一面”的格局而成特色。

良好的教学团队让教师思想和教学行为实现转变，促进学生全面发展和个性发展，促进特色学校建设与体系完善，同时逐步将探索经验辐射全区，推动全校乃至全国课程建设。材料力学作为重要的基础学科，在支撑整体学科布局中占有独特的地位，在综合性大学教育教学中存在较强的共性或典型性，具有很强紧迫性以及非

项目资助：校级课程教学团队建设研究与实践（编号：16xn0067）

作者简介：李朗（1979—），女，四川绵阳人，讲师，主要从事力学研究工作

常重要的研究意义。

教学团队建设是教学工作的重要组成部分，教学团队建设只有明确课程建设的目标，深入理解课程建设的内涵，处理好课程建设各项内容的相互关联，才能使课程建设事半功倍，预期成果具有较高推广价值。

三、教学团队建设的内容

质量是高等学校的生命线。随着我国高等教育大众化进程的推进，以及高等教育的大规模扩张，高等教育质量问题逐渐凸显。教学团队建设是高校教学基本建设的一个重要组成部分，高效的课程教学团队在人才培养工作中尤显重要。校级课程教学团队建设概括起来主要有以下三个目标。

（1）建立共同愿景，以服务质量以及人才培养质量的提高为课程教学团队的核心目标。

培养学生的合作能力，在教学过程中应充分体现合作意识、合作精神，改变传统教学模式下教师单兵作战、各负其责、在传授知识过程中基本上缺乏教师与教师、学生与教师多重关系共存的团队内的横向互动，使得教学效果大打折扣的局面。鼓励和引导在教学和教育方面的教师合作、师生合作，以团队为基础对学生进行综合培养，可以有效处理复杂的教学问题，进而提高人才培养质量。

（2）提升学校整体教学水平。

通过组建课程教学团队，明确学校重点扶持的专业或课程，找准切入点，能充分发挥其在学科中的引领作用，并以此为辐射源，带动学校各院系、各学科专业教学改革的进展。通过组建课程教学团队，有效地整合课程教学资源，鼓励和引导教师之间相互合作，以团队为基础对学生进行综合培养，形成教师教学合作机制和团队协作的氛围。

（3）培养高水平教师队伍。

学校有较高水平的学术中坚和知名学者，但多数教师把主要精力用于科研，教学还主要体现为教师个体“无组织”的活动，缺乏产生“教学大师”以及合作进行教学创新的氛围。通过组建课程教学团队，重点对有学术造诣、热心教学创新的中青年骨干作为带头人进行培养，或以他们为核心，组成教学带头人、教学骨干和教学新秀等构成的教学团队，提高教育教学质量。

四、教学团队建设的创新

当前校级课程教学团队的建设及实践情况不容乐观，主要体现在课程教学团队的内部管理机制不健全、团队建设的制度障碍、绩效评估机制单一、组织文化建设薄弱等方面。针对目前的状况，十分有必要就目前的团队建设提出改进与提升的措施。

（1）建设模式。运用组织行为学、团队行为学、管理学中的团队理论作为基础，并统计分析全世界国家级课程教学团队结构，提出优秀课程教学团队的一般结构，即包括团队带头人、教学研究骨干（中年教学骨干）、青年教学梯队以及辅助教学人员，并要具有合理的年龄结构、学员结构以及职称结构，这是本团队建设项目的一个创新之处。

（2）实践机制。建立一套协调、灵活高效的课程教学团队实践机制：一是建立社会需求导向的专业建设发展机制；二是建立以人为本、服务为先的课程教学团队管理机制。这是本团队建设项目的另一个创新之处。

五、结　论

教学团队建设的逻辑起点是育人目标，而育人目标的上位是教育理念和办学理念。倘若我们能够认真做、坚持做和创新做，就一定能够走出符合时代要求、学生需求、学校追求的理想之路。

四阶微分方程组在求解多分段等直梁挠度中的应用

杨 震　赵明波　李俊永

（西南科技大学土木工程与建筑学院，四川绵阳，621010）

[摘　要] 本文以等直梁的挠曲线方程为目标函数，建立等直梁的挠曲线近似四阶微分方程组，借助边界条件、连续条件、光滑条件来求解多分段等直梁的挠曲线方程、转角方程、弯矩方程、剪力方程。该方法无须计算约束力和弯矩方程，过程简单、优势明显、计算步骤明确。

[关键词] 挠度；四阶微分方程组；直梁

一、计算方法

在材料力学中，挠度 w 与弯矩 M 之间的近似微分关系为 $\frac{\mathrm{d}^2 w}{\mathrm{d}x^2}=\frac{M}{EI}$，而弯矩 M 与载荷集度 q 之间的微分关系为 $\frac{\mathrm{d}^2 M}{\mathrm{d}x^2}=q(x)$，据此得到

$$\frac{\mathrm{d}^4 w}{\mathrm{d}x^4}=\frac{q(x)}{EI} \tag{1}$$

如果利用 $\frac{\mathrm{d}^2 w}{\mathrm{d}x^2}=\frac{M}{EI}$ 的二次积分法来计算直梁的挠曲线方程，通常需要先计算约束力和弯矩方程，然后才能计算出梁的挠曲线方程。

如果利用式（1）的四次积分法（四阶微分方程组）来计算直梁的挠曲线方程，则不需要计算约束力和弯矩方程，结合边界条件、连续条件、光滑条件就能求出直梁的挠曲线方程，其计算过程简单、方法明了，如果采用数学软件进行中间过程的计算，则优势更加明显，易于建设海量的材料力学题库。

利用式（1）的四阶微分方程组求梁的弯曲变形时，挠度 w 与转角 θ、弯矩 M、剪力 F_s 之间的对应关系为转角：$\theta \to \frac{dw}{dx}$。弯矩：$M \to EI\cdot\frac{d^2 w}{dx^2}$。剪力：$F_s \to EI\cdot\frac{d^3 w}{dx^3}$。

作者简介：杨震（1974—），男，河北老河口人，讲师，主要从事异性结合强度分析。

E-mail：raineryoung@qq.com

连续条件与光滑条件：

（1）若有集中力 F 作用，则该截面左、右两侧弯矩连续，剪力相差定值 F；

（2）若有力偶矩 M 作用，则该截面左、右两侧剪力连续，弯矩相差定值 M。

二、利用四阶微分方程组求直梁的弯曲变形

1. 受集中力作用的等直简支梁（见图 1）

利用式（1）计算时，不用计算约束力和弯矩方程。

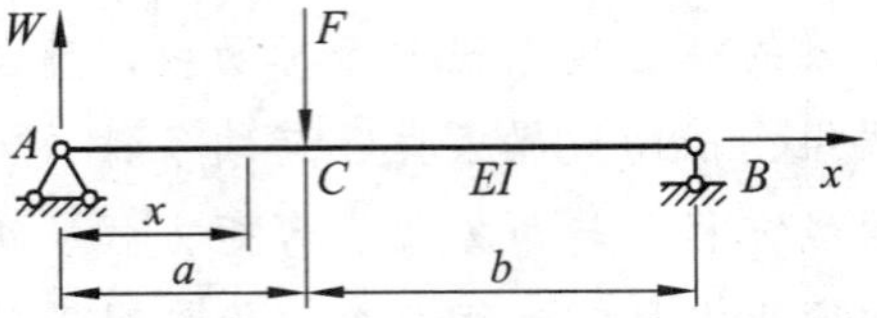

图 1　受集中荷载作用的简支梁

计算过程如下：

项目	AC 段 $(0<x<a)$	CB 段 $(a<x<a+b)$
载荷集度方程	$q_1(x)=0$	$q_2(x)=0$
四阶微分方程组	$\dfrac{\mathrm{d}^4 w_1}{\mathrm{d}x^4}=\dfrac{q_1(x)}{EI}=0$	$\dfrac{\mathrm{d}^4 w_2}{\mathrm{d}x^4}=\dfrac{q_2(x)}{EI}=0$
边界条件	支座 A 处：挠度为零、弯矩为零，即 $w_1\big\|_{x=0}=0$，$EI\dfrac{\mathrm{d}^2 w_1}{\mathrm{d}x^2}\bigg\|_{x=0}=0$	支座 B 处：挠度为零、弯矩为零，即 $w_2\big\|_{x=a+b}=0$，$EI\dfrac{\mathrm{d}^2 w_2}{\mathrm{d}x^2}\bigg\|_{x=a+b}=0$
连续条件光滑条件	集中力 F 作用点处，挠度连续、转角连续、弯矩连续、剪力突变值为 F，即 $w_1\big\|_{x=a}=w_2\big\|_{x=a}$，$\dfrac{\mathrm{d}w_1}{\mathrm{d}x}\bigg\|_{x=a}=\dfrac{\mathrm{d}w_2}{\mathrm{d}x}\bigg\|_{x=a}$，$EI\dfrac{\mathrm{d}^2 w_1}{\mathrm{d}x^2}\bigg\|_{x=a}=EI\dfrac{\mathrm{d}^2 w_2}{\mathrm{d}x^2}\bigg\|_{x=a}$，$EI\dfrac{\mathrm{d}^3 w_1}{\mathrm{d}x^3}\bigg\|_{x=a}-F=EI\dfrac{\mathrm{d}^3 w_2}{\mathrm{d}x^3}\bigg\|_{x=a}$	
挠曲线方程	$w_1(x)=-\dfrac{1}{6}\dfrac{b\left(2ab-x^2+a^2\right)xF}{EI(a+b)}$	$w_2(x)=\dfrac{a\left(x^2-2ax-2bx+a^2\right)(a+b-x)F}{6EI(a+b)}$
转角方程	$\theta_1(x)=-\dfrac{1}{6}\dfrac{Fb\left(a^2+2ab-3x^2\right)}{EI(a+b)}$	$\theta_2(x)=-\dfrac{1}{6}\dfrac{Fa\left(3a^2+4ab-6ax+2b^2-6bx+3x^2\right)}{EI(a+b)}$
弯矩方程	$M_1(x)=\dfrac{bF}{a+b}x$	$M_2(x)=\dfrac{a(a+b-x)}{a+b}F$

续表

项目	AC 段 $(0<x<a)$	CB 段 $(a<x<a+b)$
剪力方程	$F_{s1}(x)=\frac{b}{a+b}F$	$F_{s2}(x)=-\frac{a}{a+b}F$
特殊点处的挠度、转角	$w_C=-\frac{1}{3}\frac{a^2b^2F}{EI(a+b)}$	$\theta_C=\frac{1}{3}\frac{ab(a-b)F}{EI(a+b)}$

2. 受集中荷载作用的变截面悬臂梁（见图2）

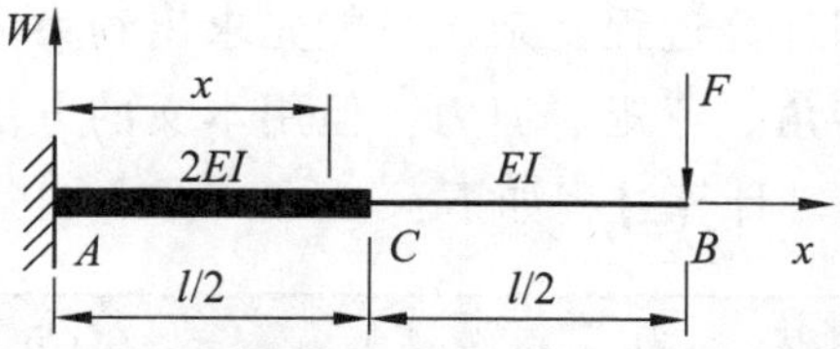

图2　受集中荷载作用的变截面悬臂梁

计算过程如下：

项目	AC 段 $(0<x<l/2)$	CB 段 $(l/2<x<l)$
载荷集度方程	$q_1(x)=0$	$q_2(x)=0$
四阶微分方程组	$\frac{d^4w_1}{dx^4}=\frac{q_1(x)}{2EI}=0$	$\frac{d^4w_2}{dx^4}=\frac{q_2(x)}{EI}=0$
边界条件	支座 A 处：挠度为零、转角为零，即 $w_1\big\|_{x=0}=0$，$\frac{dw_1}{dx}\Big\|_{x=0}=0$	自由端 B 处：弯矩为零、剪力等于F，即 $EI\frac{d^2w_2}{dx^2}\Big\|_{x=l}=0$，$EI\frac{d^3w_2}{dx^3}\Big\|_{x=l}=F$
连续条件 光滑条件	分段点C处：挠度连续、转角连续、弯矩相等、剪力相等，即 $w_1\big\|_{x=\frac{1}{2}l}=w_2\big\|_{x=\frac{1}{2}l}$，$\frac{dw_1}{dx}\Big\|_{x=\frac{1}{2}l}=\frac{dw_2}{dx}\Big\|_{x=\frac{1}{2}l}$，$2EI\frac{d^2w_1}{dx^2}\Big\|_{x=\frac{1}{2}l}=EI\frac{d^2w_2}{dx^2}\Big\|_{x=\frac{1}{2}l}$，$2EI\frac{d^3w_1}{dx^3}\Big\|_{x=\frac{1}{2}l}-F=EI\frac{d^3w_2}{dx^3}\Big\|_{x=\frac{1}{2}l}$	
挠曲线方程	$w_1(x)=\frac{1}{12}\frac{(3l-x)x^2F}{EI}$	$w_2(x)=\frac{(8x^3-24x^2l+9xl^2-2l^3)F}{48EI}$
转角方程	$\theta_1(x)=-\frac{1}{4}\frac{xF(-x+2l)}{EI}$	$\theta_2(x)=\frac{1}{16}\frac{(3l^2-16lx+8x^2)F}{EI}$
弯矩方程	$M_1(x)=-F(l-x)$	$M_2(x)=-F(l-x)$
特殊点处的挠度、转角	$w_C=-\frac{5}{96}\frac{Fl^3}{EI}$，$\theta_C=-\frac{3}{16}\frac{Fl^2}{EI}$	$w_B=-\frac{3}{16}\frac{Fl^3}{EI}$，$\theta_B=-\frac{5}{16}\frac{Fl^2}{EI}$

3. 受均布载荷作用的超静定等直连续梁（见图 3）

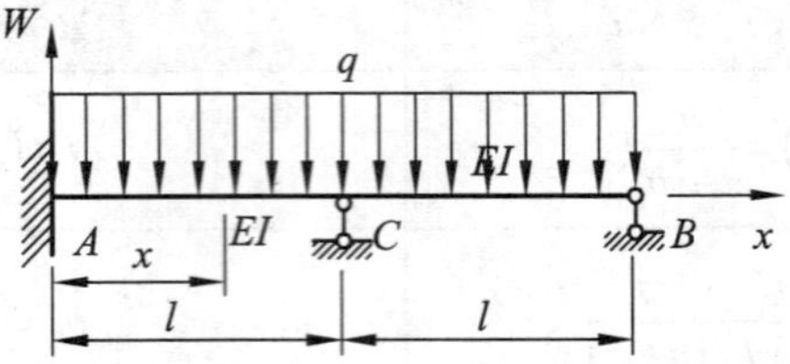

图 3　受均布载荷作用的超静定等直连续梁

对于如图 3 所示超静定等直连续梁的计算，如果利用力法、位移法、力矩分配法、矩阵位移法计算，则计算过程复杂，只能先求出约束力、内力，然后才能计算出特殊截面处的挠度、转角、弯矩、剪力。但用本文的方法计算则思路简单，可直接得到全梁的挠曲线方程。计算过程如下：

项目	AC 段 $(0<x<l)$	CB 段 $(l<x<2l)$
载荷集度方程	$q_1(x)=q$	$q_2(x)=q$
四阶微分方程组	$\frac{\mathrm{d}^4 w_1}{\mathrm{d}x^4}=\frac{q}{EI}$	$\frac{\mathrm{d}^4 w_2}{\mathrm{d}x^4}=\frac{q}{EI}$
边界条件	支座 A 处：挠度为零、转角为零，即 $w_1\big\|_{x=0}=0$，$\frac{\mathrm{d}w_1}{\mathrm{d}x}\Big\|_{x=0}=0$	铰支座 B 处：挠度为零、弯矩为零，即 $w_2\big\|_{x=2l}=0$，$EI\frac{\mathrm{d}^2 w_2}{\mathrm{d}x^2}\Big\|_{x=2l}=0$
连续条件 光滑条件	支座 C 处：挠度为零、转角连续、弯矩连续，即 $w_1\big\|_{x=l}=0$，$w_2\big\|_{x=l}=0$，$\frac{\mathrm{d}w_1}{\mathrm{d}x}\Big\|_{x=l}=\frac{\mathrm{d}w_2}{\mathrm{d}x}\Big\|_{x=l}$，$EI\frac{\mathrm{d}^2 w_1}{\mathrm{d}x^2}\Big\|_{x=l}=EI\frac{\mathrm{d}^2 w_2}{\mathrm{d}x^2}\Big\|_{x=l}$	
挠曲线方程	$w_1(x)=\frac{1}{168}\frac{q(l-x)(6l-7x)x^2}{EI}$	$w_2(x)=\frac{-1}{168}\frac{q(l-x)(2l-x)(7x^2-24xl+16l^2)}{EI}$
转角方程	$\theta_1(x)=-\frac{1}{168}\frac{qx(12l^2-39lx+28x^2)}{EI}$	$\theta_2(x)=\frac{1}{168}\frac{q(96l^3-204l^2x+135lx^2-28x^3)}{EI}$
弯矩方程	$M_1(x)=-\frac{1}{28}q(2l^2-13lx+14x^2)$	$M_2(x)=\frac{1}{28}q(x-2l)(17l-14x)$
剪力方程	$F_{s1}(x)=\frac{1}{28}q(-28x+13l)$	$F_{s2}(x)=\frac{1}{28}q(-28x+45l)$

三、四阶微分方程组的优点

利用本文的四阶微分方程组求等直梁的挠曲线方程，思路简单，其计算过程稍微麻烦一些，特别适合于编程计算，建立海量的材料力学题库。利用本文所述的方法求出挠曲线方程后，则转角方程、弯矩方程、剪力方程都能方便求出，进而求出任意截面的挠度、转角、弯矩、剪力。

力学课程的主要任务，就是教会学生写出微分方程（组）和确定边界条件、连续条件、光滑条件，对微分方程组的求解是数学上应该解决的问题。

四、结　语

利用四阶微分方程组求等直梁的弯曲变形，不用求约束力和弯矩方程，只需利用纯数学方法就能求出梁的挠曲线方程。针对多分段等直梁，虽然积分常数的求解稍微麻烦，但由于此方法步骤明确，若采用数学软件求解则非常方便、快捷，易于生产海量题目，为建设材料力学课程的题库发挥作用。

参考文献

[1] 江晓禹，龚辉. 材料力学[M]. 成都：西南交通大学出版社，2017.
[2] 孙训方. 材料力学[M]. 5版. 北京：高等教育出版社，2000.
[3] 刘鸿文. 材料力学[M]. 6版. 北京：高等教育出版社，2017.

利用四次积分法求分布载荷作用下等直梁的弯曲变形

赵明波　杨　震　李俊永

（西南科技大学土木工程与建筑学院，四川绵阳，621010）

[摘　要] 本文以分布载荷作用下等直梁的挠曲线方程为目标函数，通过建立等直梁挠曲线近似四阶微分方程，利用边界条件，通过积分运算求出等直梁的挠曲线方程。与二次积分法相比，无须计算约束力和弯矩方程，计算过程更为方便、简捷。

[关键词] 四次积分法；弯曲变形；分布载荷；等直梁

一、公式推导

在材料力学[1-3]中，挠度 w 与弯矩 M 之间的近似微分关系为

$$\frac{\mathrm{d}^2 w}{\mathrm{d}x^2}=\frac{M}{EI} \tag{1}$$

弯矩 M 与载荷集度 q 之间的微分关系为

$$\frac{\mathrm{d}^2 M}{\mathrm{d}x^2}=q(x) \tag{2}$$

将式（2）代入式（1）得到

$$\frac{\mathrm{d}^4 w}{\mathrm{d}x^4}=\frac{q(x)}{EI} \tag{3}$$

如果利用式（1）的二次积分法来计算梁的挠度与转角变形，通常需要先计算约束力和弯矩方程，根据给出的边界条件、连续条件、光滑条件，然后才能计算出梁的挠曲线方程。

如果利用式（3）的四次积分法来计算梁的挠度与转角变形，则不需要计算约束力和弯矩方程，可以简化计算过程，特别是在非线性分布载荷作用下，其优点更加突出。

作者简介：赵明波（1966—），男，四川西充人，副教授，主要从事计算力学与程序设计

利用式（3）的四次积分法求梁的弯曲变形时，根据式（1)、(2）得到挠度 w 与转角 θ、弯矩 M、剪力 F_s 之间的对应关系为转角：$\theta \to \frac{dw}{dx}$。弯矩：$M \to EI \cdot \frac{d^2w}{dx^2}$。剪力：$F_s \to EI \cdot \frac{d^3w}{dx^3}$。

由式（3）得到的挠曲线方程是万能的，只要得到挠曲线方程后，求导即可得出转角方程、弯矩方程、剪力方程，从而可以求出任意截面的挠度、转角、弯矩、剪力以及支座处的约束力。

二、利用四次积分法求等直梁的弯曲变形

1. 梯形分布载荷作用下简支梁的弯曲变形

建立如图 1 所示坐标系，设距铰支座 A 处距离为 x 截面上的载荷集度为 $q(x)$，则

（1）四次积分方程：$EI\frac{\mathrm{d}^4w}{\mathrm{d}x^4}=q(x)=-q_1+(q_1-q_2)\frac{x}{l}$。

（2）边界条件：

（支座 A 处，挠度为零、弯矩为零）$w_A=0$、$EI\ddot{w}_A=0$；

（支座 B 处，挠度为零、弯矩为零）$w_B=0$、$EI\ddot{w}_B=0$。

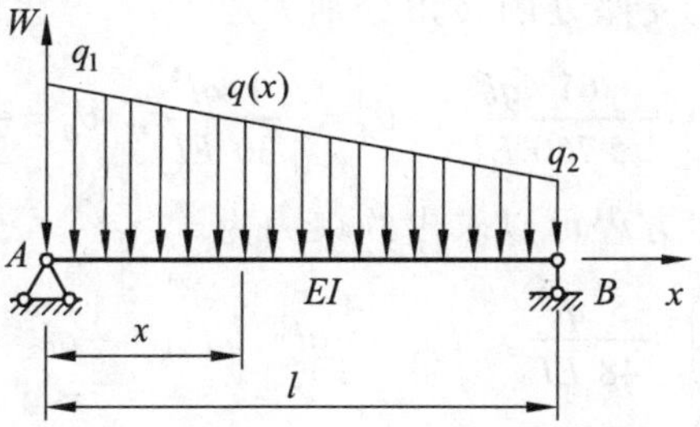

图 1　梯形分布载荷作用下简支梁的变形

（3）积分得到挠曲线方程：

$$w(x)=\frac{x(x-l)\left(8q_1l^3+7q_2l^3+8q_1l^2x+7q_2l^2x-12q_1lx^2-3q_2lx^2+3q_1x^3-3q_2x^3\right)}{360EIl}$$

跨中截面处的挠度、支座处的转角：

$$w\left(\frac{1}{2}l\right)=-\frac{5(q_1+q_2)l^4}{768EI}，\ \theta_A=-\frac{(8q_1+7q_2)l^3}{360EI}，\ \theta_B=\frac{l^3(7q_1+8q_2)}{360EI}$$

2. 抛物线分布载荷作用下简支梁的弯曲变形

建立如图 2 所示坐标系，设距铰支座 A 处距离为 x 截面上的载荷集度为 $q(x)$，则

（1）四次积分方程： $EI\frac{d^4w}{dx^4}=q(x)=-\frac{4qx}{l}\left(1-\frac{x}{l}\right)$ ， $q(x)=\frac{4qx}{l}\left(1-\frac{x}{l}\right)$ 。

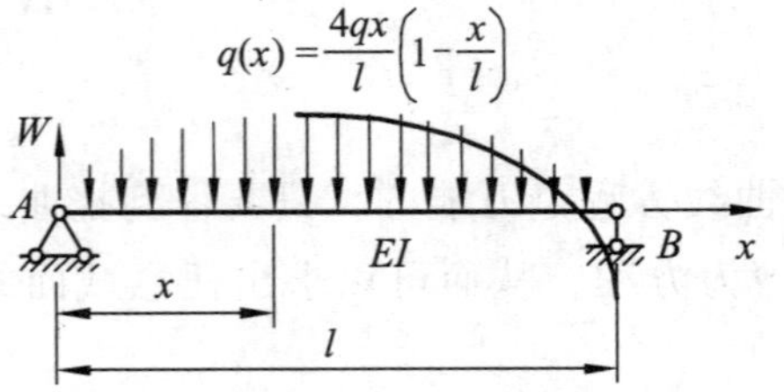

图 2　抛物线分布载荷作用下简支梁的弯曲变形

（2）边界条件：

（铰支座 A 处，挠度为零、弯矩为零） $w_A=0$ 、 $EI\ddot{w}_A=0$ ；

（铰支座 B 处，挠度为零、弯矩为零） $w_B=0$ 、 $EI\ddot{w}_B=0$ 。

（3）积分得到挠曲线方程：

$$w(x)=-\frac{1}{90}\frac{qx(l-x)\left(3l^4+3l^3x-2l^2x^2-2lx^3+x^4\right)}{EIl}$$

弯矩方程和剪力方程分别为

$$M(x)=\frac{1}{3}\frac{qx\left(l^3-2lx^2+x^3\right)}{l}, \quad F_s(x)=\frac{1}{3}\frac{q\left(l^3-6lx^2+4x^3\right)}{l}$$

跨中截面处的挠度、支座处的转角分别为

$$w\left(\frac{1}{2}l\right)=-\frac{61}{5\,760}\frac{ql^5}{EI}, \quad \theta_A=-\frac{1}{30}\frac{ql^4}{EI}, \quad \theta_B=\frac{1}{30}\frac{ql^4}{EI}$$

根据弯矩方程、剪力方程可以求出约束力为

$$M\left(\frac{1}{2}l\right)=\frac{5}{48}\frac{ql^3}{EI}, \quad F_{RA}=\frac{1}{3}ql^2, \quad F_{RB}=\frac{1}{3}ql^2$$

3. 均布载荷作用下等直超静定梁的弯曲变形

建立如图 3 所示坐标系，载荷集度方程为 $q(x)=-q$ ，则

（1）四次积分方程： $EI\frac{d^4w}{dx^4}=q(x)=-q$ 。

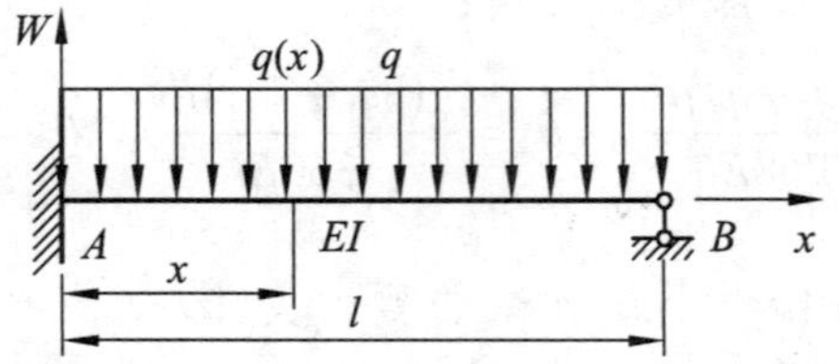

图 3　均布载荷作用下等直超静定梁的弯曲变形

（2）边界条件：

（固定端 A 处，挠度为零、转角为零）$w_A=0$、$\dot{w}_A=0$；

（铰支座 B 处，挠度为零、弯矩为零）$w_B=0$、$EI\ddot{w}_B=0$。

（3）积分得到挠曲线方程：

$$w(x)=-\frac{1}{48}\frac{qx^2(3l-2x)(l-x)}{EI}$$

弯矩方程和剪力方程分别为

$$M(x)=-\frac{1}{8}q(l-x)(l-4x),\quad F_s(x)=\frac{1}{8}q(5l-8x)$$

根据弯矩方程、剪力方程可以求出约束力为

$$m_A=-\frac{1}{8}ql^2,\quad F_{RA}=\frac{5}{8}ql,\quad F_{RB}=\frac{3}{8}ql$$

（4）讨论分析。

跨中挠度：$w\left(\frac{1}{2}l\right)=-\frac{1}{192}\times\frac{ql^4}{EI}$。

最大挠度：当 $x=\frac{15-\sqrt{33}}{16}l\approx 0.578\,46l$ 时，最大挠度 $w_{\max}=-\frac{39+55\sqrt{33}}{65\,536}\times\frac{ql^4}{EI}$。

跨中挠度与最大挠度之间的误差为3.836%，因此工程上可以近似用跨中挠度代替最大挠度，以简化计算。

三、四次积分法的优点

针对只有一段的等直梁来讲，四次积分法的优点如表1所示。

表1　四次积分法与二次积分法的比较

比较内容	四次积分法	二次积分法
静定问题的求解	能	能
超静定问题的求解	能	不能
计算约束力	不需要	需要
计算弯矩方程	不需要	需要
积分次数	四次	两次
积分常数	四个	两个
边界条件、连续条件、光滑条件	四个	两个
计算非均布载荷作用下等直梁的弯曲变形	过程简捷	复杂

四、结　语

四次积分法求梁的弯曲变形比二次积分法更加方便、简捷，不需计算约束力和弯矩方程，只需根据积分方程和对应的边界条件，即可求出梁的挠曲线方程，从而求出转角方程、弯矩方程、剪力方程，进一步可以求出各支座处的约束力，对于非线性分布载荷作用和超静定等直梁的计算，其优势更为明显。

参考文献

[1] 江晓禹，龚辉．材料力学[M]．成都：西南交通大学出版社，2017.
[2] 孙训方．材料力学[M]．5版．北京：高等教育出版社，2000.
[3] 刘鸿文．材料力学[M]．6版．北京：高等教育出版社，2017.

四、

PART FOUR

实验室建设与学风建设篇

有效整合资源促进空气动力学实践实验室建设

张代全

（西南科技大学土木工程与建筑学院，四川绵阳，621010）

[摘　要] 我校工程力学专业是与中国空气动力研究与发展中心联合开办，学科以空气动力学为特色，走产学研的办学思路。我校的空气动力学实践实验室，充分利用资源优势，不断地进行有效资源整合，外有中国空气动力研究与发展中心的大力支持，内有航空航天学社的人力物力资源输入，实验室建设正一步步趋于完善。

[关键词] 资源整合；空气动力；实践；实验室

力学是一个古老的学科，工程力学是它其中一个重要的分支。工程力学紧密联系于广泛的工程实际，指导人们认识自然界并科学地从事工程技术工作。遵循自然界的认识规律，在解决力学问题的过程中，必然有理论也有实验。力学理论在现实生活和工程中，被大量实践验证为正确。因此，对于工科学生而言，动手做实验，亲身实践尤为重要，实验室建设重要性也就不言而喻了。

我校工程力学专业是与中国空气动力研究与发展中心联合开办，学科以空气动力学为特色，走产学研的办学思路，其中主要研究方向之一是风工程技术。作为学生实习、实验场所之一的空气动力学实践实验室，经过多年不断的资源整合建设[1]，目前能基本满足学生实践需求，但其建设历史却是历经波折的。

一、接受馈赠起步建设

空气动力学实践实验室的前身是流体力学实验室，里面只有一台空气动力研究与发展中心赠送的 40 cm×40 cm 的小型风洞，虽然这个风洞算是比较落后甚至是被淘汰的产品，但这也并不影响同学们对风洞原理、风洞实验过程的学习热情。当同学们把亲身制作的模型放到天平上，风洞启动后，简易的丝线加棉球就能明显的展示吹风时的流线（见图 1）。实验只能定性，不能定量测出基本的数据参数，无法进

作者简介：张代全（1981—），男，四川德阳人，讲师，主要从事工程力学、生物力学相关的教学科研工作

行后续的计算和比对。因此，建立空间更大，实验器材更丰富的实验平台被提上了日程。经过系里和学院的共同努力，终于找到另外一个实践场所，并增加购置了激光切割机、数字车床等设备，学生制作模型更加方便快捷。

图 1　小型风洞的模型吹风实验

二、整合校外单位资源共建基地

从接受馈赠到主动合作，共建实践基地，这是有效整合资源、促进实验室发展的必经之路。随着西南科技大学、土建学院与中国空气动力研究与发展中心的进一步深入合作，学生可以直接以科研小助手的身份，进入其实验室，做一些力所能及的事务。每一届的实习、毕业论文指导过程中，也都有工程师老师们的身影，学生的实践实验室直接延伸到了科研部门的专业实验室里，超高声速风洞实验室、结冰风洞实验室，气动噪声控制重点实验室（航空声学风洞）等等，让学生开拓了视野，增长了见识，并切身感受到空气动力学以及风洞的魅力所在（见图 2、图 3）。

图 2　高速所

图 3　气动噪声控制重点实验室

三、利用校内其他资源优势互补

除了整合利用校外单位的资源之外，校内的资源也和实验室建设紧密结合在一起。2009 年成立的“西南科技大学航空航天学社”，从成立到现在一直和空气动力学实践实验室相辅相成。在实验室没有课程安排的时候，这里可以作为该社团的主要活动场所；当有学生需要来这里上课的时候，社团的成员不但会提前把场所准备好，还能提供一些必要的辅助，比如作为小助手帮助老师一起指导飞机模型的制作、控制飞行等。航模队成员多次代表本校出征全国航模竞赛并屡获大奖，全部的模型作品均在本实验室内完成。而工程力学学生的空气动力学相关实践实验的校内部分也在这里进行，这不但提高了实验室的利用效率，增加了场所人气，更能激发学生的创造能力。如图 4 所示为学生实习时在实验室制作航模飞机。

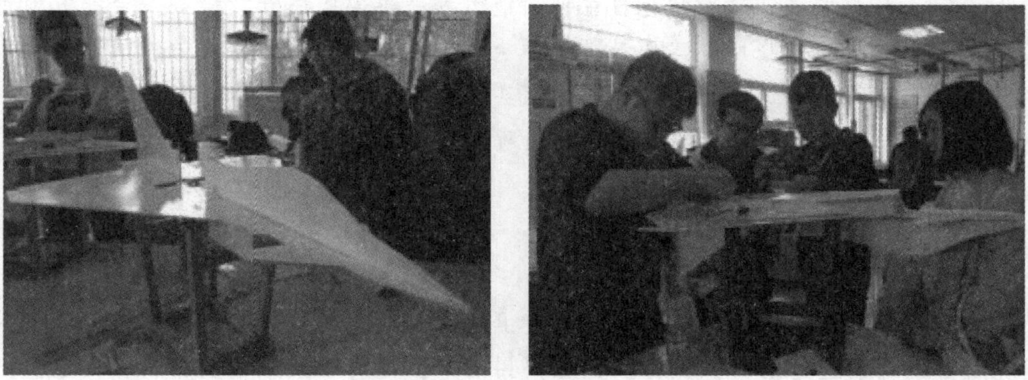

图 4　学生制作组装航模飞机

资源整合不是一句空话，不管在什么情况下，积极有效的寻找资源、整合利用资源都能达到意想不到的效果[2]。目前，空气动力学实践实验室正在和“结构优化与模型创新实验室”积极寻求合作，争取把 3D 打印系统应用到航模设计与优化中来，相信该实验室的建设将迎来更加美好的明天！

参考文献

[1] 钱大益，刘云. 优化资源整合，推进实验中心建设[J]. 实验技术与管理，2008，25（6）：121-124.

[2] 黄刚，尹婵娟，郭盛，李飞. 整合实验室资源，构建多层次实验平台[J]. 实验室研究与探索，2014（5）：235-238.

验证性实验教学方法的探索和改革

邵冰莓　李安楠　董世明　刘 展

（四川大学建筑与环境学院力学系，四川成都，610065）

[摘　要] 验证性实验是人才培养体系中的重要环节。为激发教学活力、提高学生自主性、发挥实验室的资源和技术优势，四川大学力学系在拓展教学方式、培养学生自主创新能力和完善实验室开放服务平台等方面进行探索，所构建的教师、学生、实验室三位一体的实验教学体系已取得显著成效，提高了验证性实验教学效果，得到学生的好评。

[关键词] 验证性实验；实验教学；创新能力；实验平台

一、验证性实验教学的现状

验证性实验是指对研究对象有了一定了解，并形成了某种假说，为了验证这种假说是否正确而进行的一种实验。其主要目的并不是为了搜集事实材料，而是要把研究工作引向深入，从而加深对研究对象的某些性质和规律的认识[1]。在人才培养过程中，作为原创性科研和人才培养间的桥梁，验证性实验对基础知识的认知、巩固，以及对学生思维能力、创新实践能力的培养发挥着十分重要的作用。

验证性实验教学目前存在的主要问题：（1）教学过程中缺乏引导和启发。传统验证性实验教学过程中，教师进行理论讲解和实验演示后，学生根据规定步骤及指导书进行实验操作，教师根据实验报告的完成情况评定分数，期间学生几乎没有自主探索的空间，在实验验证中也难以发现问题。（2）学生缺乏自主思考与探究。学生没有参与到实验设计部分，且由于验证性实验结果固定，思考问题的动力不足。（3）实验室共享程度有待提高。实验室资源共享意识不够、实验室开放形式不成系统，不利于发挥实验室在人才培养的作用。这些都是目前验证性实验教学缺乏活力的症结所在，阻碍了验证性实验对学生思维能力、自主创新能力和实践能力的培

项目资助：国家自然科学基金项目（No.31670963）；四川大学-宜宾市人民政府战略合作项目（No.2019CDYB-16）；中央高校基本科研业务费

作者简介：邵冰莓（1987—），女，实验师，四川大学基础力学实验室副主任，实验教学和工程力学方向

养。因此，有必要对验证性实验教学方法进行改进。

二、验证性实验教学方法的探究

针对验证性实验教学中存在的问题，我们从拓展教学方式、培养学生自主创新能力和完善实验室开放服务平台等方面进行探究，从而激发教学活力、提高学生自主性、发挥技术和资源优势，进一步完善综合型人才的实验教学培养体系，为验证性实验教学方法的改进提供新思路。

1. 拓展教学方式

（1）将验证性实验教学与工程实例相结合。

对于实验教学首先从教学形式开始转变。一是从生活和工程的实际应用中引出实验内容，赋予实验现实意义。例如，“流速大的地方压强小”，在汽车行驶过程中，纸片会被吸出窗外，由常见现象引出相关理论，也就是伯努利原理，再引导学生进行实验验证，使求知欲成为理论学习和实验验证的驱动力。二是将验证性实验教学与科研训练相结合。自2013级起，四川大学工程力学专业针对入校新生开设“新生研讨课”和“学科前沿课”两门学科视角拓展课程，由专业内不同研究方向的老师为学生介绍学科的前沿发展和工程应用，增强学生对专业中理论知识与应用问题的认识。同时学校鼓励学生以老师的科研项目为契机，结合学校开设的“大学生创新创业计划”“三进三结合”等，进课题组、实验室，参与到科研探索中，培养学生将抽象的科学理论转化为实验探索和实际应用的思维能力。事实证明，参与过实验验证训练的学生，在项目后续阶段表现出了更高的自主性和对项目更好的把控能力。与科研结合的验证实践对学生自学能力的培养、专业知识的转化和科研素养的提高都至关重要，该部分学生在后期参与其他项目时也表现出了很好的应用能力。

（2）开辟校外课堂。

走出校园，开辟校外课堂，让学生在科研机构、生产车间或者工程现场观摩实验原理的应用。我们定期组织学生到相关科研单位参观学习，例如去成飞观摩空气动力学原理在飞机设计中的应用；在中国空气动力学研究与发展中心观摩风洞结构和实验部件，体会其力学原理及应用；在一汽大众成都公司参观冲压车间和力学相关实验室，并进行研讨；在桥梁检测现场观摩质检单位通过应变片电测法对桥梁进行安全性检测，了解电测法的工程应用。把工程现场纳入课堂的教学方法可以提高学生对本专业的认知度，使学生对所学专业更有信心[2]，达到提升学习兴趣、激发探索欲望、具化专业认知的教学效果。

（3）成绩评定注重多元化。

成绩评定方式对学生的学习有重要的导向性，只有建立起全面的评定方式，才能从根本上改变学生对课程标准的传统认识，激发学生探究的热情。除了实验报告和实验效果这两大评定模块，验证性实验课成绩还应包括理论知识、实验创新和问题探究的评定模块，不仅重视基础实验的完成度和实验验证效果，而且要求学生利用理论知识解释实验现象和结果，理解其物理意义，鼓励学生发现新的实验方法并且探究实验中出现的问题。我们在进行认识实习的同时需要学生完成“创新实验力学”课程，由实习地老师结合工程背景和设定的实验内容进行讲解并明确课程任务，学生自行组建小组进行讨论并确定实验方案和分工。学生在实习地完成实验操作，返校后整理分析数据形成报告，并对认识实习的全过程进行自我评价。在此过程中，带队指导老师会根据学生在认识实习中的理论学习、方案设计、团队合作、实验操作和实验效果等环节的表现，结合学生对实验问题的探究和创新思考，进行全过程的综合评价后给出最终实验成绩。这种多元化的成绩考核制度可以督促学生更好地理解并掌握实验内容，同时鼓励学生对实验进行创新性发散，引导学生拓宽思维去发现问题并解决问题，培养学生的团队协作和动手能力。

2. 培养学生自主创新能力

学生是实验教学的主体，发挥学生在验证性实验中的自主性是提高实验教学质量的关键。通过优化课程内容和结构，变流程化实验为自主化实验，改变传统验证性实验以老师为主导的情况，形成以学生为主导的课堂氛围，开放探索空间，可以培养学生的自主创新能力。四川大学基础力学实验室随时为学生提供必要的材料和工具，根据实验验证的内容，将实验形式转变为学生主导，组建团队，自主形成分工合作的关系。期间学生可以访问实验室资源库学习相关理论、了解仪器设备，经过商讨后各组提出验证方案，明确实验步骤和成员分工，再进行实验教室和设备的预约，通过小组协作完成实验操作并分析实验结果，最后提交实验报告。探究过程可以培养学生的论证能力、团队协作和自主创新能力，并帮助学生理解实验过程[3]；合作学习可以提供更好的学习氛围，改善师生间的互动关系[4]；实验室的软硬件设施可以为学生自主实验提供资源保障。将验证性实验的形式转变为学生在实验中的自主创新，教师变为协同探索者，充分发挥学生的主观能动性和主体作用[5]。题目以外，老师鼓励学生利用实验室的材料和工具进行自由探索，在基础力学实验室的展厅陈列了学生自己动手制作的诸葛连弩、自动投球机、扭矩放大等趣味装置，学生的自主探索能力和动手能力都得到了激发与提升。

3. 完善实验室开放服务平台

服务平台包括数字化资源库和教学管理系统两大部分：数字化资源库涵盖各类实验原理讲义、指导书、PPT、课程视频、设备使用说明以及全国高校联合建设的实验 MOOC 资源和虚拟实验等内容。数字化资源库能为老师提供课堂上不能实现的生活和工程实例的验证性展示，促进验证性实验教学与实例相结合；为学生提供验证性实验方案的设计参考，让学生在相关资料中找到灵感和启发；也可以为学生提供线上虚拟实验，克服空间限制、扩大实验教学的辐射范围。四川大学基础力学实验室推出了“材料力学实验”“振动力学实验”和“生物力学实验”等MOOC资源，附带课程PPT，支持学生自主学习实验的理论知识；录制了基础实验教学的操作视频，支持学生在线了解实验操作流程和设备使用方法，增强学生对实验的感官认识，有利于启发学生自主设计实验方案；搭建了虚拟实验平台，满足学生不受空间限制地在线上模拟实验的需要。同时，基础力学实验室创建了自己的微信公众号“量力而行LXSYS”，提供实验设备说明、实验设备操作视频和线上交流平台。

此次疫情期间，实验室的数字化资源在教学活动转线上的要求下发挥了极大作用，学生可以通过实验室数字化资源库提供的多种途径进行线上实验理论学习，了解实验操作过程，在虚拟实验平台完成部分实验的虚拟操作，并在线上与老师进行及时的交流与讨论，保障了实验教学的正常进行，成为实验课程“防疫不妨学”的重要保障。另外，实验教学管理系统具有查询、预约和线上讨论功能。学生查询到实验课程、空闲教室以及空闲设备的具体信息，以便实时掌握实验室可用资源的情况，可以预约实验教室和设备，并且教学管理系统也提供线上讨论空间，学生可以针对自己在实验验证中发现的问题发起讨论。现代化手段的应用是完善实验室开放平台的建设基础。

三、改革成效与努力方向

近年来，通过拓展教学方式、培养学生自主创新能力、完善实验室开放服务平台，使教师、学生、实验室三个方面相互配合，以拓展教学方式为先导，继而激发学生积极性，培养学生的自主创新能力。同时完善实验室开放服务平台，为学生自主学习和探索提供足够的软硬件支持，形成三位一体的人才培养体系，不仅可以激发教学活力，还可以有效提升学生的自主创新和实践能力，改变传统验证性实验教学内容枯燥、方式单一、学生机械操作的局面，充分发挥验证性实验培养学生综合能力的作用。2011年，四川大学在“全国大学生周培源力学竞赛”中荣获第一名，并承办2013年的“全国大学生周培源力学竞赛”；2019年，四川大学又在“全国大学生周培源力学竞赛团体赛”获得全国团体二等奖和单项项目冠军。

验证性实验在科学发展中必不可少，实验室软硬件建设是验证性实验教学革新与发展的重要保障。随着科技的进步和人才培养的需要，先进的仪器设备、智能化的管理系统、一流的实验团队和更开放的线上线下资源共享将成为实验室建设的核心竞争力。

参考文献

[1] 王树茂. 科学实验[M]. 辽宁：辽宁人民出版社，1987：109-109.

[2] SHAPIRA, AVIAD. Bringing the Site into the Classroom: A Construction Engineering Laboratory[J]. Journal of Engineering Education, 1995, 84(1): 81-85.

[3] ZHOU X. Reform and research on experimental teaching for high frequency electronic circuit[C]// International Conference on E-health Networking. IEEE, 2010.

[4] ERIN MARIE FURTAK, TINA SEIDEL, HEIDI IVERSON AND DEREK C BRIGGS. Experimental and Quasi-Experimental Studies of Inquiry-Based Science Teaching: A Meta-Analysis[J]. Review of Educational Research, 2012, 82(3): 300-329.

[5] 皮建辉，向孙军，杨其仁，等. 创新实验教学途径的探索与实践[J]. 实验科学与技术，2007（02）：69-71.

材料力学实验教学平台开放共享智能化管理研究

孙 毅 盛冬发

（西南林业大学土木工程学院，云南昆明，650024）

[摘 要] 针对高校实验室设备管理利用率低，缺乏信息化管理的问题，本文提出了材料力学大型仪器设备共享管理的框架设想，利用互联网优势及锁屏客户端软件，实现仪器的资源共享、在线预约、授权使用、计费结算、报表统计等功能。提高了实验设备利用率，灵活安排实验进程。

[关键词] 实验平台；材料力学；智能化；共享管理

伴随信息技术的迅速发展，依托互联网技术的新型教学模式不断涌现，同时在应用人才培养模式的思想指导下，诸多高校进一步提升了实验室建设投资。近几年，国家和地方政府纷纷加大对高校的资金投入，国内高校也利用这个契机，购买大型仪器设备，建设实验平台[1-3]。配置大量实验室设备，用以满足开展实验教学的需要。加强实验室和实验设备管理，拓展管理手段，提高管理水平，使实验室成为科学研究、学科发展、培育合格人才的一个非常重要的基石和摇篮[4, 5]。实验平台中的大型仪器设备是实验平台的核心所在，大型仪器设备既可以服务于人才培养的教学工作，又可以服务于教师的科研工作。

探讨既能满足本科学生基本教学需求又能满足创新科研活动对设备需要，还能便于实验设备管理人员对实验中心各设备的分布和性能情况及时了解，科学、规范、高效的实验仪器设备管理方式就显得尤为重要。

一、材料力学实验教学平台存在的问题

材料力学实验是培养学生动手能力和创新能力的重要环节，实验教学不仅能帮助学生形成正确的概念，加深对规律的理解，而且实验课程在培养和提高学生动手实践能力、观察能力上起到了重要作用。但实验室仍然采用手工记账，即使使用计算机管理也只是出报表、打卡片，计算机网络化管理未能得到重视，落后的管理手

作者简介：孙毅（1982—），男，云南玉溪人，实验师，主要从事材料力学实验教学研究

段无法对各种仪器设备的需求与市场信息、型号与功能信息、使用与状态信息、投入与效益信息、属权与变更信息等数据进行及时、全面、系统的收集、整理与分析，不能对仪器设备进行动态管理[6]。

大型精密贵重仪器设备普遍存在着利用率低、功能开放不全的现象，有的不考虑循环使用，使仪器设备利用率低，长时间闲置。有的由于信息没能畅通，导致所购置的仪器和实验室所需要的仪器不符，使用率很低或者干脆长时间放置不使用，没服务几年就被淘汰闲置，造成浪费。各部门在购置实验设备过程中，主要是考虑本单位甚至课题组的需要，部门之间缺乏相互沟通，设备的购置论证不够充分，购置的设备大部分在本部门实验室内部使用，设备利用率低[7]，造成资源的极大浪费，尤其大型仪器设备的重复购置，开放共享程度不够，不仅占用实验室空间，还造成经济上的浪费，是目前实验室仪器设备管理中存在的最突出的情况。

二、实验设备开放共享智能化管理探索

大型仪器设备共享管理系统，是将学校的大型仪器统一纳入该系统进行管理，以实现仪器的资源共享、在线预约、授权使用、计费结算、报表统计等功能。一方面通过共享提高了仪器资源的利用率，为师生提供便捷的服务；另一方面通过系统在线记录仪器的预约、使用、计费等情况，为仪器管理员和管理部门对仪器的日常管理和资源配置、使用效益评价等考核，提供真实、可靠的数据支撑。系统框架如图 1 所示。首先依靠学校网站，在网站页面设有用户注册进入窗口，学生只需打开浏览器输入地址栏，即可出现注册页面。锁屏客户端软件用户类型默认有普通用户、课题组负责人、仪器负责人、中心管理员，管理员也可自定义其他类型角色。课题组负责人需登录平台后编辑课题组基本信息，项目信息等内容，设有课题组成员页卡。根据学校收费管理制度，系统内是以课题组为充值基本对象，管理员可先通过信用额度方式，给每个课题组授权一定额度；也可以在课题组负责人线下完成真实缴费后，系统管理员再充值同样额度。实验计费方式有支持按时间、样品数、测试项目等方式计费。

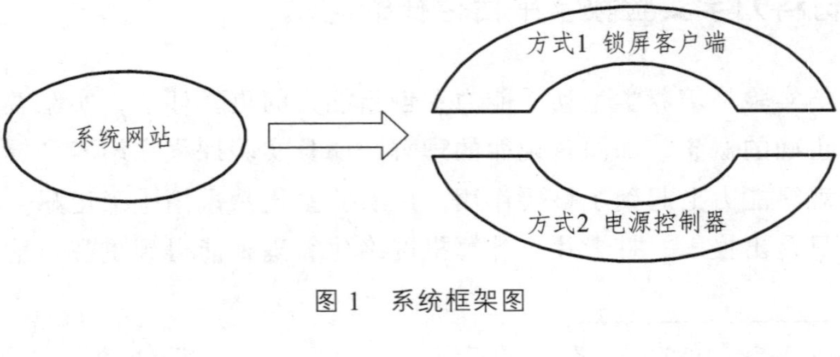

图 1　系统框架图

实验设备是保证师生和实验人员开展实验活动的先决条件，关系到实验能否正常进行，甚至关系到实验的成败。实验人员未经学习实验设备操作方法和步骤等知识而直接使用，势必会提升设备发生故障率。为了能够保持实验室设备较高的完好率，实验人员应当了解设备的操作方法、操作步骤、使用要求等信息。进行自助学习，实验人员在未操作设备前先掌握实验设备基本操作方法，这有助于实验人员正常开展实验，又可保证实验设备的完好率。

实验室设备运行智能化管理，建立实验室管理系统在线预约子系统。大型仪器共享系统中实验预约类型设有使用预约（自主测试）、送样预约（委托测试）。使用预约指的是实验用户自行在系统该仪器的使用预约页面，预约仪器的使用时间，届时按时去仪器旁，用户亲自操作仪器做实验；送样预约指的是实验用户自行在系统该仪器的送样预约页面，提交送样申请，待仪器负责人批准后，按时给机主送样，由机主代为操作仪器做实验，最后将实验结果反馈给用户。凡是机主设置了公告的仪器，用户必须查看公告，才能预约该仪器。如果仪器管理员设置了预约需先申请参加培训，则用户需先申请参加培训，待完成线下培训，线上仪器管理员批准通过培训后，才可进行预约，否则无法预约；如果用户需要修改或删除已提交的预约申请，只能在预约时间实际还没开始前才能修改，否则用户无法修改，只能联系仪器管理员修改。如图 2 所示，材料力学实验开放共享平台的智能化开发，不但扩充材料力学相关课程的课程资源，而且优化教学资源结构，能够为师生传播最新的课程教学观念与教学信息，创造教育技术现代化的校园环境，为以学生为本的现代教育对教学理念和教学过程的分析和反思提供了素材。

三、结　语

材料力学开放式实验教学平台是针对材料力学开放式实验教学开发的交互式教学平台，该平台以网络技术为基础，将所有数字内容有机地链接在教学网站中，实验前学生可通过该平台预习实验原理，了解实验过程，预定实验设备。学生自我管理、自主学习、自主研究的能力增强，提高了实验设备利用率，实验进程得到灵活安排。实验室的各种资源得到充分利用，实验室的管理能力大为改善。

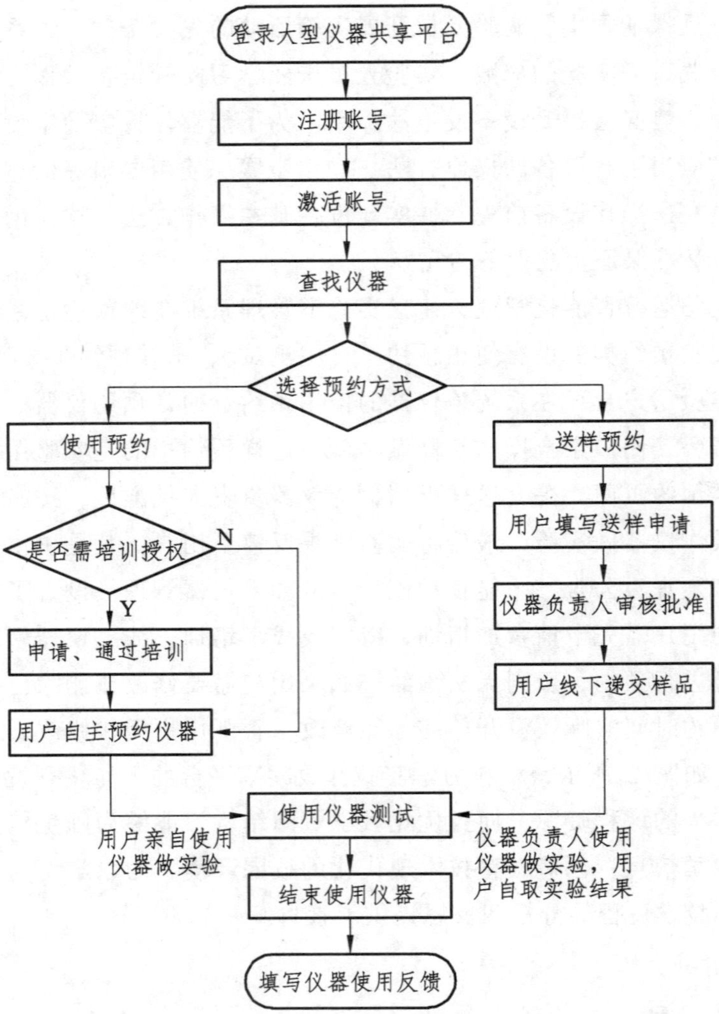

图 2　大型仪器共享管理平台用户使用仪器整体流程

参考文献

[1] 常永华. 高校公共管理实验平台绩效模糊综合模型与案例[J]. 高校实验室工作研究，2015（1）：120-122.

[2] 朱浩，左志宏，蒲永华. 基于数字化校园的实验预约管理系统[J]. 实验室研究与探索，2017，36（2）：218-221.

[3] 苏辉兰，余炳锋，谢微. APP 智能管理平台在开放式实验室安全管理模式中的研究与实践[J]. 轻工科技，2018，34（7）：80-82.

[4] 张卫明，王红梅. 高校实验室设备智能化管理模式探析[J]. 实验室研究与探索，2018，37（1）：247-251.

[5] 朱国兴. 高校实验室设备管理探析[J]. 中国教育技术装备. 2016(22)：164-165.
[6] 韩坚洁.实验仪器设备管理中存在的问题及解决措施[J]. 高校实验室工作研究，2010，106(4)：83，93.
[7] 王德利，汤海峰，孟威，孟庆繁，滕利荣. 数字化实验教学平台的构建[J]. 实验技术与管理，2014.12(31)：152-154.

金属材料剪切模量的两种测定方法分析

李 艳 邵冰莓 王柏弋 李晋川

（四川大学建筑与环境学院基础力学实验室，四川成都，610065）

[摘 要] 通过对金属剪切模量的两种测定方法进行实验和比较，得到百分表测量比电测实验结果稍大，电测实验中半桥测量的数据略大于全桥测量。总体而言，百分表测量更为方便快捷，前期准备工作量小，受环境因素影响小，但精度低；电测法结果更为准确，但需要提前做好贴片、组桥等前期工作。将不同实验方法的分析比较融入本科实验教学中，可以拓展学生思路，提升其对实验原理和材料力学性能的理解程度，进一步促进学生创新思维发展，是对“新工科”创新实践的一次积极探索。

[关键词] 材料力学；剪切模量；百分表测量法；电测法；实验方法

材料力学是工科学生学习的一门重要基础理论课程，它主要研究材料在各向力作用下产生的应力、应变、强度、刚度、稳定以及各种受力状况下的极限情况[1]。材料力学的研究与学习需要大量的实验作为支撑，材料力学实验在材料力学课程学习中起着至关重要的作用[2, 3]。多数情况下，材料同样的物理量可以通过不同的实验方式测得。不同的测量方法，对实验结果也有不同影响。因此，在不同实验需求和侧重点的情况下，可以选择不同的实验方式来取得所需数据。这种思路隶属于比较教学法，在不同实验方法的比较分析下增强学生对实验原理的掌握，提升实验教学质量[4, 5]。同时，大量实验教改研究表明，在实验过程中丰富实验方法和内容，能够极大促进学生创新思维发展[6, 7]。

剪切模量 G 是材料的剪切应力和应变的比值，又称切变模量或刚性模量，是材料的重要力学性能指标之一，是金属、非金属材料韧性和抗变形能力的一种表现，在宏观微观力学领域均有研究[8]。在本科实验教学中，金属材料的剪切模量 G 主要有百分表测量法和电测法两种测定方法。两种测法具有各自的优劣势，对这两种测

项目资助：四川大学 2020 年实验技术立项重点资助项目（SCU202010）

作者简介：李艳（1984—），女，湖北随州人，讲师，主要从事力学实验教学与管理

量方法的分析比较，可以为不同条件和需求情况下的选择提供参照，能够为丰富力学实验教学提供素材和依据。

1. 剪切模量的两种测定方法

（1）百分表测量法。

使用百分表测量金属材料剪切模量 G 的方法是将切应变（扭转角）测量转换为弧长测量的一种测定方法。将试样（钢制薄壁空心圆筒）的一端固定不动，为了方便测得扭转角，将试样做得比较长，试样的另一端通过横杆用传感器手动加载。为了消除弯曲影响，在试样另一端安装一轴承，使这一端只允许产生绕轴向的角位移，这样试样就只受扭转作用。加载的相对一端，也安装上横杆，当试样受扭转作用时，可动一端截面发生转动，横杆也随之转动，横杆一端安装百分表。通过百分表测量特定点的位移，即可通过计算得出扭转角的大小。实验所用测量装置由四川大学力学系自主研发而成。百分表测量剪切模量 G 的实验原理如图 1 所示。

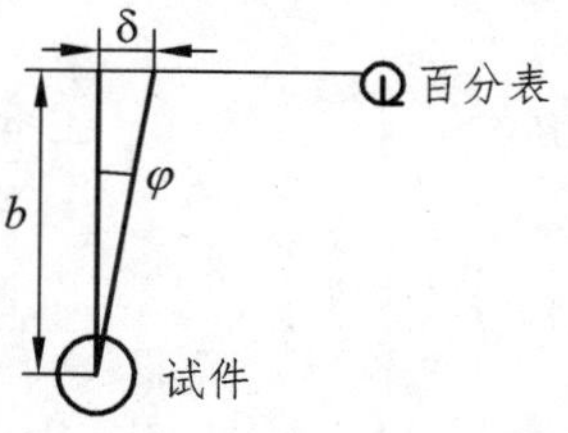

图 1　百分表测剪切模量的基本原理图

圆轴受扭时，在比例极限内满足剪切胡克定律：

$$G=\frac{\Delta TL}{\Delta\varphi I_P}\tag{1}$$

式中，ΔT 是扭矩增量，是荷载增量 ΔP 与力臂 a 之积；L 是试件长度；$\Delta\varphi$ 为转动角度；I_P 为极惯性矩，$I_P=\frac{\pi}{32}\left(D^4-d^4\right)$，$d$ 与 D 分别是空心圆筒的内外径。

通过逐级加载的方式，每一级增加同样大小的 ΔT，通过百分表读出增量 $\Delta\delta$，因变化十分微小，继而近似看作转过的弧长值，得出相应的 $\Delta\varphi=\Delta\delta/b$，其中 b 为百分表测点到试样轴心的垂直距离。若 ΔP 为等量递增荷载值，a 为力臂，则有：

$$G=\frac{\Delta PLab}{\Delta\delta I_P}\tag{2}$$

（2）电测法。

材料扭转时，剪应力 τ 与剪应变 γ 呈线性关系，在此弹性范围内，两者的比值即为剪切模量，且均可由实验测定，即

$$G = \frac{\tau}{\gamma} \tag{3}$$

电测实验需使用电阻应变片作为形变的传导，将应变片在试件上下表面对应粘贴。贴片处的扭转切应力为 $\tau = T / W_P$，其中 W_P 为抗扭截面系数。

电测实验同样采用逐级加载方式，通过合理利用电桥特性，可以有多种测量方式。各级扭矩增量为 ΔT，应变仪读数增量为 $\Delta\varepsilon_d$，切变模量：测量如下。

① 半桥测量：

$$G = \frac{\Delta Pa}{W_P \Delta\varepsilon_d} \tag{4}$$

② 全桥测量：

$$G = \frac{2\Delta Pa}{W_P \Delta\varepsilon_d} \tag{5}$$

惠斯通电桥组桥特性如图 2 所示。

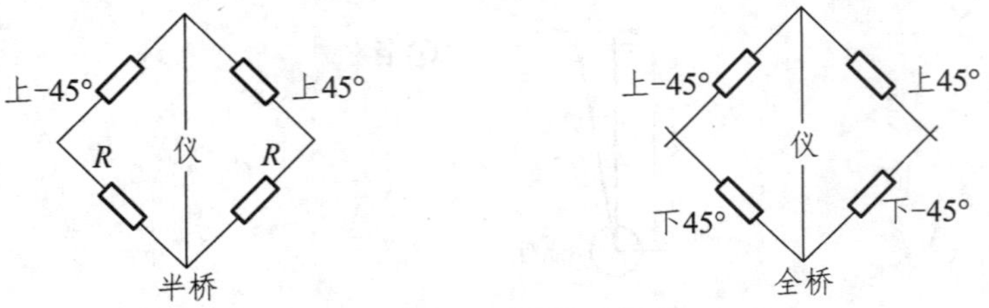

图 2　电测法测量剪切模量的组桥图

2. 结果分析

在同一个实验装置和同一试件上进行两种方法的实验测试。对数据进行整理计算，并根据式（2）、（4）、（5），得到处理后的测定结果：百分表测定 $G = 83.93$ GPa，电测半桥组桥测定 $G = 79.58$ GPa，电测全桥组桥测定 $G = 79.51$ GPa。

由此可得，百分表测量结果明显大于电测实验得出的数据。在百分表测量过程中，实际百分表读数略小于真实的弧长值，而将百分表读数近似看作弧长值，在式（1）中，分母中 φ 值比实际弧长值小，是使测得的结果偏大的主要原因。

电测实验中，相同的测量方式下，测得的数据越大，相对误差较小，精度越高。贴片位置应尽量选择变形较大的点（除应力状态不明的点或区域），并且合理利用电桥，在不同组桥方式下采用温度补偿片或工作补偿片来消除测量环境中温度对测量数据的影响[9]。另外电测实验中半桥测量的数据略大于全桥测量。在组建电桥的时候，应该尽量保证在多个内力共同作用下，直接测出单一内力引起的应变，如所采用的方法不能满足这一点时，应增加应变读数，以提高测试灵敏度。电测法精度达到 10^{-6}，明显优于百分表测量法的 10^{-2}，对于精度要求高的实验应尤其注意。

该实验还需要考虑试件的加工工艺问题。薄壁圆筒的壁厚非常小，在加工中很难控制，可能出现略不符合或局部不符合薄壁圆筒壁厚要求的情况，在计算过程中按薄壁圆筒计算，会造成误差。另外在安装过程中也很容易使试件发生微小的塑性形变，从而造成实验数据的不准确。

3. 结论与建议

在剪切模量 G 的测定中，百分表测量结果大于电测实验得出的数据，电测实验中半桥测量的数据略大于全桥测量。百分表测量更为方便快捷，前期准备工作量小，受环境因素影响小，但精度低；电测法结果更为准确，但需要提前做好贴片、组桥等前期工作。两种测法具有各自的优劣势，对两种测法的分析比较，可以为不同条件和需求情况下的选择提供参照。将两种测量方法的分析比较融入本科实验教学中，可拓展学生思路、增强学生对实验原理和理论知识的掌握力度，促进学生创新思维发展。在材料力学实验这类基础性实验教学中，应尽量给学生提供可行性强的多种实验方法，通过比较教学，带领学生在实践中探索问题的解决之道，提升其综合分析能力，促进其自我学习和成长，正是“新工科”建设中“探索自主驱动激励”理念的体现。

参考文献

[1] 秦世伦，李晋川. 材料力学[M]. 北京：高等教育出版社，2016.
[2] 胡青龙. 材料力学实验教程[M]. 北京：北京理工大学出版社，2013.
[3] 王清远，陈孟诗. 材料力学实验[M]. 成都：四川大学出版社，2007.
[4] 郭美荣，俞爱辉，夏德宏. 比较教学法在工程流体力学实验教学中的应用[J]. 中国校外教育，2014，8（21）：71+116.
[5] 赵汗青，高兴海，李海燕. 悬臂梁振动参数的实验测试方法分析与比较[J]. 实验室研究与探索，2009，28（12）：47-49.
[6] 蔡传国. 本科力学实验中的创新思维培养方法探索[J]. 力学与实践，2013，35（6）：95-96.
[7] 刘萍华. 20 年来我国材料力学实验课程教学改革文献综述[J]. 力学与实践，2009，31（6）：67-69.
[8] 刘金来，叶荔华，周亦胄，等. 一种单晶高温合金的弹性性能的各向异性[J]. 金属学报，2020，65（6）：855-862.
[9] 郑华升，磨季云. 基于科研成果的应变电测技术延伸教学[J]. 力学与实践，2016，38（3）：324-327.

新工科人才学习质量提升路径的探索与实践

沈火明[1]　康　锐[2]　刘朝辉[2]　冷　伟[2]

（1. 西南交通大学力学与工程学院；2. 西南交通大学教务处，四川成都，610031）

[摘　要] 近年来，新工科人才培养已成为各高校工科人才培养的重点。我校作为工科人才培养优势高校，在多方面开展工作，学生学习质量提升路径的探索也是其重要的一个方面。通过探索新工科教育体系下学生学习质量的应然诉求、学生学习质量的形成机理及学生学习质量的评价机制，进而从教育教学质量提升和学生个体发展需要出发，提出更好培养新工科人才的具体措施和办法。

[关键词] 新工科；学习质量；人才；培养路径

新工科建设是基于国家战略发展新需求、国际竞争新形势和立德树人新要求以及我国工程教育与新产业和新经济发展严重脱节背景下提出的国内工程教育改革新方向，是在满足工程教育专业认证模式要求基础上的一种新型的工程教育模式。现阶段，我国工程教育取得显著成就，如规模大、结构完备、门类齐全、质量不断提升，但也要看到人才培养存在的差距、不足和困境，如工程教育人才创新能力严重不足、关键核心技术和高端人才缺乏、人才培养与产业发展需求脱节、新经济和未来技术等领域人才短缺等。

一、构建新工科人才培养质量保障体系

要持续提升新工科人才学习质量，培养满足社会发展需求的新工科专业人才，高校需根据新工科人才培养新要求和国际实质等效的工程教育专业认证要求，构建

项目资助：第 2 批新工科研究与实践项目（项目号：E-GCJYZL20200814）；中国高等教育学会教学研究分会中国高校“金课”建设推进平台计划课题（项目号：JKJH201902）；四川省 2018-2020 年高等教育人才培养质量和教学改革（项目号：JG2018-125）

作者简介：沈火明（1968—），男，江苏苏州人，教授，主要从事力学的教学和科研工作

好符合新时代新工科建设命题的工程教育质量保障新体系，如图 1 所示。

构建新工科质量保障新体系的关键在于，建立新工科教育体系下人才培养的多维空间及相应的学习质量保障机制。

当前，学生学习质量提升中存在的问题主要包括三方面：一是新工科教育体系下多维空间的学生学习质量提升未形成有效合力，过度依靠传统课堂，线上线下、课内课外等多维空间未能有效形成促进学生学习质量提升合力，难以真正全方位、客观评价新背景下学生学习质量情况及发掘提升路径。二是新工科教育体系下各维空间学生学习质量提升影响因素及其相互关系模糊不清，除传统课堂学习维度外，其他多维空间对学生学习质量提升影响因素研究均不深入，没有系统地建立相应的学习质量标准和评价指标，因而不能为真正建立全面的以“学”为中心的学生学习质量评价及保障机制提供有效质量基准。三是新工科教育体系下各维空间学生学习质量提升保障机制尚未有效建立。信息化平台对学生学习全方位、全过程质量提升的支撑不足，各维空间学习质量保障机制中未有机整合不同利益相关主体的多方评价信息，同时也缺乏理论与实证相结合的研究，制约了新工科背景下学生学习质量的持续提升。

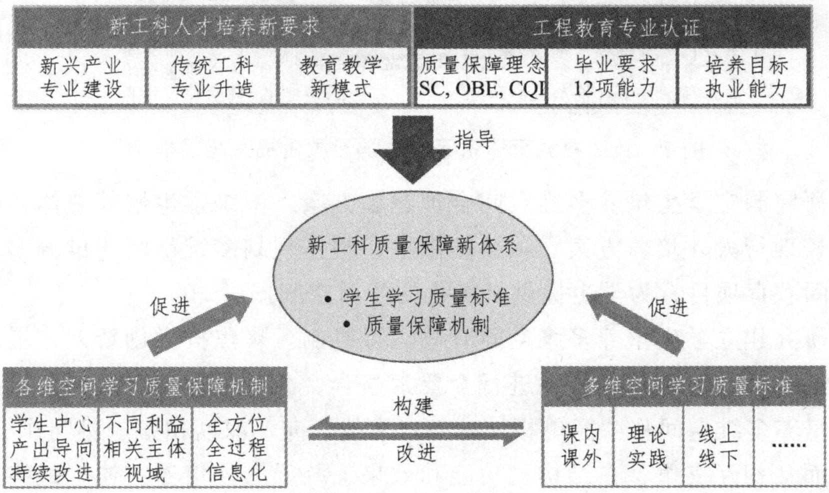

图 1　新工科人才培养质量保障体系示意图

二、学生学习质量提升路径探析

根据新工科人才能力要求、工程教育专业认证要求以及学生学习与发展规律等，构建新工科教育体系下能够有效促进学生学习质量提升的多维空间，明确各维空间学生学习质量框架，并通过建立“全方位学习信息采集、全链条闭环运行模式、全过程信息平台监测”三者整体设计和有效融合的学习质量提升保障机制，实现质量框架与保障机制的相互促进与优化，促成培养满足社会发展需求的新工科人才，提升学校新工科教育质量和人才培养质量。新工科教育体系下学生学习质量提升路径框架如图 2 所示。

1. 构建新工科教育体系下能够有效促进学生学习质量提升的多维空间

（1）科学定义学生培养多维空间。结合新工科特点、工程教育专业认证毕业要求以及学习科学理论等，探索能够有效反映新工科教育体系下学生学习质量的多维空间。

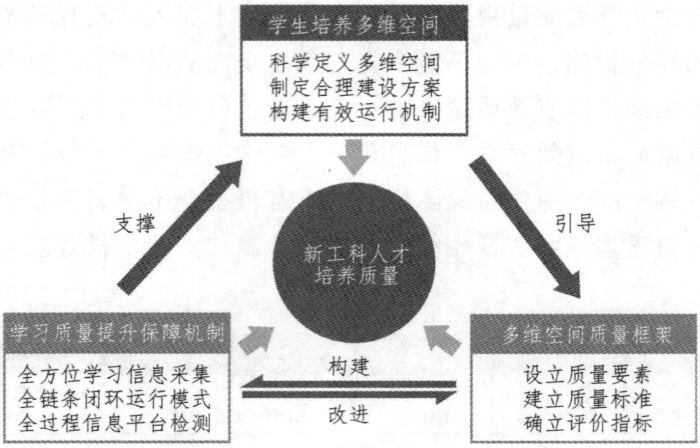

图 2　新工科教育体系下学生学习质量提升路径框架

（2）研究制定学生培养多维空间合理建设方案。围绕学生培养总体目标，在分析统合学校现行人才培养方案、项目基础上，整体规划多维空间建设方案，具体设计多维空间教育项目，为学生提供多样化的学习空间。

（3）研究建立学生培养多维空间有效运行机制。聚焦拔尖创新人才培养，从体制机制、运行模式、项目实施上进行全要素整合、全过程优化、全方位协同，推进实现学生培养多维空间从“简单相加、各自为战”向“深度相融、协同作战”发展，各有侧重而又相互支撑，在结构、功能和效果上统于人才培养一体，最终达成人才培养目标。

2. 构建新工科教育体系下学生在各维空间的学习质量标准框架

基于高校“立德树人”根本任务，主动适应创新驱动的产业转型升级、全球化就业市场及互联网+时代学生与学习巨大变化等新形式，在明确学生学习质量多维空间的基础上，提炼出“高质量学习”的特征，明晰各维空间在评价学生学习质量的侧重点及相互关系，建立符合时代特色、校情学情、可推广的以“学”为中心的新工科教育体系下学生学习质量标准框架，并基于此框架重新定义质量要素、质量标准和评价指标。

各维空间的质量标准框架将突出以“学”为中心的教育理念，结合学习科学理论，尊重学生学习规律，覆盖新工科人才培养、工程教育专业认证对学生的能力要求，包括学科专属知识与技能、高级思维能力、人文价值观、工作与事业准备、个人发展等方面并将其有效细分，同时根据各维空间教学的特点，将不同能力培养与各维空间深度融合，明确各维空间对不同能力培养的支撑度，确保各维空间形成合力，有效提升学生学习质量。

3. 构建新工科教育体系下学生学习质量提升保障机制

（1）构建以“学”为中心的全方位学习信息采集框架。重构以“学”为中心的全方位学习信息采集框架，包括学习信念、学习目标、学习策略、学习收获、就业力状态等数据，它不是简单地将所有教学环节数据的叠加，而是基于构建的新工科教育体系下学生学习质量提升的多维空间和各维空间的质量标准重新定义、整体设计的。

在统一的框架下，将高校内部学生学习质量保障密切相关的各方主体（如学院、教务处、学工部、招就处、团委等）和与高校人才培养质量相关的不同利益主体（如学校、学生、用人单位等）的各类学生发展数据、教学评估数据等进行统一，通过多形式（如监测、走访、问卷等）、多途径（大学生课程学习监测、第二课程成绩单建设、在校生思想政治和综合素质调查、毕业生就业状况和就业能力调研等）进行数据采集，并将各环节、各渠道信息相互呼应、相互印证、综合分析，从而实现全面、科学、客观的学习诊断，真正落实以“学”为中心理念，引导学生树立正确的价值观、激发学生自主学习积极性，最终提升学生学习质量。

（2）构建“采集—分析—评价—反馈”不断迭代的全链条闭环运行模式。新工科教育体系下的学生学习质量提升保障机制不仅仅包括监控和评估，反馈和改进环节同样重要：通过监控和评估，能够及时发现和分析教师教学和学生学习中存在的问题，而通过信息反馈可以将收集和分析的信息传递到各个教学环节点，解决学生学习中的问题，促使管理部门、教师、学生等相关主体加以改进，最终达成新工科人才培养目标。

通过多形式多途径广泛采集学习质量信息，分析挖掘学生学习全过程和就业力状态数据，根据不同利益相关主体对质量要素的关注点相应构建各主体对学生学习质量的评价机制，以学生学习全过程监测数据自动分发为主要方式构建学生学习全过程数据反馈机制，从而建立起包含预期发展目标、信息收集与分析方法、结果表达与应用等的“采集—分析—评价—反馈”不断迭代的全链条闭环运行模式，有效推动学习质量的持续改进，更好地培养新工科人才。通过该运行模式，探索各维空间对学生学习收获、学生就业力等方面的影响机制，增进教、学、管三方的相互促进、相互理解、相互配合，形成自我诊断、自我反思、自我激励和自我约束的学习质量自我管理机制，提出引导帮助学生坚定学习信念、明确学习目标、改进学习策略、增进学习收获的学习质量提升方案。

（3）搭建以新工科人才培养质量提升为核心的学生学习全过程监测信息平台。研究开发以新工科人才培养质量提升为核心的学生学习全过程监测与分析系统：设计学生学习全过程监测模型，开发学生学习全过程监测系统，包括学习过程线下智慧监测模块、学习过程在线学习智慧监测模块、学生学习过程智能评估模块、学习个性化推荐和决策模块等，实现学生学习全过程监测和数据收集，同时基于平台进行综合分析、反馈并关注持续改进效果，将改进成效作为教学资源配置的依据之一。通过平台搭建，实现常态化的学生学习质量提升保障机制的构建。

三、工作思考

下一步，将根据新工科人才培养质量保障体系和学生学习质量提升路径，有序推进各项工作，如多维空间对学生能力培养和学习质量提升的支持研究、学生学习全过程监测与数据分析研究、学生就业力状态及变化监测分析研究、构建学生学习全过程数据反馈机制、不同利益相关主体视野下的学生学习质量评价机制研究，并形成可推广和复制的经验和做法，不断提升新工科人才培养质量。

通过新工科人才学习质量提升路径的探索与实践，其成果将为高校新工科专业建设、教学质量评估提供参考依据和案例，也必将努力推动高等工程人才培养模式改革。

参考文献

[1] 吴爱华，侯永峰，等. 加快发展和建设“新工科”主动适应和引领新经济[J]. 高等工程教育研究，2017（3）.

[2] 钟登华. 新工科建设的内涵与行动[J]. 高等工程教育研究，2017（3）.

[3] 林健. 新工科建设：强势打造“卓越计划”升级版[J]. 高等工程教育研究，2017（3）.

构建“创新创业+”生态教育体系的实践与思考

曹瑶瑶　刘朝晖　沈火明

（西南交通大学国际创新创业学院，四川成都，610031）

[摘　要] 西南交通大学深入贯彻落实国家创新驱动发展战略，深化创新创业教育改革，以创新精神培养为核心，以机制、课程、平台、队伍、服务五大建设体系为主线，出台相关文件、政策，为创新创业提供制度保障，构建基于创新创业+生态教育体系的课程体系，推行三层次教学范式，搭建“五位一体”服务体系，建立多维度教育平台。丰富的创新创业教育资源使大学生广为受益，系统化的创新创业教育使大学生创新创业能力显著提升，整体推进创新创业教育的做法产生了广泛的影响

[关键词] 创新创业；改革；体系；平台

长期以来，西南交通大学持续推进教育教学改革，加强大学生创新精神和实践能力的培养，积极促进毕业生高质量就业。近年来，学校紧跟国家战略发展，深入贯彻落实国家创新驱动发展战略，深化创新创业教育改革，以创新精神培养为核心，坚持把专业“成才”、精神“成人”、创新创业“成就”三者结合；坚持把创新创业的理念、技能、实践结合；坚持把教师、讲师、导师“三师”结合，会聚要素，整体构建，形成了系统化的“创新创业+”生态教育体系。

一、强化五大体系建设，全力推进大学生创新创业

1.“创新创业+体制机制”体系统领大学生创新创业

2011年成立校长为组长的创新教育领导小组；2015年，成立党委书记、校长任双组长，主管学生工作副书记、主管教学工作副校长为副组长的创新创业工作小组，建立由教务部门、创新创业学院、学生工作、团委、就业、设备、财务等部门齐抓

项目资助：第2批新工科研究与实践项目（项目号：E-GCJYZL20200814）

作者简介：曹瑶瑶（1981—），女，四川自贡人，讲师，主要从事创新创业教育和管理工作

共管的创新创业教育工作机制，定期研究部署相关工作。2019 年 7 月，出台《西南交通大学关于新时代深化本科教育教学改革，提高人才培养质量的若干意见》(西交校教〔2019〕222 号)，明确提出强化创新创业导师培训，建立一支专兼相结合的高素质创新创业教育师资队伍。强化实践，搭建校内外、国际化创新创业平台，充分发挥"互联网+"创新创业大赛引领作用，推动高质量师生共创。2019 年，学校出台《西南交通大学本科人才培养方案全面修订指导意见》(西交校教〔2019〕117 号)，其中指出把创新创业教育贯穿人才培养全过程，深入推进创新创业教育与思政教育、专业教育、体育、美育、劳动教育结合，打造"五育平台"。相关文件、制度的出台，从顶层设计入手，高站位、广布局、重落实，旨在更高层次、更深程度、更关键环节深化推进创新创业教育改革，全力打造西南交通大学创新创业教育升级版。

2．"创新创业+课程建设"体系为大学生创新创业提供有力抓手

(1) 推进创新创业线下课程全覆盖。学校将创新教育贯穿于整个理论教学和实践教学的全过程，分级分类设置创新创业通识课程体系，建设依次递进、有机衔接、科学合理的创新创业教育专门课程群，实现覆盖全体学生；学校建立跨院系、跨学科、跨专业交叉培养创新创业人才的新机制，在国内率先开办创业工程双学位，开设创新创业"菁蓉班"，将创新教育贯穿于整个理论教学和实践教学的全过程。为不同层次、不同学科的学生分级分类打造"AFI"(about/for/in) 三层次创新创业课程群。AFI 层次化创新创业课程群每学年参与人数约 5 000 人次，精准满足学生差异化创新创业需求。2019 年学校重点建设线下创新创业类课程 6 门。

(2) 加快创新创业线上优质课程建设。在加快推进创新创业教育与现代信息技术的深度融合进程中，学校布局建设"创新创业教育"微专业系列在线开放课程，将创新创业教育由线下搬到线上，目前已建设"大学生科技创新系列课程 (8 门)"(2018 年 11 月被评为国家级精品在线开放课程，选课人数达 15 万人)、"创新创业创青春""大学生创新与创业实践""创业法律与法规"等 15 门创新创业教育优质在线开放课程，并全部在中国大学 MOOC 平台上线。

(3) 建设"专创融合"特色示范课程。学校以修订培养方案为契机，积极优化专业课程设置，挖掘和充实各类专业课程的创新创业教育资源，建设"专创融合"特色示范课程，总计达到 28 门，面向全校本科生开放，已有数千名本科生选课，涉及全校 60 余个专业。

3．"创新创业+实践训练"体系为大学生创新创业提供实践平台

2014 年，学校在建设了 2 000 m^2 的创新创业教育中心，包括有创业工作室、创新创业成果展示等功能区，2015 年，我校近 60 000 m^2 的创新大厦正式投入使用，为全校大学生提供创新创业教育及实践活动场所。学校积极与政府、企业共建大学生

创业基地，依托大学科技园的 107 家企业成立的科技创业实习基地，被教育部、科技部认定为第一批高校学生科技创业实习基地，2016 年，被授予第二批国家级“众创空间”称号。

我校积极开展高水平大学生学科竞赛及“国创—省创—校创（SRTP）”一体三翼的科研项目训练体系。积极使用微博、微信等新媒体形式，广泛宣传创新创业，每学期开展“三校区共上一堂课——创新创业讲座周活动”，并组织近 300 场创新讲座，打造一批如“萌芽杯”大学生创业大赛（已成功组织十二届）等有影响力的品牌活动，在活动中渗透创新、创业、创意、创造的精神和理念，着力营造“鼓励创新、勇于创业”的校园创新创业文化。

4．“创新创业+教师队伍”体系为大学生创新创业提供智力支撑

学校第十四次党代会提出构建专业化、高水平的创新创业教育教师队伍。学校聘请美国、日本、中国香港、中国台湾等国家和地区的教师以及校外企业家等为全体本科生学生讲授部分前沿课程及创业分享。邀请企业界、风险投资人等担任校内竞赛评审和创业导师，建立了校内外“双百创业导师库”，对学生团队进行一对一辅导。学校高度重视创新创业教育专题师资培训工作，依托国家级教师教学发展示范中心和创新创业教育改革示范高校平台，面向校内外教师积极开展专题培训，增强校内外教师的创新意识和创业精神，发挥示范高校的示范带动作用。同时，2019 年学校以校级教育教学研究与改革项目立项方式，组织创新创业类课程研究与建设，深入研究课程建设规律特点，为提升教师教学能力和研究能力提供平台和路径。

5．“创新创业+创业服务”体系为大学生创新创业提供服务保障

自 2011 年起，我校创业培训为起点、以创业服务为宗旨，成立大学生创业服务中心，“创业培训、创业实践、创业服务、政策落实、对外合作”五位一体工作机制，为在孵的创业企业（项目）提供如免费孵化场地、中介服务、资金支持等特色创业服务。2014 年以来，孵化学生创业团队 101 支，接受咨询创业团队 300 余支，服务学生 100 000 余人次。同时学校为学生提供各类创新奖项、创业竞赛等经费，用于支持大学生初创企业或初期项目孵化，为学生创业实践提供切实保障。

二、学校创新创业特色

1. 首创“西南交大九条”，推动创新创业成果转化

2016 年 1 月，学校发布了《西南交通大学专利管理规定》。这一改革方案彻底扭转了“教授拿不到股权、学校搞不成科研成果转化、政府得不到科技型企业”的“三

输”局面，使企业得到关键技术、科研团队有了科研积极性与底气、学校科研转化速率大大加快的“三赢”局面形成。这一突破得到了全国各大媒体的争相报道，2016年5月21日晚，中央电视台《新闻联播》节目以《科技成果确权，自主创新提速》为题，在头条新闻专题报道了西南交通大学在加速科技成果转化中的新尝试和新实践，被称为“西南交大九条”。

2. 搭建“五位一体”服务体系，助力创新创业孵化

学校以创业培训为起点、以创业服务为宗旨，率先成立大学生创业服务中心，业已建立了“创业培训、创业实践、创业服务、政策落实、对外合作”五位一体的工作机制。为在孵的创业企业（项目）提供特色创业服务如免费孵化场地、中介服务、资金支持等。

3. 建立多维度教育平台，加强创新创业实践

学校着眼全球，遴选创新创业教育资源和对接平台。通过自建或与政府企业共建等方式建立了开放式创新创业教育平台、创业百人导师库、引入国际创新创业协会的创业培养模式，完善学科竞赛、实验室开放、项目开展等平台建设，形成了连接课内与课外、校内与校外、境内与境外的国际化开放型创新创业教育平台。

4. 凝聚创客精神，培育创客文化，打造“众创空间”

2014年，学校设立了“Intel-西南交通大学大学生创客活动中心”，是西南地区的首个大学生创客中心，旨在推动创客文化、培养创新人才，2015年5月被成都市科学技术局授予首批“成都市众创空间”称号，2015年9月，西南交通大学创客空间纳入国家级科技企业孵化器体系。学校的创客作品还曾登上了央视两会报道。2017年开始，以中美青年创客交流中心建设为依托，打造创客文化，为全校创客提供国际化的创新创业平台。2018年获教育部首批“中美青年创客交流中心”年度评估全国前五。2019年创新创业精英班“菁蓉班”获教育部“中美青年创客交流中心”年度评估优秀工作案例。

三、创新创业成果及应用

1. 丰富的创新创业教育资源使大学生广为受益

通过在科研、教学、实践等多方面下工夫，学校汇集了丰富的创新创业教育资源。出版创新创业教材和专著20余本、发表创新创业相关论文300余篇，2019年9月出版的创业学教材《创新创业创青春》获“十三五”国家重点出版物出版规划项目；开设了12门创新类通识课程，每学年课程参与人数约2 000人次，基本实现覆盖全体学

生；制定了完整的创业工程双学位培养方案并组建了国内外师资团队；开设创新创业精英班菁蓉班；成立了学校双百人创业导师库；建立了校内校外创新创业教育实践基地。

2. 系统化的创新创业教育使大学生创新创业能力显著提升

学生参与国际国内学科竞赛活动规模与成绩逐年提升。学校每年主办各类学科竞赛、SRTP 和创新创业训练等科创项目，参与学生人数达到 20 000 余人次/年。国家级大奖连年突破，从 2013 年来，连续四年平均增长近 20%，共获得国家级特等奖、一等奖共 150 余项，省部级以上奖励 5 000 余项，2014—2018 年全国普通高校竞赛评估结果（本科）TOP300 排名，西南交通大学以 338 项奖项、总分 93.09 分，位居全国第 12，为学生的成长和发展奠定了坚实的基础。

3. 整体推进创新创业教育的做法产生了广泛的影响

学校扎实推进创新创业教育改革的做法特色鲜明，形成了一部分具有本校特色的创新创业教育成果。2016 年，学校荣获首批“全国高校创新创业教育 50 强”高校，2017 年，获“全国首批深化创新创业教育改革示范高校”和“全国深化创新创业教育改革特色典型经验高校”，2017 年获批“全国高校实践育人创新创业基地”。2018 年获教育部首批“中美青年创客交流中心”年度评估全国前五，2019 年创新创业精英班“菁蓉班”获教育部“中美青年创客交流中心”年度评估优秀工作案例。2014 年，学校《整体构建，系统推进，全面提升大学生创新创业能力》《面向国家重大需求，改革培养模式，有效提升研究生创新实践能力》获国家教学成果二等奖，2018 年，《基于“生态链+方法链”的创新创业教育体系构建与实践》获国家教学成果二等奖。

参考文献

[1] 马永斌，柏喆. 大学创新创业教育的实践模式研究与探索[J]. 清华大学教育研究，2015（6）.

[2] 刘艳，闫国栋，孟威，权宇彤，逯家辉，滕利荣，孟庆繁. 创新创业教育与专业教育的深度融合[J]. 中国大学教学，2014（11）.

[3] 施冠群，刘林青，陈晓霞. 创新创业教育与创业型大学的创业网络构建——以斯坦福大学为例[J]. 外国教育研究，2009（6）.

[4] 杨晓慧. 我国高校创业教育与创新型人才培养研究[J]. 中国高教研究，2015(1).

[5] 匡艳丽，林于良. “互联网+”思维嵌入高校创新创业教育课程建设研究[J]. 教育探索，2018（1）.

[6] 万力勇，康翠萍. 互联网+创客教育：构建高校创新创业教育新生态[J]. 教育发展研究，2016（7）.

疫情期间高校学生党建对线上教学的引领路径探讨

张英蓉　胡 持　孔祥彬

（西南交通大学力学与工程学院，四川成都，610031）

[摘　要] 本文结合疫情防控的工作要求和特殊的线上教学模式，探析了高校学生党组织的作用发挥路径：高校学生党员应争做疫情防控的“思想先锋”“学业先锋”“生活先锋”“服务先锋”和“综合先锋”，高校学生党支部应相应构筑疫情防控的“思想堡垒”“学业堡垒”“生活堡垒”“服务堡垒”和“学业综合”，从五个方面引领线上教学顺利开展。

[关键词] 疫情；高校；学生党员；学生党支部；线上教学

新冠肺炎疫情发生以来，高校延期开学，教学模式发生巨大改变，对高校学生的思想、学习和生活都产生了严重影响。在此特殊时期，必须从严从实从细从优强化疫情期间思想政治工作，才能确保全体党员的思想行动高度统一，为疫情阻击战的全面胜利筑牢思想政治防线，为线上教学工作的顺利开展提供高效有力的引领。

一、疫情期间加强高校学生党组织作用发挥的重要性

1. 有助于激发学生爱国情怀，强化使命担当

学生党员是经过严格的考察和长期的培养而发展起来的，他们对党的基本理论、路线方针等理解比较深刻，在青年学生中也具有很强的感染力和号召力。学生党组织在危难时刻发挥作用，能够在青年学生之间起到很好的引领作用，加深青年学生的民族自豪感与其对社会主义制度优越性的自信，胸怀报国之志，担当起属于自己的责任与使命。

项目资助：西南交通大学新时代“大思政”育人工作项目：学生党员作用发挥“先锋力行动”（编号：DSZ2019-ZLTS-11）；西南交通大学科学研究基金（学生工作专项）：疫情下学生党建工作方法与路径研究（编号：XJXG2020-025）

作者简介：张英蓉（1992—），女，四川西昌人，助教，主要从事思想政治教育

2. 有助于增进学生战疫信心，筑牢抗疫防线

高校学生党员作为青年人的主力军，作为党员队伍中一个特殊而又重要的群体，在关键时刻以身作则，积极宣传科学防疫知识，广泛宣扬抗疫成果，能够增强青年学生的战疫信心，团结带领广大普通青年坚决贯彻落实党中央决策部署，全面贯彻坚定信心、同舟共济、科学防治、精准施策的要求，筑牢高校学生防疫的基础线，让党旗在防控疫情斗争第一线高高飘扬。

3. 有助于加强学生自律能力，提升教学效果

线上教学是非常时期采取的非常方式，师生只能隔着屏幕在线上见面，这样缺少监督的教学模式是对学生自律能力的极大考验。高校学生党员在特殊时期积极发挥先锋模范作用，从自身的自觉自律做起，以党员的先进性和模范性影响带动身边同学，能够形成良好的线上学习氛围，帮助普通同学提升自律能力。

二、高校学生党员先锋模范作用发挥路径

1. 争做疫情防控的“思想先锋”

学生党员在任何时候，都要学思想用思想。疫情当前，要认真学习党中央最新思想理论，通过武装思想来增强理想信念，坚定打赢这场疫情防控战役的信心。要主动学习领会党中央疫情防控指示精神，坚决把思想和行动统一到习近平总书记重要指示精神上来，统一到党中央决策部署上来。高校学生党员要第一时间及时了解学习属地政府以及学校关于疫情防控的工作安排，做到一切行动听指挥。

2. 争做疫情防控的“学业先锋”

受疫情影响，全国高校延期开学，但“停课不停学，学习不延期”。高校学生党员要做好在家期间以及学期学业规划，用完善的计划和健康的心态完成线上教学。熟悉和养成良好的在线学习习惯，利用好学习软件和平台，尽快适应线上教学模式，抓住机会不断提升专业能力。同时，要注重通识学习，在课余多读经典。不能出门“行万里路”就在家读“万卷书”，利用宅家时间沉心静气，阅读经典，修身养性。多学习中华优秀传统文化，提升自己文化底蕴，把读书学习当成一种生活态度，自觉做到爱读书读好书善读书。

3. 争做疫情防控的“生活先锋”

疫情防控是一场属于每一个人的“战疫”，高校学生党员虽不在一线奋战，但带头贯彻落实上级疫情防控应对措施，听从要求、服从指挥，少出门、不聚会、不提

前返校，按照所属地和学校要求，认真做好个人防护，不为防控工作添乱，就是对这场“战疫”最大的支持，就是对他人生命安全最大的负责。做好个人防护的同时，保持良好的生活作息，利用有限条件进行体育锻炼。早睡早起，健康饮食，适度上网，让生活有规律、有计划。珍惜宅家时光，用心陪伴家人。

4. 争做疫情防控的“服务先锋”

任何时候，学习都不能落下，在以线上教学模式为主的特殊时期，高校学生党员更要带头学习。同时，牢记共产党人全心全意为人民服务的宗旨，积极与同学分享学习资料，共享学习资源。主动帮助同学解决参与线上教学过程中遇到的困难，为同学解答线上学习的疑惑，带领普通同学共同进步。在保护好自己的前提下，为当地疫情防控贡献力量。宣传党中央关于疫情防控的指示要求，耐心引导身边亲友正确理解，积极配合。主动响应所在社区或相应组织号召，在就近地担任防疫志愿者。

5. 争做疫情防控的“综合先锋”

随时对标党员要求，勤于自省。在没有任何压力和监督的情况下，更要时刻牢记自己是一名共产党员，时刻用党章、用共产党员严格标准要求自己。做到一名党员就是一面旗帜，不管身在何处都要带头做好自己、带头服务他人。不只满足于做合格党员，更要争做优秀党员。通过学习榜样来查找自身不足，从优秀党员身上汲取伟大精神力量，从而转化为激发自己前行的力量，让先进典型的精神品质和价值追求内化于心、外化于行。

三、高校学生党支部战斗堡垒作用发挥路径

1. 构筑疫情防控的“思想堡垒”

高校学生党支部要一如既往加强学习，组织支部党员认真学习党中央最新理论和国际国内时事动态，提高站位加强认知；组织支部党员认真学习领会党中央疫情防控指示精神，非常时期重点聚焦。支部书记和委员要关注支部党员思想动态，认真研究疫情防控特殊情况，对本支部的疫情防控工作有计划、有方案、有行动、有效果，制定疫情防控期间线上活动方案，利用新媒体技术正常开展“三会一课”，确保特殊时期过好支部生活。

2. 构筑疫情防控的“学业堡垒”

建设“学习党支部”，认真遵循学校在线学习的要求，组织学生党员带头开展自我学习，督促普通同学落实线上学习，共同营造良好的在线学习氛围。主动了解同学在全新教学模式中遇到的实际困难，与任课老师反馈交流，互相分享经验心得，

帮助同学排忧解难，助力线上教学工作顺利进行。建设“书香党支部”，引领党员开展经典阅读，学习优秀传统文化，学习党史国史，将通识文化学习融入日常支部活动中。

3. 构筑疫情防控的“生活堡垒”

高校党支部要建立支部的防控一线，强调和要求支部党员按照所属地和学校要求，带头遵守纪律。注意搜集舆情，带头树立正确舆论导向，及时纠正不正当言论，做好科学防控知识的传播者和疫情谣言的制止者。营造党员的温暖家园，突出人性化关怀。建立线上的党员教育管理模式，掌握支部党员思想生活动态，开展疫区困难党员帮扶活动，让学生党员感受到党组织的温暖，从而增强党组织对党员的亲和力和凝聚力。

4. 构筑疫情防控的“服务堡垒”

联系服务同学，特别是关心关爱湖北籍及有相关接触史的同学，及时了解同学的身心健康，做好支部党员的心理疏导，开展心理健康朋辈帮扶。帮助同学进行自我疏导与调节，科学看待疫情，减少恐慌焦虑，做好普通同学的主心骨。组织开展疫情防控相关的志愿服务活动，引导党员发扬无私无畏精神，关键时刻挺身而出，号召支部党员自觉主动承担党组织分配的工作任务，力所能及地在属地社区贡献自己的力量。

5. 构筑疫情防控的“综合堡垒”

支部要把疫情防控作为当前最重要的政治任务，规范党员行为准则，鼓励党员当先锋敢担当。认真开展防控知识学习，广泛开展正面宣传，注重在防控一线发现和宣传先进典型，以疫情为课本，以奋战在疫情防控一线的英雄们为例，引导支部党员学会奉献与担当，将自己的人生规划与社会和国家的需要结合起来，用民族精神和奋斗精神激扬青春力量。

四、结　语

无论何时何地，在任何条件下，高校学生党组织都应积极发挥应有的作用。而疫情时期的学生党组织作用发挥，应结合疫情形势变化，紧扣防疫工作要求。高校辅导员应帮助学生党组织明确作用发挥方向，制定切实可行、具体细致的工作要求，引导高校学生党组织充分发挥作用，为疫情防控献力，为线上教学助力。

参考文献

[1] 王艳. 浅谈高校学生党员先锋模范作用的发挥[J]. 科技文汇，2019,(8)：33-34.

[2] 张英蓉，孔祥彬. 大学生党员要争做疫情防控“五个先锋”[EB]. 高校辅导员在线，2020.

[3] 胡持，孔祥彬. 高校学生党支部要积极构筑疫情防控“五个堡垒”[EB]. 高校思政网，2020.

新工科背景下工科学院第二课堂活动品牌建设的探索与实践

——以四川农业大学土木工程学院为例

莫忧　江丽　邹祖银　赵中国　秦之香

（四川农业大学土木工程学院，四川都江堰，611830）

[摘　要] 2017年2月，教育部发起“新工科”建设的号召，即“卓越工程师教育培养计划”（2.0版），目的是要培养创新实践能力强、具备国际竞争力的高素质复合型新工科人才。四川农业大学土木工程学院立足新工科建设的需要，升级“卓越土木工程师人才培育行动”，在坚持立德树人、助推专业人才培养、致力学生第二课堂活动品牌建设等方面做出了有益探索，取得了一定成绩并获取了一定的宝贵经验。

[关键词] 新工科；第二课堂；品牌建设

一、“新工科”建设概况

为主动应对新一轮科技革命与产业变革，支撑服务创新驱动发展、“中国制造2025”等一系列国家战略。2017年2月以来，教育部积极推进新工科建设，先后形成了“复旦共识”“天大行动”和“北京指南”，并发布了《关于开展新工科研究与实践的通知》《关于推进新工科研究与实践项目的通知》，全力探索形成领跑全球工程教育的中国模式、中国经验，助力高等教育强国建设。

2018年，国家公布了首批“新工科”研究与实践项目，各高校根据自身实际，从理念、标准、模式、方法等方面，展开了新工科建设的探索。作为国家首批“新工科”研究与实践项目的试点专业之一，四川农业大学土木工程专业做了大量教育教学改革实践和探索，学院辅导员队伍按照立德树人根本要求，遵循土木工程的集成与创新特征，立足实际，致力推进“5321”卓越土木工程师人才培育行动，努力探索“新工科”背景下的学生第二课堂活动品牌建设，获取了一定成效和一些经验。

基金项目：教育部首批“新工科”研究与实践项目（教高厅函〔2018〕17号）

作者简介：莫忧（1973—），男，四川成都人，副教授，主要从事结构工程教育教学研究

二、基本做法

按照新工科建设要求，遵循工科专业特点，尤其是土木工程专业的继承与创新特征，按照“以能力训练培育精神”的基本路径，科学定义行动方案、重视能力训练项目的策划与调整，有目的地融入精神培育内容，运用制度激励、过程控制、资源整合、平台支撑四个基本措施抓落实，促进目标实现。

1. 土木工程专业学生的能力结构需求分析

土木工程专业作为与国家发展密切相关的工科专业，近几年发展迅猛。业内，建筑“老八校新四军”或“老八校新八校”行业领先，川内的川大、西南交大、成都理工大、西南科大等也声名在外，西华大学、攀枝花学院，甚至四川建筑职业技术学院、四川理工学院的土木工程专业也有超过50年的办学历史。如何定位川农大土木工程专业的培养目标，这是我院亟须解决的首要问题。

土木工程专业学生的能力结构受传统的应试教育和“灌输式”教学方法的限制，部分已落后于行业需求。主要表现：（1）基础知识、专业基础知识底子薄，无法构建统一的知识体系；（2）缺乏必要的计算机操作和外语应用能力；（3）写作表达能力、人际交往能力和组织管理能力不佳；（4）缺乏创造性思维和主动获取知识的能力；（5）解决实际问题能力弱，理论和实践严重脱节；（6）实践（训）教学基地作用发挥不好，实践教学环节缺乏主动性，工程能力欠缺。

根据国际、国内土木工程领域的发展形势，在学生就业创业导向“强基础、宽口径、多方向”人才培养原则指导下，我们对土木工程专业核心能力培养结合国家要求、社会需求、家长愿望和个人需要进行深入细致的研究。通过查阅文献并对有丰富教学和工程经验的土木工程专家进行访谈，确定了土木工程专业人才的核心能力应以工程能力为基础，以拓展能力为前提，以学习能力为保障，以创新能力为灵魂。

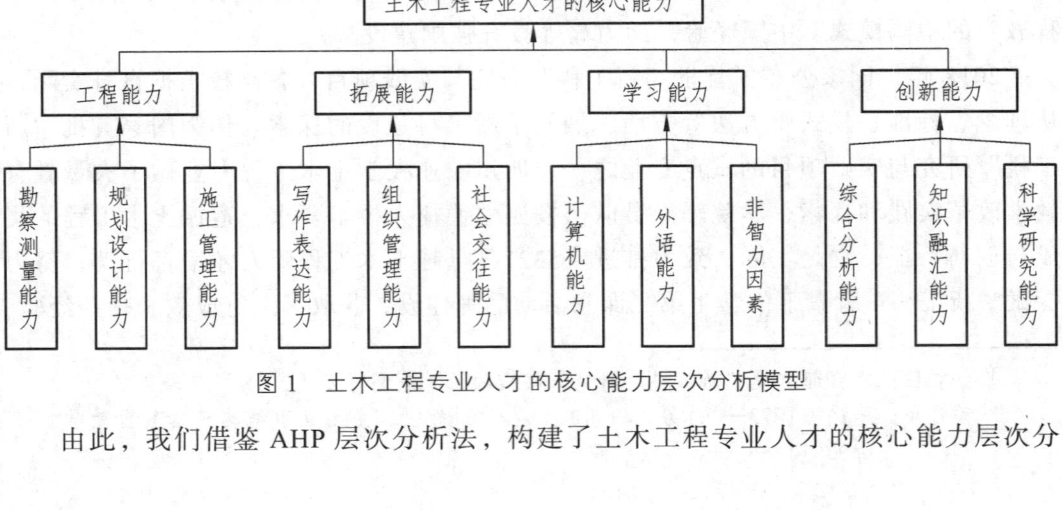

图1　土木工程专业人才的核心能力层次分析模型

由此，我们借鉴AHP层次分析法，构建了土木工程专业人才的核心能力层次分。

析模型（见图 1），通过构造判断矩阵、建立权重集及一致性检验等程序，计算出了各指标权重，从而确定了层次总排序（见表 1）。

表 1　土木工程专业人才的核心能力指标权重

一级指标	二级指标	所占权重	三级指标	相对于二级指标权重	相对于一级指标权重	总排序
土木工程专业人才的核心能力	工程能力	0.508 8	勘察测量能力	0.106 1	0.054 0	6
			规划设计能力	0.192 9	0.098 1	3
			施工管理能力	0.701 0	0.356 7	1
	拓展能力	0.080 5	写作表达能力	0.200 0	0.016 1	12
			组织管理能力	0.200 0	0.016 1	11
			社会交往能力	0.600 0	0.048 3	8
	学习能力	0.240 6	计算机能力	0.691 0	0.166 2	2
			外语能力	0.091 4	0.022 0	9
			非智力因素	0.217 6	0.052 4	7
	创新能力	0.170 1	综合分析能力	0.333 1	0.056 7	5
			知识融汇能力	0.569 5	0.096 9	4
			科学研究能力	0.097 4	0.016 6	10

从表 1 中可知，各要素（二级指标）排序为工程能力（0.508 8）>学习能力（0.240 6）>创新能力（0.170 1）>拓展能力（0.080 5），有丰富教学和工程经验的土木工程专家认为，土木工程专业人才的核心能力首先应体现在工程能力上，其次为学习能力、创新能力和拓展能力。三级指标中排名前三的指标权重已经占到所有指标的 62.1%，施工管理能力、计算机能力、规划设计能力应为土木工程专业人才培养的重心。另外，虽然社会交往能力相对于一级指标权重为 0.048 3，在层次总排序中排名靠后（第 8），但是其权重相对于二级指标（拓展能力）占 60.0%，说明社交能力也应该为土木工程专业人才培养方面值得重视的问题。

2. 定义行动方案

为克服层次分析法主观性强的缺点，我们同时针对建筑施工企业、科研院所、专业教师、学生家长及本人开展问卷和访谈调查，运用调查结果结合层次分析结果进行综合评估，最后确定学生的 3 大核心能力（学习能力、工程能力和创新能力）培养和 2 种重要精神（工匠精神和人文精神）培育作为本专业第二课堂活动品牌建设的核心任务，并制定以能力训练培育精神的基本工作路径，科学定义行动模型（见图 2，简称“5321”行动模型）。

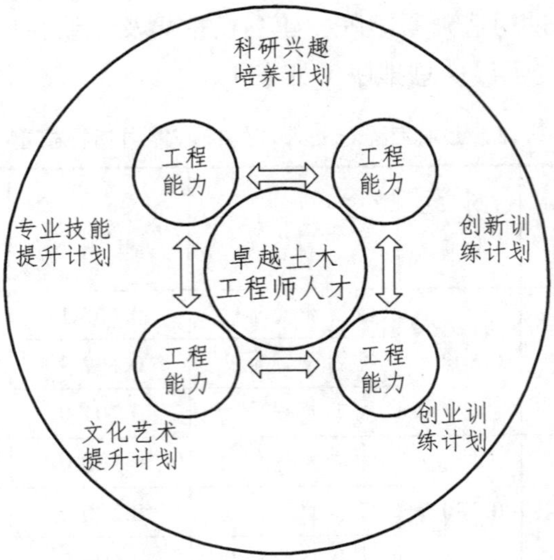

图 2 “5321”行动模型

所谓“5321 行动”，即立足土木工程专业新工科建设的需要，以学校专业技能提升等“五大计划”为支撑，加强工程勘测、施工管理、规划设计等工程能力和学习能力、创新能力 3 种能力训练，培育以精益求精为核心的工匠精神和以立足中国优秀传统文化、培育和践行社会主义核心价值观为核心的人文精神 2 种精神，实现培养“卓越土木工程师”人才目标。

3. 主要举措

（1）多制度激励，倡导全员参与。

通过学院《教职工年终绩效考核分配办法》《学生第二课堂活动成绩卡管理办法》《毕业生就业创业工作推进办法》等制度，倡导全院师生积极投入培育行动。以 2019 年为例，全院教师全员投入培育行动，学生参与达 2 300 余人次，生均 1.5 次。

（2）重细节管理，确保全程育人。

根据“以能力训练培育精神”的行动要求，强调过程管理。从活动设计到活动执行全过程均贯彻“联系实际、题目开放、团队参赛、导师参与、企业融入”等要求，通过约束性规定将“求实求是、创新创造、合作协作”等精神培育纳入能力提升训练全过程。

（3）“333”资源整合，强化全方位育人。

通过任务下压、目标控制、制度激励等措施，整合并用好用活学院 3 支队伍（院内教师、兼职导师和专业学生）、3 个阵地（课堂教学、第二课堂活动、社会实践）、3 个维度（点、线、面有机结合），调动所有资源发挥作用，形成了以院长书记牵头，副书记、副院长主抓，系室、师生联动，一、二、三课堂有机结合并互补的全方位育人格局。

（4）以赛促学，夯实平台支撑。

培养结构模型制作、BIM 建模、测量、结构设计、CAD 制图竞赛训练工程能力，创新训练项目、挑战杯等竞赛训练创新能力，以及结构模型制作能手、BIM 建模能手、勘测能手、结构设计能手和工程制图能手等专项能手竞赛培育工匠精神，以优秀传统文化讲座、社会主义核心价值观讲座、最美土院人推选、经典推送、团队训练、素质拓展活动以及职场礼仪、大学生涯规划、德睿杯辩论、系列球赛等文体竞赛激发学生人文思考。活动平台的目标性和规范性建设，较大地调动了学生的专业兴趣和学习活力，促进了学风建设，成为培育行动的有力支撑。

三、获取的经验与面临的挑战

1. 基本经验

2 年来，“培育行动”取得了一些成绩。“创新创业训练计划”获得省级以上立项 25 项，“挑战杯”“创青川”“互联网+”获得省级奖励 9 项，结构设计、全国斯维尔杯 BIM（建筑信息模型）大赛、测量大赛等专业技能大赛获省级及其以上奖励 14 项（见表 2）。

表 2　学生双创比赛及质量工程立项清单

序号	类别	项目数量	等级	授予部分
1	大学生创新创业训练计划立项	7 项	国家级	教育部
		15 项	省级	四川省教育厅
2	四川省教育厅苗子工程项目立项	3 项	省级	四川省教育厅
3	“挑战杯”大学生课外学术科技作品竞赛获奖	2 项	省级	中共四川省委组织部
4	“创青春”大学生创业大赛获奖	2 项	省级	中共四川省委组织部
5	“互联网+”大学生创业大赛获奖	3 项	省级	四川省教育厅
6	“互联网+”生命周期评价竞赛获奖	2 项	国家级	中国电子学会
7	大学生结构设计赛	3 项	省级	四川省结构设计竞赛组委会
8	建筑信息模型（BIM）应用技能大赛获奖	2 项	国家级	中国建设教育协会
9	第五届四川省大学生测绘技能竞赛省级获奖	2 项	省级	四川省大学生测绘技能竞赛组委会
10	四川省高校土木建筑类学生优秀设计获奖	7 项	省级	四川省土木建筑学会

毕业生基础扎实、适应变化能力与创新能力强，综合素质高，受到社会普遍认可。近三年，就业率超过98%，考研录取率近20%，50%以上学生被机关事业单位、国有企业、世界500强企业及上市公司录用，连续五年获评校“就业工作先进单位”。印证了通过培育行动，学生的综合素质不断提升，社会认可度有所提高，说明真抓实干、走内涵式发展道路是正确的。我们的基本经验有三点。

（1）坚定目标并一以贯之是学院工作有特色出成果的重要保证。

2年来，我们扎根立德树人根本任务，始终坚持以具体培育行动培养卓越土木工程师的方向不动摇，始终坚持以能力训练培育工匠和人文精神的基本路径，不断调整完善具体方案，始终坚持围绕人才培养抓重点、抓过程管理，确保学院工作特色鲜明、早出成果。

（2）有效整合并用活资源是实现“四全”育人的重要方法。

围绕专业抓教育是我们的基本思路之一。学生思政教育不能离开专业教育，更离不开学生主体，3支队伍的紧密结合和有效整合，才能实现3阵地的有机融合、3个维度的有机结合，最大限度地节约资源，发挥资源优势、合力优势，实现全员、全程、全方位、全环境育人。

（3）建好并用好平台是提升人才培养质量的重要抓手。

通过各种竞赛，使学生掌握和发现最适宜的学习方法，提升专业兴趣和学习主动性，训练创新性思维，提升人文素养，是学院抓学风、塑院风、培育卓越人才的重要手段。

2. 存在的挑战

在具体工作过程中，我们也遇到了“如何与国际接轨，如何进一步加强与联合培养基地的深度融合，如何更好更高效地开展活动、突出特色，如何更好总结，多出理论性成果”等挑战。

四、结　语

新工科人才的培养是一个需要全员投入、不断摸索的过程，只要我们不忘初心、坚定目标、保持定力、大胆探索、不断积累，就会一步一步地接近我们的目标。

协同推进“三全育人”，培养力学学科一流人才

——疫情防控中力学与工程学院“三全育人”作用发挥初探

刘 青　张英蓉　张容华　胡 持

（西南交通大学力学与工程学院，四川成都，610031）

[摘　要] 本文通过“三全育人”概念，阐释了“三全育人”思政工作体系在疫情防控中为力学学科发展培育一流人才很好的引领作用，能够凝聚和引领学生群体提高政治站位、培养责任感和使命，有助于学生成长进步，真正落实高校“三全育人”、立德树人的根本任务，指出了疫情防控背景下运用“三全育人”理念开展思想政治教育的重要性。

[关键词] 疫情防控；“三全育人”；思政教育

习近平总书记指出，各高校必须把立德树人作为中心环节，努力在各领域、各环节实现全员、全过程、全方位育人。同时强调，高校必须“坚持社会主义办学方向，扎根中国大地办大学，以立德树人为根本”。努力构建更高水平的人才培养体系，为力学学科发展培育一流人才，是力学与工程学院“三全育人”的基本要求。

“三全育人”的核心是“全”，除了在教育教学上覆盖全部人员和时间外，还要有效整合课上课下、校内校外、线上线下及社会各行业领域的育人资源和力量，协同推进“三全育人”。

2020年春节前后，新冠肺炎疫情暴发后，全民战“疫”所彰显的抗疫精神，是珍贵的思想政治教育资源，其精神内涵蕴含丰富的育人价值，对加强和改进大学生思想政治教育具有重要意义。习近平总书记在全国高校思想政治工作会议上强调：“做好高校思想政治工作，要因事而化、因时而进、因势而新。”力学与工程学院把握开展“三全育人”思想政治教育工作的良好时机，因势利导，以传承“双严”传

项目资助：四川省教育教学改革项目：力学与工程学院“三全育人”体系建设（编号：20201016-09）

作者简介：刘青（1979—），女，四川成都人，讲师，思想政治教育专业博士在读，主要从事思想政治教育研究

统为载体，构建具有力学特色的思政工作体系。

一、秉承“双严”，紧抓教风建设，利用线上教学发挥课程育人作用

习近平总书记明确要求广大教师要“强化自身的荣誉感和责任感，为学生插上梦想的翅膀，争做学生健康成长的领路人”。力学学院全体教师在认真学习习近平总书记对新冠肺炎疫情的重要指示精神及学校疫情防控工作要求的基础上，有机衔接不同学科之间的育人元素、育人功能，将新冠肺炎疫情防控、爱国主义教育、疫情防控彰显社会主义制度优势等相关内容融入视频网络教学中，积极探索课程思政和课程育人有效路径。

学院积极响应学校“停课不停教、停课不停学”号召，党委书记和院长亲自指挥各项疫情防控工作，认真做好线上教学各项工作，成立了包含领导班子、课程负责人、督导专家、教学秘书、辅导员和技术员在内的工作领导小组和督导小组，发布《力学学院 2020 年春季疫情防控期间本科教学工作安排》。全院所有专业和年级课程开课率 100%，8 门前期建设的 MOOC 顺利开课，还开设了 24 个 SPOC 教学班和 27 个 Smart Online Tutor System（简称 SOTS）教学班。

为了有效开展线上教学，全体教师集思广益，并分头行动，以最快的速度去学习微信、腾讯 QQ 群课堂、腾讯课堂、腾讯会议、雨课堂等线上教学平台。开课前一天，各科老师通过 QQ 群与学生做了线上教学测试，测试了腾讯课堂、腾讯会议、雨课堂、QQ 群课堂等，并在各系教师微信群里分享各个平台师生的试用体验，防范开课第一天可能出现的网络拥挤甚至平台崩溃等各种问题。

自 2 月 24 日开课，材料力学课程团队利用自主研发的慕课平台 SOTS，对力学、土木和机械等专业的 2 149 名同学进行了线上授课。在全体材料力学课程团队成员的努力下，线上授课运行秩序和效果良好。此外，有相当多的学生表示 SOTS 平台的学习效果优于其他线上教学平台，表明我校自主开发的 SOTS 平台经受住了疫情的考验。

我校理论力学是全国首批国家精品在线开放课程，作为全国首门在中国大学 MOOC 平台上线的理论力学课程，目前已成功开设 10 期。飞行器设计与工程系承担全校基础课“理论力学”的教学工作，课程负责人顺利建立了本学期 23 门“理论力学”MOOC 课程，结合课程团队各老师的不同需求，编写教程文档，一步一步指导团队教师们分别在校内开设了同步 SPOC 和异步 SPOC 课堂。

线上教学过程中，感人的事例也很多：“白天讲课、晚上答疑，一不小心，答疑到晚上 12 点”，一次腾讯会议上，刘老师如是说。利用 QQ 群、在线互动平台随时

随地答疑已是教学常态，老师们都为学生的认真好学而感动，对学生的提问更是知无不言，倾囊相授。相比以往的传统授课方式，教师们投入了更多的精力和时间，为的就是一个目标：停课不停学，务求不降低要求，保证教学质量。老师们线上严谨教学、线下严格要求，让学生们在学习中也能感受和践行学院的“双严”精神。

二、搭建“努力讲坛”网络平台，有效整合育人资源和力量，强化学生价值引领

2020 年 1 月 31 日，学院以 QQ 群的形式创建本科生“努力讲坛”寒假网络版，来自武汉大学、浙江大学、西南交大等全国 30 多所高校的同学们，在这个网络讲坛里听到了两院院士、学校优秀教师、“竢实扬华奖章”获得者、科创大神等不同层面的丰富讲座数十场，好评如潮。

讲座内容不仅包括课程学习、科研竞赛经验分享、职业生涯规划、新媒体技术运用、留学指南、时间管理等专业方面，还包括全国优秀教育工作者、天津医科大学郭琳老师主讲的中国战“疫”中的生命联结，中国新闻奖得主、中青报四川记者站站长王鑫昕对在武汉 45 天的经历分享等特色专题，向学生们传递了众志成城、共克时艰、战“疫”必胜的信心。中国科学院、中国工程院“双料”院士、力学拔尖班名誉班主任沈志云教授做客“努力讲坛”时耐心回答了同学们关于科研方面的提问，指导前行的方向，坚定科研报国的信心。沈院士还向力学拔尖班赠送了亲笔签名的自传，希望同学们传承“严谨治学 严格要求”传统，努力奋进，敢于担当，为国家建设发光、发热。

“努力讲坛”平台的构建实现了课堂内外资源的有效整合，与学生课内时间相融相通，从多个角度开发和整合育人资源，作为疫情期间的优秀教育范例曾登上今年 2 月的全国教育新闻联播，在教育部“高校辅导员在线”“高校思政网”推文中，成为全国教育系统的一个“网红”学习平台。

三、立德树人，建立健全“三全育人”人才培养机制，贯穿学院教育教学各环节和人才培养各方面

习近平总书记在全国教育大会上强调，“教育事业是一个系统工程，抓好教育事业，各个方面都有责任，必须深化教育体制改革，健全立德树人落实机制”，力学与工程学院疫情期间注重全方位育人，利用多平台搭建，坚定学生信念，全面提升思想政治水平。

（1）疫情期间继续开展以“严谨治学、严格要求”为底蕴的力学学院学风建设，

构建文质平衡教育矩阵。

寒假期间，学院学生工作组发布《“班级总动员，学习大战疫”倡议》，同学们积极响应，研究生以工作室为单位，本科生以班级为单位，发布了《班级寒假活动倡议书》，由班长、学习委员等带头搭建专业学习、经典阅读、健身锻炼等多个平台，开展“居家冬令营”线上打卡活动、“开阔眼界 经典阅读”等多样的班级活动。活动开展以来，效果明显，同学们坚持每日学习打卡、每日读书、写读书笔记、才艺展示等，真正做到了“宅家”“学习”两不误。

2020 年上半年，学院科研成绩不断涌现：爱思唯尔（ELSEVIER）正式发布 2019 年中国高被引学者（Chinese Most Cited Researchers）榜单，学院康国政教授上榜“材料力学”2019 年中国高被引学者；经蒋晗教授“高分子材料力学性能”课题组持续研究，高分子材料划痕升温的宏微观机理这一独特现象的复杂宏微观机理得到初步解答；张旭教授研究组在固体力学领域顶级期刊 *Journal of the Mechanics and Physics of Solids* 上在线发表论文；博士研究生董有恒在期刊 *Aerospace Science and Technology* 上发表的学术论文入选 ESI 高被引论文和热点论文等等。

（2）构建深入学生、联系学生“三因工作法”，打造和谐师生关系，服务育人效果明显。

疫情暴发以后，学院始终关心、关注着每一名湖北籍学子的情况，学院党政班子专题研究关心关爱湖北籍学生的工作，学院副书记第一时间电话联系每一位湖北籍同学，关心了解同学们及家人生活情况；各年级辅导员也利用电话、微信和 QQ 与他们保持密切联系和良好沟通，并组建了湖北籍学生 QQ 群，确保了解在鄂学子的健康状况、心理状态，让学生知道学院是他们的坚强后盾。

4 月 1 日，学院为 30 名湖北籍学生寄送“防疫暖心包”，包裹里不仅有防疫物品，还有一封写给湖北学子们的信。在信中，学院向湖北同学致以诚挚的问候，表达了浓浓的思念与牵挂，让他们感受到了来自学院的温暖，给了大家战胜疫情的勇气和信心。

力学与工程学院“三全育人”思政工作体系在疫情防控中为力学学科发展培育一流人才起到了很好的引领作用，通过传承和弘扬“双严”传统，搭建多种平台和载体，让学生参与到战“疫”之中，凝聚和引领学生群体提高政治站位、培养责任感和使命，有助于学生成长进步，真正落实高校“三全育人”、立德树人的根本任务。

参考文献

[1] 习近平在全国高校思想政治工作会议上强调：把思想政治工作贯穿教育教学全过程开创我国高等教育事业发展新局面[N]. 人民日报，2016-12-09.

[2] 关于加强和改进新形势下高校思想政治工作的意见[N]. 人民日报，2017-02-28.
[3] 习近平向全国广大教师致慰问信[N]. 人民日报，2013-09-10.
[4] 习近平在全国教育大会上强调：坚持中国特色社会主义教育发展的道路培养德智体美劳全面发展的社会主义建设者和接班人[N]. 人民日报，2018-09-11.

辅导员深入学生联系学生“三因工作法”助力线上教学

杨 婧 张容华 张英蓉 孔祥彬

（西南交通大学力学与工程学院，四川成都，610031）

[摘 要] 疫情之下，在这个没有硝烟的“战场”上，高校辅导员们成为了离校学生们最近的“指挥官”，需要积极动员各方力量，构建辅导员深入学生联系学生“三因工作法”体系，以应对这场“战役”带给学生工作和线上教学的挑战。一是因事沟通，扮演好辅导员工作中的不同“云”角色，与学生同心战“疫”。二是因时沟通，把握教育时机，抓好安全、学业两条线。三是因势沟通，以疫情为课本，引导学生自觉肩负起时代责任。

[关键词] 新冠疫情；辅导员；线上教学；三因工作法

2020 年年初突如其来的疫情让高校学生工作、线上教学面临各项挑战，大学生的思想、学习及生活受到严重影响。随着开学时间的推迟，学生在家“云”学习，辅导员老师们“云”办公，深入学生联系学生也遇到了隔空挑战。在此关键时期，辅导员老师作为大学生思想政治教育的骨干力量，必须主动担当作为，坚守校园疫情防控学生一线。在积极贯彻落实党中央关于疫情防控的战略部署、学习全国高校思政工作会议精神、按照习近平总书记“做好高校思想政治工作要因事而化、因时而进、因势而新”[1]要求下，结合力学专业学生特点和学习现状，探索出疫情之下西南交通大学力学与工程学院深入学生联系学生“三因工作法”体系，助力学院线上教学的开展，为疫情防控“大考”交上一份合格的答卷。

基金项目：西南交通大学科学研究基金（学生工作专项）资助；西南交通大学新时代“大思政”育人工作项目：力学与工程学院“三全育人”综合改革试点（编号：DSZ2019-TSSD-06）

作者简介：杨婧（1989 年—），女，四川达州，硕士研究生，讲师，主要从事思想政治教育

一、因事沟通，做好辅导员战“疫”的五个“云”角色[2]

1. 身正为范，辅导员是学生的“云榜样”

宅家长时间学习，不少学生整日以手游、网剧为伴，荒废了大好春光。辅导员想要引导学生合理安排宅家时光，首先就是身正为范——从我做起，向我看齐。一是思想状态正，党有号召、必有行动，第一时间学习并向同学们传达党中央防控疫情最新要求。二是工作状态正，疫情发生以来，各种云上班会、云上年级会、云上支部会、云上学工组会、云上分享、云上课程，辅导员们成了“云上飞人”。三是生活状态正，辅导员们不仅工作学习两不误，还有做饭、带娃、健身、娱乐都要抓。

2. 上传下达，辅导员是学生的“云立交”

疫情发生以后，学生的健康和安全备受关注，教育部、学校、学院、老师等都表达了对学生的关心和挂念，学生们也急需了解最新政策信息，辅导员便成为了各种信息的“立交桥”。一是向下传达最新疫情政策，将上级政策传达给学生的人，同时还要耐心为同学们解释讲解，并且传达其中所表达的关爱。二是向上反映学生各类情况，同学们对于各类学习软件的使用情况、学习适应情况、对线上教学的建议等，实现学工与教学的联动。三是与教师、学生及家长等横向沟通，疫情每天都在发生变化，每天进行健康信息填报，发送延迟返校的通知，进行补考、选课、就业安排等。

3. 嘘寒问暖，辅导员是学生的“云港湾”

疫情让大家都“困”在了家里，长时间简单重复的日子会让学生们出现焦虑、烦躁等情绪，辅导员们成为了学生们的心灵港湾。一是默默关注着学生们，关注学生的微信朋友圈、QQ空间，学生们在哪里，辅导员就在哪里。二是时常联系着学生们，通过“云端”掌握学生动态。三是给重点学生进行心理疏导，很多学生长时间被负面情绪压抑，辅导员老师疏导学生的情绪，鼓励学生尽快投入到线上学习中。

4. 去伪存真，辅导员是学生的“云守护”

自疫情发生以来，各方消息蜂拥而至，真假难辨，学生该如何取舍？疫情期间的舆情管控和守护也是辅导员们的重要职责。一是传播着正能量，辅导员们经常向同学们介绍身边投身抗疫工作的志愿者们，让大家向先进、向模范们学习。二是引导着舆论行为，辅导员老师积极教育引导学生不造谣、不信谣、不传谣，并敢于发声，以防被别有用心的人利用。三是帮助学生辨别真假信息，网络信息良莠不齐，比如捐赠、开学返校、选课信息等，辅导员们要经常提醒学生以官方公布为准，以防受骗。

5. 传道解惑，辅导员是学生的“云航灯”

疫情既是一次灾难，也是一次教育的良机。借助疫情的契机，辅导员们还开展着多种多样的教育工作，是学生的一盏“航向灯”。一是教育学生们明白责任与担当的重要，以本次疫情为课本，以奋战在疫情防控一线的英雄们为例，教育引导学生坚定理想信念，勇立潮头敢担当。二是教育学生们认识社会主义制度优越性，引导学生们思考在疫情防控工作中所展现的中国力量、中国速度并不是凭空而来，靠的是党和国家的坚强领导、国家的强大、党员干部的一往无前、人民的积极配合和各行各业人士的付出，这些无不彰显着中国制度的优越性。

二、因时沟通，把握教育良机，提升学生能力

1. 利用各类平台，加强学风建设

疫情既是一次灾难，也是一次教育的良机。一是辅导员要协同班导师开展以疫情防控、线上学习为主题的“云”班会，做好疫情防控宣传、明确线上教学任务、调动学生学习积极性等工作，展现良好班风学风。二是要丰富班团活动，让学生宅家也精彩。在各班团广泛开展以战“疫”为主题的线上团日活动，凝聚青年力量[3]。三是发挥学生党支部战斗堡垒作用，开展学生党员“先锋力行动计划”，要求学生党员在关键时刻从我做起[4]，并积极带动他人。四是抓好学风建设，营造良好学习氛围。开展学风建设“双严行动”，用战“疫”院士们的故事激励学生投入到学习中，用知识武装自己，在关键时刻能够为祖国和人民挺身而出。

2. 调动各方力量，关注学生身心健康

随着疫情的发展，人们从最开始的恐慌转向理性思考，而大学生这个特殊群体思想活跃、有主见，但也正处在价值观建立的关键期。辅导员作为高校思政工作者须抓住时机，帮助学生探索人生的意义和生命的美好。一是以网络谈心谈话为主要路径，定期与学生交流，掌握学生思想动态。二是加强与任课教师间的联动，做好学生线上学习服务工作。积极与任课教师沟通，维护课堂秩序并解决学生在学习上的困难。三是保持家校联系，助力学生成长成才。与家长形成合力，共同做好学生的教育培养工作。四是调动学生骨干积极性，建立信息反馈机制，掌握班级和学生的动态。

三、因势沟通，以疫情为课本讲好抗“疫”故事

1. 树立抗“疫”典型，学习优秀榜样

疫情发生以来，全国各方力量集结支援武汉，涌现出了无数的战“疫”英雄和动人故事，辅导员要及时将这些典型事迹传达给每位学生。同时积极发掘学生中的抗“疫”典型，通过班会、微信推送、人物访谈等方式向同学们讲述；成立战“疫”

故事宣讲团，在学生群体中形成学榜样、做榜样的良好风气。例如学院已经举办 16 期的“努力讲坛”，在为同学们讲述抗“疫”故事的同时，为学生指明方向、教会学习方法，利用学生身边的朋辈力量感染更多学生。

2. 筑牢安全防线，上好抗“疫”大课

一是要做好日常管理课。重点关注特殊群体学生，定期与重点关注学生进行沟通，确保信息流畅，建立重点学生档案。二是要上好防“疫”课。对疫情高风险地区学生、有疑似新冠肺炎症状学生、新冠肺炎确诊学生做到底清，提醒学生做好防护，帮助学生预防和战胜病毒，实行每日报告制度。三是要保障网课。及时跟进学生网课情况，对学生的反馈和学习情况进行总结和沟通。针对不能上网课的学生进行关心和给予支持。四是要实现每日健康课。对所有学生要进行每日健康报告，对未报告或报告有异常的学生进行情况摸排，掌握每位同学的健康状况和当前位置。五是要备好危机应急预案课。在学校统一部署下，根据学院学生特点制定相应应急预案，做到未雨绸缪，上好抗“疫”大课。

3. 完善学生信息网络系统，抗“疫”无死角

一是要让官方信息及时进入学生群体。积极利用班级、社团、支部的力量，将防“疫”知识、抗“疫”故事、战“疫”措施传达到每一位学生，形成信息传达及时准确、数据公开透明的传达链，二是要让社会正能量进网络。辅导员要主动关注社会热点事件及学生社交网络动态，掌握学生的思想状况，敢于为正能量发声，主导学生舆论动向。三是要让抗“疫”故事进课堂。要在第一时间将战“疫”成果和战“疫”中的感人事迹融入课堂教学，加强学生的爱国主义教育和时代责任感。

综上所述，疫情之下，辅导员老师和学生之间隔着屏，辅导员作为大学生的知心朋友和人生导师，必须主动担当作为，积极投身战“疫”之中。通过构建特殊时期的“三因工作法”体系以确保师生之间的沟通联系，为线上教学的顺利开展铺路架桥。

参考文献

[1] 习近平. 把思想政治工作贯穿教育教学全过程--在全国高校思想政治工作会议上的讲话[N]. 人民日报，2016.

[2] 杨婧，陈曦轶. 辅导员战“疫”的五个“云”角色[EB]. 高校思政网，2020.

[3] 张容华，向金兰，周子涵. 辅导员战“疫”的“四个总动员”[EB]. 高校辅导员在线，2020.

[4] 张英蓉，孔祥彬. 大学生党员要争做疫情防控“五个先锋”[EB]. 高校辅导员在线，2020.

线上教学期间加强学风建设的措施

张容华　杨婧　胡持

（西南交通大学力学与工程学院，四川成都，611756）

[摘　要] 本文以西南交通大学力学与工程学院“双严学风行动”体系建设为例，从分析学生线上教学期间的学风现状出发，结合疫情之下力学专业学生线上学习中存在的问题，提出了线上教学期间围绕“双严学风行动”加强学风建设的具体措施，明确学风建设的重要性，希望为线上教学提供参考。

[关键词] 线上教学；力学“双严”传统；学风建设

高校的学风直接影响着学生的学习成长，好的学风能够为学生学习、成长创造良好生态。疫情期间，各大高校将课堂搬到“云端”，线上教学成为新常态，加强学风建设对于调动学生学习积极性，全力支持线上教学工作有重要作用。

一、线上教学期间学风现状

线上教学打破了时间和场地的限制，为疫情期间继续开展教学提供了可能，但是线上教学也存在一些挑战。

1. 教师对学生学习过程把握不够

线上教学的主要的形式包括：在线开放课程、网络直播课。疫情之前，在线开放课程是学生在校学习的一种辅助手段，疫情期间却成为了主要的教学方式。虽然大规模在线开放课程 MOOC 和 SPOC 都能够做到让学生观看学习视频、在线完成作业、参与讨论等，但是存在缺乏师生互动、统计数据中可能有无效学习时间、教师

项目资助：西南交通大学 2020 年本科教育教学研究与改革项目：以“双万计划”为引领，加快推进工程力学国家一流专业建设——力学与工程学院“双严学风行动”体系建设（编号：20201016-10）；西南交通大学新时代“大思政”育人工作项目：“双严”传统研究与传承（编号：DSZ2019-ZLTS-27）

作者简介：张容华（1991—），女，四川成都人，助教，主要从事思想政治教育研究

不能做到及时掌握学生在线学习情况等问题。网络直播课程较好地替代了传统课堂，但是在实践过程中依旧遇到重重困难，例如：网络卡顿，板书有限，师生交流互动不及时，甚至学生挂机等问题。线上教学，教师看不到学生听课的状态，缺乏面对面的交流，老师难以观察、监督学生的学习过程，因此难以把控学生的学习过程。

2. 学生学习目标不明确

大部分大学生比较迷茫，需要在学校、老师、同学的影响中寻找学习的目标。线上教学期间，学生缺乏学校的有效引导，缺乏与老师的交流，愈发迷茫。特别是大一新生，尚未适应大学的学习方式，就要适应线上教学，容易茫然无措；大二的学生虽然已经适应了大学的学习，但是因为开始了专业课程的学习，学业上出现两极分化，有的学生对专业课程萌发了强烈的兴趣，开始了在专业上的探索，学习目标明确，但是有的学生则开始被动学习，导致学习效果不理想，陷入挫败与失落；大三、大四的学生面临读研深造、工作等选择，有部分同学总结自己的学习成果会发现自己专业课程成绩一般，产生对学习的疑惑，开始自我怀疑、得过且过、沉迷游戏等问题。

3. 学生学习主动性不够

学生的自主学习能力不足，失去了老师、家长的监督，学生普遍自律性差、学习态度懒散等情况加剧。通过对力学学院师生的调研，许多老师都反映了学生存在主动性不够、出勤率降低、听课不认真、挂机等情况，力学学科属于基础学科，理论力学、材料力学、弹性力学等课程难度较大，学生课前不主动预习通常导致课堂听不懂，课后对于老师布置的任务出现拖沓敷衍，老师们反映学生作业质量不如线下教学，令人难以满意。

二、线上教学期间加强学风建设的具体措施

1. 积极引导，让学生适应线上教学新常态

从思想和心理两个方面，积极引导学生理解和接受新教学模式。通过年级大会、班会主题教育引导学生定目标、做规划，提升学生线上学习积极性。加强对学生的心理疏导，一一联系学生，化解学生因为线上教学产生的焦虑、“烦难”情绪，增强学习信心。细化学生线上学习全程指导，掌握学生出勤率，了解学生线上学习情况，加强对学习过程的督导。另外，发挥家校联动的作用，共同督促。

2. 班级总动员，以班风促进学风建设

调动班干部作用，增加老师与班干部的沟通，调动班委积极性，设立班干部轮值制度，做好上课提醒、考勤，带动班级同学上好网课。定期召开线上班委会，建立反馈机制，通过班委了解学生线上学习情况。丰富班团学风建设活动，以班级为单位，开展“战疫中的双严”学风建设活动，在班级中组织集体晚自习、经典阅读、英语学习线上打卡等学风建设活动，营造良好的班级学习氛围。

3.“云端”学风活动，丰富学风建设内容

线上教学期间，学风活动也应该转至“云端”。开展针对学院研究生、本科生、教师（班导师、专业教师、通识课教师）的专项学风调研；组织班级开展学风自查，根据调研和自查结果，有针对性地开展学风建设。针对学生学习目标不明确的特点，学院主办线上版“努力讲坛”“力行世界”留学沙龙，邀请院士、行业专家、学校优秀教师、优秀学生开展职业生涯、专业学习、科创竞赛等多个专题在线讲座。组织开展力学课程优秀笔记、作业评选活动，并在学院官微在线开展孙训方先生讲义与学生力学笔记联展，通过优秀的榜样，带动学生，引导学生克服学习主动性差、拖延、惰性等问题。

4. 发扬学校传统，营造优良学风氛围

把学校传统与学风建设相结合，发挥“以传统育学风”的积极作用。以我院为例，“严谨治学、严格要求”的“双严”传统是百年交大宝贵的精神财富，因此，学院以学校传统为引领，打造“双严”文化品牌，进一步深入挖掘、传承我校“双严”传统精神。在线开展孙训方先生力学课程讲义展览，让学生感受“双严”传统，学习力学前辈严谨、认真的态度；在全校征集力学教师在线教学期间践行“双严”素材并在学院官微推出“学生眼中的‘主播’老师们”、力学课程在线教学优秀案例等系列推文；组织学生专访力学学院老教师并发布《听学院教师讲述力学“双严”传统》系列推文、推送著名力学家“双严”故事连载，大力弘扬“双严”传统。以优良的传统涵育优良的学风，以文化人、以文育人，引导全体学生践行“双严”传统，激发学生的学习主动性，勤于学习。

5. 构建活动体系，制定学风建设长效制度

长效的制度体系是实现学风建设目标的重要保障。学风建设问题具有复杂性，受到各种因素的影响，不同阶段的学风问题都有不同的特点，学风建设一直在路上，因此学风建设要立足长远。建设学院“双严”学风品牌，系统梳理学院学风建设活动，总结学风建设活动及其成效，使学院学风建设活动成体系，把经过实践检验、确实有成效的学风建设措施形成制度，出台学院学风建设方案及学生管理制度，制

订长效的学风建设实施方案，使学风建设有章法可循，提升学风建设的实效。

三、线上教学期间学风建设的重要性

学风建设是高校教育教学工作的重要内容，习近平总书记在全国高校思想政治工作会议上指出：要坚持不懈培育优良校风和学风，学风建设是学校育人工作的一项重要内容，优良学风是“治学之本、成才之本、立校之本”，能够育人于无形。建设优良学风是高校强基固本、提高学生培养质量、实现高校立德树人的根本任务、建设一流大学的重要途径。线上教学期间，学风建设也有着重要的作用。

1. 优良的学风是完成教学的重要保证

线上教学期间，学生不处于学校、班级的环境中，学校、老师对学生的影响减弱，学生学习目的不明确，学习动力不足，学习习惯差等被放大，通过学院“双严”学风建设活动引导学生养成良好的学习习惯，增加了师生、同学之间的交流，让学生虽然在家学习，但是依然能够沉浸在学院营造的“双严”学习氛围中，在潜移默化中受教育，让学生能够提高自控力，增强学习的主动性，有意识地约束自己的行为，避免拖延、惰性，保证学生能够完成课程的学习任务。

2. 良好的学风是促进学生成才的重要手段

好的学风是一种重要的育人资源，创建优良的学风是提高高校人才培养质量的重要方式。我校“严谨治学，严格要求”的“双严”传统对学生有着重要的影响，是一种重要的精神力量，以此为主线开展学风建设活动能够营造积极向上的学院氛围，促使学生严格在学习中要求自己，刻苦学习、善于学习，在学好专业课程的同事注重提升自己的综合能力，更快成长成才。

四、结　语

高校学风建设对于实现高校育人目标有重要作用，与学生的成长成才有着密切联系。线上教学有其特殊性，学风建设也要有针对性地围绕线上教学的特点展开，才能帮助学生树立线上学习期间的目标，激发学生学习的积极性，提升学生的学习实效，助力学生成长成才。

参考文献

[1] 刘娜，杨道斌. 立德树人理念下加强高校学风建设的路径探寻[J]. 科教文汇(上旬刊)，2020(05)：8-9.

[2] 武利敏. 加强高校学风建设的探究[J]. 智库时代，2020(11)：101-102.